Collectivités territoriales et organisations régionales

GRALE

Le GRALE (Groupement de Recherche sur l'Administration Locale en Europe) est un groupement d'intérêt scientifique (GIS), rattaché au CNRS, et fondé sur un contrat de quatre ans renouvelable associant au Centre national de la recherche scientifique plusieurs institutions ou entreprises : les universités Paris-I - Panthéon-Sorbonne, Reims - Champagne-Ardenne, et Lille-II - Droit et Santé, l'Institut d'études politiques d'Aix-en-Provence, l'Assemblée des Régions de France ; le conseil régional d'Île-de-France, Électricité de France, le Centre national de la fonction publique, et d'autres institutions ou entreprises, en fonction des projets.

Le GRALE, qui réunit une quarantaine de centres de recherches et institutions scientifique nationales et internationales, a pour mission de promouvoir des recherches sur les collectivités locales, l'action publique territorialisée et des problèmes juridiques qui s'y rapportent. Il trouve sa raison d'être dans le réseau dense et diversifié des équipes de recherche ou associations scientifiques des diverses disciplines qu'il contribue à entretenir et à stabiliser. Ce réseau forme la base de l'Observatoire national de la décentralisation mis en place par le GRALE en 2004 en partenariat avec le ministère de l'Intérieur, et qui continue son activité de manière indépendante.

Le GRALE est également au centre d'un réseau international associant des chercheurs de plus de trente pays.

Contact : Université Paris I – 9, rue Malher – 75181 PARIS Cedex 04
Tél. : 01 44 78 33 44 – Mel : grale@univ-paris1.fr
Site : http://grale.univ-paris1.fr

Dernières parutions

Gérard MARCOU et Jacques FIALAIRE (dir.), *Trente ans de la fonction publique territoriale. Contradictions et adaptations*, 2014.

Jean-Philippe BROUANT† et Gérard MARCOU (dir.), *Les collectivités territoriales et la politique du logement*, 2014.

Cécile CLERGEAU et Jacques SPINDLER (dir.), *L'immatériel touristique*, 2014

Marie-Christine STECKEL-ASSOUÈRE (dir.), *Regards croisés sur les mutations de l'intercommunalité*, 2014

Laurence SOLIS-POTVIN (dir.), *Les effets du droit de l'Union européenne sur les compétences des collectivités territoriales*, 2013

Bernard FATH, *L'intelligence territoriale, une nécessité*, 2013

Gérard MARCOU et In-SOO PARK (dir.), *La décentralisation en Corée du Sud et l'expérience européenne*, 2013

Anne MARCEAU (dir.), *La Démocratie locale à la recherche d'un nouveau souffle*, 2013

Jean-Luc PISSALOUX et Gérald ORANGE (dir.), *La ville durable après le Grenelle de l'environnement*, 2013

Sous la direction de
Danielle Perrot

Collectivités territoriales et organisations régionales

De l'indifférence à l'interaction

Actes du colloque organisé à Schœlcher, Martinique, les 25-26 mars 2013 : « les entités infra-étatiques et les organisations de coopération et d'intégration régionales »

L'Harmattan

Cet ouvrage est réalisé sous la direction scientifique de Danielle Perrot, professeur émérite de droit public, membre du Centre de Recherche sur les Pouvoirs Locaux dans la Caraïbe (CRPLC UMR-CNRS 8053, membre du GRALE), à l'université des Antilles et de la Guyane. Ses recherches sont notamment orientées vers l'étude des régions ultrapériphériques et autres collectivités territoriales de l'Union européenne, et des organisations régionales de la Caraïbe.

Responsable des publications du GRALE et maquette: Maud Lesueur
contact : maud.lesueur@laposte.net

5-7, rue de l'Ecole-Polytechnique, 75005 Paris

http://www.harmattan.fr
diffusion.harmattan@wanadoo.fr

ISBN : 978-2-343-05111-6
EAN : 9782343051116

Sommaire

Partie II

LES INTERACTIONS ENTRE ENTITÉS INFRA-ÉTATIQUES ET ORGANISATIONS DE COOPÉRATION ET D'INTÉGRATION RÉGIONALES

Partie III

LES COLLECTIVITÉS ULTRAMARINES ET LES PROCESSUS D'INTÉGRATION ET DE COOPÉRATION RÉGIONALES. PROBLÉMATIQUE DES TERRITOIRES NON INDÉPENDANTS

Intervenants

- M. Carlos E. Pacheco Amaral, Professeur de science politique, Jean Monnet Chair, University of the Azores (Ponta Delgada)
- M. Ilan Bizberg, Professeur de sciences économiques, Centre d'Études Internationales, El Colegio de Mexico, Université de Mexico
- Mme Isabelle Bosse-Platière, Professeur de droit public, directrice du CEDRE (IODE – UMR-CNRS 6262), Université Rennes 1, Centre d'excellence Jean Monnet
- M. Rémy-Louis Budoc, Membre du Conseil économique, social et environnemental (CESE), Conseiller régional de la Guyane délégué à la coopération régionale, Membre associé au CEREGMIA (Centre d'Étude et de Recherche en Économie, Gestion, Modélisation et Informatique Appliquée), Membre correspondant de l'Académie des Sciences d'Outre-mer
- Mme Jessica Byron, Professeur de science politique, Sir Arthur Lewis Institute of Social and Economic Studies (SALISES), University of the West Indies, Mona (Jamaïque)
- Mme Danielle Charles-Le Bihan, Professeur de droit public, Chaire Jean Monnet, Université Rennes 2, CEDRE (IODE – UMR-CNRS 6262), Centre d'excellence Jean Monnet
- M. Pierre-Yves Chicot, Maître de conférences de droit public, HDR, Faculté de droit et d'économie de la Guadeloupe, CRPLC, UMR-CNRS 8053, UAG
- M. Fred Constant, Ambassadeur délégué à la coopération régionale, Professeur des Universités (Science politique)
- Mme Arlette Constant-Pujar, Directrice du CNFPT – Martinique, Docteur en droit public, membre associé du CRPLC, UMR-CNRS 8053, UAG
- Mme Elina Dévoué, Maître de conférences de sciences économiques, Faculté de droit et d'économie de la Martinique, CEREGMIA, UAG
- M. Emmanuel Jos, Professeur de droit public, Faculté de droit et d'économie de la Martinique, CRPLC, UMR-CNRS 8053, UAG
- Mme Brigitte Facorat-Gaspard, Maître de conférences de droit privé, Faculté de droit et d'économie de la Guadeloupe, CRPLC, UMR-CNRS 8053, UAG
- M. Jacques Fialaire, Professeur de droit public, Université de Nantes, Codirecteur du GRALE-CNRS
- Mme Catherine Flaesch-Mougin, Professeur émérite de droit public, Université Rennes 1, Responsable de la Chaire UNESCO « Intégrations régionales » et du Groupement de recherche international du CNRS, « Intégrations régionales dans le monde : convergences et divergences », Coordonnatrice scientifique du Centre d'excellence Jean Monnet, Chaire Jean Monnet *ad personam*, CEDRE (IODE – UMR CNRS 6262)
- Mme Karine Galy, Maître de conférences de droit public, Faculté de droit et d'économie de la Martinique, CRPLC, UMR-CNRS 8053, UAG

- M. Luc-Marius Ibriga, Maître-assistant de droit public, Centre Émile Noël, Université OUAGA II (Burkina Faso)
- M. Nicolas Kada, Professeur de droit public, Université de Grenoble, Directeur du CERDHAP, Vice-président du conseil scientifique du GRALE
- M. Jamel Kasmi, Docteur en droit, Centre de Recherches Européennes de Rennes, CEDRE (IODE – UMR-CNRS 6262), Centre d'excellence Jean Monnet
- Mme Patsy Lewis, Senior Fellow, Sir Arthur Lewis Institute of Social and Economic Studies (SALISES), University of the West Indies, Mona (Jamaïque)
- Mme Frédérique Michéa, Maître de conférences, Faculté de droit et de science politique de Rennes, CEDRE (IODE – UMR CNRS 6262), Centre d'excellence Jean Monnet
- M. Romain Pasquier, Directeur de recherche au CNRS, IEP de Rennes, CRAPE, UMR-CNRS 6051
- Mme Danielle Perrot, Professeur de droit public, Faculté de droit et d'économie de la Martinique, Chaire Jean Monnet, CRPLC, UMR-CNRS 8053, UAG
- M. Laurent Sermet, Professeur de droit public, Université de La Réunion
- M. Mamane Tahirou, Conseiller juridique, Responsable de la Cellule Décentralisation et Coopération Transfrontalière, Autorité de Développement Intégré de la Région du Liptako-Gourma (ALG), Ouagadougou (Burkina-Faso)
- M. Jean-Marc Thouvenin, Professeur de Droit public, Université Paris-Ouest Nanterre La Défense, Directeur du CEDIN-EA 382 et du Collège international de droit
- Mme Isabelle Vestris, Maître de conférences de droit public, Faculté de droit et d'économie de la Martinique, CRPLC, UMR-CNRS 8053, UAG

Autres participants

- Mme Magali Abella, Assistante en documentation et communication, CRPLC, UMR-CNRS 8053
- M. Yann Bérard, Maître de conférences en science politique, CRPLC, UMR-CNRS 8053, UAG
- Mme Laureen Bertin, Agent, Conseil général de la Martinique
- M. Cédric Berton, Étudiant Licence (économie, géographie, gestion), UAG
- Mme Bernadette Bizon, Agent, Mairie de Fort-de-France, étudiante, Master 2 Droit et Administration des collectivités territoriales, UAG
- M. Christian Bonnaire, Agent, Conseil régional de la Martinique
- Mme Ingrid Bourgeois, Étudiante, Master 2 Droit et Administration des collectivités territoriales, UAG
- M. Louis Boutrin, Conseiller régional de la Martinique
- Mme Marie-Marthe Bredas, Fonctionnaire, Préfecture de la Martinique
- Mme Pascale Campus, Gestionnaire d'unité, CRPLC, UMR-CNRS 8053
- M. Jérémie Caraza, Étudiant, Master 2 Droit et Administration des collectivités territoriales, UAG
- M. Éric Carpin, Doyen de la Faculté de Droit et d'Économie de la Martinique
- Mme Marie-Dominique Cidalise-Montaise, Doctorante, membre du CRPLC, UMR-CNRS 8053, UAG
- Mme Suzelle Cilpa, Étudiante, Master 2 Droit et Administration des collectivités territoriales, UAG
- Mme Caroline Cochet, ATER, Doctorante en droit public, CRPLC, UMR-CNRS 8053, UAG
- M. Kévin Cyrille, Étudiant, Master 2 Droit et Administration des collectivités territoriales, UAG
- M. Justin Daniel, Professeur de science politique, Directeur du CRPLC, UMR-CNRS 8053, UAG
- M. Anatole Dévoué, Conseiller juridique, Rectorat Martinique
- M. Habib Ahmed Djiga, Doctorant, Université de Ouagadougou (Burdina Fasso)
- Mme Florence Dios, Étudiante, Institut d'Études Judiciaires, UAG
- M. Alain Duton, Adjoint au maire du Prêcheur, Martinique, Étudiant
- M. Jean-Luc Ega, Adjoint au maire de Sainte-Anne (Martinique)
- Mme Élisabeth Grant, Chambre de commerce et d'industrie de la Martinique
- Mme Françoise Gravinay, Étudiante, master Droit public, UAG
- Mme Danielle Ismain, Agent, Conseil régional de la Martinique
- Mme Emmanuelle Ismain, Étudiante
- M. Jean-Paul Jouannelle, Contact – Entreprise Martinique
- M. Jean-Yves Lacascade, Directeur délégué aux Affaires européennes et Coopération, Conseil régional de la Martinique
- Mme Rosita Labarde, Accueil – Secrétariat, CRPLC, UMR-CNRS 8053
- M. Alain Laguerre, Professeur de droit public, Directeur du Master 2 Droit et Administration des collectivités territoriales, Directeur adjoint du CRPLC, UMR-CNRS 8053, UAG
- Mme Lauren Leavitt-Larcher, Interprète

- Mme Roselyne Le François, Mairie de Rennes, Adjointe déléguée aux Partenariats et aux Relations internationales
- Mme Elyssa Laurent, Allocataire, doctorante en droit public, CRPLC, UMR-CNRS 8053, UAG
- M. Patrick Lecurieux-Durival, ancien Président du MEDEF Martinique
- Mme Micheline Léandre, Fonctionnaire, Conseil général de la Martinique
- Mme Solitude Mangatal, Étudiante, Master 2 Droit et Administration des collectivités territoriales, UAG
- Mme Corinne Mencé-Caster, Présidente de l'université des Antilles et de la Guyane, Déléguée du pôle Antilles-Guyane de l'Institut des Amériques
- Mme Sonia Mornet, Étudiante, Master 2 Droit et Administration des collectivités territoriales, UAG
- Mme Jocelyne Mouriesse, Responsable du laboratoire de langues, Conseil général de la Martinique
- M. Ousséni Ouedraogo, Enseignant, Université de Koudougou (Burkina Faso)
- Mme Anne Pajard, Responsable de Manioc, bibliothèque numérique du Service commun de la documentation de l'université des Antilles et de la Guyane (SCDUAG)
- M. Olivier Portecop, Directeur du CRI-pôle Martinique, UAG
- Mme Christelle Pivaty, Agent, Conseil général de la Martinique
- M. Bruno Narayadou, Fonctionnaire, ministère Enseignement supérieur et Recherche
- Mme Marie-Ophélia Othily, Étudiante, Master 2 Droit et Administration des collectivités territoriales, UAG
- Mme Magali Pelcide, Concepteur événementiel (ONG)
- M. Ange-Éric Rangom, entreprise privée
- Mme Hélène Rannou-Boucher, Ingénieur d'études, Centre d'excellence Jean-Monnet, Rennes
- M. Alex Richards, représentant de M. le Président de la Communauté (COM) de Saint-Martin
- Mme Ginette Rochambeau, Étudiante, Master 2 Droit et Administration des collectivités territoriales, UAG
- Mme Yasmine Sylvestre, ATER, doctorante en droit public, CRPLC, UMR-CNRS 8053, UAG
- M. Raphaël Vaugirard, Conseiller général et Conseiller régional de la Martinique
- M. Hector Vincent, Directeur d'exploitation
- Mme Valérie Vincent-Luce, Étudiante, Master 2 Droit et Administration des collectivités territoriales, UAG
- Mme Jennifer Vitellius, Étudiante, Master 2 Droit et Administration des collectivités territoriales, UAG
- Mme Christine Warner-Garcia, Professeur d'anglais, Faculté de droit et d'économie de la Martinique
- Mme Viviane Zoure, Directrice de l'intégration au ministère des Affaires étrangères et de la Coopération régionale (Burkina Faso)
- Mme Yannick Zozime, Doctorante en science politique, CRPLC, UMR-CNRS 8053, UAG
- Mme Geneviève Yung-Hing-Dubois, Doctorante en droit public, CRPLC, UMR-CNRS 8053, UAG.

Ont contribué par leur soutien à la réalisation de la manifestation scientifique

- Centre de Recherche sur les Pouvoirs Locaux dans la Caraïbe, UMR CNRS 8053, (CRPLC), UAG
- Centre excellence Jean Monnet de Rennes
  avec le soutien de la Commission européenne : DG Éducation et culture – Programme éducation et formation tout au long de la vie (EACEA)
- Chaire UNESCO « Intégrations régionales », Rennes
- GDRI CNRS « Intégrations régionales dans le monde – convergences et divergences »
- CEntre De Recherche Européennes de Rennes – (CEDRE) – Institut Ouest Droit Europe IODE UMR 6262, Université Rennes 1
- GIS CNRS « Groupement de recherche sur l'Administration locale en Europe » (GRALE)
- GIS CNRS « Institut des Amériques » (IdA)
- Centre d'Étude et de Recherche en Économie, Gestion, Modélisation et Informatique Appliquée (CEREGMIA)
- Faculté de droit et d'économie de la Martinique
- Université des Antilles et de la Guyane (UAG), Conseil scientifique
- Sir Arthur Lewis Institute of Social and Economic Studies (SALISES), University of the West Indies, Mona (Jamaïque)
- Centre de Recherche Émile Noël, Université de Ouagadougou II (Burkina Faso)
- Centre de Recherches sur l'Action Politique en Europe (CRAPE), UMR CNRS 6051, IEP de Rennes
- Ministère des Outre-mer
- Ministère de l'Enseignement supérieur et de la Recherche
- Conseil régional de la Martinique
- Conseil général de la Martinique
- Conseil régional de la Guyane
- Collectivité (COM) de Saint-Martin
- Comité Martiniquais du Tourisme (CMT)
- Communauté d'agglomération de l'Espace Sud (Martinique)
- Association Martiniquaise pour la Promotion de l'Industrie (AMPI)
- Société Nouvelle des Établissements Modernes de Boissons Gazeuses (SNEMBG), Martinique
- Entreprise Distillerie Neisson
- Entreprise Habitation Clément

Ont contribué à l'organisation du colloque

- Mme Magali Abella, Assistante en documentation et communication, CRPLC, UMR CNRS 8053
- Mme Pascale Campus, Gestionnaire d'unité, CRPLC, UMR CNRS 8053
- Mme Caroline Cochet, ATER, Doctorante en droit public, CRPLC, UMR CNRS 8053
- Mme Elina Dévoué, Maître de conférences en sciences économiques à l'UAG, HDR, membre du CEREGMIA (Centre d'Etude et de Recherche en Economie, Gestion, Modélisation et Informatique Appliquée), membre associé du CRPLC
- Mme Karine Galy, Maître de conférences en droit public, CRPLC, UMR CNRS 8053
- M. Emmanuel Jos, Professeur de droit public, CRPLC, UMR CNRS 8053
- Mme Rosita Labarde, Accueil – Secrétariat, CRPLC, UMR CNRS 8053
- Mme Elyssa Laurent, Allocataire, Doctorante en droit public, CRPLC, UMR CNRS 8053
- Mme Danielle Perrot, Professeur de droit public, Chaire Jean Monnet, CRPLC, UMR CNRS 8053
- Mme Yasmine Sylvestre, ATER, Doctorante en droit public, CRPLC, UMR CNRS 8053
- Mme Isabelle Vestris, Maître de conférences en droit public, CRPLC, UMR CNRS 8053
- Mme Yannick Zozime, Doctorante en science politique, CRPLC, UMR CNRS 8053
- Mme Geneviève Yung-Hing-Dubois, Doctorante en droit public, CRPLC, UMR CNRS 8053

Relecture

- Mme Karine Galy, Maître de conférences en droit public, CRPLC, UMR CNRS 8053
- Mme Francine Gémieux, Docteur en droit public, membre associé du CRPLC, UMR CNRS 8053
- Mme Joëlle Kabile, Doctorante en science politique, CRPLC, UMR CNRS 8053
- Mme Danielle Perrot, Professeur de droit public, Chaire Jean Monnet, CRPLC, UMR CNRS 8053
- Mme Isabelle Vestris, Maître de conférences en droit public, CRPLC, UMR CNRS 8053
- Mme Geneviève Yung-Hing-Dubois, Doctorante en droit public, CRPLC, UMR CNRS 8053

Propos introductifs

par

Danielle PERROT

Professeur de droit public
Chaire Jean Monnet
Université des Antilles et de la Guyane
Centre de Recherche sur les Pouvoirs Locaux dans la Caraïbe, CRPLC – UMR CNRS 8053

Le présent ouvrage rassemble les contributions au colloque « Les entités infra-étatiques et les organisations de coopération et d'intégration régionales », organisé à l'université des Antilles et de la Guyane, à Schœlcher où est implanté le pôle Martinique de cette université, et spécialement sa faculté de droit et d'économie ainsi que le Centre de Recherche sur les Pouvoirs Locaux dans la Caraïbe (CRPLC – UMR CNRS 8053). Les sessions se sont tenues les 25-26 mars 2013, non seulement dans l'amphithéâtre Frantz Fanon, mais aussi, grâce à la visioconférence et en dépit de difficultés de décalage horaire, sur un site universitaire de Rennes (Ille-et-Vilaine, France) et un autre à Ouagadougou (Burkina Faso). Cela a permis la collaboration d'intervenants éloignés, collègues, étudiants et responsables de collectivités localisés sur d'autres continents. Que tous les participants en soient remerciés.

Les remerciements vont aussi à tous ceux – personnes individuelles et organismes – qui ont permis la réalisation de cette manifestation ; les lecteurs en trouveront la liste dans le présent ouvrage. Il convient de souligner ici l'implication de l'équipe de doctorantes du laboratoire d'accueil qu'est le CRPLC.

Sur le plan scientifique, la manifestation a été soutenue par deux groupements d'intérêt scientifique du CNRS : d'une part, le « Groupement de Recherche sur l'Administration Locale en Europe – GRALE » et, d'autre part, l'« Institut des Amériques – IDA », dont la déléguée du pôle Antilles-Guyane, Mme la Présidente de l'université, a pu ouvrir nos travaux. L'insertion du CRPLC dans les réseaux de chercheurs s'illustre aussi tout particulièrement par le partenariat avec le Centre d'excellence Jean Monnet de Rennes, qui a mené le pilotage de la Chaire UNESCO *« Intégrations régionales »* et du Groupement de recherche internationale du CNRS *« Intégrations régionales dans le monde : convergences et divergences »*, au titre d'un programme de travail 2010-2013. Pendant ces années et déjà auparavant, la collaboration avec le Centre de recherches européennes de Rennes (CEDRE/ département de IODE [UMR-CNRS 6262], fondé par le professeur Jean Raux qui n'avait pu se joindre à nous), s'est avérée fructueuse sous la responsabilité de Mme le professeur Catherine Flaesch-Mougin ; elle se poursuit avec Mme le professeur Isabelle Bosse-Platière (directrice du CEDRE) et Mme le professeur Danielle Charles-Le Bihan, (coordinatrice académique du Centre d'excellence Jean Monnet de Rennes [CEJM]).

Cette rencontre s'inscrit en effet dans le programme scientifique de la Chaire UNESCO *« Intégrations régionales »*, en cohérence avec les objectifs de cette organisation pour le développement de la connaissance scientifique et de l'enseignement. Cette manifestation prend place dans un cycle qui a conduit les membres du réseau à étudier les « intégrations régionales » sous divers angles ; les travaux peuvent être consultés en ligne[1]. Et concernant les séances du colloque de Schœlcher, les enregistrements sont également accessibles, grâce à la bibliothèque numérique du Service commun de documentation de notre université (site *Manioc.org*)[2].

Sur la thématique des « intégrations régionales », les membres du CRPLC ont proposé que ce colloque annuel traite des entités infra-étatiques, que l'on dénomme souvent collectivités. En effet, notre laboratoire a eu depuis trois décennies pour cœur de métier l'étude des collectivités territoriales, et ce n'est pas la première fois que nous abordons la dimension internationale de celles-ci : en 2001, se sont déroulées au même campus, des journées d'étude de la Société française pour le droit international sur « Les collectivités territoriales non étatiques dans le système juridique international »[3].

1. *http://cejm.univ-rennes.eu/fr/cooperations/Chaire+Unesco+/.*

2. *http://www.manioc.org/gsdl/cgi-bin/library?e=d-01000-00---off-0fichiers--00-1----0-10-0---0---0direct-10---4-------0-1l--11-fr-Zz-1---20-about---00-3-1-00-0-0-11-1-0utfZz-8-00&a=d&c=fichiers&cl=CL3.1.6.*

3. SFDI, *Les collectivités territoriales non étatiques dans le système juridique international*, Pedone, 2002, 208 p.

À la faveur du présent colloque, le champ de l'étude, d'une part, semble rétréci : nous n'envisageons que les relations avec les organisations internationales, le plus souvent subcontinentales et non l'ensemble des questions internationales ayant trait aux collectivités, par exemple celle de leur responsabilité ; d'autre part, il est élargi, car pour les organisations régionales, nous avons eu l'ambition de voyager dans divers continents. Ainsi, au-delà de ces travaux antérieurs, le projet est bien sûr de faire état d'évolutions sur les modes de relation de ces entités avec des organisations auxquelles leurs États respectifs le plus souvent participent ; en outre, le recours à des approches comparatives grâce à des présentations portant sur diverses expériences subcontinentales doit permettre de tirer des enseignements renouvelés.

Concernant les organisations, particulièrement régionales, à beaucoup d'entre nous, les professeurs ont appris qu'elles sont des créations, voire des « créatures »[4] des États. C'est dire que les personnes publiques internes infra-étatiques, particulièrement les collectivités (territoriales), sont le plus souvent spontanément les oubliées de ces rapprochements interétatiques. Il en est ainsi dans le cadre des organisations mondiales et de celles qui réunissent des États moins nombreux estimant utile de s'associer à une échelle plus réduite, régionale, pour consolider ou susciter des liens de proximité.

Quant aux entités infra-étatiques, le *Dictionnaire* de Jean Salmon, citant la Commission du droit international, nous dit qu'une entité, tout en n'étant pas un organe de l'État, peut être « habilitée par le droit de cet État à exercer des prérogatives de la puissance publique [...] »[5]. À ce titre, les collectivités territoriales, telles qu'on les connaît dans le cadre de notre République décentralisée, prennent place dans cette catégorie, et certains des contributeurs useront ci-après de cette expression. Toutefois, la réalité française ne se trouve pas décalquée dans tous les ordres juridiques ; à l'échelle de la seule Union européenne, la variété des situations sub-étatiques est si foisonnante que l'emploi du même mot « collectivité »[6], pour

4. P.-M. DUPUY, Y. KERBRAT, *Droit international public*, Précis Dalloz, 11e éd., no 139, 2012, p. 168.

5. J. SALMON (dir.), *Dictionnaire de droit international public*, Bruxelles, Bruylant, 2001, XLI-1198 p. (p. 432).

6. Voir TFUE, art. 300 § 3. À titre d'exemple, voir les thèses suivantes : M. BOULET, *Les collectivités territoriales françaises dans le processus d'intégration européenne*, Paris, L'Harmattan, 2012 ; L. MALO, *Autonomie locale et Union européenne*, Bruxelles, Bruylant, coll. « Droit de l'Union européenne », Thèses, 2010 ; A. NOUREAU, *L'Union européenne et les collectivités locales*, Thèse doctorat en droit, Université de La Rochelle, 2 avr. 2011, *http://tel.archives-ouvertes.fr/docs/00/59/09/66/PDF/*

toutes les situations internes, ne coïncide pas avec notre conception. Derrière le même vocable, peuvent se cacher des significations différentes. Le référent commun existe cependant : il s'agit d'échelons d'administration infra-étatiques, le plus souvent dotés de personnalité juridique.

Sans insister sur la distinction classique, quoique discutée, entre organisations de coopération – où les engagements des États membres seraient plutôt lâches – et organisations d'intégration – où le but est de susciter et de renforcer des solidarités plus étroites autour d'un projet ambitieux, par des méthodes plus contraignantes et grâce à l'intervention d'organes qui ne sont pas uniquement intergouvernementaux[7] –, l'on peut imaginer que l'idée de mieux impliquer les entités infra-étatiques devait germer davantage dans ces dernières ; pourtant, ce n'est pas une fatalité, des intervenants en parleront.

D'ailleurs, si *intégration* désigne l'« opération tendant à faire entrer un élément extérieur dans une entité dont il devient une partie indissociable »[8], l'on ne peut dire que les entités infra-étatiques sont des étrangères à leurs États respectifs, membres d'une organisation, qu'il faudrait s'efforcer de faire entrer dans cette organisation ; quand l'État est membre, ses entités sont impliquées. Sans doute, sous l'angle institutionnel, peut-on parler de recherche de reconnaissance à travers une éventuelle structure supposée représentative et permettant une participation, même ténue, aux décisions. Symétriquement, sous l'angle normatif, c'est le droit de l'organisation, quand il s'intègre au système juridique des États membres, qui pénètre le corps de règles auxquelles les collectivités doivent respect ou dont elles peuvent tirer bénéfice.

Eu égard à l'origine interétatique des organisations, y compris régionales, les entités sont initialement souvent spontanément écartées de la construction nouvelle ; on a parlé de « cécité » originelle[9]. Alors, le premier mode de relations entre

---

TheseNoureau.pdf; ou encore D. PAYET, *L'entité territoriale infra-étatique dans la jurisprudence de l'Union européenne – La Cour de justice de l'Union européenne face à la dimension régionale et locale des États membres*, Thèse doctorat droit public, Université de La Réunion, 13 mars 2013 (non encore publiée).

7. J. SALMON, *op. cit.*, p. 591 ; D. NGUYEN QUOC, P. DAILLIER, M. FORTEAU, A. PELLET, *Droit international public*, LGDJ, Lextenso éditions, 8e éd. 2009, no 391, p. 671 et s.

8. J. SALMON, *op. cit.*, p. 590.

9. Fl. ZAMPINI, « De l'État responsable à la responsabilité des Régions : l'exemple italien », *in Réalisations et Défis de l'Union européenne – Droit – Politique – Économie – Mélanges en hommage à Panayotis Soldatos*, Bruylant, 2012, p. 417-438 ; p. 417, l'auteur cite les conclusions de l'avocat

ces entités et organisations apparaît celui de la passivité : les entités subissent les répercussions de décisions prises dans des sphères auxquelles elles ne sont pas associées, que ce soit pour assumer des obligations (interdictions de taxes; obligation de mise en concurrence des entreprises pour les marchés qu'elles désirent passer…) ou pour voir leurs espaces territoriaux devenir les réceptacles de politiques publiques décidées dans le cadre des organisations avec le concours de leurs États de rattachement.

Pourtant, des relations développées entre des entités infra-étatiques en dehors du cadre des organisations régionales peuvent concourir à tisser des liens contribuant aux objectifs de celles-ci; l'on se souvient que certaines organisations ont eu pour but de préserver la paix – en Europe de l'Ouest –, voire de la rétablir – en Afrique de l'Ouest; et les liens de solidarité entre des entités infra-étatiques et leurs populations, par exemple par des jumelages à un modeste niveau, apportent à leur manière leur contribution à la réalisation d'objectifs que les États membres d'organisations affirment poursuivre.

Aussi, les entités infra-étatiques ont cherché un rôle moins passif au sein des organisations (particulièrement) régionales dont il est question ici; cet effort vise la représentation au sein des structures institutionnelles et la participation à l'élaboration des normes qu'elles devront appliquer. À propos de la représentation, il se pourrait que des lecteurs regrettent l'absence d'une contribution spécialement consacrée au Comité des Régions de l'Union européenne; qu'ils soient rassurés : cet organe consultatif déjà bien étudié[10] retient l'attention de plus d'un contributeur à cet ouvrage; et le lecteur pourra utilement découvrir ci-après une structure correspondante mise sur pied en Afrique de l'Ouest. À propos de la participation

---

général D.-R.-J. COLOMER sur l'arrêt CJCE, 12 janv. 2006, *Regione Siciliana c/Commission des Communautés européennes*, aff. C-417/04 P, *Rec.*, p. I-3883, pt 46 : est cité le Pr Ipsen, à propos de la cécité à l'égard des Länder (*Länder-Blindheit*).

10. Voir notamment J. BOURRINET, *Le Comité des Régions de l'Union européenne*, Paris, Economica, Aix-en-Provence, Centre d'études internationales et communautaires, 1997, 305 p.; P.-A. FERAL, « Le Comité des Régions », *in Commentaire Mégret*, tome 9, éd. Université libre de Bruxelles, 2e éd., 2000, p. 393-427; du même auteur, *Le Comité des Régions de l'Union européenne, du traité de Maastricht au traité d'Amsterdam*, thèse Université Paul Cézanne, Lille, ANRT, 828 p.; Union européenne, Comité des Régions, *Le Comité des Régions dans la mise en œuvre et le contrôle des principes de subsidiarité et de proportionnalité à la lumière de la Constitution pour l'Europe*, Luxembourg, Office des publications officielles des Communautés européennes, 2006, 334 p.; Union européenne, Comité des Régions, *Principales dates de l'histoire du Comité des Régions (1994-2007)*, Luxembourg, Office des publications officielles des Communautés européennes, 2007, 31 p.

à l'élaboration de règles internationales que les collectivités devront observer, l'on note une gamme assez large de situations, depuis celle où des États acceptent que des collectivités proposent des négociations internationales, jusqu'à celle où elles ont le droit de négocier et de conclure[11]. Cela peut se retrouver dans le cadre d'une organisation régionale, lorsque, à un stade de maturité avancé de ladite organisation, la confection de certains accords complémentaires peut se réaliser avec l'association d'entités infra-étatiques : une étude pour la Commission européenne et Régions-Unies-FOGAR a repéré le cas des États fédérés du Canada, dans le cadre de l'ALENA[12].

Symétriquement, une institution d'une organisation peut avoir intérêt à reconnaître un rôle aux entités infra-étatiques ; en quête de légitimité, la Commission des Communautés européennes avait créé, parmi les innombrables comités dont elle peut prendre l'avis, un organe consultatif, le CCCRL ou Conseil consultatif des collectivités régionales et locales en juin 1988[13]. Il a précédé le Comité des Régions institué par le traité de Maastricht, ce qui était une manière anticipée d'associer, très indirectement, les citoyens qui élisent les organes de ces entités dans les États membres se réclamant de la démocratie représentative et admettant des formes de démocratie locale.

À l'inverse, dans des organisations regroupant des États qui, comme en Asie du Sud-Est, ont du mal à se défaire de traditions autoritaires, et qui se méfient des tendances sécessionnistes en maintenant une centralisation poussée, les projets de coopération transfrontaliers sont le fait d'opérateurs du marché, parfois d'investisseurs étrangers aux États membres ; les acteurs publics peuvent être les États centraux qui s'abstiennent de réguler les activités privées : dans l'ASEAN, les régions où l'on trouve les « zones [dites] de dynamisme économique » ne sont que des espaces-réceptacles[14], et ne sont pas appréhendées comme personnes. Aussi, nos collègues de ce réseau Chaire UNESCO localisés en Asie du Sud-Est n'ont

11. G. Giraudeau, « Les compétences internationales des entités territoriales autonomes », *AFDI*, 2010, p. 172 et s.

12. R. Pasquier (dir.), Rapport pour Commission européenne/Régions-Unies-FOGAR, *Évaluation de l'implication des Régions et États fédérés dans les processus d'intégration régionale au niveau continental et sous-continental,* procédure de marché nº 2011CE160AT022, DG Regio, mai 2012, 115 p.

13. Décision nº 88/487 de la Commission du 24 juin 1988 relative à la création du Conseil consultatif des collectivités régionales et locales, *JOCE* L 247, 6. sept. 1988, p. 23.

14. *Évaluation de l'implication des Régions et États fédérés dans les processus d'intégration régionale au niveau continental et sous-continental*, rapport préc., p. 75 et s.

pas estimé pouvoir apporter une contribution à notre problématique. Cependant, cette région ne sera pas totalement absente des travaux présentés ci-après ; et l'Asie sera présente à travers une contribution sur l'Océan Indien.

L'une des difficultés de la thématique qui nous réunit est la diversité, ce qui en fait l'intérêt.

En effet, la diversité caractérise les entités infra-étatiques, ne serait-ce qu'en conséquence du droit de chaque État de s'organiser souverainement. C'est une banalité que de souligner les différences de taille : cela se présente à l'intérieur d'un même État, s'il admet plus d'un échelon territorial ; mais entre entités infra-étatiques de même niveau dans le même État, on assiste à de grandes variétés : cela saute aux yeux, par exemple pour les communes françaises ; les dissemblances apparaissent aussi lors de comparaisons entre divers États, pour des entités de même niveau de découpage territorial. Du point de vue économique et financier, la comparaison des entités de niveau dit intermédiaire fait aussi apparaître de grandes disparités entre les poids des États fédérés ou régions de certains États et les entités de même niveau dans d'autres. Les travaux qui suivent évoqueront les statuts internes très divers des entités infra-étatiques, en fonction des systèmes juridiques et organisations administratives des États ; en effet, chacun choisit les degrés de liberté admis ou tolérés au profit de ces entités, tant au plan interne qu'international et ils s'étagent du degré quasi nul – au mieux une région est une zone-réceptacle de l'action publique étatique – à des formes poussées d'autonomie. D'ailleurs, nous savons bien que la décentralisation n'exclut pas la déconcentration, même si la solution française n'est pas forcément décalquée ailleurs. Et quand il est question de gouvernance dite multiniveaux, cela se concrétise différemment d'un État à l'autre.

Du côté des organisations, par-delà certaines constantes, leur diversité trouve sa source dans le contexte de leur création respective : elles expriment la volonté des États qui varie selon les besoins ressentis à diverses époques et en différents lieux. Les fonctions que leur assignent leurs fondateurs sont diverses, d'un objet économique limité à un projet ambitieux. Leurs tailles sont différentes et évoluent : s'il n'y avait le Conseil de l'Europe et ses quarante-sept membres, l'on pourrait presque dire que l'Union européenne est devenue quasi-continentale, alors que le noyau initial – la « petite Europe » – regroupait six États de la pointe occidentale de la presqu'île européenne. Et sans insister sur la distinction classique entre organisations de coopération et d'intégration, nous savons que les unes et les autres recèlent des dosages variables de traits recensés comme des marqueurs de l'un des types ou de l'autre. L'étude de l'Union européenne par exemple nous montre qu'on ne peut que douter de l'existence d'archétypes purs.

L'objet principal de nos travaux n'est pas de comparer ici les organisations entre elles ou d'en dresser une nouvelle typologie, mais d'étudier la façon dont les entités infra-étatiques s'insèrent ou non dans le jeu des organisations selon des modalités diverses. Le projet essentiellement comparatif doit permettre de présenter des lignes de force ; le repérage d'expériences fructueuses est susceptible d'en inspirer d'autres.

Il est alors tentant de parler de « modèles », et il convient de rappeler la double signification de ce vocable. D'une part, ce mot peut évoquer ce qui est à reproduire par mimétisme primaire ; si nous en restions là, beaucoup répugneraient à venir prendre ici une leçon. D'autre part, selon la formulation de Marcel Merle, le mot « modèle » est aussi utilisé pour désigner un « schéma synthétique et abstrait qui ordonne dans une construction rigoureuse les éléments de la réalité »[15]. Tout en n'oubliant pas que le premier sens du terme existe et que nous pouvons l'utiliser, surtout s'il s'agit d'une source d'inspiration, dans notre démarche scientifique, nombre de collègues présentent des modèles au deuxième sens précisé ci-dessus. Cela nous évite de tomber dans un piège : la construction communautaire en Europe a fasciné par son côté inédit ; et une tendance peut se manifester, celle de juger une soi-disant copie d'après la fidélité à un original supposé. Si l'on veut bien se souvenir des décennies passées, on évitera de trop magnifier la politique régionale communautaire européenne pour dénoncer le stato-centrisme prononcé d'organisations jugées moins évoluées : à ses débuts, elle offrait une place capitale aux États membres (avec la section sous-quota du FEDER) et un rôle insignifiant aux collectivités. Et point par point, il n'est pas certain que la comparaison soit tou-

15. M. MERLE, *Sociologie des relations internationales*, Dalloz, 3e éd., 1982, p. 116 ; voir 4e éd., 1988, p. 129. Voir aussi M. GRAWITZ, *Méthodes des sciences sociales*, Dalloz, Précis Droit public – Science politique, 11e éd. 2001, n° 414, p. 466 et s. : « Schéma simplifié et symbolique, destiné à fournir un cadre de raisonnement rigoureux pour expliquer une réalité quelconque » ; du même auteur, *Lexique des sciences sociales*, Dalloz, 8e éd., 2004, p. 278 et s.

jours au désavantage d'autres organisations, par opposition à l'Union européenne ; nos travaux antérieurs dans le cadre de cette Chaire UNESCO ont montré que sur tel aspect, les Européens n'ont pas mis sur pied les solutions les plus intégrées[16].

Il est donc peu original de constater que chaque organisation produit son modèle, au deuxième sens précisé ci-dessus, qui permet une appréhension systématique issue d'une démarche raisonnée, et cela se retrouve également, en ce qui concerne la gamme des modalités d'insertion des entités infra-étatiques au sein des organisations régionales, ce qui focalise ici notre attention. À ce propos, comme en d'autres domaines, il n'y a pas de clone.

Les sources d'inspiration diverses, conduisant à des dosages originaux d'ingrédients acclimatés ou inédits font penser au moins à de l'hybridation, à du métissage, et peut-être aussi à de la créolisation, au sens d'Édouard Glissant, écrivain martiniquais qui fut notamment directeur du *Courrier de l'UNESCO* : pour lui, la créolisation est la production d'une « donnée nouvelle, totalement imprévisible par rapport à la somme ou à la simple synthèse [des apports de l'extérieur] »[17]. Notre travail consiste aussi à guetter l'imprévu.

Concernant les relations entre organisations régionales, subcontinentales, et entités infra-étatiques, l'on constate que la prolifération des premières conduit à des chevauchements du point de vue du nombre des États participants et cela se répercute sur les entités impliquées, à leur insu ou délibérément. Cela peut conduire à des complémentarités, quand une organisation est lacunaire et que l'autre sert au moins initialement de palliatif : en Europe, la Charte de l'autonomie locale résulte des travaux au sein du Conseil de l'Europe et non de l'Union européenne. La pluralité d'organisations permet aussi un déploiement des relations des entités infra-étatiques entre elles. Déjà, l'appartenance à une même organisation peut favoriser la coopération territoriale transfrontière, c'est la transversalité connue en Europe. Mais il arrive aussi que des entités puissent participer à diverses organisations dont leur État d'appartenance n'est pas membre, du moins pas spontanément, comme on le voit à propos de la France dans les organisations de la Caraïbe, essentiellement

16. Sur l'accès des personnes privées au prétoire d'une Cour communautaire, voir le colloque de novembre 2011 : *Repenser les intégrations régionales dans les Amériques au prisme de la personne*, accès cité *supra* note (1).

17. E. GLISSANT, *Traité du Tout-Monde*, Gallimard, 1997, p. 37 ; voir aussi par ex. p. 210 : « La créolisation n'est pas une fusion, elle requiert que chaque composante persiste, même alors qu'elle change déjà. »

anglophones; la participation des collectivités françaises de la région a nécessité une évolution du droit interne, alors même que parfois la République a estimé devoir être partie prenante comme associée.

Aux relations verticales – entités infra-étatiques/État d'appartenance/organisation dont l'État est membre –, et horizontales – sous forme de relations transfrontières entre entités infra-étatiques relevant d'États membres d'une même organisation qui favorise cela –, s'ajoute éventuellement ce qu'on peut peut-être nommer, faute de mot plus approprié, les relations « obliques » des entités infra-étatiques autorisées à participer à des organisations dont l'État de référence n'est pas membre, du moins pas de plein exercice. Des entités peuvent se trouver en situation de pluriparticipation (avec éventuellement des formes variables du statut d'associé) au regard des organisations, soit avec leur État respectif qui lui-même participe à plusieurs organisations, soit sans lui.

Par-delà la transversalité/horizontalité telle qu'encouragée en Europe entre entités relevant des États membres, le désir de collectivités ultrapériphériques de coopérer avec leur voisinage extra-européen a poussé aussi l'Union européenne à améliorer les moyens financiers et juridiques d'agir en ce sens[18]; les projets qui prennent corps entre ces entités relevant de l'Union européenne et des territoires voisins éventuellement non indépendants illustrent une sorte de « transversalité augmentée ».

À ce stade de la présentation, l'absent de l'intitulé de notre colloque, l'État, est omniprésent. En 1993, à Nancy, se posait la question des risques encourus par l'État du XXIe siècle. Selon le professeur Jean Charpentier[19], l'affaiblissement généralisé de l'État procédait du risque de déperdition par le haut (du fait des sujétions impliquées par la participation à des organisations internationales, surtout si elles sont d'intégration); il pouvait être aussi miné transversalement par l'action de réseaux qui ne mènent pas que des activités légales (et l'on ne parlait pas encore

18. Après les propositions formulées en 2011 par la Commission européenne, voir règlement (UE) n° 1299/2013 du Parlement européen et du Conseil du 17 décembre 2013 portant dispositions particulières relatives à la contribution du Fonds européen de développement régional à l'objectif « Coopération territoriale européenne », *JOUE* L347, 20 déc. 2013, p. 259; également règlement (UE) n° 1302/2013 du Parlement européen et du Conseil du 17 décembre 2013 (groupement européen de coopération territoriale – GECT), *JOUE* L347, 20 déc. 2013, p. 303.

19. J. CHARPENTIER, « Le phénomène étatique à travers les grandes mutations politiques contemporaines », p. 11-38, *in* SFDI, *L'État souverain à l'aube du XXIe siècle*, Colloque de Nancy, Pedone, 1994, 318 p.

de « réseaux sociaux ») ; quant au renforcement et au dynamisme des entités infra-étatiques, au cours du même colloque, le professeur Olivier Audeoud posait la question : « N'y a-t-il pas risque d'un démembrement des États "par le bas" et "horizontalement" du fait de coopérations transfrontières induisant des solidarités nouvelles que le suffrage local pourrait légitimer ? »[20]

Ces quelques mentions soulignent la récurrence des questions qui nous occupent encore, deux décennies plus tard ; en 2013 et après, la substance des relations entre États, organisations et entités infra-étatiques a sans doute changé ; mais pour notre propos, nous voyons que l'État demeure un médiateur – plus ou moins actif, plus ou moins bienveillant – entre entités infra-étatiques et organisations.

Quant aux relations entre les deux types de personnes – organisations et entités infra-étatiques –, le programme des travaux de notre colloque a retenu les aspects généraux du diptyque classique distinguant, d'une part, la *représentation et la participation* des secondes dans les premières (Ire Partie) et, d'autre part, le contenu des *interactions* entre elles (IIe Partie), quoique les collègues intervenants aient eu la liberté de dépasser ce clivage simplificateur.

Sur cette toile de fond générale, s'inscrit la problématique des collectivités *ultrapériphériques* et des territoires souvent qualifiés de *non indépendants*, à travers la présentation de dynamiques à l'œuvre notamment dans la Caraïbe. Ainsi, ont pu échanger sur cette thématique universitaires et décideurs locaux, contribuant à une table ronde, qui a fourni la substance de la IIIe Partie du présent ouvrage.

Les promoteurs du projet, dont le lecteur pourra prendre connaissance des résultats dans les pages qui suivent, avaient pour ambition aussi de suivre ce qu'Édouard Glissant dénommait, dans son premier article au *Courrier de l'UNESCO*, « La Vocation de comprendre l'Autre »[21]. Il reste à espérer que le pari est gagné.

Schœlcher, avril 2014.

---

20. O. AUDEOUD, « Les collectivités infra-étatiques dans la vie internationale », *op. cit.*, p. 139-169, p. 141.

21. *Courrier de l'UNESCO*, déc. 1981, p. 32-35, *http://unesdoc.unesco.org/images/0007/000747/074754fo.pdf#47853.*

Partie I

La représentation et la participation des entités infra-étatiques dans les organisations de coopération et d'intégration régionales

1. LE RÔLE DES AUTORITÉS SUB-ÉTATIQUES DANS LES PROCESSUS D'INTÉGRATION CONTINENTALE ET SUB-CONTINENTALE : ÉLÉMENTS DE COMPARAISON

par

Romain PASQUIER

Directeur de recherche au CNRS
CRAPE/UMR 6051, IEP de Rennes

Les enjeux de cohésion territoriale et de gouvernance à niveaux multiples sont au cœur des politiques contemporaines de développement. Un ensemble d'études des organismes internationaux montre en effet des inégalités croissantes entre les territoires. Les disparités territoriales ne cessent de s'accroître entre les continents (décrochage de l'Afrique subsaharienne et de l'Asie du Sud), entre les pays, mais plus encore à l'échelle infra-étatique en particulier dans les grands pays émergents. À ces défis, les États ont construit depuis plusieurs décennies une série d'outils institutionnels et financiers. Ils sont en particulier engagés dans de grands processus d'intégration continentale en Afrique, en Asie, dans les Amériques, en Europe où l'Union européenne fait figure de modèle. Depuis vingt-cinq ans, l'Union européenne développe ainsi une politique régionale (par les fonds structurels) qui vise à corriger les disparités de développement entre les territoires. Cette politique de cohésion a permis une implication croissante des acteurs sub-étatiques dans la cogestion de cette politique structurelle, les régions devenant des partenaires légitimes de la Commission européenne qui tend à les y associer. Ce modèle européen est-il pertinent pour les autres ensembles régionaux ? Peut-on observer des formes similaires d'implication des autorités sub-étatiques dans ces grands processus d'intégration autour d'enjeux de développement régional ? À partir d'une récente étude pour la DG Regio[1], cet article analysera tout d'abord le panorama très contrasté du rôle des autorités sub-étatiques dans des organisations d'intégration sous-continentale à vocation politique (UE, CEDEAO/UEMOA, MERCOSUR) (I) ou économique (ALENA, ASEAN) (II) dans cinq aires géopolitiques distinctes. Cette première analyse permettra ensuite de dégager une série de paramètres de comparaison expliquant la variété des modes de participation des autorités sub-étatiques aux organisations d'intégration régionale (III).

I. Les modèles d'intégration politique : une gouvernance multiniveaux très inégale

Les organisations d'intégration régionale à vocation politique, c'est-à-dire qui sont dotées d'objectifs de coopération renforcée, sont les plus à même d'offrir des opportunités d'action pour les acteurs sub-étatiques. De ce point de vue, l'UE fait figure de modèle. Cependant, les cas sud-américain et ouest-africain qui s'inspirent parfois du modèle européen sont loin d'incarner une gouvernance multiniveaux.

A. Union européenne : les canaux de mobilisation des acteurs infra-étatiques

Dans les années 1990, plusieurs auteurs théorisent la nature du changement en identifiant la structuration d'un système de gouvernance multiniveaux et/ou l'émergence d'une forme de néo-régionalisme en Europe de l'Ouest. Si l'on suit les prédictions de Liesbet Hooghe et Gary Marks[2], le point ultime de l'intégration européenne serait la montée en puissance d'un niveau de gouvernement régional qui entrerait inévitablement en concurrence avec les vieux États nations. Cette approche repose sur trois phénomènes empiriques principaux : (1) la mise en œuvre

1. *Rapport Commission européenne/Fogar, Évaluation de l'implication des Régions et États fédérés dans les processus d'intégration régionale au niveau continental et sous-continental*, procédure de marché n° 2011CE160AT022, DG Regio, mai 2012, 115 p.

2. L. Hooghe, G. Marks, *Multilevel Governance and European Integration*, Lanham, MD Rowman and Littlefield, 2001.

de la politique régionale; (2) l'institutionnalisation d'une représentation territoriale au niveau de l'UE; et, enfin (3) le développement de l'activité transnationale des régions et des villes.

En situation de concurrence face aux administrations centrales des États membres, la Commission européenne cherche des alliés auprès des gouvernements et administrations régionales. Que ce soit lors de la création de la politique régionale dans les années 1970, lors de la réforme des fonds structurels à la fin des années 1980 ou dans le rôle joué par les acteurs régionaux et locaux dans les politiques publiques européennes, la Commission européenne cherche à impliquer toujours davantage les régions dans le processus d'intégration européenne. Ainsi, à travers la programmation des fonds structurels, la Commission européenne devient un partenaire institutionnel incontournable pour les régions européennes. Selon l'organisation politique des États membres, les régions peuvent être soit les autorités de gestion des fonds structurels, ou de simples partenaires aux côtés des administrations d'État. Si l'influence européenne est indéniable au niveau des *policies* (la définition de politiques régionales) élaborées à la demande de la Commission en vue de permettre la mise en œuvre de la politique régionale européenne et que toutes les contributions confirment l'impact des normes européennes dans ce domaine (création d'une capacité administrative au niveau régional faite d'acteurs régionaux susceptibles d'administrer les fonds, de procédures de programmation rationalisées, de l'élaboration de stratégies de développement régional, etc.), les effets sur la *polity* (soit les arrangements institutionnels et politiques internes des États) ont été bien moindres[3]. En effet, à travers le chapitre 21[4], l'UE ne fait qu'exiger une configuration institutionnelle appropriée pour mettre en œuvre les fonds structurels à l'aune du principe de partenariat. Or ce dernier peut prendre des formes très variées (collectivités territoriales, administrations déconcentrées, agences de développement) et masquer en réalité une décentralisation en trompe-l'œil. Mais, en tout état de cause, la politique régionale accroît indiscutablement

3. R. PASQUIER, C. PERRON, « Régionalisme et régionalisation dans une Europe élargie : les enjeux d'une comparaison Est/Ouest », *Revue d'études comparatives Est/Ouest*, 39 (3), 2008, p. 5-18.

4. Au cours du processus d'élargissement de l'Union européenne, l'acquis communautaire a été divisé en 31 chapitres aux fins de négociation entre l'UE et les États candidats à l'adhésion à partir de 2004. Le chapitre 21 concernait la « Politique régionale et la coordination des instruments structurels ».

la régionalisation des enjeux d'action publique dans des secteurs aussi variés que le développement économique, la recherche, l'environnement, le développement local ou le tourisme.

Ce renforcement de la légitimité politique des régions dans l'UE est encore accru par l'institutionnalisation d'une représentation des pouvoirs locaux et régionaux à l'échelon communautaire avec la création par le traité de Maastricht, en 1992, du Comité des Régions (CdR). Si l'institution a connu des difficultés à se construire une visibilité politique, elle semble en voie d'affirmation. Le Comité des Régions est l'assemblée politique qui fait entendre la voix des collectivités régionales et locales dans l'élaboration des politiques et de la législation communautaires. Les traités imposent à la Commission, au Parlement et au Conseil de consulter le Comité des Régions pour toute nouvelle proposition touchant l'échelon régional ou local. Avant l'adhésion de la Croatie, il compte 344 membres, qui sont issus des 27 États membres de l'UE et dont les travaux se déroulent au sein de six commissions. C'est là qu'ils examinent les propositions, mènent des débats et engagent des discussions afin de rédiger des avis officiels sur les dossiers essentiels. Le traité de Lisbonne fait du CdR le véritable gardien du principe de subsidiarité avec désormais la possibilité juridique de saisir la Cour de justice de l'UE, sous condition, en cas d'infraction à ce principe par les institutions de l'UE.

L'implication des acteurs sub-étatiques se concrétise aussi *via* des stratégies de contournement de l'État et la construction de coalitions régionales pour défendre ou promouvoir une série d'intérêts régionaux[5]. Les logiques institutionnelles, la défense des intérêts ou les stratégies politiques des acteurs régionaux changent d'échelle. Ainsi, l'espace européen produit une recomposition des intérêts qui se traduit dans la construction de nouveaux réseaux et stratégies régionales et interrégionales. La diversification et l'intensification de l'activité transnationale des régions françaises sont un effet important de l'intégration communautaire. La globalisation et l'interdépendance élargissent le champ d'activité des autorités sub-étatiques. De même que les gouvernements centraux, les régions tendent à ajuster leurs comportements en fonction des nouveaux défis nationaux et internationaux dans la mesure où nombre de secteurs d'action publique, l'environnement, les transports, l'aménagement du territoire ou la culture, apparaissent de plus en plus conditionnés par l'espace européen. Le développement de l'activité transnationale

5. M. Keating, *The New Regionalism in Western Europe: Territorial Restructuring and Political Change*, London: Edward Elgar, 1998 ; R. Pasquier, *Le pouvoir régional. Mobilisations, décentralisation et gouvernance en France*, Paris, Presses de Sciences-Po, 2012.

des régions européennes utilise ainsi plusieurs canaux : l'ouverture de bureaux de liaison et d'information à Bruxelles et la création d'associations et de réseaux de coopération interrégionale[6].

B. Intégration sud-américaine : une domination de l'intergouvernementalisme

Fruit de l'imaginaire collectif latino-américain ou sud-américain, l'idée d'un continent uni sous une même bannière a très vite suivi la formation de l'État-nation sud-américain au XIXe siècle[7]. Dans la seconde moitié du XXe siècle, la Commission économique pour l'Amérique latine des Nations unies (CEPAL), organisée autour de la pensée de Paul Prebish[8] devient le cadre de référence pour les projets d'intégration régionale comme l'Association latino-américaine de libre-échange (ALADI) en 1960, la Communauté andine (Bolivie, Pérou, Chili, Équateur, Colombie et Venezuela) en 1973. Mais ces expériences s'avèrent des échecs relatifs, résultats de pays possédant un même espace géographique, mais demeurant protectionnistes et peu ouverts aux échanges régionaux. Du fait de stratégies de développement économique autonomes, ils sont en possession d'industries concurrentes et difficilement complémentaires au sein d'un projet d'association[9].

Dans les années 1990, le Marché commun du Sud (MERCOSUR) a porté l'espérance d'un ensemble régional plus intégré. Cependant, les rivalités économiques et politiques internes, les asymétries de développement font de ce sous-continent un ensemble faiblement intégré en dépit d'un grand nombre d'initiatives, la dernière en date étant la création de l'Union des nations sud-américaines (UNASUR)[10]. La cohésion économique et sociale est donc un obstacle majeur à l'intégration régionale dans cette région du monde. Après la crise du début des années 2000, les élites

6. R. PASQUIER et C. PERRON, « Régionalisme et régionalisation dans une Europe élargie : les enjeux d'une comparaison Est/Ouest », 2008, *op. cit.*

7. A. ARTIGAS, *Amérique du Sud : les démocraties inachevées*, Paris, Armand Colin, 2005.

8. Économiste argentin, il est considéré à la fin des années 1980 comme le père de la théorie de la dépendance.

9. S. CESARIN, « Los nuevos escenarios de integración en Asia y América latina y el Caribe: la ASEAN y el MERCOSUR desde una perspectiva comparativa », *in* P. LAMBADE, S. KOCHI, J. RUIZ, *Del regionalismo latino-americano a la integración interregional*, Madrid, Fundación Carolina Sigo XXI, 2008.

10. A. ARTIGAS (dir.), « L'union fait la force : l'intégration régionale et commerciale en Amérique du Sud », *Notre Europe*, Études et recherches n° 54, 2006.

politiques et économiques sud-américaines semblent l'avoir compris en prenant des initiatives novatrices en créant par exemple, un fonds de convergence structurelle dans le MERCOSUR en 2005 ou en développant un programme d'infrastructures structurantes à l'échelle de l'UNASUR. Cependant, ces initiatives semblent être menées dans une logique intergouvernementale où les autorités sub-étatiques ont des difficultés à trouver leur place.

La création du MERCOSUR en 1991 a marqué un tournant dans l'intégration régionale sud-américaine avec l'union des deux géants du Cône Sud (Brésil et Argentine) et de deux petits pays qui leur étaient étroitement associés tant pour des raisons géographiques, historiques qu'économiques[11] (Paraguay et Uruguay). À la suite de la crise économique du début des années 2000, il fait de la cohésion territoriale un de ces objectifs majeurs. Finalement, après de laborieuses négociations et s'inspirant du modèle européen[12], le MERCOSUR crée en 2005 un fonds pour la convergence structurelle (FOCEM) doté d'un budget propre et d'une Unité technique[13]. Il s'agit de « développer des politiques communes ayant pour visées la convergence structurelle et l'augmentation de la compétitivité du MERCOSUR ». Le FOCEM a cependant bien des difficultés à s'extraire de logiques intergouvernementales nationales. Ainsi, l'Unité technique du FOCEM n'a qu'une autonomie relative. Elle doit tenir compte des unités techniques nationales (UTNF) qui sont chargées de préparer les projets dans chacun des États membres et de gérer les fonds lorsque les projets sont approuvés. Ajoutons que les autorités locales et régionales ne peuvent cofinancer les projets du FOCEM. On reste ici dans un dispositif purement intergouvernemental où les autorités sub-étatiques sont absentes.

Au-delà des initiatives prises dans le cadre du MERCOSUR, d'autres outils de cohésion territoriale existent. Pour l'essentiel, ils reposent sur des initiatives gouvernementales multilatérales qui n'impliquent qu'à la marge les autorités sub-étatiques. Les deux grands États du MERCOSUR, le Brésil et l'Argentine, ont ainsi développé des outils d'aménagement du territoire et de développement régional, dès les années 1950 et 1960. À partir de 2000, cette coopération intergouvernementale

---

11. Ayant progressivement tissé des liens au cours des années 1970, ils étaient devenus progressivement dépendants.

12. A. Hoste, *Towards a Mercosur Regional Development Fund? Transferring European Union experience*, Phd, University of Birmingham, 2003.

13. L'Unité technique du FOCEM est composée en 2012 de onze fonctionnaires rattachés au secrétariat général du MERCOSUR.

pour le développement régional prend une nouvelle ampleur avec la création de l'initiative pour l'intégration régionale sud-américaine (IIRSA), lors du sommet de Brasilia où l'ensemble des chefs d'État sud-américains décide d'une plus grande intégration économique et politique sud-américaine, notamment en construisant un agenda commun de projets d'infrastructures de transports, d'énergie et de communication. Les transports et les voies de communication font irruption désormais comme priorité du développement continental (routes, autoroutes, chemins de fer, voies fluviales, installations portuaires). Les *corredores* ou corridors bi-océaniques longitudinaux et transversaux constituent les priorités de l'IIRSA. Les processus de décision, les choix stratégiques, les procédures de financement soulignent le poids de l'intergouvernemental dans le pilotage de l'IIRSA. S'ils ne sont pas absents en particulier dans les projets transfrontaliers qui concernent le Brésil et l'Argentine, les autorités sub-étatiques ne sont au mieux que des cofinanceurs de projets. L'impulsion politique reste stato-centrée à l'image du FOCEM.

Le MERCOSUR a bien essayé d'impliquer davantage les autorités sub-étatiques en créant en 2004, sous l'impulsion du Brésil le « Forum consultatif des villes, États fédérés, provinces et départements du MERCOSUR ». S'inspirant du Comité des Régions de l'UE, ce Forum entend être le porteur-parole des autorités sub-étatiques dans le MERCOSUR en fédérant notamment les associations nationales des autorités nationales et locales de chacun des États membres. Au sein de ce Forum, deux comités ont été créés : un comité des gouverneurs et un comité des municipalités. Tous les États membres du MERCOSUR ont décidé d'envoyer au sein de ce Forum des délégations nationales composées des associations nationales des régions, départements et municipalités présidées par les ministères chargés des Affaires locales ou fédérées, ce qui n'a pas manqué d'en paralyser le fonctionnement. Là encore, l'approche stato-centrée a prédominé. Peu saisi, prenant très peu d'initiatives, ce Forum n'a pas réussi à trouver sa place dans l'architecture institutionnelle du MERCOSUR. Le Comité des gouverneurs (de régions) vivote en organisant annuellement ou biannuellement une initiative à vocation représentative. Seul le Comité des municipalités fonctionne, car le secrétariat technique est assuré par un réseau plus structuré et dynamique, le réseau Mercocités (*Mercociudades*). Ce réseau se crée en 1995 comme une réaction au traité d'Asunción qui s'inspire de la philosophie libérale à la base du MERCOSUR. En revanche, les maires qui créent *Mercociudades* partagent d'autres valeurs, en particulier celles d'une véritable intégration régionale et souhaitent créer un espace politique pour les gouvernements locaux dans le cadre de ce processus d'intégration régionale[14]. *Mercociudades* naît donc de la philosophie intégratrice de douze villes du MERCOSUR avec à leur tête Montevideo qui assure le secrétariat technique[15]. C'est aujourd'hui plus de 200 villes du MERCOSUR et de pays associés (Bolivie, Venezuela) qui font partie de Mercocités. Ce réseau se mobilise dès la fin des années 1990 pour obtenir un espace institutionnel au sein du MERCOSUR. De 2001 à 2004, ce sera d'abord le REMI *(Reunion especializada de municipios e intendecias del Mercosur)*, puis le Forum consultatif à partir de 2004. Le réseau s'est mobilisé pour la création du FOCEM et plaide pour une ouverture aux autorités locales et régionales. Mercocités prend ainsi position sur la centralisation administrative du FOCEM. Il estime que la contrepartie nationale monopolisée par les quatre États devrait s'ouvrir au cofinancement local sur le modèle des fonds structurels de l'UE. Il plaide aussi pour la création de nouveaux fonds pour renforcer l'intégration régionale. Flexible, réactif, ce réseau semble être un exemple réussi d'une mobilisation d'acteurs territoriaux dans le cadre de l'intégration sud-américaine. Avec la création de l'UNASUR se pose cependant la question du futur périmètre de Mercocités et de son élargissement possible à l'échelle du continent. Le 15 février 2012, s'est ainsi créé le réseau des villes de l'UNASUR à l'initiative des maires de Quito, Bogota et Lima pour coopérer sur des thématiques diverses telles que le changement climatique, le transport multimodal ou les politiques sociales.

Ainsi les seules autorités sub-étatiques très impliquées dans l'intégration régionale en Amérique du Sud semblent être les grandes villes. Dans les pays qui disposent de gouvernements intermédiaires d'importance (Brésil, Argentine), ceux-ci restent cantonnés au mieux à des logiques politiques de coordination nationale des investissements en faveur du développement régional. Ils ne s'engagent que très ponctuellement dans des opérations de coopération transfrontalière. L'action publique dans le cadre d'une organisation internationale reste du domaine réservé des États centraux.

---

14. Très proche du réseau Eurocités, Mercocités s'inspire de cette expérience.

15. Pour la ville de Montevideo, animer le réseau Mercocités entre dans une stratégie plus globale d'internationalisation de la capitale uruguayenne.

C. Intégration ouest-africaine : la faiblesse des structures de décentralisation

À l'instar des autres régions du monde, les pays africains après leurs indépendances ont engagé mouvement intégrationniste. L'Afrique, en particulier l'Afrique de l'Ouest, compte une multiplicité d'organisations de coopération dont les zones respectives se chevauchent, ce qui ne facilite pas le recensement des canaux, et des opportunités ouvertes aux acteurs sub-étatiques. Ainsi, certaines organisations africaines d'intégration au niveau continental ou sous-continental manifestent un réel intérêt pour les acteurs infra-étatiques et une volonté affichée de les impliquer dans les processus d'intégration.

Ainsi, la Communauté économique des États d'Afrique de l'Ouest (CEDEAO) développe des politiques autour des notions de « pays-frontière » ou encore d'« intégration de proximité ». Le « pays-frontière » est défini comme « un espace géographique situé à cheval sur les lignes de partage de deux ou plusieurs pays limitrophes où vivent des populations liées par des rapports socio-économiques et culturels »[16]. Il a été opérationnalisé à travers la mise en œuvre d'un programme de coopération transfrontalière intitulé « Programme d'initiatives transfrontalières ». L'Union économique et monétaire ouest-africaine (UEMOA) quant à elle, se fixe comme objectif, entre autres, de renforcer la compétitivité des activités économiques et financières des États membres en promouvant une coordination des politiques sectorielles nationales (aménagement du territoire, transports et télécommunications, environnement, agriculture, énergie, mines et industrie) et cherche à impliquer les autorités infra-étatiques dans le processus d'intégration sous-régionale. Elle s'est notamment dotée d'une politique d'aménagement du territoire communautaire et a institutionnalisé une représentation politique des collectivités territoriales. Cette politique d'aménagement du territoire est mise en œuvre à travers un fonds structurel dénommé « Fonds d'aide à l'intégration régionale et la coopération transfrontalière ». Les bases de la mise en place d'une plateforme des collectivités territoriales de l'espace UEMOA ont été jetées lors d'une réunion de concertation entre la commission de l'UEMOA, les maires des villes-capitales et les présidents d'associations des pouvoirs locaux. Au cours de cette rencontre, il a été proposé que cette plateforme soit l'assemblée des autorités locales et permette d'assurer la représentation institutionnelle de l'ensemble des collectivités territoriales de l'espace UEMOA. Ensuite, lors de la tenue de

16. *Le concept de « pays-frontière » dans le processus d'intégration sous-régionale ouest-africaine*, Résultats du séminaire de Sikasso (Mali) du 2-7 mars 2002.

la conférence régionale de Ouagadougou en juin 2010, l'UEMOA a soutenu la création du Conseil des collectivités territoriales (CCT) comme organe consultatif communautaire dont la principale mission sera de refléter le point de vue des collectivités territoriales et des populations qu'elles représentent dans les politiques et stratégies de développement de l'Union[17]. Le CCT a pour mission d'assurer une participation accrue des collectivités territoriales à la réalisation des objectifs de l'UEMOA. Son objet est de réaliser l'implication effective des élus locaux dans le processus d'intégration de l'Union par l'examen et l'appréciation de toutes questions susceptibles d'avoir un impact sur les collectivités territoriales au sein de l'Union[18]. Inspirée du modèle de l'UE, la création de cet organe dans le dispositif institutionnel de l'UEMOA est une grande première dans le concert des organisations africaines d'intégration. Le CCT émet des avis, à son initiative ou par saisine des associations de pouvoirs locaux, des États membres, du Conseil des ministres, de la Commission ou du Parlement de l'Union.

Cependant, cette volonté d'une implication croissante des acteurs locaux et régionaux dans l'intégration ouest-africaine se heurte aux problèmes structurels de nombre États ouest-africains à savoir, une forte bureaucratie, une autorité souvent défaillante et une faiblesse de ressources économiques. Ainsi, les ressources fiscales des collectivités locales ouest-africaines leur permettent rarement de s'engager dans des processus de coopération de longue durée.

II. Les modèles d'intégration économique : l'empreinte des traditions étatiques

Le bilan contrasté de l'implication des acteurs sub-étatiques se poursuit lorsque l'on étudie des organisations de coopération à vocation économique en Amérique du Nord et en Asie. L'empreinte des traditions étatiques semble encore plus présente.

17. Déclaration, Conférence régionale sur le thème « Développement territorial et cohésion sociale au sein de l'espace UEMOA : Quel rôle et quelles modalités d'implication des collectivités territoriales dans le processus d'intégration régionale », Ouagadougou, 8-10 juin 2010.

18. Article 5 de l'Acte additionnel au traité de l'UEMOA.

A. ALENA : le dynamisme de la coopération transfrontalière

En Amérique du Nord, l'entrée en vigueur de l'ALE puis de l'ALENA n'a fait qu'accélérer les processus d'intégration régionale, puisque l'augmentation des échanges entre les États étatsuniens et mexicains (en particulier les États frontaliers) a obligé les provinces à se consulter et coordonner leurs actions avec leurs vis-à-vis pour régler des questions qui relèvent de leurs champs de compétence. La dynamique des relations transfrontalières et la logique intégrative en Amérique du Nord sont cependant très différentes de celles qui s'observent en Europe[19]. Alors que l'objectif de l'UE est de construire une union politique et économique, celui de l'ALENA est de mettre les bases d'une simple zone de libre-échange. L'ALENA contrairement à l'UE ne possède pas d'institutions comme le Comité des Régions, il n'existe pas d'instance infranationale ou de dialogue multiniveaux. Les moyens d'influence des États fédérés sur le processus d'intégration en Amérique du Nord passent plus par des relations avec le gouvernement national et un rôle plus actif dans la politique étrangère de l'État. Les liens entre les États fédérés en Amérique du Nord sont ainsi plutôt faibles lorsqu'on les compare avec ce qui se produit en Europe. Cette faible institutionnalisation de la coopération transfrontalière ne signifie pas que la mondialisation, l'intégration régionale et l'interdépendance n'ont pas favorisé une intensification des relations transfrontalières entre les provinces canadiennes, les États étatsuniens et les États mexicains. Les trois pays membres de l'ALENA sont en effet des régimes fédéraux où les États fédérés ont de nombreuses responsabilités constitutionnelles.

Ainsi, lors des négociations de l'ALE puis de l'ALENA, le rôle joué par les États fédérés en Amérique du Nord est resté, somme toute, assez marginal. Pendant les négociations de l'accord de libre-échange canado-américain, les provinces canadiennes et les États américains ne se sont pas rencontrés afin de parler du contenu de l'accord[20]. Il en a été de même lors des négociations de l'ALENA. Du côté canadien par exemple, lors des négociations de l'Accord de libre-échange avec les États-Unis, les Premiers ministres provinciaux ont rencontré le Premier ministre canadien, Brian Mulroney, quatorze fois en dix-huit mois. Un mécanisme intergouvernemental a été institué pour gérer les relations entre les provinces et le gouvernement fédéral lors de cette importante négociation. Ce mécanisme

19. F. ALDECOA et M. KEATING, *Paradiplomacy in Action. The Foreign Relations of Subnational Governments*, Londres, Frank Cass Publishers, 1999 ; S. PAQUIN, *Paradiplomatie et relations internationales*, Bruxelles, PIE, 2004.

20. Ch. KUKUCHA, *The Provinces and Canadian Foreign Trade Policy*, Vancouver, UBC Press, 2008.

a évolué en forum permanent et se nomme aujourd'hui le forum C-commerce *(C-trade meeting)*. Rien d'équivalent n'existe entre les États fédérés en Amérique du Nord. Si les provinces canadiennes ont négocié entre elles, elles n'ont toutefois pas négocié avec leurs vis-à-vis américain et mexicain. Le fait que les États fédérés aient été peu présents dans les négociations de l'ALE et l'ALENA ne signifie pas automatiquement l'absence de relations transfrontalières entre ces acteurs sur ce territoirc. En effet, à l'heure actuelle, environ 400 ententes lient les États étatsuniens et les provinces canadiennes. Plus de 100 ententes ont été conclues uniquement sur les questions d'environnement et de ressources naturelles. Les deux tiers de ces ententes ont été conclus au cours des vingt dernières années et engagent 46 États étatsuniens, l'ensemble des provinces canadiennes et plusieurs États mexicains (principalement les États frontaliers). Les gouvernements centraux du Canada et des États-Unis ne sont pas associés dans près de la moitié de ces accords. La plupart des États du Nord des États-Unis et toutes les provinces de l'Est du Canada participent à des réunions annuelles depuis 1973. La Conférence des gouverneurs de la Nouvelle-Angleterre et des Premiers ministres de l'Est du Canada (CGNA-PMEC) a conclu des ententes sur de nombreux sujets comme le commerce régional et le tourisme, les échanges d'étudiants dans les institutions d'éducation supérieure et le développement conjoint de l'Internet. Sur la côte Ouest des États-Unis, l'État de Washington, l'Oregon, l'Idaho, le Montana et l'Alaska se sont joints à l'Alberta et la Colombie-Britannique pour créer en 1991 la *Pacific Northwest Economic Region* (PNWER) dont le siège social est à Seattle. L'objectif prioritaire de cette association est de stimuler l'essor économique. De nombreux groupes de travail ont été mis sur pied et travaillent sur les questions de foresterie, tourisme, agriculture et environnement.

De son côté, l'ALENA a encouragé la formation de liens transnationaux entre les États étatsuniens et les États mexicains[21]. Le Texas détient des accords avec trois États mexicains transfrontaliers sur le commerce, l'investissement et la coordination des politiques. Le Nouveau-Mexique a conclu des accords sur les questions environnementales avec l'État de Chihuahua. L'Arizona a créé des groupes de recherche binationaux sur les questions de santé et d'environnement. La Californie

21. H. E. S. Nesadurai, « Attempting Developmental Regionalism through AFTA ; The Domestic Sources of Regional Governance », *Third World Quaterly*, vol. 24, n° 2, 2003, p. 225-253.

a établi un Bureau pour le commerce avec le Mexique. De plus, tous les États américains ont au moins un « État frère » ou « *Sister-State* » et plus de 1 100 villes entretiennent 1 775 jumelages dans 123 pays, dont la majorité au Mexique[22].

Par ailleurs, il existe une vingtaine de corridors de commerce entre les provinces canadiennes et les États américains, créés suite à la ratification de l'Accord de libre-échange et l'intensification du commerce transfrontalier Nord-Sud[23]. Le Québec et de nombreuses provinces canadiennes participent aussi aux sommets NASCO qui réunissent des États américains, mexicains et canadiens sur les questions de transports[24]. L'intensification des relations transnationales a également donné lieu à la création d'organisations transnationales sub-étatiques souvent très spécialisées. Elles couvrent en effet des domaines très variés : la santé, la gestion des eaux limitrophes (en particulier les Grands Lacs) et l'exploitation des voies navigables, l'application des lois, l'énergie, la lutte contre les feux de forêt, la protection de l'environnement, la sécurité transfrontalière, la gestion des réseaux électriques, ou encore l'administration du réseau routier et des ponts. La majorité des organisations transnationales sub-étatiques sont des créations récentes qui ont suivi l'entrée en vigueur de l'ALENA. La plupart du temps, une ou plusieurs provinces canadiennes intègrent des organisations américaines déjà existantes. Certaines organisations regroupent des parlementaires alors que d'autres regroupent des gouverneurs et des Premiers ministres.

B. ASEAN : des acteurs sub-étatiques aux abonnés absents

Comme dans le cas américain, l'intégration régionale portée par l'ASEAN est très faiblement institutionnalisée en comparaison de l'UE[25]. À une intégration régionale fortement institutionnalisée au sein des traités dans le cas de l'UE et articulée à une structure administrative complexe vient s'opposer une intégration régionale du Sud-Est asiatique qui repose certes sur des traités entre États membres, mais qui vise principalement à favoriser les échanges commerciaux à l'extérieur. Dans

22. J. KINCAID, « The International Competence of US States and Their Local Government », *in* F. ALDECOA and M. KEATING, *op. cit.*

23. D. L. VANNIJNATTEN, « Towards Cross-Border Environmental Policy Spaces in North-America: Province-State Linkages on the Canada-U.S. Border », *AmeriQuests*, vol. 3, n° 1, 2006, p. 1-19.

24. *http://www.nasconetwork.com.*

25. F. BAFOIL, *Capitalismes émergents. Économies politiques comparées Europe de l'Est et Asie du Sud-Est*, Paris, Presses de Sciences Po, 2012.

un cas, l'UE, les échanges s'opèrent de manière complexe au travers des circuits verticaux et horizontaux. Dans l'autre cas, l'ASEAN, les autorités étatiques monopolisent la structuration de l'architecture politique ; les *polities* sont étroitement centralisées. Il n'est pas question de décentralisation, en raison des risques de danger sur la centralité et l'unité de l'État : ainsi en va-t-il du grand nombre de minorités, des conflits ethniques et religieux, des mouvements sécessionnistes.

L'ASEAN ne peut donc pas énoncer une politique d'intégration régionale. Ses principes de base postulent en effet la non-interférence dans les affaires d'un État membre, le non-usage de la force et le respect intangible de la souveraineté des États. Dans ces conditions, l'ASEAN est interdite de contrainte à l'égard de ses membres. Elle est donc empêchée d'exercer la moindre prétention à la conditionnalité et à l'ajustement. Il ne peut pas être question de cohésion territoriale expressive d'une politique de l'ASEAN.

En demeurant souverains sur leur propre territoire, les États sont en droit de ne partager aucune ressource commune avec leurs pays frontaliers. Il s'agit exclusivement d'États centralisés, et pour la très grande majorité d'entre eux, de régimes non démocratiques, autoritaires, voire dictatoriaux. Cependant, des coopérations transfrontalières ont lieu. Des infrastructures de transport conjointes maillent le territoire commun. Des échanges s'opèrent. Si tous ces facteurs de coopération ne sont placés ni sous l'autorité (défaillante) de l'ASEAN, ni sous celle d'un quelconque État membre qui, si cela était le cas, occuperait une position hégémonique, c'est parce que d'autres relais remplissent ce rôle. C'est le cas soit d'accords bilatéraux, soit d'institutions non politiques, chargées d'une mission de délégation des États. C'est le cas par exemple de la Commission économique et sociale des Nations Unies (UNESCAP) et de la Banque asiatique du développement. Seules des institutions internationales sont habilitées à mettre en œuvre des projets partagés, sans en laisser la responsabilité à un pays en particulier. C'est en effet, parce que durant de très longues périodes, tous ces pays ont été en guerre les uns contre les autres et que les traces en sont visibles encore aujourd'hui, que seules des institutions non politiques comme l'ESCAP ou la Banque peuvent élaborer ces modes de coordination. Elles prennent forme comme autant d'arrangements intergouvernementaux qui portent le nom de « pôles de croissance » *(Growth Poles)* ou de « corridors économiques » *(Economic Corridors)*. Par leur intermédiaire, les pays membres peuvent espérer atteindre plus efficacement les mers environnantes et plus loin, les continents éloignés, l'Inde, la Chine.

Cela posé, les États n'en restent pas moins maîtres de leurs territoires. D'où la tension considérable qui traverse la région du Sud-Est asiatique. Elle se trouve en effet orientée par des objectifs de compétitivité dont les corridors de transport sont les vecteurs, et par des impératifs de souveraineté nationale revendiqués par des États qui rechignent à conférer aux échelons locaux les responsabilités qui pourraient leur permettre d'être les acteurs du développement. Si des corridors existent bien qui maillent le territoire de l'ASEAN, néanmoins les coopérations transfrontalières s'avèrent le plus souvent manquantes. Les « *hard infrastructures* » représentées par les corridors de transport ne suffisent pas à assurer l'intégration régionale. Les « *soft infrastructures* » – celles qui touchent aux coopérations entre acteurs – sont les maillons essentiels de l'intégration. Ils sont défaillants.

Dans ce cadre, les stratégies nationales dominent en matière d'intégration régionale[26]. Faiblement dotés en ressources humaines, les pays cherchent à s'intégrer aux courants du développement et aux dynamiques transnationales que supportent les investisseurs étrangers, japonais d'abord et chinois désormais. Deux types de développement voient dès lors le jour : une forme de développement porté par la puissance publique sur la base d'accords publics/privés et articulés aux chaînes de valeur régionales émergentes. Ce sont les *Growth Poles* et autres corridors économiques ; une forme de développement en « peau de léopard » dont les taches représentent les pics (réels ou espérés) des zones spéciales dont la capacité d'entraînement des régions environnantes (*spillover*) demeure douteuse. Dans un cas, on a à faire au « *regionalism* » porté par les accords intergouvernementaux et un développement « *State-led* » (orienté par l'État). Dans l'autre cas, il s'agit de la « *regionalization* » portée par les dynamiques « *bottom up* » des acteurs privés, parfois en cheville avec les acteurs publics, notamment par l'intermédiaire de l'aménagement de zones spéciales.

III. Les paramètres de comparaison

À partir de ce panorama, il est possible de dégager des paramètres pouvant expliquer l'implication relative des autorités sub-étatiques dans les organisations de coopération. Tout d'abord, il est important de dégager les facteurs institutionnels et politiques facilitant cette implication dans un contexte multiniveaux. Les traditions

26. M. BEESON, *Regionalism and Globalization in East Asia. Politics, Security and Economic Development*. Palgrave, 2007.

étatiques sont ici cruciales. Ensuite, il est déterminant de s'intéresser aux logiques propres de la paradiplomatie et aux stratégies politiques qui conduisent certaines régions ou villes à s'engager dans ce type d'activités.

A. Les autorités sub-étatiques et le contexte d'intégration multiniveaux

Le premier paramètre est la forme de l'intégration régionale. Dans les plus institutionnalisés (UE, MERCOSUR, Union africaine), les autorités sub-étatiques disposent d'une représentation institutionnelle, ce qui n'est pas le cas dans les formes d'intégration basées essentiellement sur les échanges commerciaux.

Tableau 1

Les autorités sud-étatiques dans les processus d'intégration continentale

	Union européenne	**ALENA**	**ASEAN**	**MERCOSUR**	**Union africaine**
Formes de l'intégration continentale	Union économique et monétaire	Traité de libre-échange	Accords sectoriels	Marché commun inachevé	Union politique
Politiques de développement régional	Fonds structurels et programmes de coopération	Coopération frontalière *ad hoc* et corridors de commerce	Corridors de commerce	Fonds structurels et infrastructures transfrontalières	Coopération transfrontalière
Modalités d'implication des autorités sub-étatiques	Représentation institutionnelle et partenariat horizontal	Partenariat horizontal	Partenariat limité	Représentation institutionnelle et partenariat horizontal	Représentation institutionnelle et partenariat horizontal
Traditions étatiques	Décentralisation	Fédéralisme	Centralisation	Centralisation et fédéralisme	Faible décentralisation
Ressources des autorités sub-étatiques	Fortes	Fortes	Faibles	Asymétriques	Faibles
Implication des autorités sub-étatiques	Fortes	Fortes	Faibles	Faibles	Faibles

Sources : Évaluation de l'implication des régions et États fédérés dans les processus d'intégration régionale au niveau continentale et sous-continentale, Rapport préc., p. 105.

Ces formes d'intégration régionale diffèrent également en matière d'objectifs. Autant l'UE, le MERCOSUR ou l'UEMOA affichent des objectifs de solidarité régionale et mettent en place des outils d'aménagement du territoire d'efficacité variée, autant l'ALENA et l'ASEAN ont exclu dans leurs objectifs tout interventionnisme économique ou territorial. Cependant, les formes de l'intégration régionale ne sont pas une garantie *a priori* de l'implication des autorités sub-étatiques, mais plus sûrement les ressources dont elles disposent et les traditions étatiques dans lesquelles elles s'insèrent. Ainsi, les autorités sub-étatiques en Asie, Amérique du Sud ou Afrique souffrent souvent de ressources faibles dues à des traditions centralisatrices ou à des ressources économiques défaillantes. À l'inverse, les États fédérés américains et les provinces canadiennes ont pu ces dernières années multiplier les accords bilatéraux de coopération parce qu'elles disposent des ressources juridiques et financières pour le faire. Ajoutons que, en Asie ou en Amérique du Sud, les États centraux gardent la main sur le développement régional *via* des grands projets d'infrastructures gérés selon des procédures intergouvernementales. Seules quelques régions urbaines semblent construire des régimes de croissance plus autonomes.

B. Capacités politiques sub-étatiques et stratégies de paradiplomatie

Plus que tout autre domaine d'action publique, l'action internationale est au cœur des transformations de la gouvernance territoriale[27]. Qu'est-ce qui pousse certaines autorités infra-étatiques à s'engager dans les dynamiques d'intégration continentale ou sous-continentale ? De notre point de vue, cette capacité à construire et déployer une stratégie paradiplomatique renvoie aussi à des facteurs plus directement territorialisés.

Dans cette perspective, on reprend ici le concept de *capacité politique*[28]. On la définit comme un processus de définition d'intérêts, d'organisation et de coordination de l'action collective qui permet à des institutions et à des groupes d'acteurs publics et/ou privés de réguler des problèmes collectifs sur un territoire donné. La capacité politique territoriale revêt ainsi une double dimension : une capacité à produire une vision partagée du territoire ; une capacité à construire des coalitions

27. R. PASQUIER, « Quand le local rencontre le global. Contours et enjeux de l'action internationale des collectivités territoriales », *RFAP*, n° 141, 2012, p. 167-187.

28. R. PASQUIER, *Le pouvoir régional. Mobilisations, décentralisation et gouvernance en France*, Paris, Presses de Sciences Po, 2012.

territoriales d'acteurs sur le temps long. Comme le résume le tableau ci-dessous, six paramètres vont contribuer à stabiliser cette capacité politique territoriale. Les ressources institutionnelles (1) conditionnent le stock de ressources budgétaires et juridiques qui vont influer sur la capacité d'intervention du système d'acteurs considéré. C'est le cas également des ressources économiques (2) qui directement ou indirectement influent sur la capacité financière des acteurs publics et privés. En revanche, la logique d'identification (3) et le récit territorial (4) renvoient à la configuration identitaire du territoire considéré et permettent d'évaluer le sentiment d'appartenance à une même communauté des acteurs d'un territoire et leur capacité à fabriquer un récit du territoire passé et à venir. Les deux derniers paramètres quant à eux, les relations intergouvernementales (5) et le *leadership* politique (6) permettent de comprendre la capacité relative de la coalition territoriale à influer dans les séquences décisionnelles nationales, européennes, voire internationales.

Tableau 2

Les paramètres d'une capacité politique sub-étatique

Capacité politique	Croyances	Coalition
Ressources institutionnelles		Finances et compétences légales
Ressources économiques		Richesse relative des acteurs privés et publics
Logique d'identification	Représentation de soi et sentiment d'appartenance	
Récit territorial	Mise en récit du territoire de son histoire et de son avenir	
Relations inter-gouvernementales		Coopération relative
***Leadership* politique**		Stabilité et accès à la décision de la coalition

Source : Romain P*ASQUIER*, Le pouvoir régional, *Paris, Presses de Sciences Po, 2012, p. 42.*

Ainsi, pour prendre l'exemple des régions françaises, il apparaît que ces institutions n'ont pas la même capacité à défendre leurs intérêts lors de différents enjeux autour des politiques de l'Union européenne. En effet, contrairement aux *Länder* allemands, aux communautés autonomes espagnoles ou aux régions italiennes, les régions françaises ne participent pas au Comité des représentants permanents (COREPER), instance qui prépare les décisions du Conseil de l'Union européenne. Ainsi, les régions françaises n'ont pas d'accès juridique à la décision européenne. Pour envisager une influence politique, il leur faut construire des stratégies régionales complexes qui enrôlent les services de l'État et les collectivités territoriales sur le territoire régional. Le pouvoir des régions dans les programmations pluriannuelles s'évalue à l'aune de leur capacité à maîtriser le long chaînage des interdépendances. Comme l'illustre la comparaison entre l'Île-de-France et la Bretagne, à ce jeu autour de l'institutionnalisation de l'action collective, une forte différenciation se fait jour entre des régions qui ont la capacité de bâtir des coalitions territoriales relativement stables autour d'une vision partagée du territoire et de son développement, et celles qui ne le peuvent pas.

Ainsi la Région Île-de-France est bien présente à Bruxelles depuis 1994. Cette antenne francilienne assume efficacement ses missions techniques de suivi des politiques européennes sans pour autant que l'on puisse percevoir une stratégie politique globale de projection européenne des acteurs franciliens dans une région qui est l'une des plus riches de l'Union européenne. Avec un PIB de 430 milliards d'euros (29 % du PIB français), son poids économique est supérieur à celui de 20 pays de l'Union. Elle dispose, en outre, d'un avantage institutionnel comparatif au regard de ses homologues hexagonaux *via* la maîtrise d'outils spécifiques comme le Syndicat des Transports d'Île-de-France ou le schéma directeur régional de l'Île-de-France (SDRIF)[29]. Or, la composition de l'association Île-de-France-Europe qui assume la représentation francilienne à Bruxelles révèle en premier lieu la fragmentation politique de la région. Seules sont représentées des collectivités territoriales dirigées par la gauche socialiste ou communiste. L'absence de la Ville de Paris révèle quant à elle la fracture géographique et économique de cette région. Région-capitale, la Région Île-de-France subit la concurrence d'une métropole globale d'une très forte concentration de services centraux de l'État. L'espace régional est fragmenté en plusieurs sous-espaces, dont les intérêts divergent largement entre la Ville de Paris, les départements de la petite couronne (Hauts-de-Seine,

29. D. BEHAR et Ph. ESTEBE, « Faut-il un gouvernement en Île-de-France ? », *Pouvoirs locaux*, n° 73, p. 98-102.

Seine-Saint-Denis, Val-de-Marne), puis ceux de la grande couronne (Seine-et-Marne, Yvelines, Essonne et Val-d'Oise). Surtout, la Région Île-de-France, doit négocier en permanence sa vision territoriale avec celle de l'État qui continue de construire son propre agenda du développement de la Région-capitale. Ce contexte politique, économique et institutionnel rend difficile la construction d'une stratégie francilienne proactive dans les politiques européennes. Contrainte de développer une stratégie européenne dans un espace très politisé à identité faible, la Région Île-de-France se contente d'un mode de gouvernance technique et informationnel des enjeux européens. À l'inverse, les élites politiques bretonnes bénéficient d'une socialisation politique approfondie et précoce aux enjeux européens dès les années 1960-1970. Elles parient sur l'exploitation des possibilités prévues par le traité de Rome pour corriger les disparités régionales et l'entrée de la Grande-Bretagne et de l'Irlande dans le Marché commun pour créer de nouveaux débouchés à la production agricole bretonne. Dans le cadre du Comité d'études et de liaison des intérêts bretons (CELIB), elles multiplient dans les années 1960 les initiatives avec en particulier en 1973, à Saint-Malo, la naissance du premier *lobby* interrégional à l'échelle européenne, la Conférence des régions périphériques maritimes (CRPM). Ainsi, en Bretagne, une stratégie européenne s'élabore très tôt autour d'une représentation partagée du développement régional : la Bretagne, espace périphérique, doit être connectée au cœur économique de l'Europe. L'ouverture, dès 1988, d'un bureau de liaison par le conseil régional à Bruxelles, traduit cette européanisation des élites politiques bretonnes. À partir de 2004, la stratégie européenne de la Bretagne se renforce encore. Une conférence des affaires européennes est instaurée entre la Région, les quatre conseils généraux et les dix communautés d'agglomération de Bretagne. Dans cette conférence, un consensus émerge : les fonds européens doivent cofinancer significativement la Ligne à grande vitesse (LGV), qui doit placer Brest à trois heures de Paris. Ainsi, en 2006-2007, les élus bretons unanimes rassemblés autour du président de la Région, obtiennent avec le soutien du gouvernement français deux avancées majeures pour la programmation 2007-2013 : la prise en compte dans les programmes opérationnels « compétitivité » du volet transports ferroviaires et, surtout, que le mode de calcul des fléchages « Lisbonne » se fasse à l'échelle nationale, et éviter ainsi que la Bretagne ne soit pénalisée. On est donc bien ici en présence d'une stratégie régionale proactive qui a investi depuis plusieurs décennies le champ européen. Au-delà des difficultés juridiques comme l'impossibilité d'accéder à la délégation française au COREPER, la coalition bretonne parvient sur certains sujets à une influence politique dans la fabrique des décisions européennes[30].

***
*

L'action internationale, en particulier l'engagement dans des organisations d'intégration continentale ou sous-continentale, est ainsi devenue pour les élus et leurs équipes politico-administratives une ressource de *leadership* qu'ils utilisent à des fins de valorisation et de promotion des territoires dont ils ont la charge. Cependant, seules quelques grandes villes et régions sont capables de produire des stratégies suivies de défense des intérêts sub-étatiques. Les villes et les régions dans lesquelles des croyances et des pratiques politiques spécifiques préalablement structurées facilitent l'action collective paraissent mieux à même de se positionner dans les échanges inter-organisationnels et les nouveaux réseaux politiques qui s'organisent à l'échelle continentale ou sous continentale. N'est pas influent qui veut !

Bibliographie

- ALDECOA F. et KEATING M., *Paradiplomacy in Action. The Foreign Relations of Subnational Governments*, Londres, Frank Cass Publishers, 1999.
- ARTIGAS A., *Amérique du Sud : les démocraties inachevées*, Paris, Armand Colin, 2005.
- ARTIGAS A. (dir.), « L'union fait la force : l'intégration régionale et commerciale en Amérique du Sud », *Notre Europe*, Études et recherches n° 54, 2006.
- ARTIGAS A., *Intégrer le développement, développer l'intégration. L'IIRSA à l'épreuve du projet d'intégration ferroviaire Chili-Argentine*, CERI, Réseau Coesionet, 10 avril 2012.
- CAETANO G. (dir.), *Mercosur : 20 años*, CEFIR, Universidad de la Plata, 2011.
- BAFOIL F., *Capitalismes émergents. Économies politiques comparées Europe de l'Est et Asie du Sud-Est*, Paris, Presses de Sciences Po, 2012.

30. R. PASQUIER, *Le pouvoir régional. Mobilisations, décentralisation et gouvernance en France*, Paris, Presses de Sciences-Po, 2012.

- BAFOIL F., *L'Europe centrale et orientale : Mondialisation, européanisation et changement social*, Paris, Presses de Sciences Po, 2006.
- BEESON M., *Regionalism and Globalization in East Asia: Politics, security and economic development,* Palgrave, 2007.
- CESARIN S., « Los nuevos escenarios de integración en Asia y América latina y el Caribe: la ASEAN y el MERCOSUR desde una perspectiva comparativa », *in* P. LAMBADE, S. KOCHI, J. RUIZ, *Del regionalismo latino-americano a la integración interregional*. Madrid. Fundación Carolina Sigo XXI, 2008.
- CITÉS ET GOUVERNEMENTS LOCAUX UNIS, *La décentralisation et la démocratie dans le monde*, Premier rapport mondial, 2007.
- D'ARCY F., « Les perspectives politiques du MERCOSUR : comparaison avec l'Union européenne », *Droit et société*, n° 59, 2005, p. 19-37.
- DOUTRIAUX Y., *La politique régionale de la CEE*, Paris, PUF, 1991.
- DREVET J.-F., *Histoire de la politique européenne d'aménagement du territoire*, Paris, Belin, 2008.
- HOOGHE L., MARKS G., *Multilevel Governance and European Integration*, Lanham, MD Rowman and Littlefield, 2001.
- HOSTE A., *Towards a Mercosur Regional Development Fund? Transferring European Union experience*, Phd, University of Birmingham, 2003.
- KEATING M., *The New Regionalism in Western Europe: Territorial Restructuring and Political Change*, London, Edward Elgar, 1998.
- KINCAID J., « The International Competence of US States and Their Local Government », *in* F. ALDECOA and M. KEATING, *Paradiplomacy in Action. The Foreign Relations of Subnational Governments*, Londres, Frank Cass Publishers, 1999.
- KUKUCHA Ch., *The Provinces and Canadian Foreign Trade Policy*, Vancouver, UBC Press, 2008.
- NESADURAI H. E. S., « Attempting Developmental Regionalism through AFTA; The Domestic Sources of Regional Governance », *Third World Quaterly*, vol. 24, n° 2, 2003, p. 225-253.
- PAQUIN S., *Paradiplomatie et relations internationales*, Bruxelles, PIE, 2004.
- PASQUIER R., *Le pouvoir régional. Mobilisations, décentralisation et gouvernance en France*, Paris, Presses de Sciences-Po, 2012.
- PASQUIER R., « Quand le local rencontre le global. Contours et enjeux de l'action internationale des collectivités territoriales », *RFAP*, n° 141, 2012, p. 167-187.

- PASQUIER R., PERRON C., « Régionalisme et régionalisation dans une Europe élargie : les enjeux d'une comparaison Est/Ouest », *Revue d'études comparatives Est/Ouest*, 39 (3), 2008, p. 5-18.
- TOMBLIN S. G., « Conceptualizing and Exploring the Struggle over Regional Integration », *in* C. S. COLGAN and S. G. TOMBLIN (dir.), *Regionalism in a Global Society: Persistence and Change in Atlantic Canada and New England*, Broadview Press, 2003, p. 79-105.
- VANNIJNATTEN D. L., « Towards Cross-Border Environmental Policy Spaces in North-America: Province-State Linkages on the Canada-U.S. Border », *AmeriQuests*, vol. 3, n° 1, 2006, p. 1-19.

2. LES DÉPARTEMENTS FRANÇAIS DE L'OCÉAN INDIEN ET LEUR INSERTION DANS LES ORGANISATIONS DE COOPÉRATION ET D'INTÉGRATION RÉGIONALES

par

Laurent SERMET

Professeur de droit public
Université de La Réunion

S'il est une contrainte sociétale très forte dans la vie ultramarine, c'est celle de l'insularité, qui résonne comme un enfermement, un éloignement, une mise à l'écart que ne compensent guère la vie sous les tropiques et ses couchers lumineux de soleil. L'insularité, qui est d'abord le fait géographique, pèse au quotidien et dans tous les domaines : la vie chère, la perspective restreinte des études supérieures, la décomposition de la vie politique, le choix matrimonial… L'histoire coloniale a accru les effets de l'insularité en enfermant les territoires français de l'Océan Indien dans une relation exclusive et pas seulement de nature économique. C'est à l'égard de La Réunion, île sans passé, mais pas sans mythe, celui d'une humanité merveilleuse et réunie, que cette exclusivité s'est le plus exercée par comparaison à Mayotte qui prend ses racines dans l'aire swahilie. C'est bien pour cette raison que l'insertion des deux départements français de l'Océan Indien dans leur environnement régional, en général, et dans les organisations de coopération et d'intégration régionales, en particulier, est un enjeu politique et peut-être même une revanche sur leur histoire coloniale. Mais en ne choisissant pas la voie de l'indépendance, ces deux territoires se trouvent dans une situation inconfortable ni complètement français du fait de leur extranéité géographique et historique, ni complètement intégrés au même niveau institutionnel que les États voisins avec lesquels ils prétendent entrer en relation. L'insularité continue. Précisons ainsi les termes du sujet par référence aux deux questions suivantes.

Faut-il parler d'unité, de dualité ou de disparité des deux départements français de l'Océan Indien?

Les îles de La Réunion et de Mayotte représentent deux colonisations dissemblables. La première fut une colonie de peuplement d'une île totalement déserte qui prit effet au XVIIe siècle[1]. Elle débuta par l'arrivée de condamnés français, déportés sur l'île, qui furent suivis par des femmes malgaches, forcées à l'expatriation, sources de la créolisation réunionnaise; la seconde fit l'objet d'une cession territoriale par le sultan Andriantsouly à la France en 1841[2], dont le consentement éclairé reste à expliciter. On raconte en riant qu'il était tout vieux ! Elle fut colonie d'exploitation. Ce sont aussi deux sociologies tranchées : la population de La Réunion est métissée, francophone et créolophone, et caractérisée par une diversité de religions[3], alors que celle de Mayotte est africaine, de langue swahilie et musulmane[4]. Aujourd'hui, elles comptent à elles deux plus d'un million d'habitants, ce qui en fait le peuplement le plus important de l'outre-mer français.

Actuellement, leur symétrie institutionnelle est relative. La Réunion s'insère institutionnellement comme un DROM dans l'espace constitutionnel national et comme une RUP dans l'espace européen[5], alors que Mayotte est un DOM,

1. A. BRUNET, *Trois cents ans de colonisation française à l'île Bourbon (La Réunion)*, éd. de l'Empire français, 1948, 178 p.

2. S. AHAMADI, *Mayotte et la France de 1841 à 1912*, Éd. du Baobab, Éd. Mahoraises, 1999, 202 p.

3. J. DEFOS DU RAU, *L'île de La Réunion : étude de géographie humaine*, Institut de géographie, 1960, 716 p. On lira avec intérêt, mais sans en être forcément convaincu tant l'accès aux responsabilités s'est démocratisé dans la fonction publique, notamment, l'intéressante contribution de Nicolas Roinsard, « Soixante ans de départementalisation à La Réunion : une sociologie des mutations de l'organisation sociale et de la structure de classe en contexte postcolonial », *Revue Asylon(s)*, n° 11, mai 2013 ; « Quel colonialisme dans la France d'Outre-mer ? », *http://www.reseau-terra.eu/article1278.html*, sur la persistance dans la société réunionnaise actuelle de positions sociales qui se sont formées durant la société de plantation.

4. S. BLANCHY, *La vie quotidienne à Mayotte (Archipel des Comores)*, 1990, L'Harmattan, coll. « Repères pour Madagascar et l'Océan Indien », 239 p.

5. W. BERTILE, *La Réunion, département français d'outre-mer, région européenne ultra-périphérique*, Océan Éd., CREGUR, 2006, 2 vol., 908 p. ; et I. VESTRIS, *Le statut des régions ultrapériphériques de l'Union européenne : la construction d'un modèle attractif et perfectible d'intégration différenciée*, J. ZILLER (Préfacier), Bruylant, 2012, 670 p.

depuis le 31 mars 2011[6]. Ce DOM ne compte, par exception, aucune collectivité régionale superposée à lui. Mayotte est aussi un PTOM jusqu'au 1er janvier 2014, date à la laquelle le territoire devient une RUP[7], suite à une révision simplifiée des articles 355 et 349 TFUE, à laquelle a procédé la décision du Conseil européen du 12 juillet 2012[8].

Ce qui les rassemble en revanche, politiquement et constitutionnellement, c'est leur volonté d'être reconnues comme pleinement françaises, comme territoire et comme population, par la loi fondamentale française de 1958, ce que nous appelons, sans condescendance aucune, l'« opportunisme constitutionnel français ». Cela s'est traduit par de nombreux indices pour La Réunion, au point que l'on puisse selon nous parler d'une identité constitutionnelle réunionnaise[9]. S'il fallait en retenir un, c'est celui qui réside à l'article 73, al. 5, de la Constitution[10], qui exclut à la demande expresse, notamment celle du sénateur Jean-Paul Virapoullé (UDF/UMP), le territoire de La Réunion du nouveau droit commun des DROM en ce qui concerne la possibilité des collectivités de fixer par elles-mêmes les « règles applicables sur leur territoire, dans un nombre limité de matières pouvant relever du domaine de la loi ou du règlement ». Il fallait relever le défi : manifester sa « francité » tout en s'excluant du droit commun ! Quant à Mayotte, l'attachement à La France s'est traduit par de multiples référendums où la population de Mayotte a brillé par son déterminisme à être reconnue comme partie pleine et entière de l'ensemble ultramarin français[11]. Les femmes mahoraises ont été à cet égard d'un soutien crucial. Bien que les deux îles n'entretiennent pas des rapports faciles, il n'est guère contestable que la position profrançaise de La Réunion n'ait pas influencé la position mahoraise. De surcroît, dans l'Océan Indien occidental, le sentiment « pro-France » est relativement répandu au point de se poser en éventuelle

6. W. BERTILE, *Mayotte à l'heure de la départementalisation*, L'Harmattan, 2012, 226 p.

7. F. T. RAKOTONDRAHASO, *Le statut de Mayotte vis-à-vis de l'Union européenne*, Université de Montpellier, 2012, 395 p.

8. Décision (2012/419/UE), du Conseil européen du 11 juill. 2012 modifiant le statut à l'égard de l'Union européenne de Mayotte *JOUE* L204, 31 juill. 2012, p. 131.

9. Voir notre contribution, « Les manifestations constitutionnelles de l'identité. Les choix et dilemmes de La Réunion », à paraître dans F. CALLENDRE (dir.), Revue *Études Océan Indien*, INALCO, 2013.

10. « La disposition prévue aux deux précédents alinéas n'est pas applicable au département et à la région de La Réunion ».

11. A. A. ABDALLAH, *Le statut juridique de Mayotte. Concilier droit interne et droit international ; réconcilier la France et les Comores*, Thèse, Université de La Réunion, 2011, 598 p.

alternative politique comme c'est le cas pour Anjouan au sein des Comores[12]. Ce sentiment, bien que plus diffus, est aussi présent à l'île Sainte-Marie de Madagascar et à l'île Rodrigues, outre-mer mauricien[13].

Quel espace de coopération dans l'espace indiaocéanique ?

L'identité de la zone Sud-Ouest de l'Océan Indien doit être précisée : c'est un espace insulaire composé de trois archipels (Comores-Mascareignes-Seychelles) et de la grande île malgache. Il s'agit d'une zone frontière, à la croisée de trois continents (Europe-Asie-Afrique) ou « d'une région-océan » (selon la belle expression de Jean-Claude de l'Estrac, actuel secrétaire général de la Commission de l'Océan Indien), qui forme un espace plurilingue (anglais-créole-malgache-swahili) et qui a le français en partage. Il se distingue du Grand Océan Indien.

Dans cet espace, la Commission de l'Océan Indien (COI) apparaît comme l'organisation « naturelle » de coopération régionale multilatérale[14]. Au conseil ministériel de celle-ci, le 17 janvier 2013, à Mahé, le président de la délégation française, M. Didier Robert, président du conseil régional de La Réunion, associait la COI à une « communauté de destin » et rappelait que l'insertion régionale est « un axe structurant du développement des Outre-mer ». À côté de cette position officielle, on peut aussi convoquer les propos de Paul Hoarau, ancien journaliste, qui évoque « une nécessaire appropriation de l'espace indiaocéanique » afin de réconcilier La Réunion de l'Agora (formellement française) et La Réunion de la Varangue (celle de l'identité indiaocéanique)[15]. Cette ouverture régionale lui appa-

12. E. Moulston, *Les événements politiques et militaires à l'île d'Anjouan en 1997*, Mémoire de l'université de La Réunion, 2002, 182 p.

13. A. Oraison, « Réflexions générales sur Rodrigues, une île à la croisée des chemins à l'orée du XXIe siècle : intégration pure et simple, autonomie dans le cadre de l'État mauricien ou Indépendance aventureuse ? », *Revue de droit international de sciences diplomatiques et politiques*, sept.-déc. 2000, vol. 78 n° 3, p. 305-328 ; bibliogr. p. 329-334.

14. Le faible éclat de la COI jusqu'à présent explique peut-être la discrétion académique dans laquelle elle semble contenue. Voir toutefois : A. Oraison, « Quelques réflexions critiques sur la Commission de l'Océan Indien : les obstacles à la coopération régionale inter-îles dans la zone Sud-Ouest de l'Océan Indien », *Travaux et rapports* – Université de La Réunion 1988, 39 p. ; F. Cadet, *La Commission de l'Océan Indien : 12 ans après 1984-1996*, A. Oraison (dir.) ; Université de La Réunion, UFR de droit et sciences économiques (Organisme de soutenance), 1996, Mémoire de DEA, 79 p. Voir aussi le numéro spécial de la Revue *Marchés tropicaux*, 25 octobre 1991, qui lui est consacré.

15. P. Hoarau, « Mes vœux de 2013, pour La Réunion », *in Journal de Paul Hoarau*, 7 janvier 2012. « Il y a deux Réunionnais en chacun de nous : le Réunionnais de l'Agora, qui croit devoir penser agir, s'exprime en fonction de ce qu'il croit être la volonté de la France et de l'État et le

raît comme la voie d'une réconciliation entre les identités multiples de La Réunion. Elle n'est pas aisée à réaliser et bute sur d'innombrables difficultés de gouvernance, de pauvreté, d'insularités respectives. Malgré celles-ci, il s'agit de construire une « Indiaocéanie en partage »[16].

Adoptée politiquement en 1982 à la faveur d'une nouvelle alliance politique à Maurice, institutionnalisée par le traité de Victoria en 1984 entre trois États idéologiquement proches et non alignés (Madagascar, Maurice, Seychelles), la COI est montée en puissance en 1986 avec l'adhésion de la France, au titre du territoire réunionnais seulement (France/Réunion), et des Comores. L'expression courante France/Réunion mérite que l'on s'y arrête pour montrer que sa commodité est chargée potentiellement d'inexactitude. Elle peut recouvrir quatre hypothèses, de la plus classique à la plus avancée, en tenant compte de deux critères d'ordre institutionnel et matériel. La notion de France/Réunion peut comprendre les intérêts de l'État français, au sens d'intérêts d'ordre national, au titre de son territoire de l'Océan Indien, conduisant à une approche étatiste de la coopération régionale. Qu'elle inclue aussi la défense des intérêts nationaux par les collectivités territoriales ne modifie pas cette qualification étatique. Cette approche, qui est parfaitement légitime, n'est pas celle qui est retenue par la lettre du Protocole d'adhésion de 1986 :

> « Considérant que la République française a demandé à adhérer à l'Accord en raison de sa volonté de voir son département et sa région de La Réunion participer pleinement à la coopération régionale au bénéfice de l'ensemble de la région. »

Dans ces conditions, l'expression France/Réunion doit être comprise comme entendant la protection des intérêts locaux ou réunionnais, par l'État français, mais surtout par les collectivités locales elles-mêmes. Dans cette dernière optique, il est loisible d'évoquer une approche décentralisée de la coopération régionale. Le rapport Laignel propose d'étendre la notion de coopération régionale et de lui substituer celle d'action extérieure des collectivités territoriales en tant que compétence de plein droit (propositions 10 et 11)[17]. Au total, la COI offre deux niveaux de coopération.

Réunionnais de la Varangue, qui pense, agit et s'exprime en fonction de son expérience, des réalités de son environnement, mais étant en marge de tout ce qui est officiel. Nous gérons cette double vie. »

16. *Rapport annuel de la COI*, 2012.

17. *Rapport sur l'action internationale des collectivités territoriales : Nouvelles approches... Nouvelles ambitions*, Ministère des Affaires étrangères, Direction générale de la mondialisation, du développement et des partenariats, janv. 2013, 64 p.

Le protocole d'adhésion de 1986 a considérablement modifié les bases politiques du pacte initial. Aujourd'hui, la COI est pleinement investie dans le concert des organisations internationales, régionales et mondiales, et « commerce » quotidiennement avec la BAD (Banque africaine de développement), le COMESA (*Common Market for Eastern and Southern Africa*), l'IOR-ARC (*Indian Ocean Rim – Association for Regional Cooperation*), mais aussi les Nations Unies et l'AFD (Agence française de développement). Elle a obtenu en 2012 le statut d'observateur auprès de l'Union africaine, un « exploit diplomatique »[18]. Elle n'est pas considérée comme une communauté économique régionale alors que quatre des cinq États membres sont membres à part entière de l'Union africaine. On ne peut plus douter de son avenir; du reste des États étrangers, comme l'Australie, la Chine, la Grèce, ont abondé ses recettes ces dernières années.

La coopération régionale existe aussi au regard du Grand Océan Indien : *« Indian Ocean RIM »*. Il s'agit là d'une association d'États, regroupant dix-huit États bordiers de l'Océan Indien. La France y a, avec la Chine, l'Égypte, le Japon et le Royaume-Uni, le statut de « partenaire de dialogue », au titre de La Réunion, non de Mayotte. Le parallèle avec la COI ne semble pas pouvoir être conduit, tant l'intérêt national semble être déterminant dans cette participation. Mais est-ce compris à Paris en ce sens ? Le vice-président du conseil régional, Frédéric Cadet, conduisait la délégation française, le 18 novembre 2011, à Bangalore[19].

La coopération existe aussi avec la façade africaine, notamment avec le COMESA et l'UA où la France a le statut d'observateur, et la SADC. Ne donnant lieu apparemment à aucune action multilatérale suivie, elle ne sera pas abordée ici.

Quelle est l'insertion régionale des deux départements de l'Océan Indien ? Une analyse critique sera conduite, d'abord, prospective, ensuite. L'accent sera surtout placé sur l'insertion réunionnaise.

---

18. *http://www.alwatwan.net/index.php?home=actu.php&actu_id=4848.*

19. Frédéric Cadet souligne : « La France est "partenaire du dialogue", car avec La Réunion et Mayotte elle compte plus d'un million de citoyens dans l'Océan Indien. C'est à ce titre que la France/Réunion peut prendre la parole et faire valoir ses positions au sein de l'IOR-ARC. »

I. Analyse critique

A. Les contraintes politiques pesant sur les territoires français de La Réunion et de Mayotte

Au sein de la COI, comme l'a souligné en son temps, Wilfrid Bertile, l'insertion de La Réunion au sein de la COI a pu paraître « ambiguë »[20]. Aujourd'hui, La « France/Réunion » y est pleinement reçue, mais sa participation confronte ce territoire non souverain à des États, ce qu'il n'est pas et n'entend pas être, dont les niveaux de développement sont très bas (PMA pour Comores et Madagascar/Pays à revenu intermédiaire pour Maurice et Seychelles) et qui connaissent des difficultés de gouvernance répétées, Maurice exceptée. Dans ce contexte, la coopération réunionnaise s'inscrit dans un axe nord-sud, délicat[21].

Quant à Mayotte, si elle est pleinement européenne, grâce à l'adoption de son statut de RUP, elle est frappée d'« inexistence internationale » en raison du différend franco-comorien à son égard. Les deux États en réclament la juridiction. La COI met à part la question mahoraise, en la restreignant à une question bilatérale franco-comorienne, afin de pouvoir coopérer[22]. La réunion ministérielle des 12-13 novembre 2012 consacrée au concept touristique des îles Vanille dans l'Océan Indien a montré les tensions à cet égard : ce qui touche la France-Mayotte pose problème à l'État membre comorien, membre de la COI. Dans le domaine sportif, la Charte révisée des Jeux des îles de l'Océan Indien témoigne de l'inclusion de l'île de Mayotte

20. W. BERTILE, « Vers une intégration harmonieuse de La Réunion dans l'Océan Indien ? », *in* ECDPM, *Réflexion stratégique sur l'avenir de la COI*, Atelier régional, 2-3 février 1998, Antananarivo, 30 p., sp. p. 4.

21. Dans le même sens, Ph. LEYSSENE, Sénat, Audition du 7 avril 2009, *http://www.Senat.Fr/Rap/R08-519-2/R08-519-25.html* : « Le deuxième trait caractéristique de la coopération régionale dans l'Océan Indien tenait au statut très différent des États appartenant à cette région, puisqu'on y trouve des États avec de forts écarts de développement avec des États faisant partie des pays les moins avancés (PMA), des pays à revenu intermédiaire (PRI) et des pays développés, des pays membres de la zone Afrique-Caraïbes-Pacifique (ACP) et des États membres de l'Union européenne, et que les trois collectivités françaises se répartissent en une région ultrapériphérique (RUP) et deux pays et territoires d'outre-mer (PTOM), ce qui soulève la question de l'articulation de la coopération régionale, en particulier pour l'Union européenne. »

22. En ce sens, la position qui résulte des débats au cours du 25e Conseil des ministres de la COI, Moroni, 4-5 avril 2009 : *http://comores4.skyrock.com/2393567217-25e-Conseil-des-Ministres-de-la-COI-a-Moroni-aux-Comores-Commission-de.html.*

dans les membres, aux côtés du territoire réunionnais, des États membres de la COI et des Maldives[23]. Mayotte ébauche une coopération internationale de voisinage, qui se tisse avec Madagascar[24].

B. La faiblesse de la participation réelle des collectivités de La Réunion à la COI

Le financement de la COI repose sur deux piliers. Un premier pilier, modeste, mais pérenne, vise le fonctionnement de la seule institution stable, le secrétariat général, avec une clé de répartition allant de 5 % pour les Seychelles à 40 % pour la France, pour un montant annuel de 572 023 euros en 2012, soit 228 809 euros pour la France. Ce sont surtout les actions que la COI décide de réaliser, selon une logique de projets, après accord des bailleurs de fonds, qui permettent de relever considérablement ses recettes : il s'agit là du second pilier. Lors de son dernier discours, en date du 17 janvier 2013, le secrétaire général évoquait un montant de 100 millions d'euros de projets. Nous nous baserons sur un document plus ancien et plus précis : le relevé de conclusions du Comité des officiers permanents de liaison (OPL) des 21-23 mars 2012.

L'importance des financements de l'Union européenne et de l'État français montre que la COI est clairement sous « domination » financière franco-européenne. Du reste, son appartenance à l'aire d'influence européenne n'est pas vraiment discutée[25]. Pour la période 2007-2014, le total des financements était de 61 881 115 euros, dont 37 millions d'euros versés par l'UE, 17 883 115 millions d'euros par la France, 950 000 euros par les Nations unies et 6 103 000 par d'autres partenaires. 61 millions d'euros sur sept ans, c'est beaucoup et c'est bien peu. Par comparaison, le budget primitif de la Région Réunion, pour l'année 2012 s'élevait à 765,69 millions d'euros, dont 2,3 millions d'euros consacrés à la coopération régionale. Au titre de la participation de la France/Réunion (soit sur ses fonds

---

23. L'article 3 établit que l'adhésion de Mayotte aux Jeux a été acceptée à l'unanimité les 21-22 avril 2006, *http://www.cjsoi.org/images/CharteJIOI28092009.pdf.*

24. Voir *L'éco Austral*, nº 274, avr. 2013, p. 50, relatif à la convention entre le département de Mayotte et la Région Sava du nord-est de Madagascar.

25. En ce sens, la liaison faite par le secrétaire général de la COI, le 8 mai 2013, entre la hauteur de la dotation financière européenne et les objectifs de coopération régionale, raison d'être de la COI : *http://politics.ioconline.org/fr/semaine-de-leurope.html#c1192.*

propres et non sur ceux du MAE, du MOM/FCR, de l'AFD ou du FFEM)[26], ce sont respectivement 215 000 euros et 5 023 115 euros qui ont été versés, mais en grande partie sur des fonds européens en provenance du FEDER[27], au titre du Programme opérationnel de coopération territoriale/Océan Indien. Sur fonds propres, la contribution globale de la Région Réunion s'élève à près de 600 000 euros et quant au conseil général, « pour mémoire », 100 000 euros avaient été versés dans le cadre d'un projet sur les droits de l'enfant (ODEROI) et 100 000 euros supplémentaires ont été versés en 2010. C'est peu. Les deux collectivités ne sont pas suffisamment contributrices pour pouvoir influer sur la politique de la COI. Y croient-elles ?

L'un des enjeux courants est constitué par l'articulation adéquate entre les fonds européens relevant du FED (financements en faveur des États ACP et des PTOM) et du FEDER (financements en faveur du développement régional en Europe, dont la Région Réunion bénéficie comme RUP)[28].

C. Les modalités harmonieuses de la participation institutionnelle de La Réunion à la COI

S'agissant de la représentation politique au niveau ministériel, il est devenu d'usage que les délégations soient tripartites, associant l'État et les deux collectivités locales. À la 28e rencontre ministérielle du 17 janvier 2013, le président Didier Robert (UMP) conduisait la délégation, en l'absence du ministre français des Affaires étrangères (PS). Il était accompagné de la sénatrice Jacqueline Frarerol (UMP), du vice-président du conseil général, Roland Robert (PCR) et de l'ambassadrice de France aux Seychelles.

---

26. Soit respectivement : le ministère des Affaires étrangères, le ministère des Outre-mer, qui a mis en place le Fonds de coopération régionale, l'Agence française de développement et le Fonds français pour l'environnement mondial.

27. Soit le Fonds européen de développement régional.

28. Voir en ce sens, Ph. LEYSSENE, ambassadeur délégué à la coopération régionale dans la zone de l'Océan Indien, qui a œuvré en faveur d'un meilleur décloisonnement entre ces fonds : interview dans *L'éco Austral*, n° 274, avr. 2013, p. 48. Le constat est : « Le manque d'articulation entre les différents financements, notamment entre les Fonds Interreg destinés à La Réunion, qui représentent trente-cinq millions d'euros, et les financements au titre du dixième Fonds européen de développement (FED) consacrés à la coopération régionale des pays et territoires d'outre-mer, à hauteur de quarante millions d'euros, ainsi qu'aux pays de la région. » Sénat, Audition du 7 avril 2009, *http://www.senat.fr/rap/r08-519-2/r08-519-25.html*.

Dans les « mœurs locales », le fait que la Région Réunion puisse conduire une délégation s'explique parce qu'elle est, selon l'expression de l'ambassadeur délégué, Philippe Leyssene, la « meilleure synthèse de l'identité réunionnaise ». Il semble que l'État français soit d'autant plus à même d'admettre cette valorisation que la Région Réunion reste très respectueuse de l'identité française à laquelle elle aspire. Paul Hoarau conduit une autre explication : « Le ministre français de la COI, dans la République française nouvelle (soit celle dans laquelle La Réunion s'est émancipée ou décolonisée tout en restant française : une voie étroite), c'est le président de la région[29]. » On peut déplorer, avec lui, que Didier Robert n'ait pas assisté aux manifestations relatives aux trente ans de la COI, qui se sont tenues à l'île Maurice en décembre 2012.

S'agissant de la représentation politique de premier niveau et de suivi, soit le Comité des Officiers permanents de liaison, l'OPL français est un diplomate en poste à la préfecture de La Réunion[30]. La liaison, l'information et l'accompagnement entre les services et les corps de l'État, l'université de La Réunion comprise, et les collectivités locales sont constants. Il est évident que la coopération régionale mérite aussi d'être approfondie avec le secteur privé[31].

II. Analyse prospective

Si aujourd'hui la COI n'est plus suspectée de « silence diplomatique », car elle conduit un nombre de projets considérables, financés par des bailleurs de fonds diversifiés, il n'en reste pas moins que sa pérennisation pose des questions qui intéressent directement La Réunion. La voie de l'intégration multilatérale de Mayotte dans son environnement reste encore à dessiner.

29. « C'est à ce titre qu'il a participé au conseil des ministres du 12 novembre 2012 à La Réunion, sur la coopération dans le domaine du tourisme. Il ne remplaçait pas le ministre français de la Coopération. Il était à sa place. Le pays de la République française, concerné pas l'Indianocéanie, c'est, en effet, La Réunion. Au sein de la COI, en Indianocéanie, c'est lui qui représente la République française (La France/Réunion). » *in* P. HOARAU, « La Commission de l'Océan Indien (30 ans) » dans *Journal de Paul Hoarau*, 16 décembre 2012.

30. Le dernier se plaisait-il à La Réunion ? Il est parti en Afghanistan.

31. « La coopération régionale ne va pas de soi, mais devait se traduire par des projets concrets, en distinguant la coopération institutionnelle et la coopération privée, complémentaires, mais dont les objectifs, les modes d'action et de financement sont distincts » : Ph. LEYSSENE, Sénat, audition du 7 avril 2009, *http://www.senat.fr/rap/r08-519-2/r08-519-25.html.*

A. Coopération ou intégration indiaocéanique ?

La COI présente les faiblesses d'une organisation internationale de coopération classique avec une définition très lâche, dans la charte constitutive, des actions poursuivies en commun. La Charte ne comporte aucune clause de compétence soulignant combien la COI ne se présente pas comme une organisation d'intégration, mais comme une organisation à vocation de coopération, voire à vocation diplomatique.

Tel est le sens qui se dégage de l'article 1er de la Charte de Victoria, de 1984, qui énonce quatre domaines de coopération :

> « Les relations entre le Gouvernement de Maurice, de la République démocratique de Madagascar et le Gouvernement de la République des Seychelles sont régies par le présent Accord général et ses protocoles d'application dans les domaines suivants :
> 1. La coopération diplomatique;
> 2. La coopération économique et commerciale;
> 3. La coopération dans le domaine de l'agriculture, de la pêche maritime et de la conservation des ressources et des écosystèmes;
> 4. La coopération dans le domaine culturel, scientifique, technique de l'éducation et en matière de justice. »

On mesure combien la coopération de la COI est éloignée des perspectives d'intégration de sa proche cousine, la Communauté Est-africaine (CEA), qui est sise en partie sur la bordure de l'Océan Indien et relie également cinq États membres : Kenya, Ouganda, Tanzanie, Burundi et Rwanda. Les trois premiers d'entre eux ont construit cette Communauté économique africaine régionale en 2000 et ont été rejoints par les deux derniers en 2007. L'accession des Comores à la CEA est à l'étude. Le traité de la Communauté Est-africaine est fondé sur une logique de progression par étapes, clairement identifiées : la construction d'une union douanière et d'un marché commun, d'une union monétaire et, stade ultime, d'une fédération politique[32].

32. En ce sens, Préambule de la Communauté : « Determined to strengthen their economic, social, cultural, political, technological and other ties for their fast balanced and sustainable development by the establishment of an East African Community, with an East African Customs Union and a Common Market as transitional stages to and integral parts thereof, subsequently a Monetary Union and *ultimately a Political Federation.* » [Nous soulignons]. Les premières discussions ont lieu sur les modalités de construction de cette fédération est-africaine : *http://www.eac.int/index.php?option=com_content&view=article&id=1147:eac-political-federation-experts-in-preliminary-discussions-of-model-structure&catid=146:press-releases&Itemid=194.*

Des perspectives de renforcement de la coopération sont discernables, notamment vis-à-vis de Mayotte, mais elles demeurent à l'état du discours politique[33].

L'absence de représentation populaire, directe ou indirecte au sein des instances de la COI, accentue la qualification d'organisation de coopération. Lorsque les collectivités locales sont présentes dans les activités de la COI, c'est au titre de leurs exécutifs, non de leurs assemblées délibérantes. Il n'y a pas encore dans la population réunionnaise le réflexe de l'Indiaocéanie. La future chaîne de télévision envisagée par le nouveau secrétaire général constituera peut-être un déclic. La dépendance de la COI envers les bailleurs de fonds souligne l'exigence d'un impôt indiaocéanique (envisagé par l'ancien secrétaire général, W. Bertile).

La COI, fondée sur une approche-projets, non sur une approche-compétences, ne produit pas de droit dérivé, au mieux des recommandations, et il n'y a pas de juridiction de la COI. À notre connaissance, aucune cour n'a jamais été saisie d'une question relevant du droit de la COI. Cette absence de juridiction régionale l'éloigne un peu plus de la CEA et de ses constructions juridiques[34].

S'il y a une réflexion sur le renforcement institutionnel, elle est très modeste et purement fonctionnelle. Le nouveau secrétaire général, ancien ministre des Affaires étrangères mauricien, chantre emblématique d'un vocabulaire nouveau, faisant état des « peuples de l'Indiaocéanie », estime que les OPL devraient être appuyés par un Bureau permanent de liaison national, afin de suivre efficacement les projets de plus en plus nombreux de la COI. Une nouvelle architecture des champs d'intervention est dessinée[35].

33. « Les sénateurs ont également suggéré que les Comores abandonnent l'évocation de Mayotte au sein des instances internationales, au premier rang desquelles l'ONU, afin de renforcer l'intégration régionale, avec la transformation de la Commission de l'Océan Indien en Communauté des États de l'Océan Indien par exemple, et des mesures visant à favoriser la circulation des biens et des personnes au sein de cet espace sous-régional. C'est d'ailleurs l'objectif du projet de Traité issu du processus du Groupe de Travail de Haut Niveau (GTHN) initié ces dernières années, qui pourrait être signé en 2013 » : *in* Sénat, *Groupe France-Madagascar et Pays de l'Océan Indien : rencontre avec Son Excellence M. Abdallah Mirghane, Ambassadeur des Comores en France*, 21 nov. 2012.

34. Cour de justice de la Communauté Est-africaine, *Avis 1/2008*, sur le principe de flexibilité et le principe de géométrie variable dans la construction de la Communauté.
Voir *http://www.eacj.org/docs/opinions/advisory_opinion_1_of_2008.pdf.*

35. Voir Annexe p. 71.

Dans ces conditions, l'intégration entre les États de la ZOI ne peut être que très progressive. Le président Didier Robert, à la 28e session ministérielle de Mahé, le 17 janvier 2013, a insisté sur la nécessité d'un espace économique et commercial renforcé, sur la nécessité de la lutte contre la piraterie maritime, sur le besoin de normalisation des relations avec la grande île de Madagascar. Mais une région peut-elle, à elle seule, recommander avec efficacité et sérieusement à un État le respect du droit ?

B. Faire le choix fonctionnel de l'Indiaocéanie : quel sens pour La Réunion ?

Il faut clarifier les cercles de coopération et les relations diplomatiques privilégiées. La Région Réunion, s'appuyant sur une nouvelle majorité UMP, a établi une stratégie de coopération qui distingue entre les relations bilatérales, nettement préférées aux activités multilatérales[36]. Cette prédilection bilatérale passe, d'une part, par l'identification de cinq pays cibles et, d'autre part, par la poursuite de la coopération avec les pays de l'Océan Indien, qui sont plus nombreux que ceux de la COI (soit Comores, Madagascar, Mozambique, Seychelles). Dans les pays privilégiés ou pays cibles, il n'y a qu'un seul des quatre États de la COI : Maurice, aux côtés de l'Afrique du Sud, de l'Australie, de la Chine et de l'Inde.

---

36. 1°. Renforcement de la coopération bilatérale avec les cinq pays cibles que sont :
   - la Chine dans la continuité de l'obtention par La Réunion du statut de destination touristique autorisée ;
   - l'Australie dans la continuité de la déclaration d'intention signée avec l'État d'Australie méridionale pour des perspectives de coopération dans les domaines culturel, éducatif et économique ;
   - Maurice avec l'installation d'une antenne régionale en 2011 ;
   - l'Inde avec laquelle les liens seront renoués ;
   - l'Afrique du Sud avec l'organisation par l'ambassade de France de la Saison de la France en Afrique du Sud en 2012.

   2°. Poursuite de la coopération avec les autres pays de la zone Océan Indien : Comores, Madagascar, Mozambique, Seychelles.

   3°. Présence renforcée de la collectivité dans les grands ensembles régionaux (COI, COMESA).

   4°. Approfondissement de la coopération économique avec des projets de *clusters* dans les domaines prioritaires que sont le tourisme, les énergies, le numérique, les biotechnologies, la pêche/aquaculture.

   5°. Participation à de grandes rencontres internationales et accueil à La Réunion de délégations étrangères.

   6°. Ouverture de 10 à 12 nouveaux postes de volontaires du progrès.

Quant au choix multilatéral de la Région, il vise aussi bien la COI que le COMESA. Mais cet éclectisme n'est pas au service de l'Indiaocéanie, pourtant si proche, si vivante, mais finalement si difficile à mettre en œuvre. L'absence de référence à la Communauté Est-africaine ne s'explique pas.

Pour avancer dans l'Indiaocénie, il serait loisible d'identifier ce qui relève de la notion de compétence « indiaocéanique », c'est-à-dire une action qui nécessite la convergence des quatre États et de la France/Réunion pour qu'elle atteigne un niveau d'efficacité maximale et, corrélativement introduire la notion de subsidiarité.

Il serait opportun d'unifier les services de coopération régionale des différentes collectivités (*intra*-DROM réunionnais), et, pourquoi pas ?, entre La Réunion et Mayotte. De ce point de vue, les conférences de coopération régionale, menées par les soins du ministère des Outre-mer et de l'ambassadeur délégué à la coopération régionale dans la zone de l'Océan Indien, permettent de mieux concerter les positions et les objectifs de la France/Réunion. Mais le territoire réunionnais ne parle pas vraiment d'une même voix. La perspective inévitable à terme d'une seule collectivité locale, pour des raisons financières et pragmatiques, contre laquelle le sénateur Jean-Paul Virapoullé s'est tant battu et avec efficacité (au regard de sa concrétisation dans l'article 72-4 de la Constitution), qui consacre un « verrou statutaire », devrait faciliter cette voix unique dans la coopération régionale[37].

C. Faire les choix politiques de l'Indiaocéanie : quelles directions ?

L'Indiaocéanie politique est peu développée. Or les crises politiques que traversent les États membres sont nombreuses, les différends territoriaux ne se règlent pas en son sein. Le règlement du différend franco-mauricien sur l'île de Tromelin a donné lieu à un accord intéressant de cogestion[38]. La COI commence, sur la pointe

37. Voir *contra* D. ROBERT favorable au maintien de deux collectivités territoriales « pour maintenir un équilibre des pouvoirs », *L'éco Austral*, n° 274, avr. 2013, p. 23. *Quid* d'un suffrage électoral représentatif et d'une représentativité des tendances politiques au sein d'un exécutif territorial ?

38. En 2013, l'accord est en voie d'approbation parlementaire devant l'Assemblée nationale (2e lecture).

des pieds, à ouvrir le volet politique. Ainsi, le sommet ministériel de janvier 2013 s'est-il félicité de la non-candidature de Andry Rajoelina aux élections présidentielles malgaches[39].

L'Indiaocéanie économique est très faible. L'intégration économique sous la forme d'échanges de biens et de services est quasiment inexistante. Les échanges de biens entre les États montent à 2 % des échanges. Les travailleurs migrants connaissent à leur arrivée à La Réunion des obstacles tant administratifs qu'économiques et sociaux, tant le chômage est élevé. Au-delà des discours sur la complémentarité des économies, il « reste » à concrétiser cette ambition[40]. À cet égard, on ne peut qu'être surpris que la conférence sur la connectivité aérienne dans l'Indianocéanie, les 2-3 mai 2013, à Port-Louis n'ait pas associé les grandes compagnies aériennes régionales (Air Austral, Air Seychelles, Air Madagascar, Air Mauritius).

Restent les pistes de l'Indiaocéanie culturelle et de l'Indiaocéanie environnementale, qui font l'objet de nombre de projets clairement identifiés, mais qui ne peuvent à eux seuls constituer la trame de l'Indiaocéanie.

---

39. Discours du Secrétaire général, Rapport d'activité, 28e session du Conseil des ministres, Mahé, 17 janv. 2013 : « Je ne reviendrai pas de nouveau sur le dossier malgache, si ce n'est pour dire à quel point nous sommes heureux de la tournure que prennent les choses à la lumière des dernières déclarations. Nous allons poursuivre notre rôle de soutien et de facilitation pour accompagner le processus électoral dans les mois à venir. Dans le cadre d'un programme conjoint avec l'Organisation internationale de la Francophonie, nous avons déjà organisé des ateliers pour sensibiliser les journalistes malgaches à l'exercice de leur métier en période électorale, afin d'en faire des acteurs clés du processus de normalisation de la vie politique. Nous comptons maintenant installer très vite un bureau de liaison de la COI à Madagascar pour assurer une présence permanente pendant cette période cruciale. Et nous allons aussi déployer une mission francophone conjointe d'observation des élections. »

40. Discours du Secrétaire général, Rapport d'activité, 28e session du Conseil des ministres, Mahé, 17 janv. 2013 : « L'intégration régionale n'est pas une destination finale, le marché régional de 25 millions d'habitants est trop restreint pour des économies d'échelle, mais c'est un passage obligé. Nos îles sont éloignées des principaux marchés, et sont tributaires des importations de denrées alimentaires et de sources d'énergies fossiles, dont les prix ont flambé, pour diverses raisons, ces dernières années. L'intégration et la régionalisation permettent d'exploiter nos complémentarités, de nous renforcer mutuellement, de partager les savoir-faire et les expériences, et de tendre vers une plus grande autonomie pour être plus fort ensemble pour nous attaquer aux plus forts » ; *http://politics.ioconline.org/fileadmin/Conseil/Presentation_rapport_SG_28_Conseil_2013.pdf.*

***
*

Pour conclure, nous dirons qu'il faut croire en l'Indiaocéanie, car c'est une zone de paix. Il faut la transformer en une zone de prospérité. Pour cela, La Réunion et Mayotte doivent prendre en main leurs destins et les classes politiques doivent abandonner leur frilosité indiaocéanique, fermer le parapluie étatique métropolitain et renoncer à leurs luttes intestines et politiques démagogiques. La politique régionale apparaîtra alors comme un puissant levier pour refonder la politique locale.

Laissons pour finir la parole à Paul Hoarau. Pourquoi l'Indiaocéanie ?

> « [Afin] de réaffirmer l'appartenance de La Réunion, à l'Indianocéanie ; de présenter le positionnement de la Région dans la nouvelle République française, dans des domaines comme la coopération régionale ; de rappeler l'existence de l'axe Indianocéanie-Europe, au même titre que l'axe Afrique-Asie, les trois continents étant les "continents des origines" ; de dire que l'Indianocéanie, dans le concert actuel des nations et des peuples, pouvait contribuer à garantir davantage, pour demain, la réalisation d'une mondialisation des diversités plutôt que la mondialisation du clonage de modèles dominants. Par leur peuplement, par leurs métissages, par leur habitude du vivre ensemble, les Indianocéaniens sont quelque part, des experts du vivre ensemble des diversités[41]. »

41. « La Commission de l'Océan Indien (30 ans) », *in Journal de Paul Hoarau*, 16 décembre 2012.

Annexe
Nouvelle architecture stratégique/Commission Océan Indien

Axes stratégiques, Domaines d'intervention et champs d'action pour le PDS 2013-2016

Axe stratégique 1. Une force politique et diplomatique insulaire bien établie

DI-1 Stabilité, Sécurité & Diplomatie

– CH 1.1 Stabilité politique et gouvernance démocratique
– CH 1.2 Sécurité maritime
– CH 1.3 Lutte contre la criminalité transnationale
– CH 1.4 Défense des intérêts des États insulaires

Axe stratégique 2. Un espace régional de croissance économique intelligente

DI-2 Espace et infrastructures économiques régionales

– CH 2.1 Négociations et accords commerciaux
– CH 2.2 Compétitivité et facilitation des affaires
– CH 2.3 Accessibilité et connectivité (transport maritime, aérien et TIC)

DI-3 Spécialisations et pôles de croissance régionale bleue et verte

– CH 3.1 Pêche-aquaculture
– CH 3.2 Agriculture et Sécurité alimentaire régionale
– CH 3.3 Tourisme
– CH 3.4 Énergies renouvelables

Axe stratégique 3. Un environnement insulaire et océanique commun résilient et durable

DI-4 Environnement durable et changement climatique

– CH 4.1 Biodiversité et gestion durable des ressources marines et terrestres
– CH 4.2 Gestion des risques de catastrophe naturelle
– CH 4.3 Adaptation au changement climatique

Axe stratégique 4. L'Indianocéanie, espace de développement humain solidaire

DI-5 Santé, Éducation et Recherche-Innovation

– CH 5.1 Santé publique
– CH 5.2 Éducation, Recherche & innovation

DI-6 Employabilité, mobilité et identité indianocéanique

– CH 6.1 Employabilité des jeunes et entrepreneuriat
– CH 6.2 Espace régional de circulation
– CH 6.3 Culture et médias
– CH 6.4 Genre et Enfance

Hors Axe et DI. Programme de renforcement de la gouvernance de la COI

3. LA FRANCE DANS LES CARAÏBES

La diplomatie territoriale à l'épreuve de l'insertion régionale des départements français d'Amérique (DFA)

par

Fred CONSTANT

Ambassadeur délégué à la coopération régionale Antilles-Guyane
Ministère des Affaires étrangères
Professeur de science politique
Université des Antilles et de la Guyane, CRPLC UMR-CNRS 8053

Dans l'éventail des relations possibles entre entités infra-étatiques et organisations de coopération et d'intégration régionales, la France offre grâce à ses Outre-mer un tableau particulièrement illustratif et édifiant. En quelques décennies, on est passé de la logique d'un « monobloc Outre-mer » artificiellement coupé de son environnement régional à une logique de « diversité des Outre-mer » et d'affirmation de leur dimension régionale et internationale. Dans ce changement doctrinal, le Conseil interministériel de l'Outre-mer (CIOM) du 6 novembre 2009 a joué un rôle cardinal[1]. Cette orientation de la politique gouvernementale a été confirmée

1. Réuni autour du Président de la République pour tirer les enseignements pratiques des États généraux de l'Outre-mer (EGOM) consécutifs au vaste mouvement social qui a traversé les DFA et La Réunion à partir de décembre 2008, il est à l'origine de la relance de cette politique d'insertion des Outre-mer dans leur environnement géographique. Parmi les 137 mesures arrêtées par le CIOM, une trentaine vise à accroître les capacités d'action et la visibilité des Outre-mer en matière de coopération régionale.

lors de la conférence de coopération régionale organisée à Fort-de-France en novembre 2011, sous la présidence conjointe du ministre chargé de la Coopération et de la ministre chargée de l'Outre-mer. À cette occasion, le ministre chargé de la Coopération[2] a annoncé aux exécutifs locaux la volonté gouvernementale de renforcer la dimension institutionnelle, économique et européenne de l'insertion régionale des Outre-mer. Sur le plan institutionnel, cette volonté se traduit non seulement par un soutien de l'État aux demandes de participation des DFA aux organisations régionales de la Caraïbe, mais aussi par la possibilité d'accueillir des représentants des DFA au sein du réseau diplomatique et consulaire de l'État. En matière économique, le gouvernement propose d'accompagner à l'international les entreprises implantées dans les DFA, dans les secteurs où elles possèdent un avantage comparatif indéniable, afin de les aider à gagner des parts de marché en saisissant les opportunités d'affaires dans les pays voisins. Enfin, s'agissant de l'Union européenne, l'État entend développer la coopération territoriale, financée par le FEDER, au profit des DFA et peser sur la définition de la stratégie UE/CARIFORUM, financée par le FED, afin qu'elle contribue davantage au renforcement de la coopération régionale entre les RUP, les pays ACP et les PTOM.

L'élection d'un nouveau président de la République en mai 2012 et la formation d'un nouveau gouvernement n'ont pas affecté cette volonté d'affirmer la dimension internationale des Outre-mer. Au contraire, celle-ci s'est trouvée confortée, voire amplifiée, en se parant de deux nouveaux concepts politiques[3] : d'une part, celui de diplomatie territoriale et d'autre part, celui de diplomatie économique. Par diplomatie territoriale, on désigne la participation des collectivités locales à la mise en œuvre de la politique internationale de la France. En fait, il s'agit de promouvoir une diplomatie coordonnée, mais démultipliée, qui s'appuie et s'enrichit par l'action extérieure des collectivités territoriales, notamment celle des régions. Rapportée à la zone des Caraïbes et de l'Amazonie, cette orientation de l'action publique vise à intensifier la coopération régionale entre les DFA et les pays tiers pour en faire un « multiplicateur » de l'influence française tout en renforçant la dimension ultramarine de celle-ci[4]. Par diplomatie économique,

2. H. De Raincourt, *Discours d'ouverture*, Conférence de coopération régionale, Fort-de-France, 5 nov. 2011.

3. L. Fabius, *Allocution d'ouverture*, Rencontre des Trois Océans, Paris, Ministère des Outremer, 27 août 2012.

4. V. Lurel, *La politique d'insertion des Outre-mer dans leur environnement régional*, communication au Conseil des ministres, Paris, Service de presse de la Présidence de la République, 5 juin 2013.

on entend la mobilisation de l'outil diplomatique de l'État pour contribuer au redressement économique de la France : d'une part, il s'agit d'attirer des investissements internationaux en France et d'autre part, il s'agit de soutenir les entreprises françaises à l'international tant en matière de contrats qu'en termes de parts de marché. Rapportée à la zone des Caraïbes et de l'Amazonie, cette orientation de l'action publique pose l'insertion régionale des DFA comme un vecteur de leur redressement économique et se traduit par une aide aux entreprises des DFA pour exporter leurs produits et leur savoir-faire dans les pays voisins. Enfin, la dimension stratégique des Outre-mer est non seulement valorisée et prise en compte dans la défense des intérêts de la France et pour son rayonnement dans le monde, mais elle est aussi conçue comme une condition *sine qua non* du développement local et de l'affirmation des identités territoriales[5].

I. La relance de la politique d'insertion régionale des DFA et des Collectivités de Saint-Martin et Saint-Barthélemy

Pour accroître la visibilité des DFA dans leur environnement régional, il convenait de les associer davantage aux relations que la France entretient dans les Caraïbes et en Amazonie avec les États riverains ainsi qu'avec les organisations régionales. Dans cette optique, les autorités de l'État ont pris des mesures visant à faciliter l'utilisation des compétences internationales reconnues aux collectivités locales. Ce volontarisme gouvernemental s'est également traduit par le soutien inédit de l'État aux demandes de participation des régions aux organisations régionales de la Caraïbe ainsi que par le lancement d'un dispositif innovant d'accueil de représentants des DFA dans le réseau diplomatique et consulaire de l'État.

A. La valorisation des compétences internationales des DFA

Le Code général des collectivités territoriales (CGCT) prévoit six modalités de participation des collectivités territoriales d'outre-mer à l'action internationale de la France. Jusque-là peu utilisées, ces dispositions ont donné lieu à une circulaire

5. Ministère des Affaires étrangères et européennes, *La France en Amérique latine et dans les Caraïbes,* Paris, avr. 2012, 117 p.

interministérielle[6] destinée à fluidifier les relations entre les différents acteurs locaux intervenant en matière internationale. Dans le même ordre d'idées, les autorités gouvernementales ont inclus, à leur demande, des élus locaux dans les délégations françaises participant à des sommets régionaux ou à des réunions internationales et leur ont parfois confié la responsabilité de diriger au nom de l'État les délégations françaises. Reprenons brièvement ces possibilités ouvertes par la loi aux collectivités locales, en gardant toutefois à l'esprit que leur mise en œuvre est encadrée par l'État qui conserve en matière internationale un monopole indiscuté.

La première concerne le pouvoir de proposition en matière de négociation d'accords internationaux. La décision d'ouvrir la négociation d'un accord étant un acte de politique étrangère engageant la France, le président de la collectivité concernée est obligé de soumettre au ministère des Affaires étrangères toute proposition en ce sens. Compte tenu de sa connaissance de l'ensemble des relations internationales, c'est ce ministère qui est juge de l'opportunité de lui donner suite.

Dans le prolongement de la première, la deuxième a pour objet le pouvoir de négociation et de signature de déclarations d'intention ou d'accords entre le gouvernement de la République française et un ou plusieurs États. S'agissant des déclarations d'intention qui fixent les orientations générales d'une future coopération avec un État voisin, les exécutifs locaux peuvent être amenés à signer des déclarations d'intention au nom du gouvernement de la République française après autorisation des autorités compétentes, ou en leur nom, dans la limite de leurs compétences. Pour ce qui est des traités ou d'accords internationaux, c'est-à-dire d'engagements internationaux juridiquement contraignants souscrits avec une autorité étrangère au nom de son gouvernement, l'exécutif d'une collectivité territoriale peut en être le signataire, au nom du gouvernement de la République, à condition d'être muni des pouvoirs requis. En ce qui concerne les arrangements administratifs, la pratique internationale permet d'en conclure entre ministres français et ministres de pays tiers dans leur champ de compétence. De portée limitée, ces arrangements administratifs ont généralement une vocation technique et sont destinés à la mise en œuvre d'autres accords internationaux.

---

6. Circulaire interministérielle (ministres des Affaires étrangères et européennes et de l'Outre-mer) du 27 mars 2012 relative aux compétences exercées par les collectivités territoriales d'outre-mer en matière internationale, NOR : OMEO1209015 C : *http://circulaires.legifrance.gouv.fr/pdf/2012/03/cir_34914.pdf* ou *http://circulaires.legifrance.gouv.fr/index.php?action=afficherCirculaire&hit=14&retourAccueil=1.*

La troisième prévoit la consultation des conseils régionaux des DFA sur certains projets d'accords internationaux portant sur l'exploration, la conservation ou la gestion des ressources naturelles, biologiques et non biologiques, dans la zone économique exclusive de la République au large des côtes de la région concernée. Il en va de même s'agissant de tout projet d'accord international concernant la coopération régionale en matière économique, sociale, technique, scientifique, culturelle, de sécurité civile ou d'environnement entre la République française et les États de la mer Caraïbe et les États voisins de la Guyane.

La quatrième ouvre la possibilité au président d'un conseil régional d'un DFA de représenter la France au sein des organismes régionaux des Caraïbes ou du plateau des Guyanes, y compris auprès d'organismes régionaux dépendant des institutions spécialisées des Nations Unies. Le président de la collectivité reçoit alors de la part du ministère des Affaires étrangères les pouvoirs et instructions nécessaires à l'accomplissement de sa mission de représentation de la France. Il s'agit d'un mandat impératif et non pas représentatif.

La cinquième concerne la participation à des organismes régionaux. Deux options sont possibles : soit la saisine du Gouvernement par une collectivité des DFA pour proposer l'adhésion de la France aux organisations régionales de la zone Caraïbes ou Amazonie, soit la candidature d'une collectivité d'un DFA en vue de son adhésion au sein d'une organisation régionale en son nom propre, en qualité de membre associé.

Enfin, la sixième modalité est sans doute la plus novatrice. En vertu de la loi du 27 juillet 2011[7], les collectivités régionales des DFA peuvent désigner des agents publics territoriaux chargés de les représenter au sein des missions diplomatiques et consulaires de l'État. Encadrés par une lettre de mission, ces agents non seulement sont chargés de suivre les actions de coopération régionale initiées par leur collectivité d'origine, mais ils doivent aussi apporter leur concours au travail des postes diplomatiques ou consulaires auprès desquels ils sont affectés.

7. Loi n° 2011-884 du 27 juillet 2011 relative aux collectivités territoriales de Guyane et de Martinique, *JORF* n° 173, 28 juill. 2011, p. 12821.

B. Les candidatures des DFA aux organisations régionales de la Caraïbe

C'est au lendemain de la conférence de coopération régionale de 2011 que les présidents des conseils régionaux de la Guadeloupe, de la Guyane et de la Martinique ont manifesté officiellement leur intention de devenir membres associés de l'Organisation des États de la Caraïbe orientale (OECO), de la Communauté des Caraïbes (CARICOM) et de l'Association des États de la Caraïbe (AEC) ainsi que de la Commission économique des Nations Unies pour l'Amérique latine et les Caraïbes (CEPALC). Pour sa part, le président du conseil régional de la Guyane limitait la candidature de la Guyane à la CARICOM, alors que la présidente de la Collectivité d'outre-mer (COM) de Saint-Martin faisait part de sa volonté que ce territoire devienne membre associé de l'OECO, de la CARICOM et de l'AEC.

Ces candidatures des DFA et de la Collectivité de Saint-Martin répondent invariablement à une même volonté de rompre avec un isolement géographique hérité de l'histoire ainsi qu'à la recherche d'une affirmation politique dans le concert régional caraïbéen et amazonien. Sur une toile de fond culturelle et identitaire, apparaît aussi nettement la nécessité pour les exécutifs locaux de promouvoir le développement des DFA en renforçant la dimension économique de leur insertion régionale. Enfin, le statut de région ultrapériphérique (RUP) de l'Union européenne dont bénéficient les DFA et Saint-Martin est perçu comme un atout dans cette perspective de renforcement de leurs relations avec les pays ACP ou PTOM de la zone de référence.

Près de deux ans après le lancement des procédures, la situation des candidatures des DFA et de Saint-Martin s'établit comme suit :

- Pour ce qui concerne la CEPALC[8], la participation de la Guadeloupe et de la Martinique en qualité de membre associé a été proclamée solennellement lors de la 34e période de session qui a eu lieu les 27-31 août 2012 à San Salvador. La France étant déjà membre de cet organisme régional dépendant des Nations Unies, les formalités pour les deux DFA en ont été réduites à un simple échange de lettres entre les présidents de région, le ministre des

8. La CEPALC est une commission régionale des Nations Unies créée en 1948. Elle compte 44 pays membres et 10 pays ou territoires membres associés. Son siège se trouve à Santiago, au Chili. Deux sièges sous-régionaux sont situés à Mexico pour l'Amérique centrale et à Port-d'Espagne (Trinité-et-Tobago) pour les Caraïbes. La CEPALC a pour objet de publier des études et des statistiques de référence pour l'Amérique latine, l'Amérique centrale et les Caraïbes. Elle formule également des recommandations en matière de politiques publiques et anime des séminaires régionaux de renforcement des capacités professionnelles.

Affaires étrangères et le secrétaire général de la CEPALC. Le ministre des Affaires étrangères avait désigné le président de la Région Martinique comme chef de la délégation française et lui avait remis les pouvoirs et instructions requis en pareilles circonstances. Les deux régions françaises qui sont rattachées au bureau sous-régional de la CEPALC situés à Port-d'Espagne (Trinité-et-Tobago) ont demandé à participer notamment aux travaux du Comité de développement et de coopération des Caraïbes (CDCC) et aux réunions du comité plénier de cet organisme des Nations Unies. Lors de sa 27e session des 28-29 mai 2013 à New York, la Martinique avait ainsi pu y prendre part pour la première fois.

– S'agissant de l'OECO[9], si les Régions de Guadeloupe et de Martinique ont obtenu l'accord du ministre des Affaires étrangères pour entamer leurs démarches, seule la Région de Martinique a lancé le processus de négociation de son périmètre d'adhésion (*draft accession document*) en janvier 2013, selon une méthodologie et un calendrier concertés avec la directrice générale de cette organisation sous-régionale. Après un rapport commandé à un groupe d'experts mandatés par l'OECO, une équipe de négociation a été mise en place. Trois séances de travail ont été nécessaires pour parvenir à un projet d'accord qui a été entériné par la Haute Autorité lors de la 58e réunion des instances de l'OECO, les 27-28 novembre 2013 à Montserrat. Dans l'intervalle, l'exécutif régional de la Martinique a multiplié les contacts politiques avec les présidents *pro tempore* de l'OECO ainsi qu'avec plusieurs chefs de gouvernement d'États membres. Tous ces contacts ont confirmé l'existence d'un consensus politique autour de la candidature de la Région Martinique. En mars 2014, le projet d'accord est en cours d'examen par la Région Martinique et le ministère des Affaires étrangères. L'objectif affiché par les parties est de proclamer officiellement la participation de la Martinique d'ici la fin du premier semestre 2014.

9. Créé en 1981 par le traité de Basseterre, l'OECO compte 9 membres situés dans la sous-région de la Caraïbe de l'Est. Elle possède des institutions communes, coordonne ses politiques notamment en matière d'éducation, de télécommunication, de tourisme et d'environnement, et jouit d'une reconnaissance internationale. Le traité révisé de Basseterre du 21 janvier 2011 instaure une union économique avec un marché commun des biens et une libre circulation des personnes ainsi qu'une union monétaire.

– En ce qui concerne la CARICOM[10], conformément à la procédure arrêtée par les instances compétentes de cette organisation régionale, un groupe de travail *ad hoc* avait été chargé de faire des recommandations sur les critères et les candidatures officiellement enregistrées au statut de membre associé. Ce rapport a été remis en mars 2013 à son commanditaire, le secrétaire général de la CARICOM. Inscrites à l'ordre du jour de la 34e Conférence des chefs d'État et de gouvernement qui a eu lieu en juillet 2013 à Port-d'Espagne, les demandes d'adhésion de nos trois DFA n'avaient pu être examinées faute de temps. Le sujet a donc été abordé à nouveau lors de la Conférence intersessionnelle des chefs d'État et de gouvernement des 10-11 mars 2014, à Saint-Vincent-et-les-Grenadines. À l'invitation de son président *pro tempore* Ralph Gonsalves, Premier ministre de Saint-Vincent-et-les-Grenadines, le président du conseil régional de la Martinique, M. Serge Letchimy qui y prenait part, a pu échanger avec les chefs d'État et de gouvernement sur la candidature de la Martinique. Pour mémoire, les présidents des trois régions candidates avaient pu définir leurs attentes et leurs priorités sectorielles en réponse à une demande du secrétariat général de la CARICOM. Ils avaient également pu s'entretenir avec le secrétaire général et les présidents *pro tempore* de cette organisation régionale.
– Pour ce qui est de l'AEC[11], les candidatures de la Guadeloupe et de la Martinique, approuvées et soutenues par le ministère des Affaires étrangères, ont été formellement présentées aux États membres de cette organisation régionale lors de son 5e sommet en avril 2012 à Pétion-ville, en Haïti. À la demande du secrétaire général de l'AEC, le ministre des Affaires étrangères a confirmé le maintien de la France comme membre associé au titre de la Guyane, de Saint-Martin et de Saint-Barthélemy, aux côtés de ses deux DFA postulant au même statut en leur nom propre. En conséquence, le ministère des Affaires étrangères a préparé, en liaison avec le ministère des Outre-mer

10. Créée en juillet 1973 par le traité de Chaguaramas, la CARICOM compte 15 États membres et 5 membres associés. Le traité révisé en 2001 s'est traduit par le lancement d'un marché économique unique de la Caraïbe (CSME), la mise en place d'un Fonds de développement (CDF) et une harmonisation plus forte des politiques sectorielles. La CARICOM compte une vingtaine d'institutions couvrant des domaines variés, des télécommunications à la santé, en passant par la pêche.

11. Créée en 1994 en Colombie, l'AEC compte 25 États membres et 2 États associés. La déclaration de Margarita adoptée en 2001 renforce sa mission d'organisme de consultation, concertation et de coopération entre les pays de la Caraïbe. Elle compte 6 comités permanents sectoriels dans les domaines suivants : transports, tourisme durable, risques naturels, commerce et relations économiques extérieures, budget et administration, et fonds spécial et contributions volontaires.

et les deux conseils régionaux concernés, un projet d'avenant à l'accord du 24 mai 1996 relatif à l'adhésion de la France auprès de cette organisation régionale ainsi que des propositions d'adhésion relatives à la Guadeloupe et à la Martinique. Ces textes ont été approuvés lors de la 19e réunion ordinaire du Conseil des ministres qui s'est tenue à Port-d'Espagne le 14 février 2014, marquant l'aboutissement de leurs candidatures au statut de membre associé. Cette adhésion a été très bien accueillie par les États membres dont les délégations ont quasiment toutes marqué leur soutien aux élus guadeloupéens et martiniquais. Le conseil régional de la Martinique a été réélu à la présidence du comité portant sur le tourisme durable, tandis que celui de la Guadeloupe était porté à la présidence du comité sur les catastrophes naturelles. Dans l'intervalle, les deux présidents de région avaient pu rencontrer, à plusieurs reprises, le secrétaire général de l'AEC tandis que leurs vice-présidents participaient activement aux comités de travail de cette organisation régionale. Cette adhésion devra toutefois être formalisée par la signature des accords approuvés et consacrée solennellement lors du 6e Sommet de l'AEC, fixé les 28-30 avril 2014 à Mérida, au Mexique.

C. Un dispositif innovant : l'accueil de chargés de mission des conseils régionaux dans le dispositif diplomatique et consulaire de l'État

Dans le même élan de leurs demandes de participation aux organisations régionales, les présidents des conseils régionaux des DFA ont manifesté le souhait d'affecter des agents territoriaux dans le réseau dispositif et consulaire de l'État, des Caraïbes et du plateau des Guyanes. À ce jour, ce dispositif innovant concerne dix missions diplomatiques et consulaires, librement choisies par les exécutifs régionaux en fonction de critères spécifiques.

Pour la Région Guadeloupe, il s'agit des six pays suivants : Sainte-Lucie, la République dominicaine, le Panama, le Venezuela, le Canada (Québec) et les États-Unis (Miami). Le choix de Sainte-Lucie répond à une double motivation : d'une part, le siège de l'OECO se trouve à Castries ; d'autre part, l'ambassade de France implantée dans ce pays couvre l'ensemble des États membres de l'OECO. Celui de la République dominicaine correspondant à la volonté d'un suivi efficace de l'année consacrée à ce pays en Guadeloupe ainsi qu'à la nécessité d'en assurer un prolongement par des actions de coopération pérennes. La sélection du Panama traduit l'ambition d'y exercer une veille économique sur les opportunités d'affaires susceptibles d'intéresser les PME guadeloupéennes. Compte tenu des fortes potentialités de ce pays néo-émergent, redoublées par l'élargissement du canal, le Panama apparaît une terre de mission. Le choix du Venezuela, autre pays hispanophone, obéit à une logique énergétique : il s'agit avant tout d'explorer les possibilités d'un approvisionnement de la Guadeloupe en pétrole et en gaz, mais aussi de rechercher d'autres pistes de coopération bilatérale. Miami qui est le moteur économique de la Caraïbe insulaire répond à une logique commerciale et touristique : le trafic des croisiéristes à destination de la Guadeloupe est commandé par les grandes compagnies américaines qui y sont basées tandis que les échanges commerciaux de ce DFA avec les États-Unis passent par le port de Miami. Le Québec correspond davantage à la nécessité de renforcer la coopération existante en matière de formation professionnelle et technique. La Guadeloupe est liée par une convention avec l'Office franco-québécois de la jeunesse qui permet, chaque année, à plusieurs dizaines de jeunes guadeloupéens d'y compléter leur formation notamment au sein des CEGEP[12] fortement prisés.

Pour la Région Martinique, le choix s'est porté sur Sainte-Lucie, Trinité-et-Tobago, le Brésil (Belém), Haïti et Cuba. La première implantation répond à la même motivation que la Région Guadeloupe : d'une part, sa capitale abrite le siège de l'OECO ; d'autre part, l'ambassade de France à Castries couvre l'ensemble des États membres de l'OECO, dont les deux pays voisins immédiats de la Martinique. La deuxième obéit à la même logique : celle d'y disposer d'un correspondant permanent pour suivre les travaux de l'AEC et y représenter les intérêts de ce DFA. À cet aspect institutionnel s'ajoute une dimension économique, notamment énergétique. La Région Martinique est en effet en pleine exploration des possibilités régionales de réduction des coûts financiers et environnementaux de son approvisionnement énergétique. Dans ce même ordre d'idées, l'implantation d'un agent territorial au Brésil, dans l'État du Para et dans la ville de Belém, a pour objet de renforcer la coopération déjà existante en matière de biomasse tout en explorant d'autres pistes d'échanges économiques possibles. Enfin, le choix de Haïti répond à plusieurs motivations historiques, économiques et culturelles. Après un effort de solidarité significatif au lendemain du séisme de 2010, la volonté

12. Le réseau des CÉGEPS (collèges d'enseignement général et professionnel) a été créé en 1967. Implantés dans toutes les régions du Québec, les 48 CÉGEPS sont des établissements d'enseignement public qui constituent la première étape de l'enseignement supérieur québécois. Ce sont des établissements d'enseignement public qui ont la particularité de faire cohabiter l'enseignement préuniversitaire, qui mène à l'université, et l'enseignement technique, qui prépare au marché du travail. Quel que soit le programme auquel ils sont inscrits, les étudiants suivent des cours de formation générale, dont une partie est commune à tous.

de l'exécutif régional est aujourd'hui d'accompagner les PME martiniquaises sur le marché de la reconstruction du pays en les aidant notamment à répondre aux appels d'offres internationaux.

Pour sa part, la Région Guyane a privilégié le Suriname, situé à sa frontière Ouest. Ce choix prioritaire correspond à la nécessité de revitaliser les relations avec un pays voisin en plein essor économique. Là encore, il s'agit de soutenir les PME guyanaises sur ce marché frontalier émergent en favorisant autant que possible les échanges éducatifs, culturels et sportifs. Dans cette perspective, le conseil régional a décidé d'affecter un agent territorial à Paramaribo où il dirige une antenne de la Région Guyane, implantée dans les locaux de l'ambassade de France.

Depuis la signature des conventions tripartites entre le ministère des Affaires étrangères, le ministère des Outre-mer et les trois régions concernées lors de la conférence de coopération régionale de 2012, de nombreuses formalités administratives ont été nécessaires pour permettre la mise en route des agents recrutés ou désignés par les Régions. Le dispositif est entré en phase opérationnelle, de manière progressive, entre la mi-2013 et le début 2014. Au début de mars 2014, la situation s'établit comme suit :

- cinq des six agents du conseil régional de la Guadeloupe ont effectivement pris leurs fonctions au Panama, à Sainte-Lucie, en République dominicaine, à Miami et au Québec. L'emploi ouvert près l'ambassade de France à Caracas sera pourvu ultérieurement;
- deux des quatre agents du conseil régional de la Martinique ont pu démarrer leurs activités professionnelles à Sainte-Lucie et à Belém. L'agent affecté en Haïti n'y est pas encore installé, mais il y effectue des missions ponctuelles. Quant au poste ouvert à Port-d'Espagne, le recrutement d'un agent a été repoussé à une date ultérieure;
- l'agent désigné par le conseil régional de la Guyane pour le représenter au Suriname a effectivement pris ses fonctions à la tête de l'antenne guyanaise implantée dans les locaux de l'ambassade de France à Paramaribo.

À plus d'un titre, ce dispositif novateur est en plein rodage. Son efficacité reposera sur la capacité des parties (ambassades et régions) à jouer pleinement le jeu d'une relation opérationnelle mutuellement bénéfique : d'une part, les agents représentant les régions doivent concourir aux missions générales des postes diplomatiques ou consulaires; d'autre part, les chefs de ces postes doivent veiller au bon avancement des projets de coopération initiés par les régions. Si toute évaluation est encore prématurée, il apparaît néanmoins évident que la pérennisation du dispositif dépendra du niveau de satisfaction des parties. Pour le ministère des Affaires étrangères, ces agents de catégorie A arrivent opportunément pour compenser partiellement des effectifs en réduction drastique dans la plupart des postes de la zone des Caraïbes et du plateau des Guyanes. Pour les régions, ces agents expatriés constituent avant tout un investissement significatif en vue du renforcement des relations avec des pays tiers notamment sur le plan économique où tout ou presque reste à construire.

II. La coopération territoriale européenne (CTE), un levier décisif pour une insertion régionale mutuellement bénéfique

L'Union européenne (UE), qui est le premier bailleur de fonds des Caraïbes et du plateau des Guyanes, joue un rôle de premier plan dans les mécanismes de coopération et d'intégration régionale qui se développent, selon des modalités et des rythmes différents, dans cet espace géographique de référence. Ce processus de regroupement des États insulaires ou continentaux bordés par la mer des Caraïbes répond toutefois aussi à une dynamique endogène de résistance et d'affirmation politique d'un sous-ensemble régional, coincé entre un pôle dominant nord-américain et un pôle émergent latino-américain. En conséquence, les pays de la Caraïbe jouent tantôt alternativement tantôt concurremment la « carte européenne », tantôt la « carte nord-américaine », en fonction (de leur perception) de leurs intérêts conjoncturels ou sectoriels. Néanmoins, l'UE leur consacre d'importants moyens financiers par l'intermédiaire notamment du Fonds européen de développement (FED) destiné aux pays ACP et aux PTOM ou encore au moyen du Fonds européen de développement régional (FEDER) réservé aux RUP. Dans ce contexte géopolitique, les conseils régionaux des DFA entendent faire des programmes opérationnels de la coopération territoriale européenne (PO-CTE) le principal levier financier de leur stratégie de coopération régionale. L'augmentation des enveloppes pour la période de programmation 2014-2020[13] en fait un outil capital pour leur politique d'influence régionale, à condition toutefois de réussir à nouer des relations durables autour de projets structurants avec les pays ACP de la Caraïbe et du plateau des Guyanes.

---

13. Au titre de la coopération territoriale européenne cofinancée par le FEDER, l'enveloppe se monte sur la période de référence à 74,3 Mio d'euros pour la zone Caraïbes (contre 47,9 pour 2007-2013) soit une augmentation de 55 % et à 18,9 Mio d'euros pour la zone Amazonie (contre 12,8) soit une progression de 48 %. À noter, la création d'un nouveau PO transfrontalier au bénéfice de la Collectivité de Saint-Martin, doté de 10 Mio d'euros.

A. Le programme opérationnel (PO) INTERREG IV « Caraïbes » (2007-2013)

Le programme INTERREG IV « Caraïbes » a été approuvé, par la Commission européenne le 27 mars 2008, au bénéfice des Régions de Guadeloupe, Guyane, Martinique, ainsi que de la COM de Saint-Martin. Ce programme s'inscrit dans le cadre de la politique de cohésion de l'Union européenne et relève de l'objectif « coopération territoriale européenne » qui vise à renforcer la coopération transfrontalière par des initiatives conjointes locales et régionales, la coopération transnationale par des actions favorables au développement territorial intégré en liaison avec les priorités de l'Union, ainsi que la coopération interrégionale et l'échange d'expériences au niveau territorial approprié.

À ce titre, ce PO bénéficie d'un budget d'environ 64 Mio d'euros, dont 75 % au titre du FEDER. Le solde (25 %) est cofinancé par les Régions de Guadeloupe, Guyane, Martinique, par la Collectivité de Saint-Martin et par l'État, ainsi que par l'autofinancement privé. L'autorité de gestion du programme est le conseil régional de la Guadeloupe, assisté par un secrétariat technique commun (STC) chargé de la communication, de l'animation, de l'instruction ainsi que du suivi financier et administratif du programme avec l'appui des points de contacts régionaux (PCR) localisés sur la zone de coopération. Les trois organisations régionales de la Caraïbe (OECO, CARICOM et AEC) sont des partenaires du PO qui a vocation à couvrir vingt-huit pays de la Caraïbe insulaire, de l'Amérique centrale et de l'Amérique du Sud[14].

Les priorités thématiques du PO se déclinent selon trois axes : d'une part, économie, emploi, innovation ; d'autre part, prévention des risques naturels et développement durable ; et enfin, cohésion sociale et culturelle, coopération institutionnelle et santé. Sur le premier point, il s'agit de favoriser la croissance et l'emploi par l'innovation et l'économie de la connaissance, en renforçant l'attractivité des DFA par le désenclavement et la connectivité des territoires. Sur le deuxième point, l'objectif est de valoriser et de protéger le capital environnemental à travers la gestion commune et durable des ressources terrestres, maritimes et la prévention des risques. Sur le dernier point, la finalité des actions soutenues est

14. Il s'agit des pays de la « grande Caraïbe » selon la définition de l'AEC, à savoir les quinze États membres de la CARICOM, Cuba, la République dominicaine, les sept pays d'Amérique centrale ainsi que la Colombie, le Venezuela et le Mexique.

le rapprochement des populations, le développement de services communs et des synergies entre les institutions et entre les territoires pour renforcer la cohésion et l'intégration sociale de l'espace Caraïbe.

Parmi les actions les plus structurantes cofinancées par ce PO Caraïbes, il est permis de citer quelques projets emblématiques.

En ce qui concerne l'axe 1, trois se détachent nettement : le projet Géothermie en Dominique, le projet Dauphin Telecom et le projet BECCA.

– Dans la continuité du projet Géothermie I financé par le programme Interreg III B[15], il s'agissait de consolider la coopération avec la Dominique pour la promotion et l'exploitation des énergies renouvelables. Le potentiel de la Dominique permettra d'assurer, à partir d'une centrale de 40 MW, l'autosuffisance énergétique de l'île et d'exporter à partir d'une deuxième unité de production de 100 MW, 50 MW (par île) par câble sous-marin en direction de la Guadeloupe et de la Martinique. Forte de cette coopération et de son expérience sur le site de Bouillante (Guadeloupe), les régions partenaires entendent se positionner comme centres d'excellence pour la géothermie et contribuer au développement de l'utilisation de cette énergie dans les pays de la Caraïbe.

– Dauphin Telecom est un opérateur en télécommunication pour les services fixes, mobiles et internet à Saint-Martin et Saint-Barthélemy et en Guadeloupe. Le projet a pour objet de créer une plateforme avec le protocole SIP (*Session Initiation Protocol*) qui sera partagée avec une quinzaine de pays de la Caraïbe insulaire. Cette plateforme permettrait à une communauté de petits opérateurs caribéens de consolider leurs activités en favorisant un nouvel équilibre sur le marché régional des télécommunications autour d'offres de qualité et au meilleur prix.

– Le projet BECCA est un outil numérique regroupant les services maritimes, les ports, les navires, les opérateurs, les compagnies maritimes présents dans tous les ports de la Caraïbe et les pays d'Amérique centrale environnants. Cet annuaire maritime permet grâce à son moteur de recherche de trouver des solutions de transport entre deux ports ou deux pays, soit par service maritime direct, soit par transbordement. L'outil fournit aussi toutes les informations nécessaires pour choisir la meilleure solution de transport telle que le *transit time*, la fréquence du service maritime, le type de conditionnement accepté sur le navire, les contacts des agents gérant la ligne au port de départ et au port d'arrivée. L'annuaire maritime

15. Programme opérationnel qui a précédé le PO INTERREG IV, en 2000-2006.

est accessible aux acteurs de la zone sur la base d'un abonnement annuel. BECCA est également une bourse électronique qui permet la mise en relation entre les chargeurs (personnes désirant faire transporter leur fret ou leur production vers une destination donnée) et les transporteurs ou organisateurs de transport capables de leur proposer ce service. La bourse de fret est basée sur un *business model* qui permet, à l'aide d'achat de crédits, de publier une annonce de fret et de recevoir des cotations pour le service souhaité.

S'agissant de l'axe 2, le projet TsunaHoule, porté par l'université des Antilles et de la Guyane, en partenariat avec l'université de Porto Rico, avait pour objet de réunir et de traiter des données opérationnelles pour réduire la vulnérabilité de plusieurs pays de la Caraïbe face aux aléas naturels : plans communaux de sauvegarde, cartes des zones potentiellement inondables, signalétiques tsunami, routes d'évacuation, sites d'évacuation, système d'alerte pilote pour les cyclones et les tsunamis régionaux, etc. Il s'agissait de mettre à disposition des décideurs politiques des éléments d'expertise pour mieux éclairer la gouvernance des zones côtières des DFA et de pays voisins qui se trouvent donc aujourd'hui mieux préparées à faire face aux menaces d'inondation. Ainsi donc, de nouvelles perspectives de coopération avec les États de la Caraïbe s'ouvrent dans le domaine de la gestion des risques naturels majeurs grâce à cette banque de données régulièrement actualisée.

Pour ce qui est de l'axe 3, le projet « 72 heures d'autonomie », dont le chef de file est la Croix rouge internationale, vise à former et équiper les responsables de la protection civile ainsi que des *leaders* communautaires de la Dominique et de Sainte-Lucie, pays voisins de la Martinique et de la Guadeloupe. Outre un programme de formation, il s'agit de distribuer aux populations les plus vulnérables des kits de survie susceptibles de leur permettre de faire face aux premières urgences, en attendant l'arrivée des secours. Le projet « Rapprochement des populations et intégration Caraïbes par le biais de l'atlas électronique » (RICAe) est un partenariat scientifique entre des équipes de chercheurs et des institutions universitaires de la Caraïbe, destiné à élaborer une banque de données interactive sur les Caraïbes, régulièrement actualisée par un réseau de contributeurs francophones, anglophones et hispanophones. L'atlas, qui attire 60 000 visites longues annuelles, combine sciences de l'information et sciences humaines et sociales. Le projet VIH-SIDA, piloté par le centre hospitalier universitaire de la Guadeloupe, vise à créer un observatoire intercaribéen du VIH couvrant dix-huit pays voisins des DFA, à partir d'une méthodologie spécifique dérivée des normes de l'OMS. Ce projet a non seulement permis de doter la Caraïbe d'un laboratoire de virologie capable d'analyser les résistances du VIH aux antirétroviraux à grande échelle, mais aussi de réaliser des procréations médicalement assistées en risque viral.

Tout en étant significatives, ces actions de coopération régionale ne doivent pas détourner des efforts qui restent à fournir pour améliorer les performances du PO Caraïbes. En effet, les projets à vocation culturelle et sociale ou valorisant la diversité culturelle et l'identité des territoires, tendent à l'emporter sur les actions qui ont pour objet de stimuler et renforcer le potentiel de croissance économique en s'appuyant sur l'innovation, la recherche appliquée et le transfert de technologies. Autrement dit, la dimension économique de la coopération régionale, pourtant affichée comme prioritaire, cède devant les questions environnementales, éducatives ou culturelles au sens large.

B. Le programme opérationnel (PO) Amazonie (2007-2013)

Le programme opérationnel de coopération transfrontalière « Amazonie » a été approuvé, par la Commission européenne en 2008, au bénéfice de la Région de Guyane. Ce programme s'inscrit aussi dans le cadre de la politique de cohésion de l'Union européenne et relève de l'objectif « coopération territoriale européenne ». Les pays partenaires sont le Suriname et les trois États fédérés du Brésil les plus proches de la Guyane (Amapa, Amazonas et Para).

À ce titre, ce PO bénéficie d'un budget d'environ 17,8 Mio d'euros, dont 75 % au titre du FEDER. Le solde (25 %) est cofinancé par le conseil régional de Guyane, le conseil général de Guyane, l'État, le Centre spatial guyanais (CSG) ainsi que par l'autofinancement privé. L'autorité de gestion du programme est le conseil régional de Guyane, assisté par un secrétariat technique commun (STC) en charge de la communication, de l'animation, de l'instruction ainsi que du suivi financier et administratif du programme.

Les priorités thématiques du PO se déclinent selon trois axes complémentaires : d'une part, la structuration des territoires transfrontaliers en vue de leur désenclavement et leur gestion pour assurer un développement durable ; d'autre part, le développement des activités économiques transfrontalières et de l'attractivité de l'espace de coopération ; enfin, la promotion des services transfrontaliers et du rapprochement des populations. Sur le premier point, il s'agit d'implanter des équipements afin de développer des services communs et des synergies entre les institutions et entre les territoires pour renforcer la cohésion et l'intégration sociale de l'espace « Amazonie ». Sur le deuxième point, l'objectif est de stimuler la croissance et l'emploi par l'innovation et l'économie de la connaissance, en renforçant la connectivité des territoires. Sur le dernier point, la finalité des actions soutenues est le développement des échanges entre les populations notamment frontalières et la recherche d'une meilleure connaissance mutuelle.

Parmi les actions structurantes cofinancées par le PO « Amazonie », il est permis de citer quelques projets emblématiques.

S'agissant de l'axe 1, deux méritent au moins d'être mentionnés : le projet SPANY et le projet de franchissement du Maroni. Le premier, porté par une PME guyanaise, a pour objet l'interconnexion téléphonique et numérique grâce à un partenariat avec un opérateur brésilien des télécommunications. Il entend ainsi non seulement contribuer au désenclavement numérique des populations situées à la frontière Est de la Guyane, mais aussi proposer une baisse significative des coûts de communication. Le second projet vise à renforcer la coopération transfrontalière avec le Suriname situé à la frontière Ouest de la Guyane. Il a pour objet de moderniser le franchissement du fleuve Maroni grâce à un bac d'une plus grande capacité susceptible de transporter des marchandises et des véhicules. La finalité du projet est de favoriser l'interconnexion routière entre Cayenne et Paramaribo, en passant par Saint-Laurent-du-Maroni (Guyane) et Albina (Suriname). Par là même, il s'agit de stimuler les échanges économiques et commerciaux entre les deux pays voisins.

En ce qui concerne le deuxième axe, deux projets apportent une illustration exemplaire sinon illustrative du potentiel de la coopération transfrontalière en matière économique. Piloté par une PME guyanaise, le premier a pour objet de produire de l'électricité verte grâce à l'exploitation de la biomasse à destination des populations isolées de l'Est guyanais. À l'aide de petites unités de production et grâce à un procédé technologique éprouvé, le projet vise à utiliser les déchets de l'industrie du bois afin de produire de l'énergie verte. Cette société guyanaise est par ailleurs très active en matière d'énergie solaire et pionnière en matière de production d'énergie renouvelable décentralisée. Également porté par une PME guyanaise, le second projet s'inscrit aussi dans un domaine à haute valeur ajoutée : la topographie laser aéroportée en zone dense et difficilement accessible. Ses applications sont nombreuses notamment en matière d'aménagement du territoire, d'études hydrauliques, d'établissement de plans de prévention des risques naturels, de modélisation des mines et carrières, de cartographie générale en zone urbanisée ou boisée. Dans le cadre de cette offre diversifiée, ses promoteurs ont pu développer leurs activités à l'international notamment au Suriname et au Brésil où plusieurs missions ont pu être réalisées.

Pour ce qui est du troisième axe, deux projets se détachent nettement par leur portée et la pertinence de leur objet. Le premier est un programme concerté de développement durable, situé sur la zone transfrontalière du fleuve Oyapock, à l'Est de la Guyane. Piloté par le Parc naturel régional de la Guyane, il a pour partenaire principal, le Parc national du Cap Orange au Brésil. Cette première phase d'un programme visant à terme un développement intégré et durable de l'estuaire de l'Oyapock, concerne en particulier quatre communes françaises et brésiliennes. Deux objectifs lui sont assignés : l'approfondissement des connaissances disponibles sur les populations frontalières et leur environnement naturel et le renforcement des échanges humains par la mutualisation des équipements et moyens existants. Le deuxième, animé par l'Institut d'enseignement supérieur de la Guyane (IESG), s'inscrit dans le cadre d'une coopération universitaire franco-surinamaise, étendue à deux universités brésilienne et guyanienne. Il a pour objet de fédérer des enseignants-chercheurs et des étudiants de ces pays du plateau des Guyanes en vue de la création d'un master international trilingue dans le domaine des sciences du territoire : environnement, ressources naturelles et biodiversité. Ce projet, baptisé ATIPA, est le premier programme opérationnel issu du regroupement de quatre universités « limitrophes », du Guyana, du Brésil, du Suriname et de la Guyane française.

Ces projets pertinents et efficaces, malgré des mises en œuvre inégales, ne doivent pas masquer les problèmes rencontrés par le PO « Amazonie » sur la période de référence. Là encore, on retrouve la même difficulté à mobiliser des projets économiques susceptibles de renforcer les échanges transfrontaliers. Or, les entreprises constituent les moteurs de l'insertion économique régionale de la Guyane. En même temps, les projets se rapportant aux deux autres axes du programme ont vocation à réunir les conditions d'un renforcement de ces relations économiques entre ces territoires voisins. Les insuffisances de la gouvernance du PO n'ont par ailleurs sans doute pas aidé à exploiter davantage la dimension économique de l'ouverture régionale de la Guyane.

C. Le partenariat stratégique UE-CARIFORUM et le renforcement de la coopération entre les RUP, les pays ACP et les PTOM

Dans le cadre de la préparation en cours des programmes opérationnels de la coopération territoriale européenne (PO-CTE) pour la période 2014-2020, les conseils régionaux et leurs partenaires ont convenu de remédier aux insuffisances constatées à l'aide de plusieurs propositions. En premier lieu, il apparaît nécessaire de mieux accompagner les chefs de file en amont et en aval de leurs projets et de valoriser davantage les projets cofinancés auprès des populations qui doivent en percevoir des dividendes tangibles. En deuxième lieu, il convient d'améliorer la gouvernance des programmes selon des modalités pratiques propres à chacun d'eux, de manière à associer plus étroitement les points de contact régionaux. Enfin, il s'agit aussi de faire prévaloir une « stratégie de coopération de bassin » (Caraïbe insulaire ; plateau des Guyanes) en veillant à associer les parties extra-européennes (notamment, les organisations régionales de la Caraïbe : OECO, CARICOM et AEC) à son élaboration.

Dans l'optique d'un renforcement de la coopération régionale entre les RUP, les pays ACP et les PTOM, l'objectif affiché est de s'appuyer sur le partenariat stratégique UE-CARIFORUM ainsi que sur la communication de la Commission européenne relative aux RUP[16] afin de consolider et développer des mécanismes de cofinancement FED-FEDER. À cette fin, la délégation régionale de l'UE, implantée au Guyana et compétente sur la zone de référence, a mis en œuvre une mesure innovante visant à transférer au conseil régional de Guadeloupe, en sa qualité d'autorité de gestion du PO Interreg-IV « Caraïbes », avec l'accord du CARIFORUM, une partie de l'enveloppe du FED régional (2,9 Mio d'euros) afin de financer les contreparties des partenaires extra-européens impliqués dans des projets subventionnés par le FEDER. Cette proposition inédite s'inscrit dans le cadre d'un programme d'appui à la coopération dans la grande Caraïbe (*Support to Wider Caribbean Cooperation Program*), lancé sous le 10ᵉ FED. D'ores et déjà, le CARIFORUM a identifié certains projets à cofinancer par le FEDER en vue de les faire bénéficier de ce dispositif novateur.

Ces mécanismes de coordination FED-FEDER, fortement soutenus politiquement par l'UE, le CARIFORUM et les RUP, prévus par les institutions de l'Union relatifs à ces deux instruments financiers[17], gagneraient toutefois à être consolidés et pérennisés. En effet, les comités de coordination chargés de les animer, comprenant les autorités de gestion des PO et leurs partenaires extra-européens ainsi

16. Commission européenne, *Les régions ultrapériphériques de l'Union européenne : vers un partenariat pour une croissance intelligente, durable, inclusive*, COM(2012) 287 final, Bruxelles, 20 juin 2012.

17. Respectivement : Décision 2013/755/UE du Conseil du 25 novembre 2013 relative à l'association des pays et territoires d'outre-mer à l'Union européenne (« Décision d'association outre-mer »), *JOUE* L344, 19 déc. 2013, p. 1 ; Règlement (UE) nº 1299/2013 du Parlement européen et du Conseil du 17 décembre 2013 portant dispositions particulières relatives à la contribution du Fonds européen de développement régional à l'objectif « Coopération territoriale européenne », *JOUE* L347, 20 déc. 2013, p. 259.

que les ordonnateurs du FED, ne sont pas encore installés. Or l'ambition partagée de l'UE, des pays ACP et des RUP serait pourtant de passer d'un cofinancement FED-FEDER en aval des projets à un exercice de programmation conjointe en amont de projets concertés à vocation régionale. À plus d'un titre, la nouvelle génération des PO-CTE aura valeur de test de la volonté politique des parties et de leur capacité technique à promouvoir ce changement d'échelle de la coopération régionale dans les Caraïbes et en Amazonie.

***
*

En ce domaine comme en d'autres, l'évaluation d'une politique publique est toujours un exercice ambivalent. Selon les critères retenus, il est tout à fait possible de porter des appréciations contrastées. La politique d'insertion régionale des DFA n'échappe pas, tant s'en faut, à cette observation générale.

De fait, si l'on considère l'état actuel de cette diplomatie territoriale comme un « point d'arrivée », alors l'image qui apparaît, est celle d'un chantier certes animé, mais où il reste néanmoins difficile d'apercevoir clairement les contours et le dessein de la construction d'ensemble. À l'inverse, si on le considère plutôt comme un « point de départ » alors l'appréciation est plus positive. En moins de trois ans, des avancées significatives ont été enregistrées tant du point de vue institutionnel (celui des participations aux organisations régionales comme celui de la mise en place de représentants des régions dans le réseau diplomatique), que du point de vue opérationnel et sectoriel (grâce notamment à la mobilisation des instruments financiers européens).

À l'évidence, le système politico-administratif de la coopération régionale est en plein rodage. Ses acteurs étatiques ou décentralisés, locaux ou nationaux, des pays tiers ou associés à l'Union européenne, en sont les parties prenantes. Tous participent directement ou indirectement au même mécanisme d'apprentissage collectif qui émerge progressivement autour de nouvelles règles du jeu. À tous égards, ce système est en devenir et sa dynamique est encore incertaine. Les enjeux en cause n'en sont pas moins lourds de conséquences pour les DFA, comme pour la France dans son ensemble : d'une part, il s'agit d'affirmer la dimension caraïbéenne et amazonienne de la France en renforçant l'influence de ses DFA; d'autre part, il s'agit aussi que les populations de ces territoires en perçoivent les dividendes.

4. QUELLE PLACE ET QUEL RÔLE POUR LE REPRÉSENTANT LOCAL DE L'ÉTAT ?

par

Nicolas KADA

Professeur à l'université de Grenoble-Alpes
Directeur du CERDHAP (Faculté de droit de Grenoble)
Vice-président du Conseil scientifique du GRALE (GIS-CNRS)

Si les États ont originellement encouragé la création d'organisations de coopération et d'intégration régionale, la question de l'adhésion et de la participation active des entités infra-étatiques a ensuite engendré un certain nombre de problèmes et nécessité un transfert de compétences. La possibilité pour les collectivités territoriales de conduire des négociations avec des États étrangers ou de participer aux côtés de l'État, voire sans lui, à des organisations régionales de coopération est désormais légale. Ce constat se vérifie encore plus en outre-mer que dans les territoires métropolitains, tant les collectivités ultramarines bénéficient aujourd'hui de compétences spécifiques qu'il est impossible de rassembler dans une catégorie unique. L'État ne détient donc plus aujourd'hui le monopole des relations avec l'étranger. Chacune de ses composantes territoriales valorise d'ailleurs sa position, aussi bien dans l'ensemble national que sur le plan international, portant sans cesse davantage atteinte à la souveraineté territoriale de l'État, à son unité et à son indivisibilité. Il n'y a même plus de corrélation entre la structure unitaire de l'État et l'étendue des compétences des collectivités locales en matière de coopération internationale. Cette analyse est valide pour la France, mais aussi pour nombre de pays européens, où certains États régionaux comme l'Italie se préservent autant que possible de toute intervention de leurs régions en la matière alors que d'autres, comme la Belgique, ne peuvent plus refréner les ambitions des collectivités infra-étatiques et acceptent ainsi d'affaiblir encore davantage l'État lui-même.

Face à ce constat, unanimement partagé, quelle place et quel rôle joue le représentant local de l'État ? Lui qui, traditionnellement, se présente comme le garant de l'unité de l'État et du respect de la loi, lui qui parfois contrôle étroitement l'activité publique locale, comment se positionne-t-il face au développement de coopérations internationales décentralisées ? Comment sa défense de l'État peut-elle s'articuler avec la libre administration des collectivités infra-étatiques dans le champ international ?

En créole, un proverbe énonce :

Dé chyen dèyè an zo pa ka jan dako
(Deux chiens pour un même os ne sont jamais d'accord)
(Deux adversaires ne peuvent être amis.)

Sans vouloir remettre en cause le bien-fondé d'une telle réflexion empreinte de sagesse et d'expérience, peut-on espérer dans le cas présent faire mentir ce proverbe ? Et si nos deux adversaires (représentant local de l'État et collectivité territoriale) étaient finalement devenus amis ? Certes, il ne saurait ici s'agir d'amitié ou de sentiment, mais tout simplement d'intérêts partagés. Question centrale, mais non exclusive, la coopération transfrontalière constitue à cet égard une de celles avec lesquelles les représentants territoriaux de l'État sont le plus directement aux prises. C'est particulièrement vrai dans le cadre européen qui ne connaît pas de frontières et où le citoyen européen se satisfait de moins en moins de ces ultimes divisions administratives. Dès lors, quels instruments de coopération transfrontalière développer ? Comment le représentant local de l'État participe-t-il aux initiatives bilatérales ou multilatérales ? Et au-delà de ces questions de coopération territoriale, comment les représentants locaux de l'État mettent-ils en œuvre ce changement d'approche, ce partage de souveraineté entre État et collectivités infra-étatiques ? Situés au point de rencontre d'intérêts éventuellement différents, entre décentralisation, déconcentration et préservation de l'unité de l'État, ils doivent en effet veiller à maintenir un équilibre parfois malmené et répondre à des injonctions potentiellement contradictoires.

Entre soutien, bienveillance, vigilance, méfiance ou parfois même réticence, les représentants locaux de l'État occupent ainsi une place et jouent un rôle variable selon les périodes, les conceptions de l'État et les organisations régionales concernées. Or, si leur approche reste largement marquée par des décennies de méfiance réciproque au nom de la protection de la souveraineté étatique (I), le pragmatisme les incite à une simple vigilance comme en atteste l'exemple de la gestion des fonds européens (II), voire dans certains cas à une relative bienveillance à l'instar de ce qui se passe en matière de coopération transfrontalière (III).

I. La méfiance théorique : la protection de la souveraineté étatique

La première fonction du représentant local de l'État est généralement de prendre la mesure de cette participation des collectivités territoriales aux organisations régionales. Or, cette idée de mesure est parfois très proche de celle de contrôle, tant se manifeste ainsi le rappel du caractère unitaire de l'État, même décentralisé. Pour paraphraser les propres mots du Conseil constitutionnel[1], il s'agit pour l'État de veiller à préserver « le respect des lois et, plus généralement, la sauvegarde des intérêts nationaux auxquels, de surcroît, se rattache l'application des engagements contractés à cette fin » : voilà une décision toujours d'actualité qui concerne évidemment la coopération internationale décentralisée en établissant notamment les contours des transferts de compétences.

Mais avant même d'envisager un contrôle, l'État doit d'abord se montrer capable de recenser et de qualifier juridiquement toutes les coopérations internationales décentralisées existantes et les représentants locaux de l'État jouent naturellement ce rôle d'agent recenseur. Or, ce n'est pas si facile et tous les États (qui en disposent) trouvent un relais efficace en la matière avec leurs représentants locaux. La première difficulté en matière de coopération régionale relève de la terminologie utilisée et de la définition de cette coopération décentralisée au regard des relations internationales de l'État. Une collectivité décentralisée peut en effet être engagée dans une action de coopération internationale, notamment dans le cadre de la coopération transfrontalière ou des organisations régionales pour l'outre-mer : dès lors que sa participation est effective, même symbolique, la qualification d'action de coopération internationale décentralisée va être retenue. Mais au-delà des problèmes de rattachement à telle ou telle catégorie de coopérations, la question du recensement de telles participations demeure. Et la première exigence posée par l'État est finalement assez simple : être informé de l'existence même de cette coopération. Dans le cas français, depuis 1982, les préfets sont donc censés être

1. Cons. const., décision n° 82-137 DC, 25 févr. 1982, *Loi relative aux droits et libertés des communes, des départements et des régions*, *Rec.*, p. 38.

informés de toutes ces coopérations existantes, d'autant plus que celles-ci ont tendance à se développer de manière exponentielle. De manière centralisée, à partir de 1983, un délégué pour l'action extérieure des collectivités locales existe et est placé auprès du ministre des Affaires étrangères. Pour autant, le bilan de son activité reste très mitigé, tant l'opération de recensement en elle-même semble plus délicate à mettre en œuvre que ce qui avait été prévu. Comme le soulignait dès le début des années 1990 le professeur Jean-Louis Autin[2], « rien d'étonnant que le silence des textes ait été mis à profit par les autorités locales pour développer, ponctuellement ou dans le cadre d'une stratégie d'ensemble, les initiatives les plus diverses ». À la profusion des initiatives locales se rajoutent en effet des montages juridiques et financiers divers, posant parfois des problèmes d'identification et de qualification juridique.

La question de la qualification juridique formelle de telles coopérations se pose en effet ensuite de manière presque consécutive. Si c'est une question secondaire en ce qui concerne notre propos dans la mesure où cette qualification n'incombe pas *in fine* au représentant local de l'État, elle n'est pas sans importance pour lui dans la mesure où elle détermine largement sa position à son endroit. Si soustraire par principe de tels accords de coopération au droit international est commode et pertinent pour toute une série de raisons, il n'en reste pas moins que ces conventions qui relèvent donc de l'ordre administratif ne sont pas sans conséquence sur la scène internationale, notamment dans le cas qui nous préoccupe : celui de la participation des collectivités infra-étatiques à des organisations régionales. La qualification qui sera opérée par le juge en cas de contentieux est donc utile, mais intervient trop tardivement. Dans l'exercice de sa fonction d'agent recenseur, le représentant local de l'État ne peut donc faire l'économie d'un premier « tri » qui lui permettra de présumer – ou non – le caractère légal, voire constitutionnel, de l'action internationale de la collectivité à laquelle il est confronté.

Échec relatif? Difficile de conclure sur cette question du recensement et de la qualification d'une manière aussi tranchée. Certes, il n'existe à ce jour aucun dénombrement exhaustif des actions internationales des collectivités décentralisées, mais la simple reconnaissance du besoin et l'organisation d'une démarche

2. J.-L. AUTIN, « La coopération décentralisée pour le développement : entre légitimité et légalité », *Les Cahiers du CNFPT*, n° 30, avr. 1990, p. 79.

déconcentrée en ce sens montrent bien l'importance pour l'État de savoir – *via* ses représentants territoriaux – ce que font les collectivités territoriales en la matière, ne serait-ce que pour pouvoir ensuite exercer un contrôle.

Car la préservation de la souveraineté de l'État passe aussi par un contrôle, au sens le plus classique du terme, des activités internationales des collectivités territoriales. S'il convient de ne pas réduire le rôle du représentant local de l'État à cette seule fonction de contrôle, elle fait tout de même largement partie de ses prérogatives et contribue évidemment à définir sa place auprès des collectivités territoriales concernées. Le rôle de partenaire, parfois mis en avant par l'État comme nous le verrons plus loin, est tout de même largement influencé par la reconnaissance et l'exercice – ou non – d'un pouvoir de contrôle. Plus globalement, il apparaît clairement que le droit semble vouloir à tout niveau (européen et étatique) enserrer la coopération décentralisée dans des cadres contraignants. Pourquoi ? Est-ce pertinent ? Ne faut-il pas le regretter ? Ainsi, au niveau européen, en passant de la seule Convention de Madrid[3] à des dispositifs juridiques beaucoup plus précis (tels que les groupements européens de coopération territoriale [GECT] depuis le 1er juillet 2007), n'a-t-on pas enlevé toute liberté, étouffé toute velléité d'initiative, ôté toute possibilité d'innovation aux collectivités en matière de coopération décentralisée ? Si cela peut se concevoir en matière de coopération transfrontalière au nom de la sécurité juridique, n'est-ce pas regrettable en matière de coopération internationale décentralisée au sens large ?

D'ailleurs, ne faudrait-il pas avouer les limites du droit à une appréhension unique de la coopération décentralisée ? Ne faudrait-il pas rompre avec l'unité de ce concept et le décliner en deux : la politique de rayonnement international des collectivités et la politique d'aide au développement. En effet, on observe une modification et un élargissement des thèmes de l'action extérieure des collectivités territoriales, mais aussi des motivations : il ne s'agit plus uniquement de compassion envers le Sud, mais aussi d'une préoccupation économique, avec même l'espoir d'un retour sur investissement.

3. Convention-cadre européenne sur la coopération transfrontalière des collectivités ou autorités territoriales du 21 mai 1980, dite « Convention de Madrid », *http://conventions.coe.int/treaty/fr/Treaties/Html/106.htm.* La France l'a ratifiée le 14 février 1994.

À cet égard, la jurisprudence de la cour administrative d'appel de Paris le 1er décembre 2009[4] qui infirme la décision du tribunal administratif de Paris sur les éoliennes, a permis à nouveau de s'intéresser à l'existence d'un intérêt public local et d'en souligner toute la relativité puisque, pour le cas d'espèce, elle avouait son hésitation et choisissait de ne pas s'en tenir à une conception strictement matérielle de l'intérêt direct pour les populations, mais de prendre en compte d'autres éléments tels que l'image de la collectivité ou son rayonnement. Après tout, a-t-on imaginé une notion juridique unique pour regrouper toutes les interventions extérieures et coopérations internationales de l'État ? Diplomatie informelle, action contractuelle, signature de traités, acte de guerre… autant de formes d'action qui recouvrent des modalités juridiques si différentes qu'il ne viendrait à l'idée de personne de tenter de les réduire à une seule et unique catégorie juridique. Alors, pourquoi vouloir à tout prix procéder ainsi en matière de coopération décentralisée ?

Enfin, pour poursuivre dans une réflexion plus générale sur le rôle de l'État et de ses représentants territoriaux, la reconnaissance implicite – et discutable – d'une compétence internationale locale ne signifie certainement pas que l'État n'existe plus, parce que sa souveraineté est définitivement partagée. Les collectivités territoriales elles-mêmes rappellent la nécessité de l'intervention de l'État. Ainsi, par exemple, pour l'Association des Régions de France, il ne s'agit pas de modifier la loi du 16 décembre 2010[5] (même si cette loi a alimenté certaines inquiétudes en ce qui concerne les compétences internationales des collectivités du fait de la suppression annoncée de la clause générale de compétence… abandonnée depuis), mais il s'agit plutôt d'encourager et de faire en sorte que les collectivités territoriales puissent poursuivre leur action, pour la simple raison que l'action extérieure de la France est nécessaire à son rayonnement et à l'expression de sa place dans le monde. Comme le gouvernement français n'a plus les moyens d'agir seul dans ce domaine, il a besoin du soutien des collectivités locales pour que la présence de la France dans le monde puisse se maintenir. Il est donc logique que l'État aide, ne serait-ce que d'un point de vue juridique (et notamment législatif), les collectivités territoriales. Nous avons contesté précédemment la pertinence de conserver un semblant – une fiction – d'unité de cette notion de coopération décentralisée. Après tout, le législateur a déjà commencé ce travail en identifiant trois régimes juridiques différents :

---

4. CAA Paris, 1er déc. 2009, n° 08PA04754, *Région Île-de-France*, *JurisData* n° 2009-018599.

5. Loi n° 2010-1563 du 16 décembre 2010 de réforme des collectivités territoriales, *JORF* n° 292 du 17 déc. 2010, p. 22146.

– le régime que l'on pourrait, par défaut, qualifier de « général » : la clause générale de compétence des collectivités territoriales et l'obligation de recourir à un outil conventionnel ;
– l'article L. 1115-1 du CGCT résultant de la loi du 2 février 2007, dite « Thiollière »[6], article consacré à l'action internationale en cas d'urgence ;
– l'article L. 1115-1-1 introduit par la loi du 9 février 2005, dite « Oudin-Santini » relative à la coopération internationale des collectivités territoriales et des agences de l'eau dans le domaine de l'alimentation en eau et de l'assainissement[7].

Plus concrètement, l'analyse de la coopération décentralisée traduit le maintien de la présence des services de l'État aux côtés des collectivités territoriales, dans un rôle de conseil, de relais des politiques européennes, mais aussi de surveillance. Plus largement, l'image du verrou, développée par le professeur Pontier, revient ainsi à l'esprit. Et il nous faut à nous, juristes, admettre ce verrou – même s'il se double désormais d'un verrou européen – au nom du principe de souveraineté. Or, admettre ce verrou est une première étape qui reste insuffisante : on a toujours besoin de l'État. Et pas seulement pour verrouiller, mais aussi pour encourager, favoriser, inciter… y compris en matière de coopération décentralisée.

II. La vigilance pragmatique : l'exemple des fonds européens

Sortons du cas strictement français et regardons comment nos voisins européens, dans le cadre régional de l'Union européenne, confient aux représentants territoriaux de l'État le soin d'accompagner les collectivités territoriales. La gestion des fonds européens de développement apparaît ainsi comme une belle illustration de vigilance et de pragmatisme. Une récente étude[8] menée par l'Association européenne des représentants territoriaux de l'État (AERTE) permet utilement de nourrir cette analyse comparative.

---

6. Loi n° 2007-147 du 2 février 2007 relative à l'action extérieure des collectivités territoriales et de leurs groupements, *JORF* n° 31 du 6 févr. 2007, p. 2160.

7. Loi n° 2005-95 du 9 février 2005, *JORF* n° 34 du 10 févr. 2005, p. 2202.

8. Compte rendu des XVes journées européennes des représentants territoriaux de l'État (Venise, 29-31 mai 2008), disponible : *www.aerte-asso.org*.

D'après cette étude, le premier exemple mis en avant est la Lituanie. Comme dans nombre d'États à forte tradition centralisatrice, ce sont les représentants territoriaux de l'État qui administrent directement les fonds européens au motif qu'ils ont pour objet le développement économique et social de l'ensemble du territoire national et nécessitent pour leur mise en œuvre une action commune des administrations locales et des services centraux, notamment entre gouverneurs de comtés et municipalités. Ainsi, l'étude précise :

> « S'agissant de la mise en œuvre de ces projets, le Fonds européen de développement régional (FEDER) contient un document stratégique principal destiné à orienter la mise en œuvre des politiques nationales au niveau des comtés. Il précise les utilisations possibles de ces fonds au niveau régional. Un projet de plan régional contenant des propositions d'actions est rédigé par l'administration du gouverneur du comté et approuvé par le conseil régional. Le pilotage de l'emploi des fonds est assuré par le Conseil de développement régional. Celui-ci comprend le gouverneur, qui en assure la présidence, les maires des municipalités concernées et des membres délégués par leurs conseils municipaux. Les RTE administrent ces fonds au seul bénéfice des régions. Ils contribuent ainsi à consolider et encourager le développement régional en même temps qu'ils permettent de résoudre les difficultés dans les zones les plus défavorisées[9]. »

Dans les faits, cet exemple lituanien est loin d'être isolé et anodin puisque ce pays constitue l'un des grands bénéficiaires de ces fonds : près de 6,7 milliards d'euros ont ainsi été mobilisés au titre du FEDER pour la période 2007-2013…, somme considérable qui avoisine le budget annuel de l'État lituanien.

Un autre exemple éclairant en ce domaine est fourni par l'Italie. L'étude précitée souligne :

> « Les autorités italiennes affectent une quote-part importante des ressources provenant de l'Union européenne au développement économique et social des régions les plus en retard par rapport à la moyenne européenne. De fait, depuis le milieu des années 1990, le gouvernement italien a procédé au lancement d'une série de programmes nationaux et régionaux pilotés par les administrations centrales et locales. Parmi ceux-ci, l'intervenant italien a notamment cité le Programme opératif national (PON) Sécurité pour le développement/Objectif de convergence (PON-Sécurité), couvrant la période 2007-2013 et confié pour sa réalisation au ministère de l'Intérieur. »

9. *Ibid.*

En la matière, la singularité italienne tient surtout de son caractère très intégré. Ce programme consacré à la sécurité pour le développement s'applique sur les quatre plus pauvres régions italiennes[10] marquées par un important retard de développement structurel pour des raisons historiques, culturelles, économiques et politiques (présence de réseaux mafieux). Le postulat initial repose sur l'idée d'assurer la sécurité, au sens le plus large possible, condition préalable au développement. Il est dès lors logique que le ministère de l'Intérieur occupe une place centrale dans le dispositif et que les représentants territoriaux de l'État – qui dépendent de ce ministère – jouent un rôle d'impulsion et favorisent la constitution de différents partenariats locaux entre toutes les administrations nationales et locales concernées par la politique de sécurité dans son acception la plus large.

En France, ce sont également les préfets (ou leurs homologues en outre-mer) qui jouent jusqu'à maintenant un rôle majeur dans la déclinaison des politiques européennes. Impliqués dans la définition des zones éligibles comme dans la gestion des fonds européens une fois ceux-ci attribués au niveau régional, les représentants territoriaux de l'État français remplissent ainsi une double mission de vigilance et de gestion. Pour autant, il existe en France une volonté croissante de décentraliser complètement cette compétence au profit des collectivités décentralisées régionales. La Région Alsace expérimente depuis quelques années ce dispositif et les différentes réformes de décentralisation les plus récentes (la loi du 16 décembre 2010, comme le projet gouvernemental de réforme territoriale de l'été 2013)[11] envisagent d'étendre ce dispositif à l'ensemble des régions françaises. Le rôle de vigilance dévolu aux représentants territoriaux de l'État l'emporterait donc sur le rôle de gestion qui serait totalement décentralisé.

Un autre exemple de glissement similaire du rôle confié aux représentants territoriaux de l'État en matière de fonds européens de cohésion est donné par la Pologne. Alors qu'il s'agit d'un des principaux bénéficiaires de la politique de cohésion de l'Union pour la période 2007-2013, le gouvernement polonais a souhaité décentraliser davantage la gestion de ces fonds très importants pour le développement des territoires du pays. La Pologne avait en effet jusqu'alors privilégié les représentants territoriaux de l'État pour faciliter l'utilisation de ces fonds, tout en s'appuyant sur un organe consultatif représentant les collectivités

10. La Campanie, la Calabre, les Pouilles et la Sicile.

11. Projet de loi relatif à la modernisation de l'action publique territoriale et à la promotion des métropoles; Voir Sénat, document n° 495 enregistré à la Présidence, le 10 avr. 2013, et l'ensemble du dossier législatif (disponible : *http://www.senat.fr/dossier-legislatif/pjl12-495.html*).

décentralisées. Les voïvodes polonais sont ainsi « présents à chacune des étapes des projets impliquant des fonds structurels européens, ils en apprécient l'utilisation, en déterminent les conditions d'emploi et en contrôlent le bon usage. Ils sont également responsables du transfert des fonds européens aux petites et moyennes entreprises » rapporte l'étude précitée de l'AERTE. Pourtant, la Pologne a fait le choix (comme la France) d'augmenter les fonds européens mis en œuvre au niveau des régions tout en décentralisant la gestion. Inévitablement, cette option repositionne les voïvodes sur leur fonction de contrôleur… ne serait-ce que parce que l'État demeure, *in fine*, juridiquement responsable en cas d'utilisation frauduleuse ou défectueuse des fonds.

Dernier exemple intéressant, la Hongrie permet d'insister sur l'intérêt que présentent les fonds structurels européens en cas de catastrophes, qu'elles aient des causes naturelles ou non. Il s'agit en effet de sommes importantes facilement mobilisables par les représentants territoriaux de l'État dont l'expertise et la légitimité ne sont jamais contestées en cas de catastrophe de ce type. Plus largement, ces fonds sont également très utiles dans un État où les équilibres territoriaux ne sont pas encore définitivement stabilisés. Alors que ce pays s'est largement restructuré en un quart de siècle, il demeure encore marqué par une succession de conflits entre l'État central et les collectivités territoriales. Certes, l'État est réellement décentralisé depuis 2007 au profit de sept régions aux compétences croissantes, mais les représentants territoriaux hongrois apparaissent toujours comme des autorités incontournables en matière de gestion de ces fonds et, plus largement, dans la mise en œuvre des politiques européennes.

Sur le plan du droit de l'Union européenne, la liberté semble d'ailleurs dominer. La réglementation européenne ne dit en effet que peu de choses[12] des modalités de gestion de ces fonds par les autorités nationales, se contentant d'indiquer simplement que ces fonds supposent, pour leur gestion, un large partenariat des autorités et, pour ce qui est des programmes régionaux, l'implication des autorités régionales, élues dans la mesure du possible. En réalité, il est couramment admis que les institutions européennes ne peuvent pas se permettre d'être plus précises

12. Voir notamment l'article 12 du règlement (CE) n° 1083/2006 du Conseil du 11 juillet 2006 portant dispositions générales sur le Fonds européen de développement régional, le Fonds social européen et le Fonds de cohésion, et abrogeant le règlement (CE) n° 1260/1999 (*JOUE* L210, 31 juill. 2006, p. 25). Cet article précise simplement que les fonds structurels sont mis en œuvre « au niveau territorial approprié selon le système institutionnel propre à chaque État membre ».

dans l'exercice de leur pouvoir de proposition, d'adoption ou de mise en œuvre de la réglementation européenne. Car, dans ce cas, nombreux seraient les États qui lui reprocheraient immédiatement son ingérence.

Loin de dénoncer ou de réclamer une réglementation européenne plus précise, ces premiers éléments de comparaison n'ont qu'un objectif : mettre en évidence les deux rôles complémentaires des représentants territoriaux des États. Un premier rôle très administratif, de gestionnaire, qui peut désormais être aisément décentralisé sans que l'État y perde de son unité ou de sa souveraineté. Et un second rôle, plus politique, quoi que ces représentants eux-mêmes en disent : un rôle de contrôleur de l'usage qui est fait de ces fonds, insistant sur une fonction qui relève essentiellement de la vigilance. On aboutit ainsi à différents cas possibles, sans être alternatifs. S'agissant des programmes nationaux, les choses sont relativement simples : ce sont les ministères et les administrations centrales qui les gèrent. Dans le cadre de programmes régionaux (cas général en matière de politique européenne de cohésion), c'est déjà plus délicat, avec une autorité de gestion qui reste généralement l'État dans la plupart des pays de l'Union, mais à travers les représentants territoriaux de cet État. Enfin, dans quelques États, à titre définitif ou de manière expérimentale donc éventuellement provisoire, ce sont les collectivités régionales décentralisées qui assurent directement cette gestion des fonds, sans que cela interdise tout contrôle de la part de l'État et de ses représentants locaux.

Ce contrôle semble même légitime tant la responsabilité de l'État vis-à-vis des institutions européennes est à ce jour indépassable, comme le rappelle l'étude précitée :

> « Chaque État est en effet tenu, douze mois après l'adoption d'un programme, de transmettre aux services de la Commission une description de ses systèmes de gestion et de contrôle. Leur approbation par ces services conditionne la suite des versements. En procédant ainsi, la Commission s'assure de l'existence d'outils administratifs permettant un pilotage efficace des programmes. Les difficultés surviennent ici lorsque de telles conditions ne sont pas remplies. Les services de la Commission doivent alors inviter l'État concerné à revoir certains de ses modes de gestion et de contrôle, ce qui peut naturellement prendre plus ou moins de temps et être plus ou moins couronné de succès[13]. »

Mais, du contrôle à la vigilance, s'agit-il simplement d'une question de gradation ? Ou ces interventions changent-elles de nature ? Le cas plus précis de la coopération transfrontalière apporte un début de réponse avec un nouveau rôle

13. Compte rendu des XVes journées européennes des représentants territoriaux de l'État, préc.

dévolu aux représentants territoriaux de l'État : un rôle de bienveillance stratégique qui témoigne d'un changement de regard de la part de l'État lui-même vis-à-vis de ses collectivités décentralisées.

III. La bienveillance stratégique : le développement de la coopération transfrontalière

Question centrale, la coopération transfrontalière est de celles avec lesquelles les représentants territoriaux de l'État sont le plus directement aux prises. L'Europe ne connaît pas de frontières et le citoyen européen se satisfait de moins en moins de ces ultimes divisions administratives. Dès lors, quels instruments de coopération transfrontalière développer ? Comment le représentant local de l'État participe-t-il aux initiatives bilatérales ou multilatérales ? Quelle coopération promouvoir entre les représentants de différents États pour une meilleure sécurité des frontières dans ces conditions ?

Dans le cas de l'Espagne, la question des frontières place une nouvelle fois les représentants territoriaux de l'État sur le devant de la scène. En effet, soumis hiérarchiquement à l'autorité du ministre de l'Administration publique et responsables de la politique du gouvernement dans leur circonscription territoriale, les délégués du gouvernement espagnol se présentent traditionnellement comme les garants de la sécurité. Or, l'Espagne est, depuis sa démocratisation et son entrée dans l'Union européenne, confrontée à deux problèmes principaux en matière de sécurité : le terrorisme avec l'ETA, et les phénomènes migratoires. Pour lutter contre ces deux sources de déstabilisation de l'État, les représentants territoriaux du pouvoir central peuvent compter sur

> « le concours des forces de sécurité de l'État et de l'ensemble des administrations compétentes en matière de séjour et d'accueil des étrangers, tels que les "bureaux des étrangers" par exemple. Or, la crise de l'État-nation, la mondialisation économique et ses conséquences posent aux autorités publiques de nouveaux défis […]. Terrorisme, pauvreté ou absence de démocratie sont des phénomènes étroitement liés qui impliquent une réponse coordonnée des États, à la fois sous l'angle politique, économique, social, et en termes de sécurité »

rappelle l'AERTE. Certes, l'Union a pris en compte, elle aussi, la question des migrations, notamment avec la création de l'agence Frontex en 2004 qui constitue un véritable outil de coopération entre les États membres et contribue ainsi à sécuriser les frontières extérieures de l'Union, y compris pour certains territoires ultramarins comme ceux qui sont rattachés à l'Espagne. Mais chaque pays membre est parallèlement également invité à intensifier ses relations avec les pays voisins pour mettre en place de véritables coopérations visant à « effacer » les frontières intérieures du territoire européen.

Ainsi, dans le cadre d'une coopération renforcée entre la France et l'Espagne, le préfet des Pyrénées-Atlantiques, dont la circonscription a une frontière commune avec l'Espagne, constate quotidiennement que la frontière, en raison des mutations économiques et sociales, ne constitue plus une limite aux activités humaines. C'est même l'inverse qui se produit, car la banalisation de la frontière, son effacement dans les mentalités locales laissent dans certains cas la place à des comportements de pure opportunité : recherche d'une fiscalité plus favorable, achat de produits à moindre coût ou investissements immobiliers, par exemple. Si l'on se penche sur le cas un peu spécifique du littoral basque, on assiste ainsi à l'émergence progressive d'une vaste zone urbaine ou périurbaine de plus de 600 000 habitants, de Bayonne à San Sebastian. Au-delà du constat, l'évolution différenciée des compétences dévolues aux entités locales de part et d'autre de la frontière[14] a singulièrement compliqué le dispositif, les parties n'étant pas nécessairement de tailles démographiques, de puissances économiques, de poids politiques et de rangs juridiques comparables. Le recours aux représentants territoriaux de l'État s'est donc très vite imposé pour corriger ces disparités, de manière très marginale dans le traité de Bayonne de 1995[15], mais de manière beaucoup plus évidente dans le mécanisme de coopération qui voit le jour à partir de 2007 sur initiative des autorités locales[16]. Sous la forme d'une association regroupant l'ensemble des collectivités locales concernées (Région Aquitaine et département des Pyrénées-Atlantiques, Autonomie basque et Députation du Guipúzcoa), cette coopération a admis dès l'origine les représentants territoriaux de l'État français en tant que membres de droit, seul moyen sans doute d'obtenir l'aval du gouvernement français. Mais

14. L'Espagne s'est régionalisée fortement à partir de 1978 autour de communautés autonomes quand la France faisait le choix d'une décentralisation plus timide et progressive à partir de 1982.

15. Traité franco-espagnol signé à Bayonne le 10 mars 1995 et entré en vigueur le 24 février 1997. Il propose notamment un régime juridique intéressant puisqu'il prévoit quelques règles communes relatives aux conventions transfrontalières, tout en contenant un volet institutionnel.

16. En 2005, ce territoire de coopération s'est doté d'un *Consorcio*, entité juridique de droit public espagnol prévue par le traité de Bayonne, permettant ainsi de donner un nouvel élan à la coopération transfrontalière, notamment en faveur de la gestion de fonds et de programmes européens. En 2007, le Consorcio a été désigné comme Autorité de gestion du Programme opérationnel de coopération territoriale Espagne-France-Andorre 2007-2013 (POCTEFA) et s'est vu confier la responsabilité de son exécution. C'est un cas unique en Europe.

ce dispositif a surtout permis de proposer un cadre juridique à des échanges qui existaient déjà de manière généralement informelle. Très utile en matière de police administrative, cette coopération avait cependant d'autres ambitions en matière économique et sociale, notamment en ce qui concerne les travailleurs transfrontaliers, l'offre de soins en établissements hospitaliers, les transports et la protection de l'environnement. Comme le souligne l'étude précédemment citée,

> « la place particulière du préfet en France, représentant l'État, mais aussi potentiellement animateur et conseil auprès des autorités locales, lui confère une responsabilité particulière dans la coopération transfrontière. Encore faut-il qu'il soit habilité à le faire par son gouvernement et que les autorités étatiques du pays voisin le souhaitent également ».

Un autre exemple intéressant est celui de la coopération transfrontalière mise en œuvre par le département du Haut-Rhin avec les *Länder* du Mittlerer Oberrhein et du Palatinat. Le bassin de population concerné est ici sensiblement plus important – près de six millions d'habitants – et les enjeux économiques très forts. Dans ce contexte, la coopération entre collectivités territoriales situées de part et d'autre de la frontière franco-allemande a très rapidement impliqué que les administrations s'adaptent et évoluent. Le rôle du représentant territorial de l'État français est d'ailleurs si important qu'il a parfois été qualifié de « petit ministère des Affaires étrangères » par l'ensemble des autres administrations locales.

Au sein de l'Union européenne, la Lituanie, du fait de sa taille et de sa situation géographique, a également été très vite intéressée par les possibilités de coopération transfrontalière avec les collectivités décentralisées de ses quatre pays limitrophes : la Biélorussie, l'Estonie, la Pologne et la Lettonie. Se fondant sur la Convention de Madrid et son Protocole additionnel signé en 2002, ainsi que sur les règlements européens relatifs à la coopération territoriale, la Lituanie a très tôt mobilisé ses représentants territoriaux pour promouvoir des accords avec les collectivités étrangères limitrophes. C'est ainsi que les gouverneurs de comté ont eu pour mission de favoriser et coordonner les projets régionaux, en prenant appui sur le Conseil de développement régional et en expliquant les différents outils disponibles en matière de coopération transfrontalière : Eurorégions, programmes transfrontaliers cofinancés par l'UE, groupements européens de coopération territoriale (GECT)…

Enfin, l'Italie constitue une dernière illustration intéressante en matière de coopération transfrontalière. Comme en France, le représentant territorial de l'État relève du ministère de l'Intérieur et est garant de l'intérêt général. À ce titre, ce préfet a pour mission d'assurer la coordination de l'activité des administrations publiques qui sont présentes sur le territoire de la province dont il a la charge.

Protecteur de l'ordre public et de l'exercice des libertés, ce représentant local de l'État se veut tout à la fois relais du gouvernement central et médiateur entre tous les niveaux d'administration et les citoyens. De ce fait, il s'est naturellement imposé comme un acteur central en matière de coopération transfrontalière. Au regard de la grande diversité des domaines concernés par ce type de coopération et de l'éclatement des interventions publiques qui en résulte, le préfet italien apparaît en effet comme l'autorité locale la plus à même de fédérer les différents services étatiques et collectivités décentralisées impliqués. Les champs d'intervention possibles ne cessent en effet de s'élargir, que ce soit en matière de gestion des ressources en eau[17], de lutte contre la pollution, de promotion de la culture (notamment en présence de minorités ethniques et linguistiques), de formation de la main-d'œuvre, etc.

***

*

La frontière aujourd'hui est moins un facteur de division qu'un élément de jonction. Les collectivités territoriales l'ont bien compris, mais les États aussi. Or, il semble que des intérêts partagés bien compris permettent en effet aux deux parties en présence – l'État *via* ses représentants territoriaux et les collectivités territoriales – de substituer à une relation de méfiance de vrais liens de confiance. Impossible en effet d'imaginer le contraire tant les relations internationales décentralisées sont désormais répandues et acceptées par les États eux-mêmes. Si dans son principe même, la souveraineté éprouve encore quelques difficultés à être fragmentée, elle est désormais sur le terrain largement partagée.

17. C'est le cas par exemple avec la Commission italo-slovène pour l'hydroéconomie pour une gestion équilibrée des ressources en eau et des barrages situés dans les zones transfrontalières, la Commission internationale pour la protection des eaux italo-suisses qui protègent notamment le lac Majeur et le lac de Lugano, ou encore la Commission franco-italo-monégasque pour la sauvegarde de la qualité des eaux du littoral méditerranéen (accord RAMOGE), *http://www.ramoge.org*.

5. LES ENTITÉS INFRA-ÉTATIQUES, FACTEURS D'ENRICHISSEMENT DU DROIT DES ORGANISATIONS EUROPÉENNES (UNION EUROPÉENNE ET CONSEIL DE L'EUROPE)

par

Isabelle VESTRIS

Maître de conférences de droit public
Université des Antilles et de la Guyane, CRPLC UMR-CNRS 8053

L'Union européenne, organisation d'intégration régionale, se distingue, de par sa nature et son champ d'application, du Conseil de l'Europe, organisation de coopération, circonscrite à la protection des droits de l'homme et des libertés fondamentales[1].

1. Sur la distinction entre les organisations régionales de coopération et d'intégration, voir P. DAILLIER, M. FORTEAU, A. PELLET, *Droit international public*, LGDJ, 8e édition, 2009, p. 87-88. Voir également, C. ROCHE, D. THIERRY, *L'essentiel des organisations européennes de coopération*, Gualino, coll. « Carré Rouge », 2002, 82 p. Sur le statut d'organisation internationale de coopération du Conseil de l'Europe, voir P.-Y. MONJAL, *Le droit communautaire applicable aux collectivités territoriales, les nouveaux enjeux*, Territorial éditions, 2006, p. 21 et 22.

L'approfondissement des processus d'intégration et de coopération régionales au sein de ces deux organisations européennes[2] a, toutefois, révélé des problématiques similaires s'agissant, notamment, de la situation particulière des entités

2. L'organisation institutionnelle et les règles matérielles de la Communauté, que MM. les professeurs Boulouis, Gautron et Grard qualifient d'autonomie juridictionnelle, normative et structurelle fondent la spécificité des Communautés (et de l'Union). Voir J.-C. GAUTRON, L. GRARD, « Le droit international dans la construction de l'Union européenne », *in* SFDI, *Droit international et droit communautaire : perspectives actuelles,* colloque de Bordeaux, Pedone, 2000, p. 22 à 29. Sur la spécificité de l'Union européenne en tant qu'organisation d'intégration régionale, voir les références doctrinales et jurisprudentielles citées par I. VESTRIS, *Le statut des régions ultrapériphériques de l'Union européenne*, Bruxelles, Bruylant, coll. « Thèses », 2012, p. 7. Voir les arrêts, CJCE, 5 févr. 1963, *Van Gend en Loos c/Administratie der Belastingen*, aff. 26/62, *Rec.*, p. 3 et CJCE, 15 juill. 1964, *Costa c/Enel*, aff. 6/64, *Rec.*, p. 1141. Sur l'impossibilité de réviser les traités, par un commun accord des parties, en dehors des procédures prévues, CJCE, 8 avr. 1976, *Defrenne*, aff. 43/75, *Rec.*, p. 455 ; J.-C. GAUTRON, L. GRARD, « Le droit international dans la construction de l'Union européenne », *in* SFDI, *Droit international et droit communautaire : perspectives actuelles, op. cit.*, p. 16 à 20. Voir également, C. BLUMANN et L. DUBOUIS, *Droit institutionnel de l'Union européenne*, Litec, 2e édition, 2005, p. 61 ; G. ISAAC et M. BLANQUET, *Droit général de l'Union européenne*, Sirey Université, 10e éd., 2012, p. 199 ; J. ROUX, *Droit général de l'Union européenne*, LITEC, 2006, p. 174 et 175.

Sur la spécificité des mécanismes de dévolution des compétences, relevant à la fois de la théorie classique des compétences d'attribution et des compétences implicites, voir J.-C. GAUTRON, « Le fait régional dans la société internationale », *in* SFDI, *Régionalisme et universalisme dans le droit international contemporain,* colloque de Bordeaux, Pedone, 1977, p. 31. Voir également, C. BLUMANN et L. DUBOUIS, *Droit institutionnel de l'Union européenne*, *op. cit.*, p. 40, et G. ISAAC et M. BLANQUET, *op. cit.*, p. 48-54. La spécificité de la CE s'exprime également dans sa dimension intégrationniste : C. GREWE et H. RUIZ FABRI, « La situation respective du droit international et du droit communautaire dans le droit constitutionnel des États », *in* SFDI, *Droit international et droit communautaire*, *op. cit.*, p. 254. Voir également, J.-M. SIROËN, *La régionalisation de l'économie mondiale,* La Découverte, coll. « Repères », 2004, p. 25. En outre, la nature régionale des Communautés, puis de l'Union européenne, ne doit pas être entendue au strict sens géographique, voir P. DAILLIER, « Les organisations internationales économiques », *in* P. DAILLIER, G. DE LA PRADELLE et H. GHERARI, *Droit de l'économie internationale,* Pedone, 2004, p. 64 ; J.-M. SIROËN, *La régionalisation de l'économie mondiale*, *op. cit.*, p. 5. Sur le « relativisme géographique », voir J.-C. GAUTRON, « Le fait régional dans la société internationale », *in* SFDI, *Régionalisme et universalisme dans le droit international contemporain, op. cit.*, p. 9-14 ; Voir également dans le même ouvrage, M. VIRALLY, « Les relations entre organisations régionales et organisations universelles », particulièrement, p. 150, 152 et 153. Il s'avère, de ce fait, bien difficile de classer les Communautés et l'Union dans une catégorie du droit international tant leurs caractères apparaissent spécifiques. Le Pr Gautron estime, à ce sujet, que « les Communautés européennes tirent la catégorie des organisations internationales vers le haut […] et constituent un modèle », voir J.-C. GAUTRON, L. GRARD, « Le droit international dans la construction de l'Union européenne », *in Droit international et droit communautaire, op. cit.*, p. 16. Voir également, J. TENIER, *Intégrations régionales et mondialisation, complémentarité ou contradiction, «* Les Études de La documentation Française », 2003, p. 9, 15, 16 et 231.

infra-étatiques de leurs États membres.

Le Conseil de l'Europe et l'Union européenne (ci-après UE) ont ainsi dû appréhender la situation et la diversité des entités infra-étatiques.

Ces dernières, qui peuvent être dénommées communes, communautés, provinces, régions, départements – la liste n'est pas exhaustive – ont, en effet, des caractéristiques physiques[3], socio-économiques[4], culturelles[5], différentes, et des statuts internes très divers[6].

---

3. Parmi les différences relatives aux caractéristiques physiques des entités, il est possible de citer la taille variable, l'insularité, l'enclavement, la distance par rapport au continent européen (éloignement ou proximité). Sur la diversité des entités infra-étatiques, voir J.-M. THOUVENIN, « Collectivités territoriales non étatiques et Union européenne », *in Les collectivités territoriales non étatiques dans le système juridique international*, Journée d'étude de la SFDI, Pedone, 2002, p. 185.

4. Voir N. MOUSSIS, *Les politiques de la Communauté économique européenne*, Dalloz, coll. « Études politiques, économiques et sociales », 1982, p. 193, citant *La Communauté européenne et ses régions,* Documentation européenne, 1977.

5. A. ZARDI, « Démocratie locale et régionale en Europe aujourd'hui : le rôle et l'action du Conseil de l'Europe », *in L'autonomie des collectivités territoriales en Europe, une source potentielle de conflits ?*, Presses universitaires de Limoges, 2004, p. 58. Voir également dans le même ouvrage, la table ronde sur les spécificités des collectivités territoriales en Europe, sous l'angle du lien entre facteurs identitaires et statuts particuliers, p. 279-290.

6. Certains auteurs ont recensé et présenté l'organisation institutionnelle des États membres de l'UE ; voir notamment, P.-Y. MONJAL, *Droit européen des collectivités locales,* LGDJ, coll. « Systèmes », 2010, p. 29 à 32 ; A. DELCAMP, *Les institutions locales en Europe,* coll. « Que sais-je ? », PUF, 1990, 127 p. Cet ouvrage offre une présentation intéressante des différents niveaux d'administration locale dans les États membres de la CEE. Voir également, L. TROCSANYI, « La place et le rôle des régions et des Communautés dans la Construction européenne », *in* N. LEROUSSEAU et J. ROSETTO (textes réunis et édités par), *Les collectivités territoriales et l'Europe,* Actes du colloque du 19 nov. 2004, Presses Universitaires François Rabelais, coll. « Droit », n° 1, Tours, 2005, p. 33-36 ; A. DELCAMP et J. LOUGHLIN, *La décentralisation dans les États de l'Union européenne,* Paris, La Documentation française, 2002, 334 p. ; N. KADA, *Les collectivités territoriales dans l'Union européenne, vers une Europe décentralisée ?*, Presses Universitaires de Grenoble, coll. « Europa », 2010, 190 p., voir p. 61 à 172. Pour une définition de la décentralisation au sens de l'UE, voir J.-B. AUBY, « L'Europe et la décentralisation », *Revue française de la décentralisation,* n° 1, sept. 1995, p. 18, cité par M. BOULET, *Les collectivités territoriales françaises dans le processus d'intégration européenne,* L'Harmattan, 2012, p. 56. Voir également la directive n° 94/80/CE du Conseil du 19 décembre 1994 fixant les modalités d'exercice du droit de vote et d'éligibilité aux élections municipales pour les citoyens de l'Union résidant dans un État membre dont ils n'ont pas la nationalité, *JOCE,* L.368, 31 déc. 1994, p. 38. On peut déduire de l'article 2 de cette directive qu'une entité décentralisée est une entité administrative qui a des organes élus au suffrage universel direct et qui est compétente pour administrer certaines affaires locales, sous sa propre responsabilité.

Ces entités sont, toutefois, soumises au droit de ces organisations et aux contraintes qu'il implique, alors qu'elles participent peu à l'élaboration de ce droit, et ne peuvent pas toujours bénéficier des avantages de son application[7].

Les répercussions du droit issu de l'Union européenne et du Conseil de l'Europe sur les entités infra-étatiques, combinées au *lobbying* de celles-ci, conduisent ces organisations à les prendre en compte et, à leur reconnaître un traitement, voire un statut particulier.

Aussi, dans quelles mesures l'appréhension de la diversité et des problématiques, parfois spécifiques, des entités infra-étatiques contribue-t-elle à enrichir le droit de ces organisations régionales européennes ?

La prise en compte des entités infra-étatiques au sein du Conseil de l'Europe et de l'UE se traduit d'une part, par leur représentation dans des instances qui participent, dans une certaine mesure, au processus décisionnel ; ainsi que, d'autre part, par l'élaboration et l'application de normes différenciées, voire spécifiques, en leur faveur.

C'est le Conseil de l'Europe qui, le premier, a reconnu les entités infra-étatiques en prévoyant leurs représentation et participation au sein de ses instances[8].

La création en 1957 d'une Conférence des pouvoirs locaux et régionaux d'Europe, devenue Congrès des pouvoirs locaux et régionaux en 1994, ainsi que l'adoption d'une Charte de l'autonomie locale[9], sont symptomatiques de la démarche du Conseil de l'Europe en faveur d'une meilleure reconnaissance des entités infra-étatiques.

---

7. Sur la situation des entités infra-étatiques, voir R. COLAVITTI, « Le statut des collectivités infra-étatiques européennes. Entre organe et sujet », thèse sous la direction de M.-P. LAFRANCHI et R. MEDHI, Université d'Aix-Marseille, 2012.

8. Sur l'antériorité de la reconnaissance des entités infra-étatiques par le Conseil de l'Europe, voir, H. RUIZ FABRI, « Le Conseil de l'Europe et les collectivités infra-étatiques : peut-on parler de libertés locales ? », *in* SFDI, *Les collectivités territoriales non étatiques dans le système juridique international*, *op. cit.*, p. 169.

9. Cette charte, ouverte à la signature des États membres du Conseil de l'Europe le 15 octobre 1985 et entrée en vigueur le 9 septembre 1988, est disponible sur le site : *conventions.coe.int.* Sur la charte, voir notamment, N. KADA, *Les collectivités territoriales dans l'Union européenne, vers une Europe décentralisée ?*, *op. cit.*, p. 51-52, L. MALO, *Autonomie locale et Union européenne*, Bruylant, coll. « Droit de l'Union européenne », 2010, p. 12-19, ainsi que les développements *infra* I B), II A) et B).

L'Union a ensuite progressivement accordé une attention particulière à ces entités et prévu un traitement, voire un statut, pour certaines d'entre elles.

À cet égard, la catégorisation puis la prise en compte des spécificités de certaines de ces entités ont donné à l'Union européenne l'occasion d'expérimenter une large gamme de solutions allant de l'intégration indifférenciée à l'extériorité, ces deux extrêmes encadrant d'autres modes d'intégration, telle l'intégration différenciée des régions ultrapériphériques. Ces considérations dénotent une méthode originale de traitement de la différence et de la prise en considération de l'héritage, historique notamment, des États membres. Cette flexibilité a contribué à la diversité de l'Union et certainement à sa pérennité.

L'apport des entités aux ordres juridiques du Conseil de l'Europe et de l'Union européenne est, ainsi, à la fois institutionnel et normatif (I). Cependant, si la représentation et la participation des entités infra-étatiques au sein de ces organisations régionales européennes s'accentuent, leur influence institutionnelle et normative n'est que relative (II).

I. L'apport croissant des entités infra-étatiques aux systèmes institutionnel et normatif du Conseil de l'Europe et de l'Union européenne

Les entités infra-étatiques sont représentées au sein d'instances qui participent, à certains égards, au processus décisionnel du Conseil de l'Europe et de l'Union européenne. Elles contribuent ainsi à développer le système institutionnel de ces organisations (A).

Ces instances œuvrent également à l'élaboration de normes différenciées ou spécifiques en faveur des entités, qui contribuent à enrichir le corpus juridique des organisations (B).

A. L'implication accentuée des entités infra-étatiques au sein du système institutionnel du Conseil de l'Europe et de l'UE

La reconnaissance des entités au sein du Conseil de l'Europe et de l'UE fut réclamée par les nombreuses et diverses entités infra-étatiques organisées et regroupées en réseaux, en fonction de caractéristiques géographiques, socio-économiques, voire culturelles, communes[10].

Suite à ces revendications, le Conseil de l'Europe, pour une large part, et les Communautés européennes, dans une moindre mesure, ont conjointement œuvré à la représentation et à la participation des entités en leur sein.

Le Conseil de l'Europe a en effet, « reconnu l'importance des collectivités locales en instituant à leur intention un organe représentatif, la Conférence permanente des pouvoirs locaux et régionaux »[11].

Cette conférence, issue d'un Forum permanent créé en 1957, est dénommée Congrès des pouvoirs locaux et régionaux depuis 1994[12]. Ce congrès, lieu de dialogue privilégié des élus des différentes catégories de collectivités locales et

10. Ces entités s'étant regroupées en associations afin de défendre leurs intérêts en fonction de « leur localisation géographique et de particularités économiques et culturelles » ; voir J. Rideau et S. Perez, « La place des régions dans le système institutionnel de l'Union européenne », *in* J. Vergès, *L'Union Européenne et les collectivités territoriales*, Paris, Economica, coll. « Coopération et Développement », 1997, p. 18-19. Voir aussi, le rôle du Conseil des Régions d'Europe créé en 1985 et transformé en Assemblée des régions d'Europe (ARE) quant à la création du Comité des Régions au sein de l'UE, dans N. Lerousseau, « Les collectivités territoriales et l'élaboration du droit communautaire », *in* N. Lerousseau et J. Rosetto, *op. cit.*, p. 47 ; E. Bassot, « Le Comité des Régions. Régions françaises et *Länder* allemands face à un nouvel organe communautaire », *RMCUE*, 1993, p. 729-739. Sur le regroupement des régions en associations de promotion et de défense de leurs intérêts, voir I. Vestris, *Le statut des régions ultrapériphériques de l'Union européenne*, *op. cit.*, p. 144-148.

11. Extraits du rapport explicatif de la Charte de l'autonomie locale, disponible à l'adresse *http://conventions.coe.int/treaty/fr/Reports/Html/122.htm.* Pour un historique de la création du Congrès des pouvoirs locaux et régionaux, voir H. Ruiz Fabri, « Le Conseil de l'Europe et les collectivités infra-étatiques : peut-on parler de libertés locales ? », *op. cit.*, p. 170.

12. Depuis la décision du 17 janvier 1994 du Comité des ministres du Conseil de l'Europe ; voir P.-Y. Monjal, « Le droit communautaire applicable aux collectivités territoriales », *op. cit.*, p. 23. Voir également *infra*, note n° 15.

régionales[13], promeut, par ses propositions et résolutions, la participation des entités infra-étatiques au processus décisionnel du Conseil de l'Europe, d'une part, mais également de l'Union européenne[14], d'autre part.

Les travaux du Congrès des pouvoirs locaux et régionaux sont particulièrement suivis par deux autres instances du Conseil de l'Europe, composées de hauts fonctionnaires et de ministres chargés des Collectivités territoriales : à savoir, le Comité européen pour la démocratie locale et régionale, et la Conférence des ministres européens responsables des collectivités locales et régionales.

Le Conseil de l'Europe, qui favorise ainsi la représentation des entités infra-étatiques en son sein, a également contribué, par ailleurs, à la représentation de ces mêmes entités dans le cadre de l'UE.

À ce titre, certaines des instances du Conseil de l'Europe ont été transformées pour correspondre aux objectifs communautaires[15] et ont œuvré à la création, au sein de la Communauté économique européenne (ci-après CEE), d'un Conseil consultatif des collectivités locales et régionales, consulté par la Commission européenne, sur les questions relatives à la politique régionale communautaire[16].

---

13. A. ZARDI, « Démocratie locale et régionale en Europe aujourd'hui : le rôle et l'action du Conseil de l'Europe », *in L'autonomie des collectivités territoriales en Europe, une source potentielle de conflits ?*, Presses universitaires de Limoges, 2004, p. 59. Sur la composition, l'organisation et les compétences du Congrès des pouvoirs locaux et régionaux, voir P.-Y. MONJAL, « Le droit communautaire applicable aux collectivités territoriales », *op. cit.*, p. 23-24. Voir aussi, N. KADA, *Les collectivités territoriales dans l'Union européenne, vers une Europe décentralisée ?*, *op. cit.*, p. 54-55.

14. Voir notamment, le rôle du Congrès dans l'élaboration de la Charte de l'autonomie locale, Congrès des pouvoirs locaux et régionaux, *Cinquante ans de démocratie locale en Europe*, Strasbourg, éd. du Conseil de l'Europe, 2007, 83 p., cité par N. KADA, *Les collectivités territoriales dans l'Union européenne, vers une Europe décentralisée ?*, *op. cit.*, p. 54.

15. On peut citer, à titre d'exemple, la transformation du Forum permanent du Conseil en Conférence permanente des pouvoirs locaux et régionaux de l'Europe en 1984, puis en Congrès des pouvoirs locaux et régionaux, en 1994. Voir J. RIDEAU et S. PEREZ, « La place des régions dans le système institutionnel de l'Union européenne », *op. cit.*, p. 9-10.

16. Décision de la Commission européenne n° 88/487/CEE du 24 juin 1988 (*JOCE* L247, 6 sept. 1988, p. 23) créant le Conseil consultatif des collectivités locales et régionales ; citée par N. LEROUSSEAU, « Les collectivités territoriales et l'élaboration du droit communautaire », *op. cit.*, p. 53. Sur le processus de création du Comité des Régions, voir F. DURAND, *Les collectivités territoriales et l'Europe : la place des autorités locales et régionales dans la construction européenne*, Thèse de doctorat réalisée sous la direction de M. Jacques Ziller, Université Panthéon-Sorbonne, 1997, p. 386-421.

L'œuvre du Conseil de l'Europe fut essentielle à cet égard, car les traités initiaux instituant les Communautés européennes n'avaient pas prévu de modalités de représentation des entités infra-étatiques ni leur participation au processus décisionnel[17].

Ces questions ont progressivement émergé lors de l'établissement et du développement de la politique régionale de la CEE[18], reprise au titre de la politique de cohésion économique et sociale, selon la dénomination instaurée par l'Acte unique européen. Le droit dérivé subséquent envisage, en effet, un partenariat entre la Communauté, les États et les autorités locales et régionales[19].

Toutefois, la représentation et la participation des entités infra-étatiques au sein de l'UE n'ont été institutionnalisées[20] qu'en 1992 dans le Traité sur l'Union européenne (TUE)[21].

---

17. Sur l'absence de pertinence des stipulations des traités CECA et CEE relatives aux régions s'agissant de leur représentation et de leur participation au sein des Communautés, voir J. VAN GINDERACHTER, « Un rôle pour les régions au sein de l'Union européenne », *in* J. VERGÈS, *L'Union Européenne et les collectivités territoriales*, *op. cit.*, p. 67-68. Voir également, dans le même ouvrage, J. RIDEAU et S. PEREZ, « La place des régions dans le système institutionnel de l'Union européenne », *op. cit.*, p. 7-8. Voir aussi, J. BIANCARELLI, « La dynamique institutionnelle », *AJDA*, 1991, p. 835-845. Pour un historique de la prise en compte des entités infra-étatiques par la Communauté, puis l'Union européenne, voir J.-M. THOUVENIN, « Collectivités territoriales non étatiques et Union européenne », *op. cit.*, p. 186.

18. Les autorités communautaires ayant intégré la dimension régionale dans différentes politiques sans avoir originellement élaboré une véritable politique régionale, selon J. RIDEAU et S. PEREZ, « La place des régions dans le système institutionnel de l'Union européenne », *op. cit.,* p. 8.

19. Règlement n° 2052/88 du Conseil du 24 juin 1988 concernant les missions des Fonds à finalité structurelle, leur efficacité ainsi que la coordination de leurs interventions entre elles et celles de la Banque européenne d'investissement et des autres instruments financiers existants, art. 4 § 1, *JOCE* L185, 15 juill. 1988, p. 9. Voir J. VAN GINDERACHTER, « Un rôle pour les régions au sein de l'Union européenne », *op. cit.*, p. 70. Sur l'influence de la politique régionale sur l'organisation institutionnelle des États membres, voir J.-M. THOUVENIN, « Collectivités territoriales non étatiques et Union européenne », *op. cit.*, p. 186.

20. On doit, en effet, noter l'existence d'une participation indirecte et informelle des régions au processus décisionnel avant le TUE, symbolisée par la représentation des régions au sein de comités chargés d'assister le Conseil et la Commission, voir J. RIDEAU et S. PEREZ, « La place des régions dans le système institutionnel de l'Union européenne », *op. cit.*, p. 11.

21. La proposition du Parlement européen de créer un Comité consultatif des économies régionales n'avait pas été retenue en 1960. Voir, à ce sujet, J. RIDEAU et S. PEREZ, « La place des régions dans le système institutionnel de l'Union européenne », *op. cit.*, p. 9.

Ce dernier a créé le Comité des Régions[22], organe représentant les autorités locales et régionales. Le TUE a également prévu la possibilité pour les ministres régionaux de représenter les gouvernements des États au sein du Conseil de l'UE[23], une des institutions notamment chargée d'adopter les actes de l'Union[24].

Les entités peuvent ainsi participer directement au processus décisionnel de l'UE en représentant éventuellement le gouvernement de leur État au Conseil de l'Union européenne ou au sein de comités d'assistance de ce même Conseil et de la Commission européenne[25]. Elles y participent également indirectement par le biais du Comité des Régions[26].

---

22. Sur l'historique et la genèse de la création du Comité des Régions, voir F. DURAND, *Les collectivités territoriales et l'Europe : la place des autorités locales et régionales dans la construction européenne, op. cit.*, p. 386-421. Sur le *lobbying* des régions afin d'obtenir certaines stipulations dans le traité de Maastricht voir J. Van GINDERACHTER, « La stratégie régionale de la Communauté européenne et la réaction des États : de l'Acte unique européen de 1986 au traité de Maastricht de 1992 », *in* H. PORTELLI (dir.), *La décentralisation française et l'Europe, op. cit.*, p. 146-147, et du même auteur, « Un rôle pour les régions au sein de l'Union européenne », *RMCUE*, nº 362, nov. 1992, p. 777-780. Voir également, P.-A. FERAL, *Le Comité des Régions de l'Union européenne,* coll. « Que sais-je ? », 1998, 126 p. ; F. TERPAN, « La politique régionale », *Encyclopédie Dalloz, Droit communautaire,* nº 100 à 105 ; L. MALO, *Autonomie locale et Union européenne, op. cit.*, p. 82-118.

23. Ex-art. 146 introduit dans le TCE par le traité de Maastricht, devenu art. 203 CE, abrogé et remplacé en substance par l'art. 16 § 2 TUE, issu du traité de Lisbonne.

24. Sur la participation des « autorités régionales » au Conseil, voir F. DURAND, *Les collectivités territoriales et l'Europe : la place des autorités locales et régionales dans la construction européenne, op. cit.*, p. 332-335. Voir également, J.-M. THOUVENIN, « Collectivités territoriales non étatiques et Union européenne », *op. cit.*, p. 192.

25. M. BOULET, *Les collectivités territoriales françaises dans le processus d'intégration européenne, op. cit.*, p. 417 à 420. L'auteur cite, notamment, la représentation de certaines collectivités de Belgique, de l'Allemagne et du Portugal au sein du Comité des représentants permanents des États membres (COREPER).

26. M. BOULET, *Les collectivités territoriales françaises dans le processus d'intégration européenne, op. cit.*, p. 373 à 416.

Le rôle de ce Comité n'a d'ailleurs cessé de croître[27]. Il intervient dans le processus décisionnel de l'Union en rendant des avis de sa propre initiative ou après avoir été obligatoirement consulté dans des domaines de plus en plus nombreux[28]. Il peut, en outre, depuis l'entrée en vigueur du traité de Lisbonne[29], saisir la Cour de justice de l'UE, afin de faire respecter ses attributions[30], et d'intervenir dans le contrôle du respect du principe de subsidiarité[31].

Ce principe[32] signifie que :

> « [D]ans les domaines qui ne relèvent pas de sa compétence exclusive, l'Union intervient seulement si, et dans la mesure où, les objectifs de l'action envisagée ne peuvent pas être atteints de manière suffisante par les États membres, tant au niveau central qu'au niveau régional et local, mais peuvent l'être mieux, en raison des dimensions ou des effets de l'action envisagée, au niveau de l'Union[33]. »

---

27. G. MARCOU et J.-F. AKANDJI-KOMBÉ, *La Charte européenne de l'autonomie locale et l'impact du droit communautaire sur les collectivités locales des États membres,* Rapport pour le Comité européen sur la démocratie locale et régionale et pour le congrès sur les pouvoirs locaux et régionaux, sur l'impact du traité de Lisbonne sur la Charte européenne de l'autonomie locale, Strasbourg, 14 sept. 2011, p. 27-28.

28. Sur la compétence consultative du Comité des Régions, voir N. LEROUSSEAU, « Les collectivités territoriales et l'élaboration du droit communautaire », *op. cit.*, p. 59-63.

29. Le traité de Lisbonne, modifiant le TUE et le TCE qu'il a renommé Traité sur le fonctionnement de l'UE, est entré en vigueur le 1er déc. 2009. Voir les versions consolidées du TUE et du TFUE, *JOUE* C 326, 26 oct. 2012.

30. TFUE, art. 263.

31. Cette possibilité est reconnue par l'art. 8 du Protocole n° 2 sur l'application des principes de subsidiarité et de proportionnalité, depuis le traité de Lisbonne. Dans un rapport adopté en 1995, la Commission Affaires institutionnelles du Comité des Régions avait demandé que le Comité obtienne cette compétence; voir N. LEROUSSEAU, « Les collectivités territoriales et l'élaboration du droit communautaire », *op. cit.*, p. 62.

Les entités infra-étatiques, représentées au sein d'instances du Conseil de l'Europe, et organisées en réseaux, groupes d'influence, ont également œuvré pour que le Comité des Régions obtienne ces prérogatives nouvelles; voir J. ANDRIANTSIMBAZOVINA, « L'Union européenne, les États membres et les collectivités infra-étatiques : l'interdépendance des niveaux de décision politiques », *in L'autonomie des collectivités territoriales en Europe, une source potentielle de conflits ?*, Presses universitaires de Limoges, 2004, p. 42.

32. Voir J. ZILLER, « Le principe de subsidiarité », *in* J.-B. AUBY, J. DUTHEIL DE LA ROCHERE (dir.), *Droit administratif européen*, Bruylant, 2007, p. 377-391 ; J.-V. LOUIS, « Quelques remarques sur l'avenir du contrôle du principe de subsidiarité », *in Mélanges en hommage à Georges Vandersanden, Promenades au sein du droit européen,* Bruylant, 2008, p. 283-305 ; L. MALO, *Autonomie locale et Union européenne*, *op. cit.*, p. 121-148.

33. TUE, art. 5 § 3 (tel que modifié par le traité de Lisbonne).

La mention des niveaux régional et local dans la définition de ce principe, introduite dans le TUE par le traité de Lisbonne, peut être considérée comme une expression de la prise en compte des entités infra-étatiques et du respect de leurs prérogatives.

À cet égard, le rôle de l'ensemble des entités a été indirectement revalorisé, du fait des prérogatives précitées reconnues au Comité des Régions dans le cadre du contrôle du respect du principe de subsidiarité.

Certaines entités infra-étatiques, celles dont les parlements possèdent des pouvoirs législatifs, peuvent, en outre, intervenir directement dans la procédure relative au contrôle du respect du principe de subsidiarité, depuis l'entrée en vigueur du traité de Lisbonne.

En effet, en vertu de l'article 12 du TUE[34] et du Protocole n° 2[35] joint au traité de Lisbonne, il appartient à chaque parlement national ou à chaque chambre d'un parlement national de consulter, le cas échéant, les parlements régionaux possédant des pouvoirs législatifs lorsqu'ils examinent la compatibilité des projets d'actes européens avec les principes de subsidiarité et de proportionnalité[36].

34. Tel que modifié par le traité de Lisbonne.

35. Protocole n° 2 sur l'application des principes de subsidiarité et de proportionnalité, voir art. 6.

36. Il avait déjà été tenu compte des entités infra-étatiques antérieurement dans l'examen du respect des principes de subsidiarité et de proportionnalité. En effet, lors de la révision des traités par le traité d'Amsterdam, le Protocole relatif aux principes de proportionnalité et de subsidiarité a inclus une référence aux autorités locales en prévoyant l'obligation pour la Commission de tenir dûment compte, dans ses propositions, de la nécessité de faire en sorte que toute charge financière ou administrative soit le moins élevée possible, qu'elle incombe à la Communauté, aux gouvernements nationaux ou aux autorités locales. Voir N. LEROUSSEAU, « Les collectivités territoriales et l'élaboration du droit communautaire », *op. cit.*, p. 62. Sur la participation des collectivités territoriales françaises à l'élaboration du droit communautaire, voir M.-C. PONTHOREAU, « La question de la participation des collectivités territoriales françaises à l'élaboration nationale du droit communautaire », *AJDA,* 2004, p. 1125-1131. Voir également les développements *infra* II A).

La prise en compte des entités régionales et locales dans l'examen du respect du principe de subsidiarité, qui avait notamment été réclamée par la Commission européenne[37] et le Congrès des pouvoirs locaux et régionaux du Conseil de l'Europe[38], est désormais actée.

La participation de l'ensemble des entités au processus décisionnel du Conseil de l'Europe et de l'UE continue, par ailleurs, d'être au cœur des préoccupations des organes qui les représentent au sein de ces organisations[39].

L'intervention de ces instances représentatives dans le processus décisionnel contribue à l'élaboration de normes spécifiques ou différenciées au sein de ces organisations qui témoignent de l'apport normatif des entités infra-étatiques.

B. La contribution des entités infra-étatiques à l'enrichissement du système normatif du Conseil de l'Europe et de l'UE

La prise en compte des entités infra-étatiques au sein du Conseil de l'Europe et de l'UE s'est traduite par l'élaboration de textes relatifs aux entités infra-étatiques en général, ou à certaines d'entre elles en particulier. Ces textes, déclaratoires et normatifs, ont enrichi le droit de ces organisations.

L'apport normatif des entités au droit des organisations régionales est particulièrement manifeste, s'agissant de l'UE, en raison du large champ d'application matériel couvert par cette organisation.

37. Commission européenne, *Livre blanc sur la gouvernance européenne,* COM(2001) 428 final, 25 juill. 2001. Voir les avis du Comité des Régions du 13 mars 2002 relatif au Livre blanc (*JOCE* C 192, 12 août 2002, p. 24), et du 21 nov. 2002 sur le rôle des pouvoirs régionaux et locaux dans la construction européenne, pts 1.40 à 1.45, 2.4 à 2.7 (*JOUE* C 73, 26 mars 2003, p. 57).

38. Voir Préambule et art. 4 de la Charte européenne de l'autonomie locale, *loc. cit.*

39. À cet égard, l'œuvre du Congrès des pouvoirs locaux et régionaux du Conseil de l'Europe mérite d'être saluée. Voir A. DELCAMP, *Les institutions locales en Europe,* coll. « Que sais-je ? », PUF, 1990, 127 p., spéc. p. 120.

À cet égard, si, depuis le traité de Lisbonne, le droit primaire contient de nombreuses références au niveau local[40], la prise en compte des entités infra-étatiques, au sein des Communautés européennes puis de l'Union, est cependant bien antérieure à l'entrée en vigueur de ce traité modificatif[41].

En effet, les traités instituant la CECA et la CEE, respectivement entrés en vigueur en 1952 et 1958, contenaient déjà des stipulations prévoyant des dispositions spéciales pour certaines entités infra-étatiques en raison de caractéristiques socio-économiques[42].

La politique régionale de la CEE, initiée dès le début des années 1970[43], afin de réduire les disparités entre les régions des États membres, a ensuite conduit à l'adoption de mesures afin de tenir compte des problématiques de ces entités infra-étatiques, et favorisé le développement de relations entre la Communauté et ces dernières[44].

---

40. TUE, art. 4 § 2, 5 § 3, et Protocole n° 2 sur l'application des principes de subsidiarité et de proportionnalité, *loc. cit*; TUE, art. 14 et Protocole n° 26 sur les services d'intérêt économique général; voir P.-Y. MONJAL, « Collectivités territoriales françaises et droit de l'Union européenne : quelques remarques sur la portée de la reconnaissance du niveau local par les textes européens », *Revue du Droit de l'Union Européenne*, 3/2011, p. 347-359.

41. S'agissant du cadre juridique initial de la politique régionale communautaire, voir N. MOUSSIS, *Les politiques de la Communauté économique européenne*, *op. cit.*, p. 203-207 et 231-239.

42. Traité CECA, art. 56; Traité CEE, préambule (al. 6), art. 39 § 2, 49, 75 § 3, 80 § 2, 82, 92 § 3 a) et c), 130 a), 227 §§ 2 et 3 et sa quatrième partie (art. 131 et s.).

Voir notamment N. KADA, *Les collectivités territoriales dans l'Union européenne, vers une Europe décentralisée ?*, *op. cit.*, p. 27 et s. Sur l'absence de pertinence des stipulations des traités CECA et CEE relatives aux régions s'agissant de leur représentation et de leur participation au sein des Communautés, voir *supra*, note n° 17.

43. Cette politique s'est initialement traduite par la création, en 1975, du Fonds européen de développement régional (FEDER) et d'un Comité de politique régionale, composé de hauts fonctionnaires responsables de la politique régionale des États membres et de la Commission européenne. Sur l'historique de la mise en place d'une politique régionale au sein de la CEE et ses effets sur l'autonomie locale, voir N. MOUSSIS, *Les politiques de la Communauté économique européenne*, *op. cit.*, p. 204-206; L. MALO, *Autonomie locale et Union européenne*, *op. cit.*, p. 205-264.

44. Voir *supra*, I A).

L'Acte unique européen[45] a ultérieurement donné au « développement régional [...] une dimension communautaire »[46] en insérant, dans le traité CEE, un titre consacré à la cohésion économique et sociale[47], prévoyant des dispositions destinées à réduire « l'écart entre les différentes régions et le retard des régions les moins favorisées »[48]. L'Acte unique a introduit, aussi dans le traité CEE un article[49] permettant des « adaptations de la règle communautaire aux situations particulières [ainsi que] des dispositions dérogatoires »[50].

Les traités successifs, modifiant le droit primaire, et les textes de droit dérivé de l'UE, notamment relatifs à la politique régionale, n'ont depuis cessé de tenir compte des entités infra-étatiques dans leur ensemble, et de certaines d'entre elles en particulier.

Ainsi, afin de mettre en œuvre ses politiques, notamment celle de cohésion économique, sociale et territoriale[51], resserrée autour d'un nombre limité d'objectifs, dont celui de coopération territoriale, « L'Union européenne valorise dans la pratique le niveau régional qui apparaît souvent comme le plus pertinent »[52]. La Commission européenne accorde, à cet égard, une attention particulière au niveau local, dans la mise en œuvre de la stratégie de l'Union pour 2020[53].

---

45. *JOCE* L. 169, 29 juin 1987, p. 1-29. Voir H. Glaesner, « L'Acte unique européen », *RMC,* 1986, p. 307 et s. ; J.-P. Jacqué, « L'Acte unique européen », *RTDE,* 1986, p. 575-612.

46. Voir T. Margellos, « L'émergence de la région dans l'ordre juridique communautaire », *in* G. Vandersanden, (dir.), *L'Europe et les régions,* coll. « Études européennes », Éditions de l'Université de Bruxelles, 1997, p. 32.

47. Titre V du traité CEE (articles 130 A à 130 E). Voir notamment, A. Le Roy, « La cohésion économique et sociale, un nouveau modèle de politique communautaire », *RMCUE,* nº 429, juin 1999, p. 383-393.

48. *Ibidem.*

49. TCEE, art. 8 C, al. 2 ; puis TCE, art. 15 ; puis TFUE, art. 27.

50. D. Simon, « Article 8 C », *in* V. Constantinesco *et al.*, *Traité instituant la CEE – Commentaire article par article,* Paris, Economica, 1992, p. 81-83.

51. Sur l'objectif de cohésion territoriale, voir Comité des Régions, *La cohésion territoriale en Europe,* Luxembourg, OPOCE, 2003, 108 p., cité par N. Kada, *Les collectivités territoriales dans l'Union européenne, vers une Europe décentralisée ?*, *op. cit.*, p. 33-35.

52. H. Oberdorff, « La montée en puissance européenne de l'acteur régional », *Territoires 2020,* nº 8, juill. 2003, p. 21, cité par J.-Cl. Eude, « L'implication des régions en matière de gestion des fonds structurels : le cas de la région Centre », *in* N. Lerousseau et J. Rosetto, *Les collectivités territoriales et l'Europe, op. cit.*, p. 120.

53. Voir notamment, P.-Y. Monjal, « Collectivités territoriales françaises et droit de l'Union européenne : quelques remarques sur la portée de la reconnaissance du niveau local par les textes européens », *op. cit.*, p. 351-352.

On constate alors qu'en dépit du respect de l'autonomie institutionnelle des États membres[54], certaines des politiques élaborées par l'Union, intéressant au premier chef les entités infra-étatiques, peuvent parfois inciter les États à revoir leur organisation institutionnelle[55], et à accroître les prérogatives de leurs entités.

Les États y sont encouragés également par des textes adoptés au sein du Conseil de l'Europe, telle la Charte européenne de l'autonomie locale de 1985, élaborée « sur la base d'un projet présenté par la Conférence permanente des pouvoirs locaux et régionaux »[56], et considérée comme « le point culminant de toute une série d'initiatives et de nombreuses années de délibérations au sein du Conseil de l'Europe »[57].

Plusieurs instruments internationaux relatifs aux entités infra-étatiques ont, en effet, été élaborés au sein de cette organisation. On peut citer, outre la Charte de l'autonomie locale[58], la Convention-cadre sur la coopération transfrontalière des collectivités locales de 1980[59], la Charte européenne des langues régionales ou minoritaires de 1992[60] et la Charte urbaine européenne[61]. Ces textes témoignent

54. CJCE, 15 déc. 1971, *International Fruit Company*, aff. jointes 51/71 à 54/71, *Rec.*, p. 1107 ; CJCE, 1er juin 1999, *Klaus Konle*, aff. C-302/97, *Rec.*, p. I-3099, pt 63. L. MALO, *Autonomie locale et Union européenne*, *op. cit.*, p. 349 et s.

55. Sur l'influence du principe du partenariat et des unités territoriales statistiques sur l'organisation institutionnelle des États, voir N. LEROUSSEAU, « Les collectivités territoriales et l'élaboration du droit communautaire », *in* N. LEROUSSEAU et J. ROSETTO, *op. cit.*, p. 44 ; M. BOULET, *Les collectivités territoriales françaises dans le processus d'intégration européenne, op. cit.*, p. 58 (L'auteur souligne le fait que de nombreux États ayant intégré l'UE en 2004 ont revu leur organisation institutionnelle) ; A. ZARDI, « Démocratie locale et régionale en Europe aujourd'hui : le rôle et l'action du Conseil de l'Europe », *in L'autonomie des collectivités territoriales en Europe, une source potentielle de conflits ?*, *op. cit.*, p. 57. Sur les liens entre identité nationale des États membres et la gouvernance, voir S. PLATON, « Le respect de l'identité nationale des États membres : frein ou recomposition de la gouvernance », *Revue de l'Union européenne*, nº 556, mars 2012, p. 150-158.

56. Extraits du rapport explicatif de la Charte, *loc. cit.*

57. *Ibidem.*

58. Voir également le Protocole additionnel à la Charte européenne de l'autonomie locale sur le droit de participer aux affaires des collectivités locales, Utrecht, 16.XI.2009.

59. Disponible à l'adresse : *http://conventions.coe.int/treaty/fr/Treaties/Html/106.htm.*

60. Adoptée le 5 nov. 1992 ; voir notamment, N. KADA, *Les collectivités territoriales dans l'Union européenne, vers une Europe décentralisée ?*, *op. cit.*, p. 53-54.

Cette Charte est disponible à l'adresse : *http://conventions.coe.int/treaty/fr/Treaties/Html/148.htm.*

61. Conseil de l'Europe, *La charte urbaine européenne (Actes du colloque de Sofia des 16-17 mai 2002)*, Strasbourg, éd. du Conseil de l'Europe, 2006, 127 p., cité par N. KADA, *Les collectivités territoriales dans l'Union européenne, vers une Europe décentralisée ?*, *op. cit.*, p. 52-53.

de l'apport normatif des entités infra-étatiques au Conseil de l'Europe[62], au sein duquel une attention particulière leur est accordée en raison de leur contribution à la promotion de la démocratie dans les États membres.

Par ailleurs, au sein de cette même organisation, différentes instances[63] se sont intéressées aux spécificités de certaines entités et ont adopté des résolutions, dans le but de sensibiliser les institutions de l'Union aux particularités de régions, insulaires notamment.

Le Parlement européen y a été particulièrement sensible. En effet, dans une résolution du 16 octobre 1981 sur une charte communautaire des langues et cultures régionales[64] et sur une charte des droits des minorités ethniques[65], cette assemblée a invité les gouvernements nationaux à valoriser les langues et cultures régionales et à conférer aux pouvoirs locaux une responsabilité directe, conformément à la déclaration de Bordeaux du Congrès des pouvoirs locaux et régionaux d'Europe, organe du Conseil de l'Europe.

Les élargissements successifs des Communautés, puis de l'Union européenne, à de nouveaux États membres ont également contribué à la prise en compte des spécificités de certaines entités[66].

62. H. RUIZ FABRI, « Le Conseil de l'Europe et les collectivités infra-étatiques : peut-on parler de libertés locales ? », *op. cit.*, p. 173 à 175.

63. Pour un aperçu de l'ensemble des instances ayant œuvré à la reconnaissance des faits régional et insulaire, voir notamment I. VESTRIS, *Le statut des régions ultrapériphériques de l'Union européenne*, *op. cit.*, p. 144-148.

64. *JOCE* C 287, 9 nov. 1981, p. 106.

65. Voir E. JOS et D. PERROT, *Les départements d'outre-mer et le droit de l'Union européenne : les grands textes,* Paris, La Documentation française, travaux de la CEDECE, 2000, p. 360-362.

66. Sur le rôle de l'adhésion du Royaume-Uni, de l'Espagne et du Portugal s'agissant de la reconnaissance des disparités régionales, voir J. RIDEAU et S. PEREZ, « La place des régions dans le système institutionnel de l'Union européenne », *op. cit.*, p. 9 ; I. VESTRIS, *Le statut des régions ultrapériphériques de l'Union européenne*, *op. cit.*, p. 137-144 et 148-159.

Ce contexte a, par exemple, favorisé l'octroi d'un statut d'intégration différenciée à un groupe déterminé de régions de l'UE, les régions ultrapériphériques (ci-après RUP)[67], en raison d'une combinaison de facteurs structurels défavorables à leur développement[68].

Ce statut, inscrit dans le droit primaire[69], prévoit la possibilité pour le Conseil d'adopter des mesures spécifiques afin de tenir compte des caractéristiques et contraintes particulières de ces régions. Certaines des dispositions de droit dérivé,

67. Sur le statut d'intégration différenciée de ces régions, voir I. VESTRIS, *Le statut des régions ultrapériphériques de l'Union européenne*, *op. cit.*

68. Ces facteurs, à savoir l'éloignement, l'insularité, la faible superficie, le relief et le climat difficiles, la dépendance économique vis-à-vis d'un petit nombre de produits, sont cités à l'article 349 TFUE (TCE, ex- art. 299 § 2). Ils figuraient déjà dans les programmes d'options spécifiques à l'éloignement et à l'insularité des départements d'outre-mer (POSEIDOM), des Canaries (POSEICAN) et de Madère et des Açores (POSEIMA). Ils ont été repris dans la déclaration n° 26 relative aux régions ultrapériphériques, annexée à l'Acte final du traité de Maastricht du 7 février 1992, ainsi qu'à l'article 299 § 2 CE (art. 349 TFUE). Sur la combinaison de facteurs structurels défavorables au développement des RUP, voir I. VESTRIS, *Le statut des régions ultrapériphériques de l'Union européenne*, *op. cit.*, p. 237-278.

69. Voir TFUE, art. 349 et 355 (TCEE, ex-art. 227 § 2, TCE, ex-art. 299 § 2 issu du traité d'Amsterdam) ; voir aussi la déclaration n° 26 relative aux régions ultrapériphériques, annexée à l'Acte final du traité de Maastricht du 7 février 1992, reproduite *in* E. JOS et D. PERROT, *Les départements d'outre-mer et le droit de l'Union européenne : les grands textes*, *op. cit.*, p. 20. Sur la reconnaissance d'un statut d'intégration différenciée spécifique aux RUP dans le droit primaire, voir I. VESTRIS, *Le statut des régions ultrapériphériques de l'Union européenne*, *op. cit.*

adoptées en faveur des RUP, ont pu être étendues à d'autres entités[70]. Le statut de RUP constitue en cela la forme la plus poussée de différenciation de régions intégrées à l'UE[71].

D'autres formes de différenciation, fondées sur les caractéristiques des entités infra-étatiques[72], contribuent à enrichir les droits primaire et dérivé de l'Union.

70. S'agissant de l'extension de dérogations en faveur des RUP aux îles périphériques grecques, voir notamment l'article 29 § 3 du règlement n° 1260/1999 du Conseil portant dispositions générales sur les fonds structurels (*JOCE* L 161, 26 juin 1999, p. 1), modifié par le règlement n° 1447/2001 du Conseil du 28 juin 2001 (*JOCE* L 198, 21 juill. 2001, p. 1), qui prévoit que le plafond de cofinancement de la participation des fonds puisse s'élever à 85 % dans toutes les RUP, et dans les îles périphériques grecques à condition que la Grèce soit couverte par le Fonds de cohésion. Voir aussi les articles 35 § 4 et 53 § 9 du règlement n° 1198/2006 du Conseil du 27 juillet 2006, relatif au Fonds européen pour la pêche (*JOUE* L 223, 15 août 2006, p. 1), qui prévoient, respectivement, une dérogation aux règles d'octroi d'aides à l'investissement aux entreprises dans les domaines de la transformation et de la commercialisation des produits de la pêche et de l'aquaculture dans les îles périphériques grecques et les RUP, et le relèvement du plafond de contribution du fonds dans ces mêmes régions. En ce qui concerne l'extension de dérogations en faveur des RUP aux îles mineures de la mer Égée, voir l'article 1er point 2) du règlement n° 1447/2001 préc. du Conseil du 28 juin 2001 ; il prévoit que, dans le cas d'investissements dans des entreprises, le taux de cofinancement soit de 50 % pour les RUP et les îles mineures de la mer Égée, alors qu'il n'est que de 35 % dans les régions de l'objectif 1, et de 15 % dans les régions de l'objectif 2. Plus généralement, sur l'extension de dispositions adoptées en faveur des RUP à d'autres entités, voir I VESTRIS, *Le statut des régions ultrapériphériques de l'Union européenne*, *op. cit.*, p. 436 et 437.

71. I. VESTRIS, *Le statut des régions ultrapériphériques de l'Union européenne*, *op. cit.*

72. Sur la différenciation territoriale au sein de l'UE, voir la thèse de L. MOUNIER, *Le droit communautaire face à la diversité territoriale – Quelles méthodes de différenciation juridique ?*, Université des Antilles et de la Guyane, 2008, 732 p.

On peut mentionner à ce titre, les normes qui prévoient des dispositions particulières pour certaines entités, en raison de caractéristiques géographiques et économiques; notamment, tel est le cas s'agissant des régions insulaires en général[73]

73. TFUE, art. 174 al. 3 (TCE, ex-art. 158) et 170 § 2 (TCE, ex-art. 154) prévoyant d'accorder une attention particulière aux régions insulaires, notamment, dans le cadre des réseaux transeuropéens et de la politique de cohésion économique, sociale et territoriale. Il est également fait référence aux îles en général dans les règlements portant dispositions générales sur les fonds structurels pour les périodes 1994-1999, 2000-2006 et 2007-2013; ex. : règlement (CE) n° 2081/93 du Conseil du 20 juillet 1993 modifiant le règlement (CEE) n° 2052/88 concernant les missions des Fonds à finalité structurelle, leur efficacité ainsi que la coordination de leurs interventions entre elles et celles de la Banque européenne d'investissement et des autres instruments financiers existants, *JOCE* L 193, 31 juill. 1993, p. 5.

Voir également, le règlement (CE) n° 1260/99 du Conseil portant dispositions générales sur les fonds structurels (*JOCE* L 161, 26 juin 1999, p. 1) faisant référence aux îles en général, dans son 1er cons., et aux îles périphériques grecques à l'art. 29 § 3. Voir aussi, le règlement n° 1447/2001 du Conseil du 28 juin 2001 (*JOCE* L 198, 21 juill. 2001, p. 1) qui modifie le règlement n° 1260/1999 précité en ajoutant le bénéfice de certaines de ses dérogations aux RUP, ainsi qu'aux îles mineures de la mer Égée. Pour la période 2006-2013, règlement (CE) n° 1083/2006 du Conseil du 11 juillet 2006 portant dispositions générales sur le Fonds européen de développement régional, le Fonds social européen et le Fonds de cohésion, et abrogeant le règlement (CE) n° 1260/1999, *JOUE* L 210, du 31 juill. 2006, p. 25, 1er et 15e cons. et art. 3 § 3 et 52. Voir cons. 1, 129 et art. 121 du règlement (UE) n° 1303/2013 du Parlement européen et du Conseil du 17 décembre 2013 portant dispositions communes relatives au Fonds européen de développement régional, au Fonds social européen, au Fonds de cohésion, au Fonds européen agricole pour le développement rural et au Fonds européen pour les affaires maritimes et la pêche relevant du cadre stratégique commun, portant dispositions générales applicables au Fonds européen de développement régional, au Fonds social européen et au Fonds de cohésion, et abrogeant le règlement (CE) n° 1083/2006 du Conseil, *JOUE* L 347, 20 déc. 2013, p. 320; et antérieurement cons. 1er et 93 et art. 111 de la proposition modifiée, COM(2012) 496 final.

D'autres règlements accordent également une attention particulière aux îles, voir à cet égard, l'art. 11 §2, f) du règlement (CEE) n° 1787/84 du Conseil du 19 juin 1984, relatif au Fonds européen de développement régional, (*JOCE* L 169, 28 juin 1984, p. 1), qui faisait référence à la prise en compte du caractère frontalier, insulaire ou périphérique des zones dans l'appréciation par la Commission des programmes nationaux d'intérêt communautaire, les 1er et 9e cons. et l'art. 2 du règlement (CE) n° 1783/99 du Parlement européen et du Conseil du 12 juillet 1999 relatif au Fonds européen de développement régional, (*JOCE* L 213, 13 août 1999, p. 1), les 1er et 13e cons. du règlement n° 1080/2006 du Parlement européen et du Conseil du 5 juillet 2006 relatif au Fonds européen de développement régional et abrogeant le règlement (CE) n° 1783/1999 (*JOUE* L 210, 31 juill. 2006, p. 1). Voir 1er et 10e cons. de la proposition de règlement du PE et du Conseil relatif aux dispositions particulières applicables au FEDER et à l'objectif « Investissement pour la croissance et l'emploi », et abrogeant le règlement 1080/2006, COM(2011) 614 final.

ou de certaines d'entre elles en particulier[74], ou encore des zones de montagne[75].

Si ces normes particulières sont adoptées en raison des caractéristiques géographiques, socio-économiques de certaines entités, et non en raison de leur statut d'entités infra-étatiques, elles ne contribuent pas moins à enrichir le droit de l'UE.

Ainsi, afin de tenir compte des entités infra-étatiques, et notamment de leur diversité, l'Union européenne, organisation d'intégration régionale au vaste champ d'application matériel, intègre, dans ses droits primaire et dérivé, des éléments de différenciation plus étendus que ceux du Conseil de l'Europe, et d'une intensité normative supérieure.

En revanche, dans le cadre de l'Union, la représentation et la participation des entités sont de moindre influence qu'au sein du Conseil de l'Europe[76].

On trouve également quelques références aux îles dans les lignes directrices relatives aux aides à finalité régionale, établies par la Commission afin de guider les États sur les critères de sélection des régions auxquelles ils peuvent octroyer des aides, en application de la dérogation prévue à l'art. 87 § 3 CE (TFUE, art. 107 § 3). Voir les lignes directrices relatives aux aides d'État à finalité régionale (2006/C 54/08) *JOUE* C 54, 4 mars 2006, p. 13 ; (98/C 74/06), *JOCE* C 74, 10 mars 1998, p. 9. Voir Lignes directrices pour la période 2014-2020 adoptées par la Commission le 19 juin 2013, *JOUE* C 209, 23 juill. 2013.

74. Voir par exemple, le règlement n° 1260/1999 préc., art. 29 § 3 et le règlement n° 1198/2006, relatif au Fonds européen pour la pêche, préc., art. 35 § 4, prévoyant des dispositions relatives aux îles périphériques grecques ; ou encore règlement n° 1447/2001 du Conseil du 28 juin 2001 modifiant le règlement (CE) n° 1260/1999, portant dispositions générales sur les fonds structurels, *loc. cit.*, prévoyant des dispositions particulières pour les îles mineures de la mer Égée.

75. TFUE, art. 174 al. 3 préc. Voir, notamment, la directive n° 75/268/CEE du Conseil du 28 avril 1975, sur l'agriculture de montagne et de certaines zones défavorisées, *JOCE* L216 du 14 août 1975, ainsi que le règlement n° 1257/1999 du Conseil du 17 mai 1999 concernant le soutien au développement rural par le Fonds européen d'orientation et de garantie agricole (FEOGA) et modifiant et abrogeant certains règlements, *JOCE* L 160, 26 juin 1999, p. 80. Voir aussi règlement n° 1698/2005 du Conseil, 33e cons. et art. 36, 37, 50. Voir règlement (UE) n° 1303/2013 du Parlement européen et du Conseil du 17 décembre 2013, art. 121, *loc. cit.* Voir également règlement (UE) n° 1305/2013 du 17 décembre 2013 du Parlement européen et du Conseil relatif au soutien au développement rural par le Fonds européen agricole pour le développement rural (FEADER) et abrogeant le règlement (CE) n° 1698/2005, cons. 8, 25, 26 et art. 7, 31, 32, *JOUE* L347, 20 déc. 2013, p. 487.

76. Voir *infra,* II A).

En effet, eu égard à la nature et à l'objet du Conseil de l'Europe, organisation de coopération promouvant la démocratie locale, les instances qui y représentent les entités infra-étatiques participent activement à l'élaboration de textes, conventions et chartes[77], peu contraignants il est vrai[78].

Il semble donc que l'apport des entités infra-étatiques aux systèmes institutionnel et normatif varie en fonction de la nature de l'organisation.

Cet apport est, en tout état de cause, à relativiser.

II. L'influence relative de l'apport institutionnel et normatif des entités infra-étatiques au Conseil de l'Europe et à l'Union européenne

Si la représentation et la participation des entités infra-étatiques au sein du Conseil de l'Europe et de l'UE s'accentuent, l'influence des instances représentatives de ces entités sur l'élaboration de normes n'est que relative (A).

En outre, la différenciation normative, issue de la prise en compte des particularités des entités infra-étatiques au sein du Conseil de l'Europe et de l'Union européenne, semble encore insuffisante. À cet égard, ces entités, du fait de leur appartenance à des États membres de ces organisations régionales, demeurent soumises au respect de certaines normes nuisant, parfois, à leur autonomie (B).

A. Le faible poids des instances représentatives des entités infra-étatiques dans le processus décisionnel au sein de l'UE et du Conseil de l'Europe

La représentation croissante des entités infra-étatiques au sein de l'UE n'a cependant pas significativement contribué à accroître leur influence dans le processus décisionnel de cette organisation.

À titre d'illustration, le poids du Comité des Régions de l'UE ne lui a pas permis d'obtenir l'accroissement espéré de ses pouvoirs et de son influence dans le processus décisionnel de l'UE[79].

---

77. Voir *supra*, I A).

78. Voir *infra*, II A).

79. Sur le rôle mineur du Comité des Régions dans l'élaboration du droit de l'UE, voir notamment J.-M. THOUVENIN, « Collectivités territoriales non étatiques et Union européenne », *op. cit.*, p. 192. Sur la légitimité et les revendications du Comité, voir L. MALO, *Autonomie locale et Union européenne*, *op. cit.*, p. 108 à 116 et 151.

Certaines de ses principales revendications[80] n'ont pas été satisfaites lors de la Convention préparant le traité établissant une Constitution pour l'Europe, puis lors de la révision des traités par le traité de Lisbonne.

Ainsi le vœu du Comité d'être élevé au rang d'institution n'a pas été exaucé. Il a, à cet égard, été avancé que « la composition hétérogène de cet organe »[81], conséquence de l'extrême diversité des entités qui y sont représentées, ne permettait pas qu'il devienne une institution[82].

En outre, le Comité des Régions n'a pas obtenu d'être codécideur dans certains domaines. Il n'a pas plus obtenu que les institutions motivent leur décision, dans les cas où elles ne suivraient pas son avis[83].

De plus, contrairement au souhait de ce Comité, la Charte des droits fondamentaux de l'UE, à laquelle le traité de Lisbonne reconnaît une valeur de droit primaire, ne fait pas mention de la Charte du Conseil de l'Europe relative à l'autonomie locale[84].

Le Comité des Régions, dont l'influence demeure relative, semble quelque peu isolé au sein de l'Union en tant que seul organe représentant les entités infra-étatiques.

Les formes de représentation « indirecte »[85] des entités auprès de la Commission européenne[86] ne leur permettent pas de participer à la prise de décision au sein de l'UE, et ne garantissent qu'imparfaitement la prise en compte de leurs intérêts.

---

80. Sur la question de l'amélioration de la représentativité du Comité des Régions, voir N. LEROUSSEAU, *« Les collectivités territoriales et l'élaboration du droit communautaire », op. cit.*, p. 57. Sur la participation du Comité des Régions aux travaux de la Convention ayant préparé le Traité établissant une Constitution pour l'Europe, et les souhaits exprimés par cet organe, voir Y. COUSQUER, « Collectivités territoriales, Convention sur l'avenir de l'Europe et projet de Constitution », *in L'autonomie des collectivités territoriales en Europe, une source potentielle de conflits ?*, Presses universitaires de Limoges, 2004, p. 49-51.

81. L. TROCSANYI, « La place et le rôle des régions et des communautés dans la construction européenne », *in* N. LEROUSSEAU et J. ROSETTO, *Les collectivités territoriales et l'Europe, op. cit.* p. 37.

82. *Ibidem.*

83. *Ibid.*, p. 38.

84. *Ibid.*, p. 37.

85. P.-Y. MONJAL, *Droit européen des collectivités locales, op. cit.*, p. 83-84.

86. Pour un aperçu de ces formes de représentation, voir P.-Y. MONJAL, *Droit européen des collectivités locales, op. cit.*, p. 81 et s.

À cet égard, et à titre d'exemple, l'existence d'une « unité de coordination des questions relatives aux régions ultrapériphériques » au sein de la DG REGIO de la Commission européenne, et d'un groupe interservices RUP[87], ne constitue pas une forme de représentation ni de participation de ces régions. Il s'agirait plutôt d'un mode d'organisation interne du travail de la Commission visant à accorder une attention particulière à ces entités, dans le cadre d'une approche globale de leurs caractéristiques et contraintes spécifiques; et nullement d'un mode d'association de ces régions à la prise de décision.

La représentation des entités infra-étatiques n'est pas mieux assurée au sein du Parlement européen, car elle dépend des règles électorales des États membres[88], qui favorisent ou non l'élection de représentants de ces entités[89].

La traditionnelle bienveillance du Parlement européen envers les entités infra-étatiques[90] ne leur confère cependant pas un poids significatif dans la prise de décision au sein de l'UE.

On constate alors qu'en dépit des efforts conjoints du Conseil de l'Europe et du Comité des Régions de l'Union européenne, notamment, la représentation des entités infra-étatiques auprès de l'Union demeure encore surtout informelle[91].

87. Cette unité était anciennement dénommée « groupe interservices » ; si ce dernier terme continue d'être employé, notamment par les membres de l'unité RUP, on peut s'interroger sur la réalité de l'existence de ce groupe. Il semble, en effet, n'être plus composé que de certains référents dans les différentes directions générales. Voir à ce sujet la question parlementaire QE nº P-2754/00 posée par M. Paulo Casaca (PSE) à la Commission : Renforcement de l'action du groupe interservices régions ultrapériphériques, *JOCE* C 113 E, 18 avr. 2001, p. 167.

88. P.-Y. MONJAL, *Droit européen des collectivités locales, op. cit.*, 2010, p. 84 et 85. Sur la « représentation des régions » au Parlement européen et l'effet de cette représentation sur le rôle du Parlement en faveur du développement de la politique régionale communautaire, voir N. MOUSSIS, *Les politiques de la Communauté économique européenne, op. cit.*, p. 239.

89. Voir I. VESTRIS, *Le statut des régions ultrapériphériques de l'Union européenne, op. cit.*, p. 518-519.

90. Voir notamment à cet égard, N. MOUSSIS, *Les politiques de la Communauté économique européenne, op. cit.*, p. 239.

91. Cette démarche est encouragée par la Commission européenne qui, dans son *Livre blanc sur la gouvernance européenne* de 2001 *(loc. cit.)*, se montrait disposée à promouvoir un dialogue permanent et systématique avec les associations de collectivités territoriales sur l'élaboration des politiques; voir M.-C. PONTHOREAU, « La question de la participation des collectivités territoriales françaises à l'élaboration nationale du droit communautaire », *op. cit.* ; L. MALO, *Autonomie locale et Union européenne, op. cit.*, p. 47-79. Voir également l'avis du Comité des Régions du 21 nov. 2002 sur le rôle des pouvoirs régionaux et locaux dans la construction européenne, *loc.cit.*, pts 1.39

Cette représentation prend la forme d'un *lobbying*[92], associatif[93] ou individuel[94], et se traduit par une présence permanente sous forme de bureaux situés à Bruxelles[95].

---

et 1.43. S'agissant, plus particulièrement de la représentation des régions bénéficiant du statut spécifique de RUP, voir V. FABRY, « Les DOM en tant que régions ultrapériphériques », *in* M. ELFORT, J.-Y. FABERON, V. GOESEL-LE BIHAN, Th. MICHALON, F. RENO, (dir.), *La loi d'orientation pour l'outre-mer du 13 décembre 2000, op. cit.,* p. 589-592. Sur la nécessité de renforcer la prise en compte des intérêts des RUP par la création d'un « bureau permanent des Outre-mer », voir le rapport d'information n° 519 (2008-2009) de M. Éric DOLIGE, fait au nom de la Mission commune d'information outre-mer, déposé le 7 juill. 2009 au Sénat, *Les DOM, défi pour la République, chance pour la France, 1000 propositions pour fonder l'avenir,* disponible sur le site du Sénat, *http://www.senat.fr/rap/r08-519-1/r08-519-1.html.*

Il est à noter que les RUP françaises disposent, depuis janvier 2013, d'un bureau commun de représentation à Bruxelles.

92. Sur le débat doctrinal relatif à la qualification de *lobbying* des actions des entités infra-étatiques, voir M. BOULET, *Les collectivités territoriales françaises dans le processus d'intégration européenne, op. cit.,* p. 421-425. Pour une présentation de l'activité de *lobbying*, voir B. LECHERBONNIER, *Les lobbies à l'assaut de l'Europe*, Paris, Albin Michel, 2006, 183 p. ; R. BALME et D. CHABANET, *European Governance and Democracy : Power and Protest in the EU,* Lanham, ed. Rowan & Littlefield, 2008, 267 p. ; A. WARNTJEN et A. WONKA (dir.), *Governance in Europe : the Role of Interest Groups*, Baden-Baden, Nomos, 2004, 163 p. ; B. VAYSSIERES, *Groupes de pression en Europe : Europe des citoyens ou des intérêts ?*, Toulouse, ed. Privat, 2002, 125 p ; et J. NONON et M. CLAME, *L'Europe et ses couloirs : lobbying et lobbyistes*, Paris, Dunod, 1991, 268 p., cités par N. KADA, *Les collectivités territoriales dans l'Union européenne, vers une Europe décentralisée ?, op. cit.*, p. 39-40.

93. Voir à cet égard, le rôle joué par le Conseil des communes et régions d'Europe, regroupant de nombreuses communes et régions de 37 États européens différents. Certaines associations françaises regroupant différents niveaux d'entités infra-étatiques jouent également un rôle de représentation, de relais d'information, de veille juridique et d'appui technique, il s'agit de l'Association française du Conseil des communes et régions d'Europe, regroupant plus de 1 500 collectivités territoriales françaises, et de la Maison européenne des pouvoirs locaux français, regroupant des associations de collectivités territoriales. Sur ce point, voir P.-Y. MONJAL, *Droit européen des collectivités locales, op. cit.*, p. 87-90. L'auteur présente également le site Place d'Europe, créé à l'initiative de la France et de la Commission, en association avec le Parlement européen, afin d'aider les élus et cadres territoriaux à mieux appréhender le rôle des entités infra-étatiques au sein de l'UE et à échanger leurs expériences.

94. Il existerait plus de 240 bureaux de représentation individuelle de collectivités à Bruxelles, voir P.-Y. MONJAL, *Droit européen des collectivités locales,* LGDJ, coll. « Systèmes », 2010, p. 91. Dans cet ouvrage (p. 85 à 91) l'auteur qualifie ce *lobbying* de participation péri-institutionnelle. Voir également, J. RIDEAU, « Groupes de pressions et administration dans la Communauté européenne », *Annuaire européen d'Administration publique,* vol. XV, 1992, p. 207.

95. Sur les fonctions de représentation de ces bureaux, voir N. KADA, *Les collectivités territoriales dans l'Union européenne, vers une Europe décentralisée ?, op. cit.*, p. 39-40.

Ce rôle de *lobbying* est, toutefois, sans commune mesure avec les effets positifs que les entités pourraient tirer de l'instauration, dans le droit primaire, de mécanismes prévoyant leur participation au processus décisionnel de l'Union européenne.

Dans l'attente de tels mécanismes, il semble que seuls les États membres puissent pallier ce déficit de participation en accordant à leurs entités certaines prérogatives[96].

À cet égard, la Loi d'orientation pour l'outre-mer[97] envisage une participation des RUP françaises au sein de la délégation française, lors des négociations relatives aux mesures spécifiques prises en application de l'article 299 § 2 CE (devenu 349 TFUE), ainsi que la possibilité, pour les RUP, de demander à l'État de prendre l'initiative de telles négociations[98]. En outre, la même loi prévoit que les assemblées délibérantes des départements et régions d'outre-mer soient consultées sur les propositions d'actes de la Communauté européenne pris en application de l'article 299 § 2 CE (349 TFUE), lorsque ces propositions les concernent, et qu'elles puissent adresser au gouvernement des propositions pour l'application de cet article[99]. Les dispositions de cette loi pourraient être élargies, afin de tenir compte d'un éventuel

96. Telles les possibilités, pour les entités infra-étatiques, de représenter le gouvernement de leur État de rattachement au Conseil de l'UE ou d'être associées à la définition de la position de l'État vis-à-vis des actes de l'UE.

97. Loi n° 2000-1207 du 13 déc. 2000, *JORF* n° 289, 14 déc. 2000, p. 19760.

98. Loi n° 2000-1207 préc., art. 42, et CGCT art. L3441-5 ; les collectivités de Martinique et de Guyane bénéficient des mêmes dispositions : loi n° 2011-884 du 27 juill. 2011 relative aux collectivités territoriales de Guyane et de Martinique (*JORF* n° 173, 28 juill. 2011, p. 12821), CGCT, art. L. 7153-5 et L7253-5. Les mêmes dispositions sont également applicables à Mayotte, loi n° 2010-1487 du 7 déc. 2010, art. 3 (*JORF* n° 284 du 8 déc. 2010, p. 21459).

Pour une critique de la formulation de ces dispositions de la loi n° 2000-1207 dénotant, selon l'auteur, une méconnaissance du droit communautaire ou l'ignorance des processus de décision, voir J. ZILLER, « Les possibilités et les limites constitutionnelles et internationales d'évolutions statutaires », *in* M. ELFORT, J.-Y. FABERON, V. GOESEL-LE BIHAN, Th. MICHALON, F. RENO, (dir.), *La Loi d'orientation pour l'outre-mer du 13 décembre 2000, op. cit.*, p. 90-91. Voir également, dans le même ouvrage, D. PERROT, « Les formes de participation de collectivités ultramarines à l'élaboration d'actes de la Communauté européenne », p. 559-584.

99. Loi n° 2000-1207 préc., art. 44 et 44-II ; CGCT, L. 3444-3 et L4433-3-2 ; les collectivités de Guyane et de Martinique bénéficient des mêmes dispositions, loi n° 2011-884 préc. et CGCT, art. L7152-3 et L7252-3. Les mêmes dispositions sont applicables à Mayotte, loi n° 2010-1487 du 7 déc. 2010 préc., art. 3.

accroissement des pouvoirs des autorités régionales[100]. Cependant, en l'état actuel de la décentralisation en France, il n'est pas envisageable que les RUP françaises et les autres entités infra-étatiques, profitent de la possibilité de représentation de l'État membre au sein du Conseil par « un ministre régional »[101].

Cette possibilité de représentation, encouragée par la Charte de l'autonomie locale, est prévue dans certains États membres de l'UE, notamment les États fédéraux et régionaux qui permettent, fréquemment, à leurs entités d'être représentées au sein du Conseil et, plus généralement, de participer au processus décisionnel de l'UE[102]. On constate alors une corrélation entre la structure de l'État et la participation de ses entités.

Cette corrélation révèle quelque peu les insuffisances de la Charte de l'autonomie du Conseil de l'Europe, tributaire, pour son application, de la structure institutionnelle des États[103].

Ainsi, paradoxalement lorsque les entités infra-étatiques participent activement à l'élaboration d'un texte, par le biais d'instances représentatives – comme ce fut le cas lors de l'adoption de la Charte de l'autonomie locale, présentée par le Congrès des pouvoirs locaux et régionaux – ce texte n'a souvent qu'une faible valeur juridique.

100. J. ZILLER, « Les collectivités des outre-mers de l'Union européenne », *in* J.-Y. FABERON, (dir.), *L'Outre-mer français, la nouvelle donne institutionnelle,* Paris, La Documentation française, 2004, p. 113.

101. L'Allemagne, la Belgique, le Royaume-Uni, l'Autriche autorisent cette représentation à des degrés divers. Voir Ch. ENGEL, « Vers un fédéralisme à plusieurs niveaux ? Une analyse des procédures et pratiques de la participation des régions au processus décisionnel communautaire », *Eipascope 2001/1,* p. 10-20. Voir aussi le projet de rapport de la Commission des affaires constitutionnelles du Parlement européen du 24 oct. 2002 sur le rôle des pouvoirs régionaux et locaux dans la construction européenne, PE 313.415/II.

En Espagne, le statut de certaines Communautés autonomes, telle la Catalogne, peut prévoir la participation de représentants de la Communauté à la délégation espagnole au sein du Conseil, et des organes consultatifs et préparatoires, du Conseil et de la Commission. Les représentants de la Communauté peuvent également exercer la présidence de ces organes. Voir loi organique n° 6/2006 du 19 juillet 2006 de réforme du Statut d'autonomie de Catalogne, art. 187, disponible à l'adresse : *http://www.parlament.cat/porteso/estatut/estatut_frances_100506.pdf.*

102. Pour un aperçu de la participation des entités infra-étatiques à la détermination des positions nationales, voir J. ANDRIANTSIMBAZOVINA, « L'Union européenne, les États membres et les collectivités infra-étatiques : l'interdépendance des niveaux de décision politiques », *op. cit.*, 2004, p. 46.

103. *Ibidem*, p. 45-46.

En revanche, la participation des entités à l'élaboration du droit de l'UE, plus contraignant, est moindre.

La représentation et la participation des entités ne leur permettent donc pas d'influer significativement sur l'élaboration de normes contraignantes au sein du Conseil de l'Europe et de l'UE.

En outre, lorsque la prise en compte des entités conduit à l'élaboration de normes spécifiques ou différenciées, et contribue ainsi à enrichir le droit des organisations, cet apport normatif est limité par plusieurs éléments.

B. Les limites de l'apport normatif des entités infra-étatiques au sein du Conseil de l'Europe et de l'UE

La prise en compte de la diversité des entités infra-étatiques et des caractéristiques particulières de certaines d'entre elles conduisent à l'élaboration de normes différenciées au sein de l'UE et du Conseil de l'Europe[104]. Cette différenciation est, cependant, encadrée[105].

En effet, au sein de l'UE, les adaptations, exceptions ou dérogations[106], auxquelles peuvent prétendre les entités, doivent satisfaire à des conditions. À cet égard, les dérogations doivent être provisoires, contribuer à la réalisation de l'objectif recherché, et ne pas excéder ce qui est strictement nécessaire pour atteindre cet objectif[107].

---

104. Voir *supra* I. B).

105. Sur l'encadrement de la différenciation selon la méthode « communautaire » impliquant la non-permanence des mesures de différenciation, leurs justifications, la participation financière de l'ensemble des États membres, voir Ch. GUILLARD, *L'intégration différenciée dans l'Union européenne,* Bruxelles, Bruylant, 2006, p. 36. Voir aussi J.-V. LOUIS, « Quelques réflexions sur la différenciation dans l'Union européenne », *in* J.-V. LOUIS et Ph. MANIN, *Vers une Europe différenciée ? Possibilité et limite*, Pedone, Études de droit des Communautés européennes, 1996, p. 33-49.

106. Sur la distinction entre adaptation, exception et dérogation, voir notamment I. VESTRIS, *Le statut des régions ultrapériphériques de l'Union européenne, op. cit.*, p. 28-33.

107. S'agissant des conditions auxquelles les dérogations doivent satisfaire selon le droit primaire et la jurisprudence, voir T. CEE, art. 226 ; T. CE, art. 15 (devenu 27 TFUE) ; ainsi que L. DUBOUIS, C. BLUMANN, *Droit matériel de l'Union européenne*, Montchrestien, 5e édition, 2009. p. 301-304. Voir notamment, à cet égard, les arrêts CJCE, 12 juill. 1979, *Commission c/Allemagne*, aff. 153/78, *Rec.*, p. 2555 ; CJCE, 2 mars 1983, *Commission c/Belgique*, aff. 155/82, *Rec.*, p. 531 ; CJCE, 13 janv. 2000, *TK-Heimdienst*, aff. C-254/98, *Rec.*, p. I-151, pt 34 ; CJCE, 2 févr. 1989, *Commission c/Allemagne*, aff. 274/87, *Rec.*, p. 229 ; CJCE, 10 nov. 1982, *Rau*, aff. 261/81, *Rec.*, p. 3961 ; CJCE, 14 juill. 1988, *Glocken*, aff. 407/85, *Rec.*, p. 4233 ; CJCE, 14 juill. 1988, *Smanor*, aff. 298/87, *Rec.*, p. 4489 ;

À titre d'illustration, le statut spécifique des RUP au sein de l'UE permet l'adoption, à leur profit, de mesures d'adaptation, voire de dérogations[108], parfois étendues à d'autres entités[109], et qui sont soumises au respect des conditions précitées[110].

Cet encadrement de la différenciation en faveur des entités infra-étatiques est une expression des obligations inhérentes au rattachement de ces entités à des États membres d'organisations régionales, telles le Conseil de l'Europe et l'UE.

En effet, « les entités infra-étatiques, en tant que composantes des États, doivent respecter les normes issues de l'Union » et sont parfois tenues de les mettre en œuvre[111].

CJCE, 14 déc. 2000, *Commission c/France*, aff. C-55/99, *Rec.*, p. I-11499, pt 29 ; CJCE, 11 déc. 2003, *Deutscher Apothekerverband*, aff. C-322/01, *Rec.*, p. I-14887, pts 79 et 104 ; CJCE, 16 janv. 2003, *Commission c/Espagne*, aff. C-12/00, *Rec.*, p. I-459, pt 83 ; CJCE, 16 janv. 2003, *Commission c/Italie*, aff. C-14/00, *Rec.*, p. I-513, pt 78. Pour une analyse du droit commun de la différenciation au sein de l'UE et des conditions des dérogations, voir I. VESTRIS, *Le statut des régions ultrapériphériques de l'Union européenne*, *op. cit.*, p. 450-473.

108. Sur les dérogations adoptées en faveur des RUP au sein de l'UE, voir I. VESTRIS, *Le statut des régions ultrapériphériques de l'Union européenne*, *op. cit.*, p. 432-450.

109. Sur l'extension de certaines dérogations, adoptées en faveur des RUP, à d'autres entités, voir I. VESTRIS, *Le statut des régions ultrapériphériques de l'Union européenne*, *op. cit.*, p. 436-437. Voir également *supra* I. B).

110. I. VESTRIS, *Le statut des régions ultrapériphériques de l'Union européenne*, *op. cit.*, p. 450 et s.

111. N. LEROUSSEAU, *Les collectivités territoriales et l'élaboration du droit communautaire*, *op. cit.*, p. 46. L'auteur fait référence à l'arrêt CJCE, 22 juin 1989, *Fratelli Costanzo*, *Rec.*, p. 1839, dans lequel la Cour a estimé que les collectivités décentralisées, telles les communes, sont tenues de faire application des dispositions d'une directive claires, suffisamment précises et inconditionnelles, alors même que la directive n'a pas été transposée en droit interne.

Voir aussi, notamment, P.-Y. MONJAL, « Collectivités territoriales françaises et droit de l'Union européenne : quelques remarques sur la portée de la reconnaissance du niveau local par les textes européens », *op. cit*, p. 352. L'auteur cite, outre l'arrêt *Fratelli Costanzo* préc., les arrêts de la CJCE des 9 mars 1978, *Simmenthal*, aff. 107/77, *Rec.*, p. 629 ; 10 mars 1987, *Commission c/Italie*, aff. C-199/85, *Rec.*, p. 1039 ; 18 nov. 1999 *Teckal*, aff. C-107/98, *Rec.*, p. I-8121 ; 4 juill. 2000, *Haïm*, aff. C-424/97, *Rec.*, p. I-5148. Pour des exemples d'affaires relatives à des manquements de collectivités infra-étatiques au droit de l'UE, qui leur sont strictement imputables ou qui sont imputables à l'État, voir le même article, p. 354-357, et notamment, l'arrêt CJCE, 16 juin 1985, *P. Steinhauser c/Ville de Biarritz*, aff. 197/84, *Rec.*, p. 1819. Voir également, du même auteur, « Le droit communautaire applicable aux collectivités territoriales, les nouveaux enjeux », *op. cit.*, p. 47-80. Voir également, L. MALO, *Autonomie locale et Union européenne*, *op. cit.*, p. 493 et s. ; A. RIGAUX, « La soumission des collectivités infra-étatiques des États membres aux exigences du droit de l'Union européenne », *in* L. POTVIN-SOLIS (dir.), *Les effets du droit de l'Union européenne sur les compétences des collectivités territoriales*, GRALE, L'Harmattan, 2013, p. 21-55.

On voit ainsi dans quelles mesures l'apport normatif des entités au droit de l'Union est encadré, d'une part, et contrebalancé par leurs obligations vis-à-vis de cette organisation, d'autre part.

Ces dernières sont nombreuses et peuvent engendrer une limitation de leurs compétences et de leur autonomie.

En effet, de nombreux domaines ont été transférés par les États membres à l'UE[112], les entités ne peuvent donc obtenir de leur État des compétences dans de tels domaines[113].

De plus, lorsque les entités obtiennent des compétences dans certaines matières, elles doivent avoir les moyens d'appliquer et de respecter le droit des organisations régionales, notamment celui de l'UE.

La diversité des entités, leur grand nombre[114], et l'accroissement de leurs compétences augmentent, toutefois, les risques de violation du droit de l'UE[115].

---

112. Sur la répartition des compétences entre l'UE et les États membres, voir TFUE, art. 2 à 6 ; TUE, art. 4 et 5, Voir notamment, J.-L. SAURON, *La Constitution européenne expliquée,* Gualino éditeur, Paris, 2004, p. 82-95.

113. Sur la relativité de l'autonomie normative des entités infra-étatiques, voir P.-Y. MONJAL, « Le droit communautaire applicable aux collectivités territoriales, les nouveaux enjeux », *op. cit.,* p. 77-78.

114. Elles seraient 92 059 dans l'Union à 27 ; voir *L'Europe locale et régionale, chiffres clés 2009/2010*, publication du Conseil des communes et régions d'Europe et du groupe Dexia, citée par R. ALLEMAND (dir.), *Les effets du droit de l'Union européenne sur les collectivités territoriales, approches comparées,* L'Harmattan, coll. « GRALE », 2012, p. 16.

115. Conseil d'État, *Collectivités territoriales et obligations communautaires*, La Documentation française, coll. « Les Études du Conseil d'État », 2004, p. 19-21.

Ces risques sont manifestes dans de nombreux domaines[116], tels les marchés publics[117], l'eau[118], l'énergie[119], les aides publiques aux entreprises[120], la gestion des fonds structurels[121].

---

116. Conseil d'État, *Collectivités territoriales et obligations communautaires*, *op. cit.*, p. 40-53.

117. F. DURAND, *Les collectivités territoriales et l'Europe : la place des autorités locales et régionales dans la construction européenne, op. cit.*, p. 354-381. Voir également, les effets des directives « marchés publics », *in* R. ALLEMAND (dir.), *Les effets du droit de l'Union européenne sur les collectivités territoriales, approches comparées, op. cit.*, p. 109-149 ; P.-Y. MONJAL, « Le droit communautaire applicable aux collectivités territoriales, les nouveaux enjeux », *op. cit.*, p. 110-124 ; L. MALO, *Autonomie locale et Union européenne*, *op. cit.*, p. 558-573 ; P. CAILLE, « L'effet du droit de l'Union européenne sur la passation des marchés publics par les collectivités territoriales », *in* L. POTVIN-SOLIS (dir.), *Les effets du droit de l'Union européenne sur les compétences des collectivités territoriales, op. cit.*, p. 307-326.

118. Voir les effets du droit de l'Union européenne sur les politiques publiques de l'eau, *in* R. ALLEMAND (dir.), *Les effets du droit de l'Union européenne sur les collectivités territoriales, approches comparées, op. cit.*, p. 157-244. Voir également le rapport de G. MARCOU et J.-F. AKANDJI-KOMBÉ, *La Charte européenne de l'autonomie locale et l'impact du droit communautaire sur les collectivités locales des États membres, op. cit.*, p. 14.

119. Voir les effets de la libéralisation du secteur de l'énergie, *in* R. ALLEMAND (dir.), *Les effets du droit de l'Union européenne sur les collectivités territoriales, approches comparées, op. cit.*, p. 245-324. Voir également, le rapport précité de G. MARCOU et J.-F. AKANDJI-KOMBÉ, p. 15.

120. Voir notamment, P.-Y. MONJAL, « Le droit communautaire applicable aux collectivités territoriales, les nouveaux enjeux », *op. cit.*, p. 96-110. Voir aussi, L. MALO, *Autonomie locale et Union européenne*, *op. cit.*, p. 594-606 ; G. GODIVEAU, « Les collectivités territoriales face au droit européen des aides d'État : des sujets par procuration en voie d'émancipation », *in* L. POTVIN-SOLIS (dir.), *Les effets du droit de l'Union européenne sur les compétences des collectivités territoriales, op. cit.*, p. 215-274.

121. J.-C. EUDE, « L'implication des régions en matière de gestion des fonds structurels : le cas de la région Centre », *in* N. LEROUSSEAU et J. ROSETTO, *Les collectivités territoriales et l'Europe, op. cit.*, p. 119-128. Voir également, « L'impact des fonds structurels sur les collectivités territoriales », chapitre I, *in* R. ALLEMAND (dir.), *Les effets du droit de l'Union européenne sur les collectivités territoriales, approches comparées, op. cit.*, p. 21-107 ; P.-Y. MONJAL, « Le droit communautaire applicable aux collectivités territoriales, les nouveaux enjeux », *op. cit.*, p. 83-95 ; Cl. BARTHÉLEMY, « Les compétences régionales et la gestion des fonds structurels : les enseignements et l'expérimentation alsacienne », *in* L. POTVIN-SOLIS (dir.), *Les effets du droit de l'Union européenne sur les compétences des collectivités territoriales, op. cit.*, p. 433-446.

Les États membres, dont le manquement peut être constaté du fait de violation d'une norme de l'UE par leurs entités infra-étatiques[122], peuvent ainsi être tentés de limiter les compétences de ces entités ou de les contrôler plus strictement, afin de se prémunir contre d'éventuelles sanctions, résultant de l'inapplication du droit de l'UE[123].

On voit alors poindre un risque de recentralisation au sein de l'État, et une perte d'autonomie de ces entités[124].

Une illustration est donnée par le projet de loi relatif aux Collectivités de Martinique et de Guyane qui prévoyait le renforcement du pouvoir de substitution du préfet, en cas de carence d'une collectivité territoriale qui négligerait de prendre une mesure nécessaire au respect des engagements européens de la France[125].

Le pouvoir central a tenté de justifier cette disposition du projet de loi, décriée par la classe politique outre-mer, en alléguant les problèmes suscités par le traitement des déchets[126] en Guadeloupe et en Guyane, notamment, et les sanctions encourues par la France du fait de la carence de ces autorités locales[127].

---

122. Voir notamment, CJCE, 13 déc. 1991, *Commission c/Italie*, aff. C-33/90, *Rec.*, p. I-6001, cité par J.-M. THOUVENIN, « Collectivités territoriales non étatiques et Union européenne », *op. cit.*, p. 189. Voir aussi, sur la réparation, par les entités infra-étatiques des dommages causés aux particuliers en cas de violation d'une norme de l'UE, P.-Y. MONJAL, « Le droit communautaire applicable aux collectivités territoriales, les nouveaux enjeux », *op. cit*, p. 49-56.

123. S'agissant de l'accroissement de la responsabilité des collectivités françaises en cas de violation des normes de l'UE, organisé par le Législateur français, voir P.-Y. MONJAL, « Le droit communautaire applicable aux collectivités territoriales, les nouveaux enjeux », *op. cit.*, p. 53-54. Voir aussi R. ALLEMAND (dir.), *Les effets du droit de l'Union européenne sur les collectivités territoriales, approches comparées, op. cit.*, p. 15-16.

124. Conseil d'État, *Collectivités territoriales et obligations communautaires, op. cit.*, p. 76. Voir notamment, L. MALO, *Autonomie locale et Union européenne, op. cit.*, p. 509-510.

125. Projet de loi relatif aux collectivités de Martinique et de Guyane, texte n° 265 enregistré à la présidence du Sénat le 26 janvier 2011, art. 9 ; dossier législatif disponible : *http://www.senat.fr/dossier-legislatif/pjl10-265.html.*

126. Sur la question des obligations des entités infra-étatiques au regard des directives relatives à la gestion des déchets, voir R. ALLEMAND (dir.), *Les effets du droit de l'Union européenne sur les collectivités territoriales, approches comparées, op. cit.*, p. 325-394.

127. Sur les critiques, protestations, et tentatives de justifications de cette disposition, voir *Rapport d'information n° 410 (2010-2011)* de MM. Ch. COINTAT et B. FRIMAT, fait au nom de la commission des lois, déposé le 6 avr. 2011. Sur l'encadrement de ce pouvoir de substitution, voir *Rapport n° 3554 et 3555* fait au nom de la commission des lois constitutionnelles, de la législation et de l'administration générale, par M. Ph. GOSSELIN, enregistré à la présidence le 22 juin 2011.

On voit ainsi comment l'obligation de respecter le droit de l'UE peut éventuellement servir à justifier l'abaissement des pouvoirs des entités infra-étatiques[128], et avoir des incidences sur l'autonomie[129].

Cette autonomie est pourtant protégée par la Charte de l'autonomie locale, adoptée dans le cadre du Conseil de l'Europe, à laquelle tous les États membres de l'UE ont adhéré.

L'autonomie locale est définie, dans cette Charte, comme le « droit et la capacité effective pour les collectivités locales de régler et de gérer, dans le cadre de la loi, sous leur propre responsabilité et au profit de leurs populations, une part importante des affaires publiques »[130].

Il semble toutefois que

> « les États [...] aient accordé une attention insuffisante aux répercussions des politiques et des normes communautaires sur l'autonomie locale, c'est-à-dire sur les engagements qu'ils ont pris en ratifiant la Charte [...]. [Alors que], selon le Comité des Régions, 50 % des actes législatifs de l'Union européenne affectent les collectivités locales »[131].

Ainsi, bien qu'en vertu de l'article 4 § 2 du Traité sur l'UE, « L'Union [...] respecte l'identité nationale [des États membres] inhérente à leurs structures fondamentales politiques et constitutionnelles, y compris en ce qui concerne l'auto-

128. X. VOLMERANGE, *Le fédéralisme européen et l'intégration européenne,* Paris, L'Harmattan, 1995 ; R. VUILLERMOZ, *La Belgique, l'Espagne et l'Italie face à l'intégration européenne, quelle adaptation des rapports entre l'État et ses collectivités régionales ?*, Bruxelles, Bruylant, 2003 ; cités par J. ANDRIANTSIMBAZOVINA, « L'Union européenne, les États membres et les collectivités infra-étatiques : l'interdépendance des niveaux de décision politiques », *op. cit.*, p. 38.

129. H. RUIZ FABRI, « Le Conseil de l'Europe et les collectivités infra-étatiques : peut-on parler de libertés locales ? », *op. cit.*, p. 181-183.

130. Charte de l'autonomie locale préc., art. 3 § 1.

131. G. MARCOU et J.-F. AKANDJI-KOMBÉ, *La Charte européenne de l'autonomie locale et l'impact du droit communautaire sur les collectivités locales des États membres*, rapport préc., p. 7.

nomie locale et régionale […] »[132], les caractères de l'ordre juridique de l'UE[133], notamment la primauté, qui impose que toutes les autorités des États membres[134] respectent le droit de l'UE, relativisent l'autonomie des entités infra-étatiques[135].

De plus, la Charte prévoit une exception à l'autonomie des entités infra-étatiques de l'UE. Alors qu'en principe, les compétences des entités ne peuvent être limitées par aucune autre autorité[136], il est admis que les règlements, adoptés dans le cadre de l'UE, puissent « stipuler l'application d'une mesure spécifique à un niveau donné d'administration »[137].

L'application du droit de l'UE influe, en outre, considérablement sur les ressources financières des entités, élément déterminant de leur autonomie[138].

L'ensemble de ces considérations démontre que l'UE peut parfois limiter la liberté d'action des entités infra-étatiques des États membres, alors même qu'elle se veut relativement respectueuse de cette autonomic, comme en témoigne la jurisprudence de la Cour de justice de l'UE[139].

Cette dernière a, en effet, eu l'occasion de se prononcer sur la notion d'autonomie, et d'apprécier la réalité de l'autonomie des entités infra-étatiques, lors de litiges relatifs aux soutiens accordés par les autorités régionales à des entreprises[140].

---

132. *Ibidem*, p. 17.

133. Immédiateté, applicabilité directe, primauté. Sur ces caractères, voir CJCE, 5 févr. 1963, *Van Gend en Loos*, aff. 26/62, *Rec.*, p. 1 ; CJCE, 15 juillet 1964, *Costa c/Enel*, aff. 6/64, *Rec.*, p. 1141.

134. CJCE, 14 juill. 1994, *Faccini Dori*, aff. C-91/92, *Rec.*, p. I-3325. Voir aussi CJCE, 10 avr. 1984, *Von Colson*, aff. 14/83, *Rec.*, p. 1891 et CJCE, 9 mars 1978, *Simmenthal*, aff. 106/77, *Rec.*, p. 629.

135. G. MARCOU et J.-F. AKANDJI-KOMBÉ, Rapport préc., p. 8. Voir *supra*.

136. Charte de l'autonomie locale préc., art. 3 § 4.

137. Voir le Rapport explicatif de la Charte citant le § 1 de l'art. 4 de la Charte ; G. MARCOU et J.-F. AKANDJI-KOMBÉ, Rapport préc., p. 13.

138. *Ibidem.*, p. 8.

139. N. CHARBIT, « Aides d'État : le caractère sélectif d'une mesure d'aide sous forme de réduction d'impôt des sociétés peut être évalué au niveau régional », *AJDA*, n° 31, 2006, p. 1701 ; E. BROUSSY, F. DONNAT, Ch. LAMBERT, « Aides d'État », *AJDA*, 2006, p. 2280. Sur la rigueur de la conception de la Cour, voir L. DUBOUIS, « Les outre-mers dans la jurisprudence de la Cour de justice des Communautés européennes », *in* L. TESOKA et J. ZILLER, *Union européenne et outre-mers, unis dans leur diversité*, actes du colloque de Florence, 12-13 avr. 2007, PU Aix-Marseille, 2008, p. 203.

140. G. MARCOU et J.-F. AKANDJI-KOMBÉ, Rapport précité, p. 10 ; L. MALO, *Autonomie locale et Union européenne*, *op. cit.*, p. 543-555. Voir aussi, I. VESTRIS, *Le statut des régions ultrapériphériques de l'Union européenne*, *op. cit.*, p. 396-405, ainsi que la jurisprudence citée, à savoir CJCE, 6 sept. 2006, *Portugal c/Commission*, aff. 88/03, *Rec.*, p. I-7115, pt 57. Voir également,

Afin de déterminer si de tels soutiens sont des aides illégales, la Cour accepte d'apprécier s'ils avantagent certaines entreprises ou productions, en se référant au territoire de l'entité infra-étatique, et non à l'ensemble du territoire national, à certaines conditions toutefois.

Elle reconnaît l'hypothèse où une entité infra-étatique serait suffisamment autonome par rapport au gouvernement central pour définir sa propre politique économique, mais uniquement à condition que cette autonomie soit réelle.

Selon la Cour, l'autonomie implique que l'entité soit dotée d'un statut politique et administratif distinct de celui du gouvernement central reconnu au niveau constitutionnel, que le gouvernement central n'ait pu intervenir dans la définition de la mesure d'aide, et que la perte de ressources résultant de la mesure ne soit pas compensée par des concours ou subventions provenant d'autres régions de l'État ou du gouvernement central[141].

Les mesures en cause, dans les affaires soumises à la Cour, ne résistent toutefois pas à cette analyse. La CJUE ne reconnaît généralement pas que les entités disposent d'une autonomie réelle.

CJCE, 11 sept. 2008, *Uniòn General de Trabajadores de La Rioja c/Juntas Generales del Territorio Historico de Vizcaya,* aff. jointes C-428/06 à C-434/06, *Rec.*, p. I-6747 ; TPICE, 18 décembre 2008, *Government of Gibraltar c/Commission*, aff. T-211/04 et T-215/04, *Rec.*, p. II-3745, pts 80 à 116, dans lequel le TPICE se prononce notamment sur l'existence d'autres conditions afin de considérer le territoire de l'entité infra-étatique comme cadre pertinent d'appréciation de la sélectivité de l'aide (pts 87 et 88). Voir, en outre, les points 100 à 108 des conclusions de l'avocat général dans l'affaire *Mark Horvath c/Secretary of State for Environment, Food and Rural Affairs*, aff. C-428/07, s'agissant de la transposition du raisonnement de la Cour en matière de sélectivité des aides d'État à des réglementations différentes adoptées par des autorités infra-étatiques d'un même État membre, disposant de compétences réglementaires propres en vertu de dispositions constitutionnelles, afin d'appliquer un règlement communautaire, *Rec.*, p. I-6355. Voir aussi les conclusions de l'avocat général dans l'affaire C-169/08, *Presidente del Consiglio dei Ministri contre Regione Sardegna, Rec.*, p. I-10821, pts 130 à 135.

141. CJCE, 6 sept. 2006, *Portugal c/Commission*, préc., pt 67 Voir également CJCE, 11 sept. 2008, *Uniòn Generalde Trabajadores de La Rioja c/Juntas Genrales del Territorio Historico de Vizcaya,* préc., pt 60.

Ce contentieux, soulevé par l'application du droit de l'UE par les entités infra-étatiques, a donné à la Cour l'occasion de se prononcer sur la notion d'autonomie et a ainsi contribué à enrichir le droit de l'UE ; il a ravivé, en outre, la question de l'accès de ces entités au prétoire de la Cour en qualité de requérants privilégiés[142].

***
*

L'ensemble des considérations précédentes incline à penser que « les implications des normes de l'UE sur l'autonomie des collectivités locales devraient être [mieux] prises en compte, en vertu de la Charte de l'autonomie locale »[143], notamment.

MM. Gérard Marcou et Jean-François Akandji-Kombé ont formulé des propositions en ce sens. Ils suggèrent, d'une part, d'évaluer les implications des obligations résultant du droit de l'UE pour les entités infra-étatiques, et, d'autre part, d'assurer le suivi de l'application de la Charte de l'autonomie locale par les États membres de l'UE, dans le cadre de la mise en œuvre du droit de l'Union[144].

Ils préconisent également l'élaboration d'un rapport annuel ou biennal sur l'impact des obligations du droit de l'UE sur les entités infra-étatiques, ainsi que l'adoption d'un protocole « prévoyant une procédure d'évaluation des propositions d'actes de l'UE au regard [de l'autonomie] »[145].

Dans l'attente de tels mécanismes, les entités infra-étatiques ont d'ores et déjà la possibilité de recourir à de nouveaux outils, leur permettant d'exploiter au mieux les limites des règles de principe en matière de concurrence. Les entités peuvent recourir, à ce titre, aux partenariats publics/privés[146], par le biais desquels elles confient à une entreprise privée la réalisation et la gestion d'un équipement destiné à assurer un service public. Elles peuvent également attribuer des marchés publics

142. Voir M. Boulet, *Les collectivités territoriales françaises dans le processus d'intégration européenne, op. cit.*, p. 441-511 ; L. Malo, *Autonomie locale et Union européenne, op. cit.*, p. 447-485 ; A. Noureau, « Les collectivités territoriales armées pour la défense de leurs compétences devant la Cour de Justice de l'Union européenne », *in* L. Potvin-Solis (dir.), *Les effets du droit de l'Union européenne sur les compétences des collectivités territoriales, op. cit.*, p. 121-146.

143. G. Marcou et J.-F. Akandji-Kombé, Rapport préc. p. 15.

144. *Ibidem*, p. 9, 29 et 30.

145. Règlements et directives de l'UE, notamment.

146. P.-Y. Monjal, *Droit européen des collectivités locales, op. cit.*, p. 174-178.

à une personne morale qui constitue leur prolongement[147], en vertu du partenariat intégré, ou octroyer des compensations de service public à des entreprises chargées d'un service d'intérêt économique général, à certaines conditions toutefois[148].

Le recours à ces instruments exige, cependant, une parfaite connaissance et maîtrise du droit de l'UE par les entités infra-étatiques[149].

Il appartient donc à ces dernières, à leurs États de rattachement, ainsi qu'aux organisations européennes régionales, de continuer à œuvrer pour une meilleure participation de ces entités à l'élaboration de normes, dont elles doivent ultérieurement assurer le respect.

---

147. Il s'agit des « contrats *in house* ». Voir, à ce sujet, CJCE, *Teckal*, aff. C-107/98, préc. ; F. Kauff-Gazin, Comm. n° 28, *Europe*, janv. 2000, p. 22 ; B. Brenet, « Groupement d'achats public et droit communautaire », *AJDA*, 2000, p. 784-786 ; P.-Y. Monjal, *Droit européen des collectivités locales, op. cit.*, p. 179.

148. Voir CJCE, 24 juillet 2003, *Altmark Trans GmbH*, aff. C-280/00, *Rec.*, P. I-7747, précisé par la décision de la Commission, n° 2005/842 du 28 nov. 2005, concernant l'application de l'article 86 § 2 du traité CE aux aides d'État sous forme de compensation de service public octroyées à certaines entreprises chargées de la gestion d'un service d'intérêt économique général (*JOUE* L312, 29 nov. 2005, p. 67) remplacée par la décision du 20 déc. 2011, relative à l'application de l'article 106 § 2 du traité sur le fonctionnement de l'Union européenne aux aides d'État sous forme de compensations de service public octroyées à certaines entreprises chargées de la gestion de services d'intérêt économique général (*JOUE* L7, 11 janv. 2012, p. 3) ; P.-Y. Monjal, *Droit européen des collectivités locales, op. cit.* p. 173-196.

149. Sur une éventuelle obligation d'alerte et de conseil de la part des services de l'État vis-à-vis des collectivités infra-étatiques, voir P.-Y. Monjal, « Collectivités territoriales françaises et droit de l'Union européenne : quelques remarques sur la portée de la reconnaissance du niveau local par les textes européens », *Revue du Droit de l'Union européenne*, 3/2011, p. 357-358. Voir aussi, sur la nécessité d'une veille juridique, P.-Y. Monjal, « Le droit communautaire applicable aux collectivités territoriales, les nouveaux enjeux », *op. cit.*, p. 79.

6. L'IMPLICATION DES ENTITÉS INFRA-ÉTATIQUES DANS LES PROCESSUS D'INTÉGRATION RÉGIONALE EN AFRIQUE DE L'OUEST

par

Mamane TAHIROU

Conseiller juridique, Responsable de la Cellule décentralisation et de la Coopération transfrontalière, Autorité de développement intégré de la Région du Liptako-Gourma (ALG)

L'accélération du processus d'intégration régionale est aujourd'hui au centre des préoccupations des organismes d'intégration régionale et sous-régionale d'Afrique de l'Ouest. Si des progrès institutionnels ont été réalisés, le constat est fait que l'intégration telle qu'elle a été conçue n'a donné que des résultats mitigés en raison de contraintes d'ordre politique, socio-économique et juridique et surtout du fait de la non-implication des populations à la base. Il existe donc un « chaînon manquant » dans les politiques de promotion et de mise en œuvre de l'intégration régionale, notamment une base populaire.

Le défi que les organisations d'intégration régionale et sous-régionale doivent relever est de sortir l'intégration de la technostructure et de la bureaucratie et pour ce faire, il importe plus que jamais d'inverser la tendance en initiant une intégration *avec* et non pas seulement *pour* les populations. La Commission économique des Nations Unies pour l'Afrique (CEA) dans son rapport sur l'état de l'intégration régionale en Afrique publié en 2004 souligne : « C'est en fonction de son aptitude à exploiter l'ingéniosité, le potentiel et l'énergie de toutes les couches de la population, que l'Afrique réussira son intégration... »[1]. C'est dire qu'il est unanimement admis que l'intégration régionale n'est pas seulement l'affaire des décideurs politiques et des appareils administratifs.

En vue de donner un nouvel élan aux processus d'intégration[2], la conviction que l'approche locale de l'intégration régionale pourrait utilement compléter celle qui consiste à emprunter le canal supranational est aujourd'hui largement partagée. Si les arguments politiques[3] et économiques[4] continuent de dominer les processus d'intégration, on constate que la dimension territoriale est également au centre des préoccupations des organisations d'intégration.

À la faveur de la démocratisation qui a touché l'ensemble des pays du continent africain dans les années 1990, il s'est ensuivi particulièrement dans les pays francophones d'Afrique de l'Ouest, des mouvements de réforme de l'administration territoriale avec comme point focal la décentralisation qui consacre les collectivités territoriales comme acteurs du développement local[5]. La décentralisation est vue comme une opportunité pour faire jouer un rôle aux collectivités territoriales dans les processus d'intégration. C'est ainsi qu'au regard des compétences que les textes législatifs et réglementaires nationaux leur accordent[6], certaines organisations

1. Commission économique pour l'Afrique, *Rapport sur l'état de l'intégration régionale en Afrique*, 2004.

2. Les processus d'intégration visés concernent la région Afrique de l'Ouest qui est considérée comme la plus avancée comparativement aux autres régions du continent, notamment l'Afrique Centrale, l'Afrique de l'Est et l'Afrique du Nord.

3. Dès la création de l'OUA en 1963, l'approche politique est privilégiée, car l'objectif clairement affiché est l'unité du continent. Elle trouve une nouvelle vigueur dans l'Acte constitutif de l'UA ; le premier objectif énuméré à son article 3 est de réaliser une plus grande unité et solidarité entre les pays africains et entre les peuples d'Afrique (texte disponible : *www.au.int/en/sites/default/files/Constitutive%20act%20French-1.pdf*).

4. En Afrique, l'intégration doit préparer l'insertion dans l'économie mondiale, créer un grand marché et un système productif s'appuyant sur des complémentarités de production.

5. Le processus de décentralisation ne connaît pas la même fortune sur l'ensemble du continent. En Afrique de l'Ouest, la décentralisation est plus poussée que dans les autres régions du continent comme l'Afrique centrale, l'Afrique du Nord. De même, les différents pays engagés dans le processus, ne connaissent pas les mêmes modalités de décentralisation : tandis que certains ne connaissent que deux niveaux, notamment les régions et les communes, d'autres n'en ont consacré qu'un seul : les communes.

6. À la lecture des dispositions combinées des textes régissant la décentralisation au Burkina Faso, au Niger et au Sénégal, les collectivités territoriales concourent avec l'État à l'administration et l'aménagement du territoire, au développement économique, social et culturel ainsi qu'à la protection de l'environnement, à la mise en valeur des ressources naturelles et à l'amélioration du cadre de vie.

d'intégration régionale et de coopération, pour des objectifs propres à chacune, ont reconnu la nécessité de donner toute leur place à ces entités dans la dynamique de la construction de l'intégration régionale. À l'analyse d'un certain nombre d'instruments juridiques adoptés dans le cadre de certaines organisations africaines d'intégration, notamment au niveau continental dans le cadre de l'Union africaine (UA), au niveau régional dans le cadre de certaines communautés économiques régionales (CER) et au niveau sous-régional, on remarque un réel intérêt pour les acteurs infra-étatiques et une volonté affichée de les impliquer dans les processus d'intégration. Toutefois, il y a lieu de souligner qu'aucune préférence n'est clairement affichée par les organisations d'intégration quant au niveau à prendre en compte, c'est-à-dire entre les premiers niveaux que sont les régions et les autres, notamment les communes.

Comment les organisations de coopération et d'intégration ouest-africaines rendent-elles ou comptent-elles rendre opérationnelle la participation des entités infra-étatiques dans les processus d'intégration ? Les modalités d'implication adoptées permettent-elles leur pleine association dans la réflexion, l'élaboration et la mise en œuvre des politiques et projets et programmes qui déterminent leur environnement ? Les dispositifs mis en œuvre en faveur des entités infra-étatiques dans ces organisations peuvent-ils réellement contribuer à leur développement ?

Dans le cadre de cette communication seront traités les exemples de deux organisations d'intégration régionale ouest-africaines, la Communauté économique des États de l'Afrique de l'Ouest (CEDEAO) et l'Union économique et monétaire ouest-africaine (UEMOA) et celui d'une organisation de coopération, l'Autorité de développement intégré de la région du Liptako-Gourma (ALG).

Tandis que la CEDEAO et l'ALG ont opté pour la promotion de la coopération transfrontalière d'initiatives locales, l'UEMOA a opté pour l'institutionnalisation d'une représentation politique des autorités infra-étatiques.

Dans une première partie, il est traité de l'implication des entités infra-étatiques par la promotion de la coopération transfrontalière d'initiatives locales (I) et dans une deuxième partie de l'institutionnalisation d'une représentation politique des collectivités territoriales au sein de l'UEMOA (II).

I. L'implication des entités infra-étatiques par la promotion de la coopération transfrontalière d'initiatives locales

La coopération transfrontalière est inscrite dans l'agenda de certaines organisations d'intégration régionale et de coopération en Afrique de l'Ouest afin d'assurer une pleine implication des collectivités locales/territoriales. Les développements porteront sur l'exemple d'une organisation d'intégration : la CEDEAO (A) ; et d'une organisation de coopération : l'ALG (B).

A. Dans le cadre des organisations d'intégration régionale : le cas de la CEDEAO

Le schéma de la prise en compte des entités infra-étatiques dans le processus d'intégration au sein de la CEDEAO a pour base l'adoption du concept de « pays-frontière » (2) et ensuite l'élaboration d'un Programme d'initiatives transfrontalières (3). Avant d'aborder ces deux points, il convient de présenter succinctement les objectifs de la CEDEAO (1).

1. Présentation succincte des objectifs de la CEDEAO

La CEDEAO[7] a été créée par un traité signé le 28 mai 1975 à Lagos (République fédérale du Nigéria) et révisé le 24 juillet 1993 à Cotonou (Bénin). Aux termes de ce traité révisé, la CEDEAO se fixe comme buts de réaliser l'intégration entre les pays d'Afrique de l'Ouest, en priorité sur le plan économique, mais également dans les autres domaines de la vie sociale, afin de parvenir à un plus grand développement, pour le bien des populations. Dans ce sens, le paragraphe 1er de l'article 3 du traité révisé en 1993 consacré aux buts et objectifs de l'organisation dispose que « la Communauté vise à promouvoir la coopération et l'intégration dans la perspective d'une union économique de l'Afrique de l'Ouest en vue d'élever le niveau de vie de ses peuples, de maintenir et d'accroître la stabilité économique, de renforcer les relations entre les États membres, et de contribuer au progrès et au développement du continent africain ». La CEDEAO est l'organisation intégratrice

7. Cette organisation regroupe quinze pays situés en Afrique de l'Ouest, dont huit francophones (Burkina Faso, Bénin, Côte d'Ivoire, Guinée-Conakry, Mali, Niger, Sénégal et Togo), cinq pays anglophones (Gambie, Ghana, Libéria, Nigéria, Sierra Leone) et deux pays lusophones (Cap-Vert, Guinée-Bissau). Parmi les organisations d'intégration existantes dans la région d'Afrique de l'Ouest, elle est la seule reconnue comme CER par l'UA et accréditée auprès d'elle.

de référence au plan économique et elle est appelée, aux termes de l'article 2 du traité révisé, à devenir en Afrique de l'Ouest la seule Communauté économique de la région aux fins de l'intégration économique et de la réalisation des objectifs de la Communauté économique africaine[8].

Consciente du fait que l'intégration régionale ne peut plus être l'affaire des seuls États, la CEDEAO veut asseoir cette intégration sur une base populaire et met en œuvre de nouvelles stratégies de construction de l'intégration régionale en Afrique de l'Ouest qui implique les acteurs de la société civile et les entités infra-étatiques. Ces stratégies ont commencé par l'institutionnalisation de la coopération transfrontalière par l'adoption du concept de « pays-frontière ».

2. L'adoption du concept de « pays-frontière »

En vue de rapprocher le processus d'intégration régionale des populations, les ministres des Affaires étrangères des pays membres de la CEDEAO ont adopté en janvier 2005 un Mémorandum intitulé « Le concept de pays-frontière ou l'intégration de proximité »[9]. Il s'agit à travers l'adoption ce texte d'accélérer le processus d'intégration régionale en favorisant la multiplication d'initiatives et de projets transfrontaliers définis et mis en œuvre par les acteurs locaux publics et privés.

Pour fortement marquer cette volonté, les chefs d'État et de gouvernement de la CEDEAO, lors de la tenue de leur 29e session au Sommet, le 12 janvier 2006 à Niamey, ont adopté la décision A/DEC.2/01/06 relative au concept de « pays-frontière » et le développement de la coopération transfrontalière dans l'espace

8. Le traité d'Abuja instituant la Communauté économique africaine, signé le 3 juin 1991 est entré en vigueur le 12 mai 1994 au terme des processus de ratification par les 51 États africains signataires. Son objectif vise la création d'une communauté continentale à travers la coordination, l'harmonisation et l'intégration progressive des Communautés économiques régionales. La Communauté sera progressivement mise en place au cours d'une période de transition de trente-quatre ans selon l'article 6 dudit traité (disponible : *www.biblioteca.clacso.edu.ar/ar/libros/iss/pdf_fr/oau/AECTREATY.pdf*).

9. Le concept « pays-frontière » a été utilisé dans les années 2000 par l'ancien président malien Alpha Oumar Konaré. Le texte du Mémorandum est disponible : *www.oecd.org/fr/csao/publications/38444833.pdf*.

CEDEAO[10]. Cette importante décision consacre officiellement le concept de « pays-frontière » et appelle au développement de la coopération transfrontalière dans l'espace CEDEAO.

Le « pays-frontière » est défini comme « un espace géographique situé à cheval sur les lignes de partage de deux ou plusieurs pays limitrophes où vivent des populations liées par des rapports socio-économiques et culturels »[11].

Il faut souligner que le gouvernement malien a été l'origine de la conceptualisation du « pays-frontière »[12]. Ce concept apparaît comme un moyen d'accélérer le processus d'intégration sous-régionale, de renforcement de la décentralisation, mais aussi comme une opportunité de développement et d'équipement des zones frontalières communes[13]. À l'entendement de ses promoteurs, pour les États ouest-africains, le « pays-frontière » servira de créneau d'implication des collectivités locales dans le processus d'intégration à la base[14].

Le « pays-frontière » s'inscrit dans la logique de correction des déséquilibres qui caractérisent les espaces transfrontaliers des États postcoloniaux et vise à s'appuyer sur le local pour constituer le socle de l'espace communautaire de la CEDEAO. En cela, le « pays-frontière » porte les germes de l'aménagement du territoire quant aux points suivants : l'harmonisation des politiques sectorielles, la rationalité des équipements et l'intercommunalité transfrontalière.

S'agissant de l'intercommunalité transfrontalière, étant donné que les États de la région sont engagés dans des processus de décentralisation avec la création de communes qui deviennent des pôles autonomes de développement, le « pays-frontière »

---

10. Le texte de la décision A/DEC.2/01/06 est disponible : *www.cidcom.cgeci.org/civ/fr/1/p/415/pdf.do*. Le concept de pays-frontière est inclus dans la stratégie d'intégration régionale et est pris en compte dans les programmes d'activités de la CEDEAO.

11. Décision A/DEC.2/01/06 précitée, art. 1er.

12. À l'entendement de M. Alpha Oumar Konaré, lors de l'atelier de Ouagadougou sur la coopération transfrontalière, la vision de « pays-frontière » constitue l'axe privilégié de l'intégration par le bas que le Mali entend mettre au service des grands ensembles sous-régionaux, pour soutenir et susciter les efforts tenant à plus de complémentarités, d'échanges et de solidarité entre les communautés divisées par les frontières artificielles. À la place des frontières, sources de nombreuses tensions entre les États, il préconise la construction de « pays-frontières » pour faire émerger des zones d'intégration de proximité.

13. *Frontières et Intégrations en Afrique, Le concept de « pays-frontière » dans le processus d'intégration sous-régionale ouest-africaine*, Résultats du séminaire de Sikasso (Mali), 2-7 mars 2002, p. 6.

14. *Frontières et Intégrations en Afrique*…, préc., p. 8.

contribue à impulser une coopération décentralisée mettant en synergie les efforts des communes frontalières partageant des réalités géographiques, socio-économiques et culturelles analogues[15].

Considéré comme un outil de coopération transfrontalière au service de l'intégration régionale en Afrique de l'Ouest, le concept « pays-frontière » est opérationnalisé à travers la mise en œuvre d'un programme de coopération transfrontalière intitulé « Programme d'initiatives transfrontalières ».

3. L'adoption d'un Programme d'initiatives transfrontalières

À la suite de l'adoption du Mémorandum sur le concept de « pays-frontière » ou « l'intégration de proximité », la CEDEAO a élaboré un programme de coopération transfrontalière intitulé « Programme d'Initiatives Transfrontalières » (PIT) dont la principale caractéristique est la valorisation de l'initiative des populations transfrontalières au service de la paix, de la stabilité et du développement[16].

a. Les objectifs du PIT

Ses objectifs généraux sont :
- limiter la diffusion régionale de l'instabilité et de l'insécurité[17];
- accélérer le processus d'intégration régionale dans l'espace CEDEAO.

Le PIT se voit assigner les objectifs spécifiques de :
- faire connaître et valoriser les initiatives transfrontalières existantes;
- montrer que ces initiatives peuvent être valorisées par le biais d'expériences sur le terrain;

15. *Frontières et Intégrations en Afrique…*, préc., p. 13.

16. Secrétariat exécutif de la CEDEAO, *Programme d'initiatives transfrontalières 2006-2008*, 2005, p. 17.

17. Pour la CEDEAO, la paix et la sécurité sont les conditions premières du développement et de l'intégration régionale. Elle a développé des outils politiques et militaires pour affronter cet enjeu essentiel et compte compléter le dispositif existant par la valorisation des initiatives locales transfrontalières de veille, de médiation et de dialogue mises en œuvre par les élus locaux, les autorités traditionnelles et d'autres couches de la population dans les zones frontalières. Ces dernières années, la CEDEAO, en raison de l'instabilité politique dans certains de ses États membres et des guerres civiles qui en ont ravagé d'autres, s'est tellement investie sur le front du maintien de la paix et de la sécurité collective, que certains observateurs ont parfois été tentés d'associer l'organisation au seul exercice de ces deux missions.

- doter la CEDEAO et ses États membres d'un cadre juridique favorable à la coopération transfrontalière et appuyer les États qui souhaitent s'engager ;
- concevoir un programme ambitieux de généralisation de la coopération transfrontalière.

Pour une mise en œuvre réussie du PIT, la CEDEAO envisage de mettre en place un fonds communautaire de facilitation de la coopération transfrontalière afin de faciliter la mobilisation des ressources pour financer les projets pilotes de coopération transfrontalière en cours ainsi que ceux que le Programme identifierait dans la région. Ce fonds sera alimenté par des ressources provenant du prélèvement communautaire de la CEDEAO et des ressources externes. Il devrait être opérationnel après la réalisation d'une étude de faisabilité qui définira les modalités opérationnelles[18].

b. La place des collectivités territoriales dans la mise en œuvre du PIT

Dans la mise en œuvre du PIT, le niveau le plus important en termes d'opérationnalisation et de concrétisation est le niveau local ou régional[19]. Ce niveau englobe les municipalités frontalières, les échelons déconcentrés de l'administration du territoire et s'étend jusqu'aux collectivités locales de niveau régional ou aux États fédérés, en fonction des formes d'organisation politico-administrative respectives des différents États.

Il est prévu à cet effet :

- une identification et recensement des initiatives locales transfrontalières, les jumelages de villes et de villages, les associations de médiation et de préservation de la paix, les initiatives de collaborations entre centres de santé/hôpitaux, écoles ou collèges, marchés frontaliers ;
- la création de cadres de dialogue transfrontaliers – formels et permanents – entre autorités et/ou collectivités locales/régionales, de part et d'autre des frontières[20] ;
- l'appui aux projets pilotes.

---

18. La CEDEAO compte pour la mise en place de ce fonds s'inspirer de l'expérience européenne, notamment les programmes INTERREG.

19. *Programme d'initiatives transfrontalières 2006-2008*, préc., p. 18.

20. De tels cadres devraient être prioritairement implantés dans des espaces stratégiques en termes de sécurité ou pour leur fonction d'échange ou encore le rôle pivot qu'ils pourraient être amenés à jouer dans l'aménagement du territoire sous-régional.

Sur cette base, la CEDEAO a lancé quatre projets pilotes dans les zones frontalières suivantes :

- la Sénégambie méridionale aux frontières du Sénégal, de la Gambie et de la Guinée-Bissau ;
- la zone Sikasso-Korhogo-Bobo-Dioulasso (SKBO) aux frontières du Burkina, du Mali et de la Côte d'Ivoire ;
- le bassin de Karakoro aux frontières du Mali et de la Mauritanie ;
- la zone Kano-Katsina-Maradi aux frontières du Niger et du Nigéria.

La CEDEAO veut faire du PIT un instrument de mise en œuvre de la « Vision 2020 »[21]. C'est la vision stratégique de la CEDEAO qui ambitionne de transformer la région ouest-africaine en une région sans frontières où les citoyens peuvent créer et profiter d'opportunités d'affaires pour une production durable en exploitant les énormes ressources de l'Afrique de l'Ouest[22].

La Vision 2020 énonce les objectifs suivants à l'horizon 2020 :

- faire passer la CEDEAO « d'une CEDEAO des États » à une « CEDEAO des peuples » dans laquelle les populations seront associées au processus d'intégration régionale de manière à se l'approprier, seront au centre des préoccupations des politiques régionales et en seront les ultimes bénéficiaires ;
- créer un espace dans lequel les populations vivent dans la dignité et la paix, dans un cadre d'État de droit et de bonne gouvernance ;
- faire de la région ouest-africaine, une région sans frontières ;
- créer une région bien intégrée dans le village planétaire tirant le meilleur parti de la globalisation.

Le succès du PIT est lié aux avancées concrètes au niveau des relations transfrontalières « de proximité » entre autorités et/ou collectivités locales ou régionales.

---

21. La « Vision 2020 » a été adoptée par la Conférence des chefs d'État et de gouvernement de la CEDEAO au cours de la 30e session au Sommet, tenue le 15 juin 2007 à Abuja (Nigéria).

22. *Programme communautaire de développement*, Département des politiques macroéconomiques, déc. 2012.

Or, jusqu'à présent, les collectivités territoriales sont en marge de la mise en œuvre du PIT; en effet, parmi les projets pilotes initiés, à la date du 31 janvier 2013, aucune initiative transfrontalière portée par les collectivités territoriales n'a été enregistrée. Les seules actions sont des projets transfrontaliers émanant des organisations de la société civile[23].

Ceux qui initient et mettent en œuvre les politiques locales de développement à travers les plans de développement régionaux et locaux doivent être mis au centre du projet de coopération transfrontalière. Toute chose qui entre dans la droite ligne de l'un des objectifs du Programme frontières de l'Union africaine, notamment le développement par les CER et par les autres organisations d'intégration, y compris les intercommunalités transfrontalières.

Le fait que les collectivités territoriales ne sont pas effectivement impliquées dans la mise en œuvre du PIT de la CEDEAO est beaucoup plus lié au manque d'appropriation de ce programme par ces dernières. Une campagne de sensibilisation des collectivités territoriales des différents espaces transfrontaliers retenus comme zones pilotes s'avère nécessaire afin que ces entités soient les véritables acteurs d'opérationnalisation du PIT.

B. Dans le cadre des organisations de coopération : le cas de l'ALG

Après une brève présentation de l'ALG (1) seront abordées l'adoption d'une stratégie de développement pour la région du Liptako-Gourma impliquant les collectivités territoriales (2) et la création d'un cadre de concertation avec les collectivités territoriales (3).

1. Présentation de l'ALG

L'ALG est une organisation intergouvernementale de coopération regroupant le Burkina Faso, le Mali et le Niger. Elle a été créée par un Protocole d'accord le 3 décembre 1970 à Ouagadougou avec pour mission de promouvoir le développement harmonieux et intégré de la région du Liptako-Gourma, par la mise en valeur en commun dans un cadre régional des ressources minières, énergétiques,

23. À titre illustratif, s'agissant du projet pilote de coopération transfrontalière dans la zone SKBO précitée, les initiatives transfrontalières émanent d'un réseau transfrontalier des acteurs de radios communautaires et d'un groupement d'intérêt économique transfrontalier des acteurs de la filière mangues.

hydrauliques, agropastorales et piscicoles dans sa zone d'intervention[24]. Instrument de développement et de coopération transfrontalière interétatique, l'action principale de l'ALG est de susciter, de mettre en œuvre et de coordonner au niveau des trois pays l'élaboration et la mise en œuvre de projets et programmes intégrateurs.

Ayant comme principal défi à relever le développement socio-économique de la région du Liptako-Gourma, l'objectif global fixé par la Stratégie pour le développement de la région du Liptako-Gourma est de contribuer à la lutte contre la pauvreté. Cet objectif global se décline en quatre objectifs spécifiques à savoir : assurer la sécurité alimentaire ; désenclaver la zone ; protéger l'environnement ; et assurer le développement social.

2. L'adoption d'une Stratégie de développement de la région du Liptako-Gourma impliquant les collectivités territoriales

Avec la décentralisation et la responsabilisation des communautés locales, la Stratégie de développement commande une plus grande implication des populations dans le processus de développement en les associant dans l'élaboration et la mise en œuvre des projets et programmes[25]. Convaincue que les efforts de développement sont plus efficaces s'ils sont planifiés et réalisés en partenariat avec les collectivités territoriales de la région, l'ALG a pris en compte la décentralisation dans la formulation des projets et programmes pour une implication effective des entités infra-étatiques. Ainsi, les collectivités territoriales sont associées à l'identification des projets et programmes. Après l'achèvement des infrastructures socio-économiques réalisées, elles leur sont rétrocédées par les États, ce qui contribue au développement des entités ne disposant pas, le plus souvent, des moyens humains et financiers pour le développement local[26].

24. Le Liptako-Gourma est une région qui couvre une superficie de 370 000 km² et est située à cheval sur les frontières communes des trois pays membres que sont le Burkina Faso, le Mali et le Niger. C'était au terme d'une mission pluridisciplinaire sur le terrain entre 1969 et 1970, que le PNUD et le CEA avaient recommandé aux trois pays, compte tenu de l'importance du potentiel de cette région, de se regrouper dans une organisation pour l'exploitation en commun de ces énormes ressources.

25. *Stratégie de développement pour la région du Liptako-Gourma*, déc. 1999, p. 61.

26. Les collectivités territoriales dans les trois pays membres ont un pouvoir d'intervention économique très faible et un poids faible dans les investissements. Le pourcentage des investissements publics locaux varie entre 8 % pour le Mali, et 0 % pour la Guinée-Bissau. (*Rapport provisoire de l'étude sur la définition de mécanismes et dispositifs communautaires de financement des collectivités territoriales de l'espace UEMOA*, avr. 2013, p. 29.)

Pour une meilleure prise en compte des entités infra-étatiques dans le processus du développement de la région du Liptako-Gourma, l'ALG a élaboré un programme de promotion des initiatives locales de coopération transfrontalière, dénommé « Programme régional d'appui au développement décentralisé transfrontalier dans la région du Liptako-Gourma ». Adopté par le Conseil de ministres de l'ALG, organe de décision et de contrôle de l'institution, il prévoit le développement des cadres de concertation transfrontaliers entre les collectivités territoriales, l'appui à l'élaboration et à la mise en œuvre de projets transfrontaliers sur la base des thématiques définies par les acteurs locaux et la création d'un fonds d'appui à la coopération transfrontalière[27].

En vue d'associer des entités infra-étatiques dans le processus décisionnel, l'ALG a en perspective la création d'un cadre de concertation avec les collectivités territoriales.

3. La création d'un cadre de concertation avec les collectivités territoriales

Dans la région du Liptako-Gourma, certaines collectivités territoriales frontalières des trois pays, fortes de leurs compétences se sont regroupées pour initier ensemble des actions de développement à dimension transfrontalière et ont sollicité l'accompagnement de l'ALG.

Au cours d'une réunion des experts de la coopération transfrontalière des pays membres, tenue du 16 au 18 février 2011 à Ouagadougou, a été recommandée à l'ALG l'institutionnalisation de la réunion des experts et des représentants des collectivités territoriales des États membres.

À cet effet, le Conseil des ministres de l'organisation, lors de la tenue de sa 49e session ordinaire, le 21 juin 2013 à Niamey (Niger), sur proposition de la Direction générale, a adopté une décision portant création, composition, attributions et fonctionnement du Comité des experts et acteurs de la coopération transfrontalière de la région du Liptako-Gourma en tant que cadre de concertation avec les collectivités territoriales et de pilotage des actions de l'ALG en matière de coopération transfrontalière[28].

27. *Note d'information sur le programme régional d'appui au développement décentralisé transfrontalier dans la région du Liptako-Gourma*, 2008.

28. En juillet 2013, cette décision n'est pas encore officiellement disponible.

Selon l'article 2 de la décision, ce comité sera chargé de :

- organiser les rencontres périodiques de concertation dans le but d'orienter les initiatives et programmes de coopération transfrontalière en cours dans l'espace du Liptako-Gourma et d'échanger les expériences de bonnes pratiques ;
- formuler des propositions pour encourager et favoriser la coopération transfrontalière dans la région du Liptako-Gourma ;
- créer les conditions de la synergie des initiatives de coopération transfrontalière en cours dans la région du Liptako-Gourma ;
- élaborer un plan d'action de coopération transfrontalière pour la région du Liptako-Gourma ;
- assurer le contrôle et le suivi de l'exécution du plan d'action de coopération transfrontalière de l'ALG lors de sa mise en œuvre.

S'agissant de sa composition, il comprend les représentants des ministères chargés de la Décentralisation du Burkina Faso, du Mali et du Niger, des représentants de l'ALG, des représentants des associations de municipalités, un représentant par groupement de collectivités territoriales engagées dans une démarche de coopération transfrontalière.

Si la CEDEAO et l'ALG ont opté pour la promotion et le développement de la coopération transfrontalière d'initiatives locales pour assurer une implication des entités infra-étatiques dans leur processus d'intégration, pour sa part, l'UEMOA a adopté une approche originale dans l'histoire des organisations d'intégration régionale africaines et qui consiste à institutionnaliser une représentation politique des collectivités territoriales en son sein.

II. L'institutionnalisation d'une représentation politique des collectivités territoriales au sein de L'UEMOA

L'institutionnalisation d'une représentation politique des collectivités territoriales dans l'UEMOA est le fruit d'une évolution. On est passé de l'adoption d'une Politique d'aménagement du territoire communautaire (PATC) prenant en compte les entités infra-étatiques[29] (A) à la création du Conseil des collectivités territoriales de l'espace UEMOA (B).

29. Les prémisses de la prise en compte des collectivités territoriales dans le processus d'intégration de l'UEMOA ne datent pas de la PATC. La volonté de prise en compte s'est manifestée depuis l'adoption, le 17 février 1998, par la Conférence des chefs d'État et de gouvernement de l'UEMOA

A. L'adoption d'une Politique d'aménagement du territoire communautaire prenant en compte les entités infra-étatiques

Après l'énoncé des objectifs de l'UEMOA (1), il sera fait une présentation succincte du contenu de la Politique d'aménagement du territoire communautaire (2) et enfin sera traitée la place des collectivités territoriales dans la mise en œuvre de cette politique (3).

1. Les objectifs de l'UEMOA

L'UEMOA[30] est une organisation d'intégration économique sous régionale qui se fixe, parmi d'autres objectifs, ceux de renforcer la compétitivité des activités économiques et financières des États membres dans le cadre d'un marché ouvert et concurrentiel et d'un environnement juridique rationalisé et harmonisé, de créer entre les États membres un marché commun basé sur la libre circulation des personnes, des biens, des services, des capitaux et le droit d'établissement des personnes exerçant une activité indépendante ou salariée, ainsi que sur un tarif extérieur commun et une politique commerciale commune, d'instituer une coordination des politiques sectorielles nationales par la mise en œuvre d'actions communes et éventuellement des politiques communes, notamment dans les domaines suivants : ressources humaines, aménagement du territoire, transports et télécommunications, environnement, agriculture, énergie, mines et industrie[31].

2. Présentation succincte du contenu de la Politique d'aménagement du territoire communautaire

Le Traité instituant l'UEMOA dans son préambule affirme « la nécessité de renforcer la complémentarité des appareils de productions des États et de réduire les disparités de niveau de développement entre les États membres » par la mise en place d'une politique d'aménagement du territoire communautaire. L'UEMOA,

---

de l'Acte additionnel n° 10/98 instituant un fonds structurel dénommé « Fonds d'aide à l'intégration régionale des États membres de l'UEMOA » (FAIR) et dont l'article 13 du règlement fixant les modalités d'intervention et de gestion du FAIR prévoit parmi les bénéficiaires les collectivités locales.

30. Cette organisation a été créée par un traité signé le 10 janvier 1994 à Dakar (Sénégal) et regroupe : le Bénin, le Burkina Faso, la Côte d'Ivoire, la Guinée-Bissau, le Mali, le Niger, le Sénégal et le Togo.

31. Traité du 10 janv. 1994 précité, art. 4.

dès sa création, a ainsi jeté les bases d'une politique régionale s'articulant autour de deux axes principaux : la résorption des disparités de développement et la convergence des performances et des politiques économiques des États membres.

Le Protocole additionnel n° 2 audit traité, en son article 6, fixe deux orientations majeures en matière d'aménagement du territoire communautaire, à savoir :
- harmoniser les plans nationaux d'infrastructures en vue de l'équilibre des différentes composantes du territoire communautaire;
- désenclaver les zones concernées.

Outre ces dispositions du traité, les effets de la crise ivoirienne sur l'ensemble des États membres de l'UEMO ont été l'un des facteurs déterminants qui ont justifié l'adoption de la PATC de l'UEMOA. Elle a été adoptée par la Conférence des chefs d'État et de gouvernement par l'Acte additionnel n° 03/2004 du 10 janvier 2004[32]. Cet Acte additionnel, en son article 1er, consacre l'adoption du document-cadre d'orientations générales de la Politique d'aménagement du territoire communautaire de l'UEMOA qui fixe les orientations, les axes stratégiques, les objectifs et les principes directeurs de la PATC.

3. Le rôle des collectivités territoriales dans la mise en œuvre de la PATC

L'Acte additionnel n° 03/2004 en son article 5 dispose :

> « Les interventions à faire dans le cadre de la Politique d'aménagement du territoire communautaire tiennent compte du rôle de la décentralisation ainsi que de la place et de l'action des collectivités locales dans l'organisation et l'impulsion des dynamiques territoriales d'aménagement et de développement. »

En visant expressément les collectivités locales[33], les instances dirigeantes de l'UEMOA consacrent ainsi leur volonté d'implication des entités infra-étatiques dans la dynamique intégrative amorcée par cette organisation.

L'article 7 dudit Acte est encore plus explicite lorsque, pour la mise en œuvre de la PATC, il cite parmi les principaux acteurs les collectivités territoriales qui y trouvent les fondements d'un développement dans un cadre décentralisé, mais s'articulant harmonieusement avec les autres espaces de développement de niveau national et régional.

---

32. Texte disponible : *www.uemoa.int/Pages/Actes/NewPages/acte_additionnel_03_2004.aspx.*

33. Il faut souligner que les expressions « collectivités locales » et « collectivités territoriales » sont synonymes. Dans l'espace UEMOA, il en est dénombré environ 3 230, toutes catégories confondues.

La PATC est mise en œuvre selon quatre axes d'intervention dont l'un concerne le « Développement de la solidarité communautaire et renforcement de la cohésion sociale ». À travers cet axe, il s'agit pour l'UEMOA de procurer aux populations les bénéfices attendus de l'intégration par le soutien aux actions qui contribuent le plus à la création de richesses et à la réduction des disparités socio-économiques et territoriales.

Pour mettre en œuvre sa PATC et particulièrement pour développer la solidarité et renforcer la cohésion sociale, l'UEMOA envisage de prendre appui sur la coopération transfrontalière[34]. À cet effet, il est prévu d'organiser des programmes de coopération transfrontalière et intercommunaux afin de soutenir, renforcer et encourager la décentralisation et le développement local, ainsi que l'adoption de cadres légaux pour le développement de la coopération décentralisée. Comme programme de coopération transfrontalière, l'UEMOA dans le cadre de son Programme économique régional a déjà élaboré un Programme de développement intégré des zones transfrontalières défavorisées de l'UEMOA[35].

B. La création du Conseil des collectivités territoriales de l'espace UEMOA

La création du Conseil des collectivités territoriales (CCT) a suivi tout un processus marqué par la tenue de plusieurs rencontres. Après avoir décrit ce processus (1), il est fait une présentation du CCT de l'espace UEMOA (2).

1. Le processus de création du Conseil des collectivités territoriales de l'espace UEMOA

Avant la création du CCT, des représentants d'Associations nationales de pouvoirs locaux[36] des pays membres de l'UEMOA, lors d'une rencontre organisée le 10 octobre 2008 à Bamako (Mali), ont manifesté leur volonté de regroupement dans un cadre sous-régional afin de jouer un rôle de *lobbying* pour la cause des

34. Commission UEMOA, *Document-Cadre d'orientations générales de la politique d'aménagement du territoire communautaire de l'UEMOA*, sept. 2003, p. 37.

35. Ce programme élaboré depuis 2006 est toujours dans l'attente d'une mise en œuvre, en 2013.

36. Les Associations nationales de pouvoirs locaux sont les organisations qui représentent les collectivités territoriales dans les États membres, notamment les associations des municipalités et les associations des régions.

collectivités territoriales auprès de l'organisation. À l'issue de cette rencontre, ils ont adopté une déclaration préconisant la création d'un réseau des Associations des Pouvoirs Locaux (APL) de l'espace UEMOA, structure faîtière de ces associations.

Cependant, ce n'est qu'au cours d'une réunion de concertation tenue le 7 décembre 2009 à Ouagadougou (Burkina Faso) entre la Commission de l'UEMOA, les maires des villes capitales et les présidents d'Associations de pouvoirs locaux qu'ont été jetées véritablement les bases de la mise en place d'une plateforme des collectivités territoriales de l'espace UEMOA qui soit une assemblée de ces entités et permette d'assurer leur représentation institutionnelle au sein de l'UEMOA.

Lors d'une conférence régionale sur le thème « Développement territorial et cohésion sociale au sein de l'espace UEMOA : Quel rôle et quelles modalités d'implication des collectivités territoriales dans le processus d'intégration régionale ? », organisée par la Commission de l'UEMOA du 8 au 10 juin 2010 à Ouagadougou, un constat général s'est dégagé quant à la pertinence de l'approche communautaire du développement territorial et de la création d'un cadre institutionnel communautaire des collectivités territoriales de l'espace UEMOA, permettant l'expression, la responsabilisation des acteurs locaux dans le processus d'intégration et sur la nécessité d'articuler et d'harmoniser les actions de développement local.

La conférence régionale a reconnu la nécessité de donner leur place aux collectivités territoriales dans la dynamique de la construction de l'intégration régionale et de faire évoluer l'UEMOA d'une Union des États vers une « Union des peuples » et a soutenu la création du Conseil des collectivités territoriales comme organe consultatif communautaire dont la principale mission sera de refléter le point de vue des collectivités territoriales et des populations qu'elles représentent dans les politiques et stratégies de développement de l'Union[37].

La création du CCT a été officiellement consacrée avec l'adoption le 30 mai 2011 par la Conférence des chefs d'État et de gouvernement de l'UEMOA de l'Acte additionnel n° 02/2011/CCEG/UEMOA portant création et organisation du Conseil des collectivités territoriales de l'UEMOA.

---

37. Déclaration, Conférence régionale sur le thème « Développement territorial et cohésion sociale au sein de l'espace UEMOA : Quel rôle et quelles modalités d'implication des collectivités territoriales dans le processus d'intégration régionale ? », Ouagadougou, 8-10 juin 2010.

2. Présentation du Conseil des collectivités territoriales de l'espace UEMOA

Cette présentation va porter sur la mission du CCT (a), sa composition (b) et son fonctionnement (c).

a. Mission

Selon l'article 3 dudit Acte additionnel, le CCT a pour mission d'assurer une participation accrue des collectivités territoriales à la réalisation des objectifs de l'UEMOA.

Son objet est de réaliser l'implication effective des élus locaux dans le processus d'intégration de l'Union par l'examen et l'appréciation de toutes questions susceptibles d'avoir un impact sur les collectivités territoriales au sein de l'Union[38].

Pour l'exécution de cette mission, le CCT émet des avis, à son initiative ou par saisine des APL, des États membres, du Conseil des ministres, de la Commission ou du Parlement de l'Union[39].

L'article 9 alinéa 1er du règlement intérieur du CCT prévoit qu'il peut formuler des recommandations ou des propositions sur toute question relative à sa mission et à son objectif.

Il faut remarquer que le CCT a été créé à l'image du Comité des Régions de l'Union européenne dont la mission est aussi d'impliquer les autorités régionales et locales dans le processus décisionnel européen et de favoriser une meilleure participation des citoyens au processus d'intégration européenne[40].

b. Composition

Selon l'article 7 alinéa 1er de l'Acte additionnel, le CCT est composé de représentants des collectivités territoriales désignés par les Associations des pouvoirs locaux titulaires d'un mandant au sein d'une collectivité territoriale résultant d'une élection au suffrage universel.

---

38. Acte additionnel préc., art. 4.

39. Acte additionnel préc., art. 5.

40. Le fait que l'UEMOA s'est inspiré du modèle du Comité des Régions n'est guère surprenant dans la mesure où tout le processus ayant conduit à la création du CCT a été financé en grande partie par l'Union européenne.

Il est composé de six représentants par État membre, soit au total 48 membres. Il faut souligner que, au sein de l'UEMOA, c'est le principe d'égalité qui prévaut quant à la représentativité des États membres au sein des organes.

Aux termes de l'article 2 du règlement intérieur du CCT, les membres sont choisis par les APL selon une procédure propre à chaque association. Toutefois, les représentants des collectivités territoriales à la première session du CCT sont désignés par les ministres en charge de la Décentralisation des États membres sur proposition des Associations des pouvoirs locaux[41]. Chaque membre a un mandat d'une durée de deux ans renouvelable. En comparaison avec le Comité des Régions de l'Union européenne, le CCT de l'UEMOA ne prévoit pas de membres suppléants.

Aux termes de l'article 3 du règlement intérieur, la désignation des représentants de chaque État au CCT[42] est organisée selon les critères suivants :

- le respect du principe de légitimité démocratique ;
- la représentation équitable des différentes catégories de collectivités territoriales ;
- la répartition géographique équitable des délégués sur le territoire des États membres ;
- la prise en compte du rôle spécifique des villes capitales ;
- le respect de la représentativité des femmes.

Il faut cependant souligner que les membres actuels du CCT ne sont pas tous des élus. En effet, dans certains pays membres de l'UEMOA[43], il n'y a jamais eu d'organisation d'élections locales, de sorte les entités infra-étatiques existantes dans ces pays continuent d'être dirigés par les personnalités nommées par le pouvoir exécutif. Pour les admettre au sein du CCT, il a fallu prévoir une dérogation et à cet effet, l'article 13 énonce :

> « Par dérogation aux dispositions de l'article 7 du présent Acte additionnel, en attendant l'organisation d'élections locales, les représentants des collectivités territoriales nommées par les pouvoirs publics sont autorisés à siéger aux sessions du CCT pour une période maximale de trois (3) ans à compter de la première session. »

41. Acte additionnel préc., art. 7 alinéa 2.

42. Cette formulation est ambiguë et peut laisser penser que les membres du CCT représentent les États alors qu'ils représentent les collectivités territoriales.

43. Il s'agit précisément de la Guinée-Bissau et du Togo.

c. Fonctionnement

Le fonctionnement du CCT est organisé autour de l'Assemblée générale, le Bureau, et le Secrétariat administratif permanent.

– L'Assemblée générale

Selon l'article 9 de l'Acte additionnel, elle est l'instance suprême et comprend l'ensemble des membres du CCT.

L'Assemblée générale se réunit une fois par an en session ordinaire sur convocation de son président. Elle peut se réunir en session extraordinaire en cas de besoin à l'initiative du Bureau ou des deux tiers de ses membres[44].

Elle est seule compétente pour rendre des avis et formuler des recommandations et des propositions sur toute question relative à la mission et l'objectif du CCT et définit les orientations générales de l'activité du CCT dans le respect des dispositions de l'Acte additionnel. Sur proposition du Bureau, elle peut, en tant que de besoin, créer des commissions techniques permanentes ou *ad hoc*, en vue de l'examen de questions spécifiques ou d'actualité.

Les commissions techniques ont pour mission d'élaborer des projets d'avis, de rapport et de résolution qui sont, ensuite, soumis pour adoption, à l'Assemblée générale[45].

– Le Bureau

Il est composé de trois membres, dont un président, un premier vice-président et un second vice-président. Leur élection a lieu dans l'ordre suivant : en premier lieu l'élection du président, puis l'élection du premier vice-président, enfin du second vice-président[46]. Les candidatures sont présentées par la délégation de chaque

44. Règlement intérieur du CCT, art. 5.

45. À l'issue de la deuxième session de son Assemblée générale tenue du 2 au 4 octobre 2012 à Abidjan (Côte d'Ivoire), le CCT a mis en place six commissions techniques. Il s'agit des commissions : développement, cohésion sociale et solidarité ; aménagement du territoire et développement durable ; coopération et partenariat ; économique et financière ; affaires générales et institutionnelles ; paix, sécurité et gestion des migrations.

46. Règlement intérieur préc., art. 16.

État membre. Deux ou plusieurs délégations peuvent s'entendre pour présenter le même candidat[47]. Pour être recevable, une candidature doit être soutenue par au moins une délégation.

Selon l'article 18 du règlement intérieur, l'élection du président ou de la présidente et des deux vice-présidents(es) est acquise au premier tour à la majorité absolue des voix des votants. À défaut, l'élection est acquise au second tour à la majorité relative.

Les membres du bureau du CCT sont élus pour une période de deux ans. Au terme de la période de deux ans, le Bureau est intégralement renouvelé[48].

Selon l'article 10 de l'Acte additionnel, le Bureau est l'organe exécutif du CCT et est chargé à cet effet d'exécuter et de faire appliquer les décisions prises par l'Assemblée générale à laquelle, il rend compte.

Aux termes de l'article 13 du règlement intérieur, il est investi des pouvoirs les plus étendus pour agir au nom du CCT dans le cadre des orientations générales définies par l'Assemblée générale et est chargé de :
- préparer la tenue des sessions de l'Assemblée générale ;
- élaborer le projet de budget de l'exercice sur délégation de l'Assemblée générale ;
- représenter le CCT auprès des autres organes de l'Union ;
- superviser l'élaboration des rapports d'activités du CCT.

Au regard de cette liste limitative des prérogatives du Bureau CCT, on peut s'interroger sur la capacité du CCT à exercer pleinement sa mission dans la mesure où il n'a pas compétence pour conclure des accords de coopération avec d'autres structures similaires ou organismes[49].

---

47. Règlement intérieur préc., art. 17.

48. Règlement intérieur préc., art. 19.

49. Une comparaison avec le Comité des Régions fait ressortir que celui-ci, dans le cadre de ses compétences, peut conclure sur proposition du secrétaire général des accords avec d'autres instances ou organismes, en vertu de l'article 73 de son règlement intérieur du 3 déc. 2009 ; *JOUE* L 6, 9 janv. 2010, p. 14.

– Le Secrétariat administratif permanent

Selon l'article 11 de l'Acte additionnel, il est dirigé par un Secrétaire administratif recruté par la Commission de l'UEMOA. Il est nommé dans ces fonctions par le président de la Commission après avis du Bureau du CCT. Le personnel nécessaire à son fonctionnement est recruté par la Commission.

Les attributions du Secrétariat administratif sont :
– préparer les programmes et les rapports d'activités du CCT ;
– préparer les dossiers de saisine des instances de l'Union ;
– assurer le secrétariat des réunions du Bureau et des sessions l'Assemblée générale ;
– identifier les questions de décentralisation des collectivités territoriales posées par les décisions des instances de l'Union et les soumettre au Bureau pour appréciation ;
– constituer une base de données et suivre l'état de fonctionnement de la décentralisation et des collectivités territoriales dans les États membres ;
– élaborer les critères d'évaluation de la décentralisation.

Le Secrétariat administratif permanent au regard de ses attributions est la cheville ouvrière du CCT. Dans chaque État membre, il dispose de points focaux que sont les secrétaires permanents des Associations de pouvoirs locaux.

À la mi-2013, il est trop tôt pour faire un bilan du CCT de l'espace UEMOA car les membres de cet organe ont été officiellement installés le 11 avril 2012 à Niamey (République du Niger), lors d'une cérémonie solennelle placée sous la présidence du chef de l'État nigérien. Sa création est une première au sein d'une organisation d'intégration régionale en Afrique et il n'est pas exclu que d'autres organisations suivent l'exemple de l'UEMOA dans le but d'associer les entités infra-étatiques au processus décisionnel et assurer leur pleine implication dans les processus d'intégration.

***
*

Le renforcement du processus d'intégration régionale en Afrique de l'Ouest ne peut être envisagé qu'à travers un dialogue associant, autour des enjeux d'intégration et de développement socio-économique les différents types d'acteurs dont les entités infra-étatiques. Si des progrès sont enregistrés dans la prise en compte de ces entités dans les processus d'intégration par les organisations d'intégration régionale et de coopération à travers la coopération transfrontalière et l'institutionnalisation d'un groupement politique assurant leur représentation, leur influence sur les politiques, les normes et les programmes édictés par ces organisations ne sont pas encore perceptibles.

L'expérience des organisations d'intégration régionale et de coopération ouest-africaines qui vient d'être exposée est jugée tout même encourageante et a inspiré l'organisation d'intégration à vocation continentale, l'Union africaine[50], qui compte l'étendre à l'ensemble du continent en ce qui concerne la coopération transfrontalière. À cet effet, elle a élaboré un programme dénommé « Programme Frontière de l'Union africaine » (PFUA)[51] dont l'un des objectifs est le développement, dans le cadre des CER et des grandes initiatives de coopération régionale, de la coopération transfrontalière de proximité ou d'initiative locale, y compris l'intercommunalité transfrontalière et dans lequel les collectivités territoriales doivent jouer un rôle[52].

Toutefois, au regard de la diversité des initiatives de promotion de la coopération transfrontalière portées par les différentes organisations d'intégration, la multiplicité ne rimant pas avec efficacité, se pose la question de savoir comment assurer une démarche coordonnée et cohérente afin d'éviter les chevauchements des programmes et la dispersion des ressources.

En outre, la pérennité des initiatives de coopération transfrontalière dépend dans une large mesure des moyens financiers indispensables à la mise en œuvre des projets transfrontaliers portés par les acteurs locaux. Or, jusqu'en 2013, au-

50. L'UA qui a succédé à l'OUA, a été créée le 11 juillet 2000 à Lomé (Togo). Sa création, d'une manière générale, est partie du constat fait par les dirigeants africains du retard accusé dans les processus d'intégration du continent et des résultats mitigés. Elle se fixe entre autres comme objectifs de réaliser une plus grande unité et solidarité entre les pays africains et entre les peuples d'Afrique et d'accélérer l'intégration politique et socio-économique du continent, de promouvoir les principes et les institutions démocratiques, la participation populaire et la bonne gouvernance, et de promouvoir le développement durable aux plans économique, social et culturel ainsi que l'intégration des économies africaines.

51. Le PFUA a été adopté par une déclaration, dite « Déclaration sur le programme Frontière de l'Union africaine et les modalités de sa mise en œuvre ». La déclaration a été adoptée par les ministres en charge des questions de frontières des pays membres, le 7 juin 2007 à Addis-Abeba (Éthiopie). Ledit programme a ensuite été entériné par le Conseil exécutif de l'UA en 2010 à Kampala (Ouganda).

52. Il ressort de la Déclaration du 7 juin 2007 sur le PFUA, que les acteurs locaux doivent être les initiateurs directs de la coopération transfrontalière sous les auspices des États.

cune organisation n'a mis en place un instrument spécifique de financement de la coopération transfrontalière, situation qui pourrait à long terme en hypothéquer la réalisation.

Bibliographie

Actes juridiques

- Traité instituant la Communauté économique africaine, signé à Abuja (Nigéria) le 3 juin 1993 : *www.biblioteca.clacso.edu.ar/ar/libros/iss/pdf_fr/oau/AECTREATY.pdf.*
- Traité révisé instituant la Communauté économique des États de l'Afrique de l'Ouest, signé à Cotonou (Bénin) le 24 juillet 1993 : *www.comm.ecowas.int/sec/fr/docs/traite_revise.pdf.*
- Traité instituant l'Union économique et monétaire ouest-africaine, signé à Dakar (Sénégal), le 10 janvier 1994 : *www.adelinotorres.com/africa/ZONE%20FRANC-UEMOA.PDF.*
- Acte additionnel n° 01/98 instituant un Fonds structurel dénommé « Fonds d'aide à l'intégration régionale des États membres de l'UEMOA » adopté à Lomé (Togo) le 17 février 1998 : *www.uemoa.int/Pages/Actes/NewPages/acte%2001-98.aspx.*
- Règlement 01/99/CM/UEMOA fixant les modalités d'intervention et de gestion du Fonds d'aide à l'intégration régionale des États membres de l'UEMOA adopté à Lomé (Togo) le 26 janvier 1999 : *www.uemoa.int/Documents/Actes/Reglements%20 01_99_CM_UEMOA.*
- Traité constitutif de l'Union africaine signé le 11 juillet 2000 à Lomé (Togo) : *www.unpan1.un.org/intradoc/groups/public/documents/.../unpan003043.pdf.*
- Mémorandum sur le concept de « pays-frontière » ou « intégration de proximité » adopté le 28 janvier 2005 à Accra (Ghana) par les ministres des Affaires étrangères des pays membres de la CEDEAO : *www.oecd.org/fr/csao/publications/38444833.pdf.*
- Décision A/DEC.2/01/06 relative au concept de « pays-frontière » et le développement de la coopération transfrontalière dans l'espace CEDEAO adoptée le 12 janvier 2006 à Niamey (Niger) par la Conférence des chefs d'État et de gouvernement de la CEDEAO : *www.cidcom.cgeci.org/civ/fr/1/p/415/pdf.do.*
- Acte additionnel n° 03/2004 portant adoption de la Politique d'aménagement du territoire communautaire de l'UEMOA adopté le 10 janvier 2004 : *www.uemoa.int/Pages/Actes/NewPages/acte_additionnel_03_2004.aspx.*

– Déclaration sur « Le Programme Frontière de l'Union africaine et les modalités de sa mise en œuvre » adoptée par les ministres en charge des questions de frontières des pays membres de l'Union africaine, le 7 juin 2007 à Addis-Abeba (Éthiopie) : *www.peaceau.org/uploads/border-issues-f.pdf.*

– Règlement intérieur du Comité des Régions du 3 décembre 2009 : *www.cor.europa.eu/en/documentation/Documents/Rules-of-Procedure-of-the-Committee-of-the-Regions/FR.pdf.*

– Acte additionnel n° 02/CCEG/UEMOA portant création du Conseil des collectivités territoriales de l'UEMOA adopté à Lomé (Togo) le 21 mai 2011

– Règlement intérieur du Conseil des collectivités territoriales adopté à Abidjan (Côte d'Ivoire) le 4 octobre 2012.

Rapports – Documents de programmes/politiques – Notes

– ALG, *Stratégie de développement pour la région du Liptako-Gourma*, décembre 1999.

– *Frontières et Intégrations en Afrique, Le concept de « pays-frontière » dans le processus d'intégration sous-régionale ouest-africaine*, Résultats du séminaire de Sikasso, 2-7 mars 2002.

– Commission UEMOA, *Document-cadre d'orientations générales de la politique d'aménagement du territoire communautaire de l'UEMOA*, septembre 2003.

– Commission économique pour l'Afrique, *Rapport sur l'état de l'intégration régionale en Afrique*, 2004.

– Secrétariat exécutif de la CEDEAO, *Programme d'initiatives transfrontalières 2006-2008*, 2005.

– Direction générale de l'ALG, *Note d'information sur le Programme régional d'appui au développement décentralisé transfrontalier dans la région du Liptako-Gourma*, 2008.

– Déclaration de la conférence régionale sur le thème *« Développement territorial et cohésion sociale au sein de l'espace UEMOA : Quel rôle et quelles modalités d'implication des collectivités territoriales dans le processus d'intégration régionale? »*, Ouagadougou, 8-10 juin 2010.

– CEDEAO, Département des politiques macroéconomiques, *Programme communautaire de développement*, décembre 2012.

– European Consultants Organisation/EuroTrends, *Rapport provisoire de l'étude sur la définition de mécanismes et dispositifs communautaires de financement des collectivités territoriales de l'espace UEMOA*, avril 2013.

Partie II

Les interactions entre entités infra-étatiques et organisations de coopération et d'intégration régionales

7. QUELLE PROMOTION POUR LES ENTITÉS INFRA-ÉTATIQUES DANS LES ORGANISATIONS D'INTÉGRATION ET DE COOPÉRATION RÉGIONALES ?

Les enseignements de la politique de cohésion de l'Union européenne

par

Frédérique MICHÉA

Maître de conférences à l'université de Rennes 1
Membre du Centre de Recherches Européennes de Rennes (CEDRE)
Département de l'Institut de l'Ouest : Droit et Europe
(IODE-UMR CNRS 6262)

La décentralisation au profit du niveau d'administration régionale est une modalité d'aménagement territorial du pouvoir très pratiquée en Europe et elle s'impose également progressivement dans de nombreux pays du monde. Tel est le constat récent dressé par des instances de coordination interrégionales réunies en séminaire[1] à l'initiative de l'Organisation latino-américaine des gouvernements intermédiaires (OLAGI)[2]. Compte tenu de l'ampleur des disparités régionales propres à des pays comme le Brésil ou la Chine[3] ou à des organisations régionales,

1. Le séminaire s'est tenu à Montecristi, en Équateur, les 20 et 21 juillet 2010, avec la participation du Forum Global d'Association de Régions (FOGAR)/Organisation des Régions Unies (ORU).

2. L'OLAGI est une organisation non gouvernementale créée en 2004 qui a pour mission de promouvoir, coordonner et échanger les expériences institutionnelles des gouvernements intermédiaires des pays d'Amérique latine et des Caraïbes.

3. La Commission européenne a d'ailleurs signé un protocole d'accord avec ces deux pays afin de les aider à élaborer leur propre stratégie nationale en matière de développement régional.

telles que le MERCOSUR, qui sont confrontées à des défis analogues[4], l'intérêt porté au « modèle » européen de politique régionale construit dans le cadre des Communautés puis de l'Union ne se dément pas, bien au contraire. Ce « modèle » européen intrigue et séduit. À rebours du principe d'exclusivité territoriale qui découle de la notion même d'État[5], l'Union européenne a su se doter d'un territoire européen, qui se superpose, en partie seulement, aux territoires étatiques[6], du fait notamment du champ d'application spatial de ses règles juridiques[7]. L'émergence de ce territoire européen est à mettre en relation avec la réalisation d'une politique régionale pour l'Union, dotée d'un budget ambitieux[8], et dénommée « Politique de cohésion économique, sociale et territoriale » dans le droit primaire.

À l'origine, les traités communautaires ne faisaient que de subtiles allusions au cadre régional, par exemple dans le domaine des transports[9] ou de la libre circulation des travailleurs[10]. Une telle discrétion sur la problématique régionale apparaissait logique, alors même que « l'Europe des Six » renfermait des États investis sur le sujet et soucieux de préserver leurs prérogatives en la matière[11]. La politique de cohésion s'est développée par à-coups, d'abord à partir de 1975 avec la création du Fonds européen de développement régional (FEDER)[12], puis à compter

---

4. Dans son cinquième rapport sur la cohésion économique, sociale et territoriale, *Investir dans l'avenir de l'Europe*, nov. 2010, la Commission européenne observe par exemple que les différences en termes d'écarts de produit intérieur brut (PIB) par habitant sont plus marquées dans le cadre de l'Accord de libre-échange nord-américain (ALENA) qu'au sein de l'Union européenne.

5. Voir W. SCHOENBORN, « La nature juridique du territoire », *RCADI*, 1929, vol. V, p. 85 et s., et spécialement la partie du cours de droit international public relative à l'éclairage historique depuis l'Antiquité.

6. A. RIGAUX, « Territoire communautaire », *Répertoire communautaire Dalloz*.

7. Voir J. GROUX, « Territorialité et droit communautaire », *RTDE*, 1987, p. 5.

8. Les fonds structurels européens correspondent au premier poste budgétaire de l'Union, avec une dotation de 347 milliards d'euros pour la dernière période de programmation pluriannuelle 2007-2013.

9. Traité instituant la Communauté économique européenne (CEE), art. 75 § 3.

10. Traité CEE, art. 49 d).

11. Voir G. P. MANZELLA et C. MENDEZ, *The Turning Points of EU Cohesion Policy*, Report Working Paper, Commission européenne, janv. 2009. En 1969, dans le document *A Regional Policy for the Community*, la Commission considérait encore que la politique régionale « forms an integral part of the system of internal balances on what the State is based », COM(69) 950 final, 15 oct. 1969, p. 13.

12. Règlement nº 724/75 du Conseil du 18 mars 1975 portant création d'un Fonds européen de développement régional, *JOCE* L73, 21 mars 1975, p. 1.

de l'Acte unique européen[13], avec des finalités pourtant sans grande originalité en comparaison des objectifs des politiques régionales nationales : « En particulier, l'Union vise à réduire l'écart entre les niveaux de développement des diverses régions et le retard des régions les moins favorisées[14]. » Plusieurs instruments financiers qualifiés par le traité de « fonds à finalité structurelle »[15] ont été mis en forme, de manière structurée, et regroupés en synergie autour d'une doctrine générale d'action tendant au renforcement de la cohésion de l'Union européenne.

Les partisans d'un régionalisme politique à l'échelle de l'Europe considèrent, en général, que la valorisation des entités infra-étatiques est un phénomène mécaniquement induit par la dynamique d'intégration régionale et qu'une forte connivence lie les régions et l'organisation régionale du fait de leurs intérêts convergents. À ce titre, la politique de cohésion de l'Union est sans doute la mieux qualifiée pour éprouver la pertinence de ce postulat. Au fil des réformes de ses instruments financiers, la politique de cohésion a bénéficié d'un modèle d'action concret fondé en grande partie sur une étroite association des acteurs du développement local. Le contexte actuel est particulièrement propice à l'affirmation de leur rôle, puisque sont inscrites dans le traité de Lisbonne, d'une part, une définition rénovée du principe de subsidiarité incluant désormais les niveaux régional et local[16] et impliquant une consultation des éventuels parlements régionaux dotés de pouvoirs

13. Voir le nouveau titre V intitulé « La cohésion économique et sociale » ajouté dans la troisième partie du traité CEE (art. 130 A à 130 E). Cette politique de cohésion s'est développée selon un *side-payment model* tributaire des revendications financières exprimées par les nouveaux États membres, bien décrit par G. MARKS, « Structural Policy in the EC » *in* A.M. SBRAGIA (ed.), *Europolitics. Institutions and Policy-Making in the "New" European Community*, The Brooking Institution, Washington DC, 1992, 303 p., p. 199.

14. Traité sur le fonctionnement de l'Union européenne (TFUE), art. 174.

15. TFUE, art. 175 et 177. Il s'agit du Fonds européen d'orientation et de garantie agricole, section « orientation » (FEOGA), du Fonds social européen (FSE), du Fonds européen de développement régional (FEDER); s'y ajoute le Fonds de cohésion.

16. Ce libellé inédit à l'article 5 § 3 TUE ancre définitivement une prise en considération du rôle des entités infra-étatiques dans l'évaluation du respect du principe de subsidiarité. Mais celles-ci ne pourront elles-mêmes assurer la défense de leurs compétences, notamment normatives, en cas d'immixtion imputable à l'Union. L'État membre demeurera le seul garant de cette défense. Il n'empêche que les régions ont bien compris l'intérêt stratégique de s'approprier le principe de subsidiarité, en développant sa dimension territoriale et non plus seulement fonctionnelle. Sur cette distinction entre la subsidiarité fonctionnelle et la subsidiarité territoriale, voir V. MICHEL, « La subsidiarité » *in* J.-B. AUBY (dir.), *L'influence du droit européen sur les catégories du droit public*, Dalloz, « Thèmes et commentaires », 2010, p. 611.

législatifs[17] et, d'autre part, la mention, parmi les éléments de l'identité nationale, des « structures fondamentales politiques et constitutionnelles, y compris en ce qui concerne l'autonomie locale et régionale »[18]. Bien sûr, ce dernier principe d'autonomie qui fait écho à la Charte européenne de l'autonomie locale[19] est opposable seulement à l'Union européenne et non à ses États membres. En outre, ce sont avant tout les modalités de la ventilation interne des compétences, propres à chaque État membre, qui vont déterminer le degré d'autonomie locale et régionale atteint en son sein. Mais cette référence textuelle dans le Traité sur l'Union européenne (TUE) à l'autonomie est intéressante, car, de l'avis de certains auteurs[20], un modèle européen d'administration locale peut se cristalliser autour de la notion d'autonomie locale, grâce à des « principes communs qui forcent une dynamique »[21].

Pourtant, le bilan que l'on peut dresser quant à la promotion des entités infra-étatiques au sein de la politique de cohésion n'est pas pleinement satisfaisant. En effet, ce sont principalement les collectivités régionales qui sont sollicitées, et celles-ci demeurent appréhendées comme des référents fonctionnels de l'action

17. Dans la mesure où plusieurs États membres représentent leurs entités fédérées ou régionales par l'intermédiaire d'une chambre parlementaire spécifique, en général la chambre haute, les dispositions nouvelles du traité de Lisbonne qui régissent le contrôle du principe de subsidiarité pourraient être un facteur inédit de garantie des compétences locales et régionales. Le protocole n° 2 consacré à l'application des principes de subsidiarité et de proportionnalité renvoie à l'ordonnancement juridique propre à chaque État membre afin de garantir la participation, en tant que contrôleurs du principe de subsidiarité, des assemblées régionales détentrices d'un éventuel pouvoir législatif. Son article 6 dispose en effet qu'« il appartient à chaque Parlement national ou à chaque chambre d'un Parlement national de consulter, le cas échéant, les Parlements régionaux possédant des pouvoirs législatifs ».

18. TUE, art. 4 § 2. Voir les commentaires de P.-Y. MONJAL, « Le niveau local dans le traité de Lisbonne ou la reconnaissance du rôle européen des collectivités territoriales », *AJDA*, 2011, p. 1069.

19. Voir l'article 3-1 de cet instrument conventionnel datant de 1985 qui précise que « par autonomie locale, on entend le droit et la capacité effective pour les collectivités locales de régler et de gérer, dans le cadre de la loi, sous leur propre responsabilité et au profit de leurs populations, une part importante des affaires publiques ».

20. Voir notamment, dans le cadre d'une littérature abondante sur ce sujet, les travaux de A. DELCAMP et J. LOUGHLIN, *La décentralisation dans les États de l'Union européenne*, La Documentation française, 2e éd., 2002 ; de F. DELPERÉE, « Les collectivités locales et l'Europe », *AIJC*, 2006, vol. XXI, p. 315 ; et de B. SCHÖNDORF-HAUBOLD, « L'émergence d'un droit commun de l'autonomie territoriale en Europe », *RFAP*, 2007, n° 121-122, p. 203.

21. N. BELLOUBET-FRIER, « Vers un modèle européen d'administration locale ? », *RFAP*, 2007, n° 121-122, p. 6.

structurelle (I). L'accession des collectivités infra-étatiques au statut convoité de collectivités politiques, sur lesquelles l'organisation régionale serait fondée, reste une perspective très incertaine (II).

I. La reconnaissance pragmatique de la région comme référent fonctionnel de l'Union européenne

Dès les débuts de la politique structurelle, c'est la région, le niveau intermédiaire d'animation et de coordination des politiques publiques, qui a été sélectionnée comme support territorial de cette politique. Mais, compte tenu de la diversité des expressions institutionnelles des autorités régionales dans les États membres, l'Union a élaboré dans un cadre transnational la région européenne comme un simple référent géographique, dépourvu de toute vocation institutionnelle (A), et dont la pertinence est de plus en plus interrogée (B).

A. La région, un référent géographique dénué de vocation institutionnelle

Depuis sa création, la politique régionale de la Communauté, puis de l'Union, repose sur un découpage artificiel du territoire européen qui ne permet pas aux régions des États membres d'émerger comme « catégorie juridique du territoire européen »[22]. Dès les années 1950, Eurostat a élaboré une nomenclature d'unités territoriales statistiques (NUTS) qui concerne aujourd'hui tous les pays de l'Espace économique européens (EEE). Chaque État membre est de fait divisé en unités statistiques structurées en trois niveaux principaux (NUTS I, NUTS II et NUTS III) qui ne correspondent pas, en règle générale, à des régions reconnues en tant qu'entités institutionnelles en son sein[23]. Le niveau NUTS II, qui constitue le niveau d'allocation des fonds structurels, ne renvoie pas, à l'exception de la France, de l'Espagne ou de l'Italie, à un niveau d'administration effectif dans les États membres. La région européenne constitue un support territorial stratégique aux fins de réceptionner les crédits des fonds structurels, mais ce support est avant

22. R. BALME, « "L'Europe des régions" comme catégorie juridique du territoire européen » *in* R. BALME, P. GARRAUD, V. HOFFMANN-MARTINOT et E. MITAINE (dir.), *Le territoire pour politiques : variations européennes*, L'Harmattan, Paris, 1994, p. 235.

23. Voir le règlement n° 1059/2003 du Parlement européen et du Conseil du 26 mai 2003 relatif à l'établissement d'une nomenclature commune des unités territoriales statistiques (NUTS), *JOUE* L 154, 21 juin 2003, p. 1.

tout technique, voire totalement désincarné dans de nouveaux États membres, historiquement très centralisés, qui ont opté pour une régionalisation administrative qui ne leur était pas du tout familière. La forme de régionalisation la plus spectaculaire, à savoir le régionalisme institutionnel, ne s'est imposée que dans quelques rares États membres[24]. Ainsi, le territoire de l'Union se présente comme un construit fondé sur des critères exclusivement statistiques qui tendent d'emblée à relativiser la contribution présumée de la politique régionale à l'ascension des régions[25]. Les découpages transnationaux retenus par l'Union ne correspondent donc pas à des espaces porteurs d'identités politiques. D'ailleurs, par le passé, les États membres qui ont été les principaux récipiendaires des fonds structurels (Grèce, Irlande, Portugal) n'avaient pas à proprement parler d'identité régionale, et à l'inverse, les régions les plus offensives sur la scène européenne ont souvent été faiblement bénéficiaires de la politique de cohésion[26].

Au sein de la politique de cohésion, le référent régional est associé à un critère d'éligibilité omniprésent pour l'allocation des fonds, à savoir le produit intérieur brut (PIB) par habitant[27]. L'usage d'un critère principal d'éligibilité pour l'allocation des fonds n'est pas anodin, car ce critère du PIB par habitant structure en profondeur la conception de la politique régionale de l'Union. Or, les insuffisances de cette unité de mesure du PIB par habitant, privilégiée par la politique régionale de l'Union ont souvent été relevées par les économistes, mais elles ne

---

24. Sur les différents types de régionalisation, voir G. MARCOU, A. GAZARYAN et K. SVOBODA, *La régionalisation en Europe : situation et perspectives d'évolution dans les États membres de l'Union européenne et dans les États d'Europe centrale et orientale candidats à l'adhésion*, Parlement européen, Direction générale des études, Document de travail, Série « Politique régionale », OPOCE, Luxembourg, 2000, 166 p.

25. En ce sens, voir le constat dressé par N. LEVRAT, « La complexité de la prise en compte du fait régional au sein de l'Union européenne » *in* M.-T. BITSCH (dir.), *Le fait régional et la construction européenne*, Bruylant, « Organisation internationale et relations internationales », 2003, p. 187-211.

26. On peut citer les régions du Nord de l'Italie, certains *Länder* allemands comme la Bavière, et en Espagne, la Catalogne ou le Pays basque.

27. La sélection de ce critère du PIB par habitant, qui se contente de mesurer la production des régions, est surprenante dans la mesure où elle contraste avec des politiques régionales nationales qui se désintéressent en général (à l'exception de l'Allemagne) de cette problématique de la prospérité relative des régions lorsqu'il s'agit de distribuer l'investissement public. Dans les nouveaux États membres de l'Union, la polarisation du développement et la localisation limitée des investissements directs étrangers dans une poignée de régions-capitales soulèvent des interrogations inédites pour le modèle de mise en œuvre de la politique de cohésion dont ne rend pas compte le critère exclusif du PIB par habitant. Voir T. FAROLE, M. STORPER et A. RODRIGUEZ-POSE, « Cohesion Policy in the European Union : Growth, Geography, Institutions », *JCMS*, 2011, p. 1-23.

justifient pas pour les experts mandatés par la Commission son abandon[28]. Certes, la Commission reconnaît aujourd'hui que cet indice économique ne constitue pas une valeur de substitution pertinente du revenu des ménages[29]. Pour comparer utilement le niveau de vie des différentes régions européennes, il faudrait préférer des indicateurs du pouvoir d'achat réel de leurs habitants à celui du simple PIB par tête. La retenue d'indices synthétiques et plus complexes pour la cohésion est régulièrement revendiquée par le Comité des Régions par exemple[30]. Mais cette voie a été tentée sans succès par la Commission dans les années 1980, pour des raisons politiques. La densification des indicateurs employés aboutissait à reconnaître l'éligibilité à l'ancien objectif 1 – devenu objectif « convergence » – de régions qui n'étaient pas considérées par les autorités nationales comme en retard de développement.

De tels choix figent la méthode d'action retenue pour la politique de cohésion, et les collectivités régionales elles-mêmes sont très attachées à cette territorialisation de l'action des fonds au niveau NUTS II, quitte à créer une typologie complexe de régions[31]. En témoigne la Déclaration commune signée en octobre 2010 par 143 présidents de régions d'Europe qui rejetait, pour la période 2014-2020, toute perspective de « zonage infrarégional »[32]. Pourtant, de l'aveu même de la Commission, l'ajout de la dimension territoriale à la cohésion dans le traité de Lisbonne (« la cohésion économique, sociale et territoriale »[33]) invite à ne

28. Même le rapport Sapir au contenu iconoclaste préconisait de conserver en l'état le paramètre du PIB par habitant pour la mise en œuvre de la politique de cohésion post -2013. Voir A. SAPIR (dir.), *An agenda for a Growing Europe : Making the EU Economic System Deliver*, Report of an independent high level study group to the President of the EC.

29. Commission européenne, *Cinquième rapport sur la cohésion*, préc. Le bon indicateur à utiliser serait alors le revenu net disponible ajusté des ménages, qui corrigerait les disparités régionales au niveau des transferts sociaux en nature.

30. Avis du Comité des Régions sur le cinquième rapport d'étape sur la cohésion économique et sociale, *JOUE* C 175, 1er juill. 2010.

31. La réforme de la politique structurelle pour 2014-2020 prévoit de distinguer les régions les moins développées, les régions les plus développées, et les régions en transition (dont le PIB par habitant serait compris entre 75 et 90 % de la moyenne de l'Union), dernière catégorie de régions créée afin d'éviter, par effet de seuil, leur déclassement de l'objectif de convergence.

32. Cette Déclaration commune concernait l'objectif « Compétitivité régionale et emploi » de la politique de cohésion post -2013. Le Commissaire en charge de la politique régionale, M. HAHN, a rassuré les régions et leurs États membres sur ce point, en indiquant qu'il n'entendait pas revenir à un système de « microzonage » fixant pour l'intervention des fonds de petites fractions du territoire.

33. Il s'agit désormais de l'intitulé du titre XVIII de la troisième partie du TFUE.

plus réduire les interventions structurelles aux unités prédéfinies NUTS II[34]. L'expression exclusive des déficiences de développement au niveau NUTS II apparaît réductrice, en épousant un maillage territorial trop large, en mesure de masquer des manifestations plus localisées de pauvreté et de chômage. Mais toutes les tentatives de la Commission visant à cibler des aires géographiques plus étroites ont tourné court, sous la pression des élus régionaux notamment[35].

Les dimensions territoriales appropriées pour intervenir dans le cadre de la politique de cohésion sont de plus en plus modulables[36]. La pertinence du référent géographique régional est dès lors plus âprement discutée.

B. La région, un référent géographique contesté par de multiples acteurs

L'objectif de cohésion territoriale inscrit dans le traité de Lisbonne invite à moduler davantage les niveaux d'intervention pour renforcer la cohésion. La direction générale REGIO de la Commission européenne étudie de plus en plus la possibilité de concevoir des programmes à d'autres échelles que l'échelle intermédiaire régionale, en sollicitant notamment le niveau supra-régional ou le niveau subrégional[37].

---

34. *Conclusions du cinquième rapport sur la cohésion économique, sociale et territoriale : l'avenir de la politique de cohésion*, SEC(2010) 1348 final, 9 nov. 2010.

35. L'ancien objectif 2 retenu pour la période de programmation antérieure 2000-2006 avait sélectionné avec précision des zones allocataires, et non plus des régions NUTS II. La démarche de la Commission avait consisté à se désolidariser du référent régional pour mieux cibler le versement des aides sur des aires géographiques plus étroites accumulant des déficiences de développement qui, passées au tamis de l'unité territoriale de niveau NUTS II, ne seraient probablement ni décelées ni traitées par la politique de cohésion. Mais le désir des États membres d'optimiser la couverture territoriale de l'objectif 2 avait, à l'époque, conduit à une fragmentation excessive de la carte des zones éligibles, constituée selon les préférences nationales, de zones industrielles, de zones rurales, de zones contiguës dites mixtes et de zones dépendantes de la pêche. Cette réorientation de l'action des fonds vers une territorialisation plus précise et circonscrite se heurte donc aux intérêts des États membres et également de leurs collectivités régionales, qui préfèrent un modèle de développement endogène attaché au seul fait régional.

36. Voir G. BAUDELLE et B. MONTABONE, « Les échelles de la cohésion spatiale en Europe », ERSA Congress, *Culture, Cohésion and Competitiveness : Regional Perspectives*, Liverpool, 2008.

37. *Cinquième rapport sur la cohésion économique, sociale et territoriale*, préc. Comme le remarque G. CHAVRIER, « le problème que pose tout niveau intermédiaire (ainsi qu'en atteste l'expérience récente des États européens) est en effet celui de la dépossession relative des niveaux inférieurs par le niveau régional, et ainsi celui d'une contradiction potentielle entre autonomies locale et régionale », *in* « La vocation du niveau intermédiaire : stratégies et prospective », *RFAP*, 2012, nº 141, p. 88.

La notion de territoire fonctionnel, qui repose par exemple sur des réseaux de villes[38], des bassins d'emploi ou des macrorégions[39], est ainsi privilégiée dans cette optique. L'institution d'un nouvel acteur de la coopération territoriale, dénommé le groupement européen de coopération territoriale (GECT)[40], s'inscrit également dans cette perspective de remise en cause de la légitimité de cadres d'action érigés au niveau seulement régional.

La mise en œuvre de la politique structurelle est fondée sur un postulat méthodologique sujet à caution. La région constitue-t-elle effectivement le support le plus idoine pour prévenir des disparités économiques, sociales et territoriales excessives au sein de l'Union ? Au fond, les finalités de la politique de cohésion sont demeurées obscures jusqu'à aujourd'hui. Cette politique vise-t-elle en premier lieu l'atténuation des inégalités interpersonnelles ou l'amoindrissement des inégalités interrégionales ? S'il s'agit de réduire les inégalités entre les personnes,

38. En ce sens, voir règlement (UE) n° 1301/2013 du Parlement européen et du Conseil du 17 décembre 2013 relatif au Fonds européen de développement régional et aux dispositions particulières relatives à l'objectif « Investissement pour la croissance et l'emploi », et abrogeant le règlement (CE) n° 1080/2006, (*JOUE* L347, 20 déc. 2013, p. 289), art. 7, spéc. § 4 : il prévoit que 5 % des ressources du FEDER attribuées au niveau national devront être allouées sur la période 2014-2020 à des actions intégrées en faveur du développement urbain durable, dont la gestion pourrait être déléguée aux villes dans le cadre d'investissements territoriaux intégrés (ITI). En effet, si une stratégie de développement urbain nécessite une approche intégrée s'appuyant sur des investissements réalisés au titre de différents axes prioritaires relevant d'un ou de plusieurs programmes, l'action pourra être menée sous forme d'ITI : Règlement (UE) n° 1303/2013 du Parlement européen et du Conseil du 17 décembre 2013 portant dispositions communes relatives au Fonds européen de développement régional, au Fonds social européen, au Fonds de cohésion, au Fonds européen agricole pour le développement rural et au Fonds européen pour les affaires maritimes et la pêche, portant dispositions générales applicables au Fonds européen de développement régional, au Fonds social européen, au Fonds de cohésion et au Fonds européen pour les affaires maritimes et la pêche, et abrogeant le règlement (CE) n° 1083/2006 du Conseil, art. 36, *JOUE* L347, 20 déc. 2013, p. 320.

39. Le concept de macrorégion est porté notamment par D. Hübner, ancienne présidente de la commission REGI au Parlement européen ; cela prend appui sur des expériences en cours de réalisation (stratégies pour le Danube, la mer Noire, l'Arc Atlantique, etc.).

40. Règlement n° 1082/2006 du 5 juillet 2006 du Parlement européen et du Conseil relatif au groupement européen de coopération territoriale (GECT), *JOUE* L210, 31 juill. 2006, p. 19. Le bilan actuel est assez mitigé, puisque, outre le nombre décevant de groupements qui ont vu le jour, très peu d'entre eux ont été conçus pour être l'autorité de gestion d'un programme transfrontalier. Voir la récente étude de M. GOEHERS, « Le groupement européen de coopération territoriale, outil contractuel de négociation territoriale », *Jurisdoctoria*, 2013, n° 9, p. 85.

le ciblage au niveau régional n'apparaît alors plus systématiquement pertinent[41]. L'objectif de cohésion, dans toutes ses dimensions mentionnées dans le traité, exige probablement de s'affranchir du cadre régional pour se recentrer sur la condition sociale des personnes et la possession des droits individuels. Dès lors, l'exclusion des régions les plus riches ou des régions à caractéristiques spécifiques de l'accès aux fonds structurels, indépendamment de leur niveau de développement[42], ne saurait être légitime. D'ailleurs, sur la période de programmation 2007-2013, toutes les régions non éligibles à l'objectif de « convergence » étaient potentiellement concernées par l'objectif de « compétitivité et emploi »[43]. La politique de cohésion est donc traversée par une ambiguïté fondamentale relative à sa finalité prioritaire. Le problème de méthode est alors patent, car, d'après les économistes notamment, il n'est possible de remédier aux disparités de revenu entre les ménages et aux disparités interrégionales qu'avec le secours d'instruments politiques différents[44], qui peuvent de surcroît avoir des effets contradictoires[45].

Par ailleurs, contre toute attente, la mise en œuvre de la politique de cohésion a progressivement contribué à la résurgence du cadre d'action étatique. Dans un premier temps, le traité de Maastricht a programmé la création d'un nouveau fonds atypique, le Fonds de cohésion, qui n'avait pas vocation à atténuer les disparités socio-économiques entre les régions de la Communauté. Le Fonds de cohésion réserve actuellement le bénéfice de ses financements aux États membres dont le

---

41. Dans leur rapport remis au Parlement européen, *Une nouvelle stratégie en matière de cohésion économique et sociale après 1992* (Dossier d'études et de documentation, Parlement européen, Direction générale des études, série Politique régionale et transports, vol. 19, OPOCE, Luxembourg, 1992, 109 p., p. 16), I. BEGG et D. MAYES relevaient que, de fait, à travers la politique de cohésion, « ce sont les ménages les plus défavorisés qui constituent la cible réelle, que les dépenses sont axées sur les régions, parce que ces ménages sont concentrés régionalement et que ce sont les caractéristiques des régions, qui peuvent être modifiées par les dépenses structurelles, qui sont responsables des disparités ». G. MAJONE objectait sur ce point : « EC policy-makers often seem to forget that there is an important distinction between reducing inequality among individuals and reducing disparities across regions », *in* « The EC between Social Policy and Social Regulation », *CMLR*, 1993, vol. 31, p. 163.

42. L'article 174 al. 3 TFUE décrit plus précisément qu'auparavant les régions à caractéristiques spécifiques auxquelles la politique de cohésion devra notamment accorder une attention particulière.

43. Voir I. BEGG, *The Future of Cohesion Policy in "Richer Regions"*, Working Papers, A series of short papers on regional research and indicators produced by the DG for regional policy, 2009.

44. I. VEGA MOCOROA, « Les finances publiques européennes et leurs instruments pour l'objectif économique de la redistribution », *Revue du Marché Unique*, 1998, n° 2, p. 161.

45. T. FAROLE, M. STORPER et A. RODRIGUEZ-POSE, « Cohesion Policy in the European Union : Growth, Geography, Institutions », *op. cit.*

revenu national brut (RNB) calculé sur base des données communautaires pour la période 2001-2003 est inférieur à 90 % du RNB moyen de l'Union à 25, et qui ont mis en place un programme visant à satisfaire aux conditions de convergence économique entre les États membres visées par le traité, dans le cadre de l'Union monétaire[46]. Le cadre de référence attribué à ce fonds était ouvertement étatique, rappelant la pratique initiale retenue lors de la mise en place du FEDER[47]. Les règles afférentes à l'éligibilité des dépenses devaient être établies au niveau national, hormis quelques exceptions. Ce glissement d'une conception interrégionale à une conception interétatique de la cohésion, où la richesse peut se redistribuer sans complexe au niveau national et non plus infra-étatique, apparaît même fondamental, et il s'agit d'une évolution pérenne. La politique de cohésion pourra s'apparenter à l'avenir, au moins en partie, à une politique de redéploiement financier entre les États, plus lisible pour ces derniers. Les discussions engagées pour réformer la politique de cohésion après 2013 montrent que la dimension régionale et intégrée de cette politique est régulièrement remise en cause. Certains projets ont invité à une renationalisation rampante des dépenses structurelles[48], par exemple en isolant le FSE des autres instruments financiers[49], en privilégiant des fonds sectoriels au détriment des fonds structurels[50], ou en transférant une fraction du budget d'un fonds structurel à des investissements ciblés comme prioritaires hors cohésion[51]. D'ores

46. Voir l'article 5 § 2 du règlement n° 1083/2006 du Conseil du 11 juillet 2006 portant dispositions générales sur le FEDER, le FSE et le Fonds de cohésion, *JOUE* L210, 31 juill. 2006, p. 25. Voir également le règlement n° 1084/2006 du Conseil du 11 juillet 2006 instituant le Fonds de cohésion, *JOUE* L210, 31 juill. 2006, p. 79. Seuls les nouveaux États membres de l'Union, ainsi que la Grèce, le Portugal et à titre provisoire l'Espagne, sont dès lors concernés par les subsides de ce Fonds.

47. Voir l'article 2 du règlement n° 724/75 du Conseil du 18 mars 1975 portant création du FEDER préc., indiquant pour la période 1975-1977 une répartition des ressources du FEDER par État membre demandeur exprimée en pourcentage au regard d'une enveloppe financière globale.

48. T. MANCHA-NAVARRO et R. GARRIDO-YSERTE, « Regional Policy in the EU : the Cohesion – Competitiveness Dilemma », *Regional Science Policy & Practice*, nov. 2008, vol. 1, n° 1, p. 47.

49. Avec le support du Fonds social européen (FSE), la Commission suggérait de créer, par ce biais, une stratégie d'emploi indépendante au niveau européen, dans l'optique de conférer plus de visibilité aux mesures de l'Union pour lutter contre le chômage.

50. Le Parlement européen a par exemple rejeté en juillet 2010 l'idée de mettre en place un fonds européen en faveur du transport qui serait alimenté par une partie des ressources de la politique de cohésion.

51. Voir le controversé « Mécanisme pour l'interconnexion en Europe (MIE) » qui, à compter de 2014, devrait prélever environ 10 milliards d'euros sur le budget du Fonds de cohésion pour financer des investissements dans les infrastructures transfrontalières en matière de télécommunications, de transports et d'énergie.

et déjà, en janvier 2012, le Conseil européen a approuvé une reprogrammation des fonds structurels pour 2012-2013 à l'échelle des États, et non des régions, en ciblant les huit États membres présentant les taux de chômage des jeunes les plus élevés. Les États membres confrontés à des difficultés budgétaires aiguës jouissent d'un taux de cofinancement majoré par rapport aux taux habituels[52]. De même, les mécanismes prévus dans le cadre de la politique structurelle 2014-2020 traduisent un recentrage sur des enjeux nationaux et non plus locaux ou régionaux. On peut citer l'affectation obligatoire d'une partie des fonds à des projets labellisés *Stratégie UE 2020*[53] ou le renforcement de la conditionnalité relative aux engagements, notamment une conditionnalité macroéconomique en lien avec la gouvernance économique de l'Union[54].

La politique de cohésion a favorisé une recomposition des rapports de pouvoir entre les États membres, leurs collectivités infra-étatiques et l'Union européenne. Mais ce processus de recomposition n'aboutit pas, pour l'heure, à faire des entités infra-étatiques les collectivités politiques de base de l'organisation régionale.

II. Une incertaine accession des entités infra-étatiques au statut de collectivités politiques fondatrices de l'Union européenne

De façon innovante, la Commission a mis en avant, en matière de politique régionale, un schéma de gouvernance multiniveaux qui mobilise étroitement les entités infra-étatiques à la production et à la mise en œuvre des programmes

52. La Commission a proposé le 21 mai 2013 la prolongation en 2014 du relèvement des taux de cofinancement de la politique de cohésion pour certains États membres (Grèce, Portugal, Chypre). Ce taux peut être fixé à 95 % au lieu de 85 % habituellement, les États en question étant alors autorisés à cofinancer seulement 5 % du coût des projets aidés.

53. Cette stratégie *Europe 2020*, une stratégie pour une croissance intelligente, durable et inclusive, a été adoptée par le Conseil européen en 2010. Voir les conclusions de la présidence du Conseil européen, 25 et 26 mars 2010. Les ambitions politiques d'*Europe 2020* doivent se traduire en priorités d'investissement dans le cadre de la politique de cohésion post-2013. La Commission a proposé l'affectation obligatoire d'une partie des fonds structurels à des projets labellisés *UE 2020* (ce que la Commission appelle la technique du « *earmarking* »), avec à la clé l'institution d'une possible réserve de performance pour encourager la poursuite des objectifs politiques de cette stratégie.

54. L'accord politique sur ce sujet difficile a été scellé par le Conseil européen le 8 février 2013. Voir règlement (UE) n° 1303/2013 du Parlement européen et du Conseil du 17 décembre 2013 préc., art. 23 : il envisage dans différentes hypothèses la suspension des engagements, voire des paiements, au titre d'un programme en cas de non-respect des recommandations du Conseil ayant trait à la gouvernance économique de l'Union.

opérationnels[55]. La politique de cohésion a permis en pratique de favoriser une certaine autonomie des entités infra-étatiques, grâce à une contrainte réglementaire inédite, la norme de partenariat (A). Hors du champ de la politique de cohésion, d'autres politiques peuvent paradoxalement se prêter à un accompagnement plus bienveillant de l'émancipation des entités infra-étatiques (B).

A. Le partenariat, une contrainte réglementaire favorable à l'autonomie des entités infra-étatiques

La politique de cohésion a indéniablement permis d'extraire, en partie, les intérêts des régions de leur substrat étatique. Les réformes successives gouvernant la mise en œuvre des fonds ont toutes mis l'accent sur une approche de plus en plus décentralisée[56], en privilégiant notamment une dimension participative très forte en faveur des collectivités locales. À partir de 1988, la réglementation relative aux fonds structurels a introduit un principe d'intervention qui oblige chaque État membre à organiser, « au besoin et conformément aux règles et pratiques nationales en vigueur, un partenariat »[57], qui prend la forme d'une « concertation étroite », notamment avec les autorités régionales et locales[58]. La portée de cette exigence partenariale a été saisie de façon large par le droit dérivé de l'Union, car elle doit régir la plupart des étapes de la vie des programmes, notamment « l'élaboration, la mise en œuvre, le suivi et l'évaluation des programmes opérationnels »[59].

Il faut d'emblée dissiper tout malentendu. La règle partenariale n'a pas engendré, comme certains élus locaux avaient pu l'espérer, la dévolution des compétences de gestion des programmes opérationnels (PO) aux collectivités infra-étatiques. Les représentants des gouvernements centraux demeurent méfiants vis-à-vis de l'application de ce principe de partenariat, souvent persuadés d'un rapport de causalité, entretenu confusément, entre la pratique partenariale et le modèle imposé d'une régionalisation politique. Cette conviction continue d'obscurcir le débat sur

55. Voir G. MARKS, « Exploring and Explaining Variation in the EU Cohesion Policy » *in* L. HOOGHE (ed.), *Cohesion Policy and European Integration: Building Multilevel Governance*, Oxford University Press, 1996, p. 87.

56. Voir à cet égard l'emblématique *Livre blanc sur la gouvernance européenne* de la Commission, COM(2001) 428 final, 25 juill. 2001, p. 14.

57. Règlement n° 1083/2006 préc., art. 11 § 1.

58. I. BACHE, « Partnership as an EU Policy Instrument: a Political History », *West European Politics*, 2010, vol. 33, p. 58.

59. Règlement n° 1083/2006 préc., art. 11 § 2.

la légitimité et l'intérêt même du dispositif partenarial retenu dans le cadre de la politique structurelle[60]. En France, un PO « Océan Indien » géré notamment par le conseil régional de La Réunion demeure une expérience exceptionnelle, dans un contexte général où la mise en œuvre des fonds a conduit à une consolidation des pouvoirs des administrations déconcentrées des États membres[61]. Le préfet de Région français demeure l'interlocuteur privilégié de la Commission, et non les représentants élus des conseils régionaux[62]. D'ailleurs, les arrêts rendus par la Cour de justice en matière de politique de cohésion montrent de façon édifiante les travers de cette concentration des échanges et du dialogue entre l'État central et la Commission. Dans le cadre du système juridictionnel de l'Union, le *locus standi* des régions, acteurs pourtant majeurs de la gestion décentralisée des fonds, s'avère nettement insuffisant[63].

La règle partenariale, telle qu'elle a été formulée puis appliquée sur le terrain, ne favorise pas de façon univoque le rôle des collectivités infra-étatiques pour plusieurs raisons.

D'abord, les contraintes des États membres en la matière sont relatives. Ces derniers organisent un partenariat pour chaque PO. Mais ils désignent eux-mêmes les partenaires appropriés avec lesquels les autorités nationales travailleront, ce qui ne garantit pas toujours aux entités infra-étatiques une association optimale à la réalisation des programmes[64]. De toute façon, la violation du respect du principe de partenariat ne saurait être sanctionnée sur un plan judiciaire. Le juge de l'Union n'entend pas d'ailleurs promouvoir la justiciabilité de ce principe du partenariat dont le contenu

60. Pourtant, G. MARCOU, A. GAZARYAN et K. SVOBODA ont montré que « sur le plan économique, il n'est nullement établi qu'il existe un lien quelconque entre le développement endogène et un type particulier de régionalisation » *in La régionalisation en Europe*, *op. cit.*, p. 48.

61. P. TROUSSET, « Fonds structurels et politique régionale communautaire » *in* J.-C. NEMERY (dir.), *Quelle administration territoriale pour le XXIe siècle en France dans l'Union européenne ?*, L'Harmattan, « Administration et administration du territoire », Paris, 2001, p. 271.

62. J.-L. QUERMONNE, « La genèse institutionnelle des régions en France au regard des principaux pays européens » *in* E. DUPOIRIER (dir.), *Régions. La croisée des chemins. Perspectives françaises et enjeux européens*, Presses de Sciences-Po, Références inédites, Paris, 1998, p. 39.

63. P. VAN NUFFEL, « What's in a Member State ? Central and Decentralized Authorities before the Community Courts », *CMLR*, vol. 38, 2001, p. 871.

64. Voir la note de J. PUCHER, I. NAYLON et A. RESCH, *The Partnership Contracts. How to Implement Multilevel Governance and to Guarantee the Flexibility of Cohesion Policy*, DG for internal policies, Policy Department B (Structural and Cohesion Policies), Parlement européen, 2012.

juridique reste trop évanescent. Le Tribunal a ainsi coupé court aux tentatives des acteurs locaux, par exemple les groupements d'action locale (GAL), d'établir une relation immédiate avec la Commission en s'appuyant sur la règle du partenariat[65].

Ensuite, la conception politique du partenariat de la Commission tend à diluer le rôle premier des entités infra-étatiques, car l'institution prône une vision très pluraliste de la société locale, à des fins de légitimation de son action publique. Depuis 1993, la réglementation européenne promeut un partenariat très hétérogène et non hiérarchisé[66], qui implique de multiples acteurs, à savoir non seulement les autorités locales et régionales – et la fragmentation des pouvoirs locaux rend d'autant plus nécessaire l'arbitrage des représentants de l'État –, mais aussi les partenaires économiques et sociaux, et les organismes représentant la société civile, dont les partenaires environnementaux, les organisations non gouvernementales (ONG) et les organismes chargés de promouvoir l'égalité des chances et la non-discrimination[67]. Par conséquent, les entités infra-étatiques qui sont souvent responsables de l'exécution de projets et investissent leurs propres ressources pour les cofinancer, voient leur statut paradoxalement dégradé, puisqu'elles sont placées au même niveau que des partenaires variés issus de la société civile, en général dépourvus de leviers financiers et de toute légitimité démocratique[68]. Ce partenariat non sélectif risque aussi de favoriser des situations de conflits d'intérêts, et donc de décrédibiliser le dispositif de programmation. Ainsi, la motivation principale d'une ONG partenaire reste tout de même la perspective de devenir bénéficiaire d'un programme.

Enfin, l'intensité très variable du partenariat élaboré reste aussi un point préoccupant. Selon de nombreuses études convergentes, si la capacité institutionnelle d'une entité infra-étatique est trop déficiente, elle va réduire sensiblement la qualité du

65. Voir notre contribution, « La Cour de justice, garante de l'équilibre institutionnel ? » *in* N. RUBIO (dir.), *Le contrôle des fonds européens de cohésion. Évolutions, enjeux et perspectives*, Bruylant, coll. « Travaux de droit international et européen », 2013, p. 61.

66. Le Comité des Régions critique de façon récurrente dans ses avis cette absence de hiérarchie dans le positionnement des partenaires et préconise au contraire une hiérarchie adéquate et clairement assumée des partenaires. Voir son avis du 29 novembre 2012 sur un code de conduite en matière de partenariat, *JOUE* C 17, 19 janv. 2013, p. 13.

67. Voir règlement (UE) n° 1303/2013 du Parlement européen et du Conseil du 17 décembre 2013 préc., art. 7.

68. Sur la conception libérale-pluraliste de la société civile promue par la Commission, voir l'analyse de R. SANCHEZ SALGADO : « Plus il y a d'intérêts en concurrence, plus l'autorité publique a de marge pour se positionner en tant qu'arbitre » *in* « La société civile européenne ou les usages d'une fiction », *Raisons politiques*, Presses de Sciences Po, 2011, n° 44, p. 201 et s., spéc. p. 221.

partenariat institué et l'impact de l'assistance fournie par les fonds structurels[69]. En outre, certains partenaires infra-étatiques sont difficiles à mobiliser au niveau local, comme les communes. De même, l'expertise précieuse des organismes intermédiaires représentatifs, comme les GAL, les chambres de métiers, les chambres de commerce, fait souvent défaut. En outre, si le partenariat est effectif dans le cadre des procédures de programmation, il est souvent déficient au stade de la réalisation des PO et de leur suivi, car ces programmes reposent avant tout sur une logique de consommation des crédits. Le partenariat peut être difficile à organiser dans le cadre des comités de suivi[70], et parfois même il peut se révéler moins qualitatif que le partenariat qui résulte de la mise en œuvre des politiques internes, en raison des lourdeurs administratives[71].

Parfois, la Cour est contrainte d'interpréter certaines règles matérielles de l'Union de façon à garantir l'intégrité de l'ordonnancement constitutionnel des compétences spécifiques à certains États membres[72]. Dans ce cadre, d'autres politiques que la politique de cohésion peuvent se prêter, de façon inattendue, à un accompagnement plus bienveillant par le droit de l'Union de l'autonomie des entités infra-étatiques.

69. Voir l'exemple édifiant de la Région Sicile étudié par S. MILIO, « Can Administrative Capacity Explain Differences in Regional Performance ? Evidence from Structural Funds Implementation in Southern Italy », *Regional Studies*, 2007, vol. 41, n° 14, p. 429 et s.

70. Voir C. MESTRE, « Le partenariat et la concertation dans la définition des plans régionaux de développement », *in* S. LECLERC (ed.), *L'Europe et les régions : quinze ans de cohésion économique et sociale*, Bruylant, « Rencontres européennes », Bruxelles, 2003, p. 96.

71. Voir pour le Royaume-Uni par exemple le rapport ECOTEC, *Evaluation of the Added Value and Costs of the European Structural Funds in the UK*, ECOTEC Research & Consulting, Birmingham, 2003.

72. D. RITLENG, « De l'utilité du principe de primauté du droit de l'Union européenne », *RTDE*, 2009, p. 677.

B. Une valorisation plus concluante de l'autonomie des entités infra-étatiques dans le champ d'autres politiques de l'Union

Selon l'article 4 § 2 TUE, l'Union respecte « l'identité nationale » de ses États membres, identité qui inclut nécessairement leur substance territoriale[73]. Le droit de l'Union a retenu « une conception monolithique »[74] de l'État membre et respecte l'intégrité du schéma de distribution des pouvoirs à l'intérieur de celui-ci. « La différenciation juridique à base territoriale »[75] que connaissent certains États membres est susceptible de faire varier les obligations européennes qui s'imposent à eux, en fonction de leur organisation territoriale. À cet égard, la fiscalité a souvent été un domaine privilégié afin de mettre en œuvre une telle différenciation juridique. Les autorités centrales de certains États membres ont adopté des régimes fiscaux, propres à certaines régions ou territoires, qui offrent des avantages par rapport au système général à raison de leur spécificité régionale. De tels régimes fiscaux sont en principe qualifiés d'aides d'État par la Commission[76]. Mais certains États membres comme l'Espagne ou l'Italie vont plus loin, dans le cadre de leur décentralisation politique, en concédant des compétences fiscales exclusives à leurs entités régionales[77]. Il faut relever que cette autonomie fiscale n'est alors pas toujours reconnue à toutes les collectivités infra-étatiques de même rang, ce

73. Pour S. MARTIN, « le concept européen [d'identité nationale] vise à s'appliquer pour l'ensemble des États membres, à la manière d'une matrice européenne, propre à réceptionner des revendications étatiques », dans « L'identité de l'État dans l'Union européenne : entre "identité nationale" et "identité constitutionnelle" », *RFDC*, 2012, nº 91, p. 26.

74. O. DUBOS, « Le territoire » *in* J.-B. AUBY (dir.), *L'influence du droit européen sur les catégories du droit public*, *op. cit*, p. 359.

75. Voir J.-B. AUBY, « Pluralisme territorial et droit communautaire », *Droit administratif*, déc. 2009, repère 11.

76. CJCE, 19 sept. 2000, *Allemagne c/Commission*, aff. C-156/98, *Rec.*, P. I-6857.

77. Voir dans le contexte italien, CJCE, 17 nov. 2009, *Presidente del Consiglio dei Ministri c. Regione Sardegna*, aff. C-169/08, *Rec.*, p. I-10821, à propos d'une législation fiscale de la Région Sardaigne qui instituait une taxe régionale sur l'escale touristique frappant uniquement les personnes physiques et morales ayant leur domicile fiscal en dehors du territoire régional. Cet arrêt, rendu en grande chambre par la Cour, faisait suite au premier renvoi préjudiciel initié par la Cour constitutionnelle italienne. La norme communautaire constituait ici un paramètre permettant d'apprécier la constitutionnalité de la loi sarde pour violation par une région de ses obligations européennes. Sur l'article 117 de la Constitution italienne, voir L. PICCIANO, « La dimension régionale de l'Union européenne, facteur de démocratisation dans le système juridique communautaire », *in* M. DONY et L. SERENA ROSSI (ed.), *Démocratie, cohérence et transparence. Vers une constitutionnalisation de l'Union européenne ?*, Éditions de l'Université de Bruxelles, Études européennes, Institut d'Études européennes, 2008, 367 p., p. 95.

qui complique la donne[78]. Dans plusieurs affaires récentes, la Cour de justice a été contrainte de prendre position sur la légalité de certains dispositifs d'aides fiscales délivrées par des régions bénéficiant d'un statut d'autonomie régionale très avancé. Or, ses arrêts montrent que la discipline des aides d'État peut se révéler un terrain particulièrement fertile pour accompagner et mettre en valeur l'autonomie acquise par certaines régions en vertu de leur droit national, notamment sous l'angle de leur autonomie fiscale.

La question qui a été posée à la Cour concerne le caractère ou non sélectif des mesures fiscales adoptées par certaines régions, susceptible d'entraîner ensuite la qualification d'aide d'État au sens de l'article 107 § 1 TFUE[79]. La Cour considère, depuis un arrêt de 2006 relatif à la Région autonome des Açores[80], que « le cadre de référence » préalable à l'analyse de la sélectivité d'une mesure fiscale envers des entreprises bénéficiaires « ne doit pas nécessairement être défini dans les limites du territoire de l'État membre concerné »[81] et peut donc être un cadre de référence régional. Selon la Cour,

> « il ne saurait être exclu qu'une entité infra-étatique dispose d'un statut de droit et de fait la rendant suffisamment autonome par rapport au gouvernement central d'un État membre pour que, par les mesures qu'elle adopte, ce soit cette entité, et non le gouvernement central, qui joue un rôle fondamental dans la définition de l'environnement politique et économique dans lequel opèrent les entreprises »[82].

78. Voir E. Traversa, *L'autonomie fiscale des régions et des collectivités locales face au droit communautaire, analyse et réflexion à la lumière des expériences belge et italienne*, Bruxelles, Larcier, « Fondements du droit fiscal », 1re éd., 2010.

79. Cette notion de sélectivité de l'aide est implicitement évoquée à l'article 107 § 1 TFUE, lequel vise les avantages accordés à « certaines entreprises ou certaines productions ». Comme le relève S. Nicinski, cela renvoie également à la notion d'anormalité de l'aide, *in Droit public des affaires*, Montchrestien, Domat Droit public, 1re éd., 2009, p. 197.

80. CJCE, 6 sept. 2006, *Portugal c/Commission*, aff. C-88/03, *Rec.*, p. I-7115. Dans cette affaire, la Cour a jugé que la Région des Açores ne pouvait pas servir de cadre territorial de référence afin d'apprécier la sélectivité de la mesure en cause.

81. CJCE, 11 sept. 2008, *Union General de Trabajadores de la Rioja (UGT - Rioja) e.a.*, aff. C-428/06 à C-434/06, *Rec.*, p. I-6747, pt 47, à propos du Pays basque et de ses Territoires historiques ; commentaire D. Berlin, « Jurisprudence fiscale européenne », *RTDE*, 2010, p. 159 et s.

82. CJCE, 11 sept. 2008, *UGT - Rioja*, préc., pt 48.

Ce faisant, la Cour admet l'absence d'automaticité entre la mesure fiscale adoptée par une région et la notion d'aide d'État sanctionnable en vertu du traité[83]. Dans sa jurisprudence antérieure, la Cour avait pourtant exclu de prendre en considération la structure institutionnelle interne de l'État lorsqu'elle devait interpréter les règles matérielles afférentes au droit des aides d'État. Pour ne pas favoriser les États régionalisés ou très déconcentrés, il était acquis que la notion d'État recouvrait les collectivités régionales. La Cour jugeait que les mesures prises en la matière par des entités régionales étaient imputables à l'État membre : « Les aides accordées par des entités régionales et locales des États membres, quels que soient le statut et la désignation de celles-ci, sont soumises à l'examen de conformité à l'article 92 du traité[84]. » Le fait que les mesures fiscales soient prises par des collectivités territoriales dotées d'une compétence fiscale exclusive en vertu du droit national était « une circonstance purement formelle »[85]. L'évolution de l'approche de la Cour est donc remarquable, car son raisonnement traditionnel était imparable. L'imputation aux États membres des mesures prises par des entités régionales se déduisait, en toute logique, du système général prévu par le traité, en vertu duquel c'est l'État membre qui est le seul interlocuteur de la Commission dans la procédure d'examen des aides.

La Cour a dégagé trois critères à éprouver dans le cadre de son test de la sélectivité régionale d'une mesure fiscale. Ces trois critères permettent d'esquisser un véritable « standard » européen de l'autonomie régionale et locale[86]. La Région doit disposer d'une réelle autonomie dans trois dimensions identifiées par la Cour. D'abord, la Région doit disposer d'une autonomie institutionnelle. Ensuite, elle doit pouvoir faire valoir également une autonomie procédurale, c'est-à-dire que les mesures fiscales sont adoptées de manière indépendante par la collectivité infra-étatique. À ce titre, l'obligation « de prendre en considération l'intérêt de l'État [...] ne constitue pas, en principe, un élément portant atteinte à l'autonomie

83. C. U. CAVIEDES, « La sélectivité régionale », *in EC State Aid Law – Le droit des aides d'État dans la Communauté européenne. Liber amicorum Francisco Santaolalla Gadea*, Kluwer Law International, 2008, p. 125.

84. CJCE, 14 oct. 1987, *Allemagne c/Commission*, aff. 248/84, *Rec.*, p. 4013, pt 17, à propos d'un système d'aides instaurées par le Land Nordrhein-Westfalen.

85. Conclusions de l'avocat général Saggio, sur CJCE, ord., 16 févr. 2000, *Administracion del Estado c/Juntas Generales de Guipuzcoa e.a.*, aff. C-400/97, C-401/97 et C-402/97, *Rec.*, p. I-1073, pt 37.

86. Pour la première formulation de ces critères, voir les conclusions de l'avocat général Geelhoed, sur CJCE, 6 sept. 2006, *Portugal c/Commission*, préc., pt 54.

procédurale »[87] de la Région. La Cour développe ici clairement une approche très conciliante du critère de l'autonomie procédurale. Enfin, la Cour dégage une troisième dimension de l'autonomie des régions spécialement intéressante, à savoir l'autonomie économique ou financière. Il s'agit d'exiger de la Région qu'elle finance elle-même les mesures fiscales exonératoires en faveur des entreprises présentes sur son territoire sans recourir à des concours systématiques en provenance de l'État central ou des autres régions. Ce critère de l'autonomie économique participe donc d'une exigence de démocratie locale[88]. La Cour défend en l'occurrence une approche plutôt exigeante de l'autonomie économique des régions, qui suppose que les entités régionales aient la faculté de décider elles-mêmes du niveau de leurs revenus fiscaux[89]. Or, les États membres privilégient la technique des transferts, poste majeur d'alimentation des budgets locaux[90], et même les États fédéralistes sont loin de garantir nécessairement l'autonomie financière escomptée par leurs entités fédérées[91]. Dans une affaire concernant l'impôt sur les sociétés du gouvernement de Gibraltar, le Tribunal a estimé nécessaire « l'existence d'un lien de cause à effet entre la mesure fiscale litigieuse adoptée par la collectivité et les soutiens financiers des autres régions ou du gouvernement central »[92], ce qui atténue la portée de l'exigence d'autonomie financière. Comme le note le Tribunal, « il serait très difficile de concevoir une entité infra-étatique qui ne reçoit aucun soutien financier, sous quelque forme que ce soit, de la part du gouvernement central »[93].

87. CJCE, 11 sept. 2008, *UGT – Rioja*, préc., pt 108.

88. En ce sens, R. Atari, « Le pouvoir fiscal des régions et l'interdiction des aides d'État. Essai de rapprochement entre coresponsabilité fiscale et sélectivité régionale », *Jurisdoctoria*, 2010, n° 5, p. 128 : « Le critère de l'autonomie économique contraint les décideurs publics à assumer devant leur électorat leur propre politique de réduction fiscale. »

89. Ce que R. Atari, appelle « la coresponsabilité fiscale » en tant que stade avancé de la décentralisation fiscale, *ibid.*

90. Pour A. Delcamp et J. Loughlin, *La décentralisation dans les États de l'Union européenne*, *op. cit*, l'avenir d'une réelle fiscalité locale se trouve posé dans la plupart des États membres de l'Union.

91. J. Ferstenbert, F. Priet et P. Quilichini, *Droit des collectivités territoriales*, Dalloz, « HyperCours », Paris, 2009, 1re éd., 756 p., p. 63. Ainsi, les *Länder* allemands ne disposent que d'une faible proportion de ressources fiscales propres.

92. TPICE, 18 déc. 2008, *Gouvernement de Gibraltar c/Commission*, aff. T-211/04 et T-215/04, *Rec.*, p. II-3745, pt 106 ; note L. Idot, *Europe*, févr. 2009, comm. n° 87.

93. *Ibidem.*

Dans le cadre de cette étude, le droit de la commande publique, tel qu'interprété par la Cour de justice, aurait pu également se prêter à une lecture intéressante sous l'angle de la promotion de l'autonomie régionale et locale[94]. En effet, le juge de l'Union a élargi les possibilités prétoriennes d'exemption aux règles des marchés publics des partenariats entre collectivités infra-étatiques. Au-delà de la désormais classique exception *in house*[95], la Cour a institué plus récemment une nouvelle hypothèse d'inopposabilité des procédures de passation prévues par les directives en matière de marchés publics à diverses formes de mise à disposition de services entre collectivités infra-étatiques[96].

À l'examen de la jurisprudence de la Cour, envisager l'immixtion du juge de l'Union dans la sphère de l'autonomie institutionnelle des États serait bien sûr excessif. Mais si d'ordinaire la Cour manifeste une neutralité déférente à l'égard des compétences dévolues aux collectivités infra-étatiques par les États membres, ses arrêts les plus récents dénotent une volonté inédite de prendre en considération les modalités de l'autonomie plus ou moins avancée attribuée par certaines Constitutions aux collectivités infra-étatiques, puis d'apprécier le caractère « euro-compatible » des mécanismes d'autonomie au regard de certaines matières du droit de l'Union (aides d'État, marchés publics). Les règles juridiques issues de ces matières ne doivent pas subir, dans leur champ d'application, de distorsions liées à un phénomène de différenciation des territoires. La politique de cohésion ne s'inscrit pas dans ce schéma de mise en retrait de la figure de l'État central, bien au contraire. Cette politique a épousé – plus que suscité – le processus de décentralisation des pouvoirs au profit des régions, processus déjà en cours dans la plupart des États membres, en aménageant à leur profit une place spécifique au sein de ses procédures. Mais l'application du principe du partenariat, qui devait servir le plus nettement la cause émancipatrice des entités infra-étatiques, se révèle insatisfaisante.

---

94. En ce sens N. DE GROVE-VALDEYRON, « La modernisation de la politique de l'Union européenne en matière de marchés publics : vers une clarification pour les contrats passés entre pouvoirs publics ? » *in Mélanges en l'honneur du professeur Joël Molinier*, LGDJ-Lextenso, 2012, p. 143.

95. CJCE, 18 nov. 1999, *Teckal Srl c/Comune di Viano*, aff. C-107/98, *Rec.*, p. I-8121.

96. CJCE, 9 juin 2009, *Commission c/République fédérale d'Allemagne*, aff. C-480/06, *Rec.*, p. I-4747, confirmé par CJUE, 19 déc. 2012, *Azienda Sanitaria Locale di Lecce et Università del Salento*, aff. C-159/11, publié au *Recueil numérique* : ECLI:EU:C:2012:817.

À ce titre, les contrats de partenariat[97] et le projet de code européen du partenariat, dont l'adoption est défendue par la Commission pour la période de programmation 2014-2020, reflètent avant tout une stratégie d'affichage politique et ne devraient pas entraîner, sur le fond, d'inflexion notable dans la prise en charge des intérêts des entités infra-étatiques[98].

97. Les accords de partenariat sont approuvés par la Commission, par voie d'actes d'exécution, et pourront être révisés ; voir règlement (UE) nº 1303/2013 du Parlement européen et du Conseil du 17 décembre 2013, préc., notamment art. 2 point 20) et art. 16.

98. Voir les articles 13 à 15 de la proposition modifiée de règlement portant dispositions communes, COM(2013) 246 final, préc. Le Cadre stratégique commun (CSC) impose aux États membres le respect du principe de partenariat, mais sans exiger à leur charge une coopération institutionnalisée avec les entités infra-étatiques.

8. PROCESSUS DE RÉGIONALISATION ET MODALITÉS DE LA « COOPÉRATION TERRITORIALE » TRANSFRONTIÈRE DANS L'UNION EUROPÉENNE

par

Danielle CHARLES-LE BIHAN

Professeur de droit public, Chaire Jean Monnet, Université Rennes 2
Membre du Centre de recherches européennes de Rennes (CEDRE)
Département de IODE (UMR-CNRS 6262)
Coordinatrice académique du Centre d'excellence Jean Monnet de Rennes

La place faite aux régions dans les organisations d'intégration régionales est hétérogène[1] : l'Union européenne fait figure d'expérience la plus avancée[2] y compris dans le domaine de la « coopération territoriale » qui recoupe trois dimensions de coopération : transfrontalière, transnationale et interrégionale.

– *Les collectivités infra-étatiques sont des « acteurs institutionnels » progressivement reconnus par le droit de l'Union européenne*. En dépit du principe selon lequel l'Union européenne est composée d'États souverains, pour ce qui concerne

1. X. GIZARD : « Intégrations régionales : les régions actrices des intégrations régionales », Contribution aux Assises fondatrices de la chaire UNESCO « Intégrations régionales », le 11 juin 2010, (*http://cejm.univ-rennes.eu/fr/cooperations/Chaire+UNESCO+/Les+manifestations+organis%C3%A9es+dans+le+cadre+de+la+Chaire+UNESCO+de+Rennes/Assises+Fondatrices+de+la+Chaire%2C+juin+2010/*).

2. Voir R. PASQUIER (dir.), *Rapport pour Commission européenne/Fogar, Évaluation de l'implication des Régions et États fédérés dans les processus d'intégration régionale au niveau continental et sous-continental*, procédure de marché n° 2011CE160AT022, DG Regio, mai 2012, 115 p.; Voir la contribution de R. Pasquier au présent ouvrage, p. 31.

leur organisation interne, l'avènement de la politique de cohésion économique et sociale (avec l'Acte unique européen) a créé un lien direct entre les instances communautaires et les échelons infra-étatiques :

– du point de vue de leur représentation : la création du Comité des Régions (traité sur l'Union européenne, Maastricht, 1992) a doté les collectivités infra-étatiques d'un organe consultatif dont les compétences et l'impact politique se sont progressivement renforcés[3] ;

– en tant qu'acteurs de la définition et de la mise en œuvre des politiques et actions de l'Union : le traité de Lisbonne (entré en vigueur le 1er décembre 2009) a consacré la reconnaissance par l'UE de « l'identité nationale » des États membres « y compris en ce qui concerne l'autonomie locale et régionale » (TUE, art. 4) et, en vertu du principe de subsidiarité, le fait que les objectifs de l'action envisagée peuvent être atteints de manière suffisante par les États membres tant au niveau central, qu'au niveau régional et local (TUE, art. 5). Les Régions, les Villes et leurs groupements deviennent dès lors des « acteurs institutionnels » de la définition et de la mise en œuvre des politiques de l'UE.

Est désormais consacrée la « cohésion territoriale »[4] impliquant un développement équilibré, une solidarité entre territoires, un accès équitable des citoyens aux services et des principes de gouvernance tels que la fluidité entre les échelons territoriaux, la coordination des politiques, des stratégies intégrées de coopération entre les territoires[5].

Les bases d'une « gouvernance multiniveaux » sont ainsi posées, reconnaissant la participation des acteurs régionaux et locaux à la prise de décision dans leur espace et leur champ de compétences, leur conférant un statut de partenaires à part entière et affirmant progressivement leur rôle dans une politique de développement et de « coopération territoriale » (transfrontalière, transnationale, transrégionale).

---

3. TFUE, art. 305 à 307 ; voir aussi le rôle des organisations interrégionales CRPM, FOGAR, ARE…

4. TFUE, IIIe Partie, titre XVIII, art. 174 et s. Voir aussi l'Agenda territorial de l'Union européenne : *Vers une Europe plus compétitive et durable avec des régions diverses*, accepté à l'occasion de la réunion informelle des ministres du Développement urbain et de la Cohésion territoriale, Leipzig, 25 mai 2007, *http://ww.europarl.eu/webnp.*

5. P. Salez, « Différenciation et gouvernance territoriale : que propose l'Europe ? » dans le dossier « Principe d'égalité et différenciation territoriale. Entre standardisation et nouveaux équilibres », *Pouvoirs Locaux*, n° 93 II/2012, p. 115.

– Les collectivités infra-étatiques sont reconnues comme acteurs majeurs de la « coopération territoriale ». L'intérêt des collectivités locales, pour des coopérations transfrontalières, au sein de l'Union européenne, n'a cessé de croître durant ces vingt dernières années. Elles ont été encouragées par le Conseil de l'Europe qui a forgé les premiers instruments juridiques (*infra*) dont s'est inspirée l'Union européenne pour élaborer sa propre terminologie et définir les coopérations entre les acteurs infra-étatiques dans l'Union européenne[6].

Le rapprochement des collectivités locales européennes s'est accéléré à la suite de l'Acte unique européen et de l'impulsion donnée en faveur de la construction du marché intérieur. Cette réalisation a généré des effets pervers : d'un côté, elle a permis un décloisonnement général des activités économiques et marchandes en Europe, en facilitant la libre circulation des marchandises, des personnes, des services et des capitaux[7] et d'un autre côté, elle a emporté des conséquences dommageables sur les collectivités locales, en imposant le jeu de la concurrence à l'intérieur des territoires de l'Union européenne.

La coopération transfrontalière, « démarche novatrice », a été marquée par la discrétion et la prudence dans la mesure où, *a priori*, les collectivités locales agissaient « en l'absence de tout cadre juridique clair sur la manière de mener des relations présentant des caractères d'externalité »[8]. Sous l'effet de l'intégration européenne, ces mouvements de coopération entre collectivités locales de l'Europe se sont accrus et, paradoxalement, la suppression des frontières a révélé des espaces frontaliers et les collectivités locales sont devenues les acteurs directs de territoires à la recherche d'une « solidarité de destin »[9].

---

6. Voir l'étude réalisée par le Groupe d'étude des politiques européennes (GEPE), N. LEVRAT (dir.), dans le contexte du programme de recherche du Comité des Régions, CDR117-2007_ETU, 254 p., *http://www.cor.europa.eu/egtc.htm.*

7. En diffusant les principes de libre circulation, la construction européenne a atténué la réalité matérielle constituée par la frontière. Dans le même temps, en mettant les économies européennes en concurrence, elle a rendu inéluctable la coopération, non seulement entre les États, mais également entre les régions. Voir sur ce thème O. CASTRIC, *Quel partenariat pour les régions de l'Union européenne ?,* Rennes, Apogée, 2002, 424 p. (p. 183).

8. A. NOUREAU, *L'Union européenne et les collectivités locales*, Thèse doctorat en droit, Université de La Rochelle, 2 avr. 2011, p. 317-319, disponible : *http://tel.archives-ouvertes.fr/docs/00/59/09/66/PDF/TheseNoureau.pdf.*

9. « Avant-propos », *in* Y. LEJEUNE (dir.), *Le droit des relations transfrontalières entre autorités régionales ou locales relevant d'États distincts*, Bruxelles, Bruylant, 2005, 213 p. (p. V).

L'Union européenne s'est affirmée comme « un nouvel acteur supranational du développement des territoires » modifiant l'environnement institutionnel et le cadre territorial des politiques nationales et infranationales au sein de nouveaux territoires d'intervention. L'intégration communautaire a ainsi conduit les collectivités infra-étatiques à dépasser les frontières classiques d'exercice de leurs prérogatives, à se projeter hors de leurs frontières nationales et régionales dans de nouveaux espaces transnationaux et transfrontaliers[10].

– *Un cadre juridique complexe*. Un des principaux obstacles au développement de coopérations entre collectivités territoriales situées dans différents États est d'ordre juridique. Aussi, dès le milieu des années 1950[11], des initiatives locales ont été entreprises, relayées au niveau européen dès les années 1970, avec notamment la création en 1971 de l'Association des régions frontalières européennes (ARFE) et l'organisation par le Conseil de l'Europe à Strasbourg en 1972 de la première confrontation des régions frontalières de l'Europe.

Dès la création du FEDER en 1975[12], la Communauté européenne a proposé un soutien financier aux activités de coopération transfrontalière. Parallèlement, en 1980, une Convention-cadre sur la coopération transfrontalière des collectivités ou autorités territoriales a été ouverte à la signature sous les auspices du Conseil de l'Europe ; elle offre le premier cadre juridique européen à une coopération, encore limitée au voisinage. Il faut attendre 1996 pour que, dans le cadre de l'Initiative communautaire INTERREG II, la Commission propose le soutien financier à des activités de coopération dépassant le cadre du strict voisinage[13], et 1998 pour que le Protocole n° 2 à la Convention-cadre européenne sur la coopération transfrontalière des collectivités ou autorités territoriales relatif à la coopération interterritoriale soit ouvert à la signature dans le cadre du Conseil de l'Europe[14].

---

10. G. BAUDELLE, C. GUY, B. MERENNE-SCHOUMAKER, *Le développement territorial en Europe, concepts, enjeux et débats*, Presses Universitaires de Rennes, 2010, p. 71.

11. Voir notamment P.-M. DUPUY, « La coopération régionale transfrontalière et le droit international », *AFDI*, 1977, p. 837-860 ; N. LEVRAT, *Le droit applicable aux accords de coopération transfrontière entre collectivités publiques infra-étatiques*, Paris, PUF, 1994.

12. Règlement (CEE) n° 724/75 du Conseil du 18 mars 1975, portant création d'un Fonds européen de développement régional, *JOCE* L73, 21 mars 1975, p. 1.

13. Création d'INTERREG II C « concernant la coopération transnationale sur le thème de l'aménagement du territoire » par la Commission. Communication de la Commission aux États membres, *JOCE* C 200, 10 juill. 1996, p. 23.

14. Ouvert à la signature à Strasbourg, le 5 mai 1998, SCTE n° 169.

En 2006, faisant suite à la demande du Comité des Régions de développer la politique de cohésion territoriale, accompagnant la programmation 2007-2013 de la cohésion économique et sociale[15] et la réforme des fonds structurels rendue nécessaire par l'élargissement, apparaît donc une réglementation communautaire créant un outil juridique permettant le développement de la coopération territoriale.

Une première difficulté, d'apparence purement sémantique, mais qui en réalité « camoufle des conceptions souvent assez éloignées sur la réalité des coopérations concernées »[16], a trait à l'appellation même de cette coopération :

– « transfrontalière », c'est-à-dire limitée au voisinage dans le contexte de la Convention-cadre de Madrid du Conseil de l'Europe[17], de son Protocole additionnel[18], de l'initiative INTERREG[19], puis INTERREG II A[20] et INTERREG III A[21] ;
– « interterritoriale » dans le cadre du Protocole nº 2 à la Convention-cadre précitée ;
– « transnationale » pour INTERREG II C[22] et INTERREG III B[23] ;
– « transfrontière » à l'article 307 paragraphe 1 du TFUE relatif au pouvoir consultatif du Comité des Régions en la matière[24] ;
– « interrégionale » pour INTERREG III C[25].

15. Comité des Régions, avis 388/2002 sur la cohésion territoriale, 10 avr. 2003, *JOUE* C 244, 10 oct. 2003, p. 23.

16. Voir l'étude réalisée par le GEPE, N. LEVRAT (dir.), préc.

17. Ouverte à la signature à Madrid, le 21 mai 1980, STCE nº 106 (voir *infra*).

18. Ouvert à la signature à Strasbourg, le 9 novembre 1995, STCE nº 159 (voir *infra*).

19. *JOCE* C 215, 30 août 1990, p. 4.

20. *JOCE* C 180, 1er juill. 1994, p. 60.

21. *JOCE* C 143, 23 mai 2000, p. 6.

22. *JOCE* C 200, 10 juill. 1996, p. 23 : initiative communautaire INTERREG II C de « coopération transnationale sur le thème de l'aménagement du territoire ». Ce nouveau volet d'INTERREG aura pour objectifs principaux :

– « de contribuer au rééquilibrage du territoire de l'Union européenne par des actions structurantes d'intérêt communautaire contribuant au renforcement de la cohésion économique et sociale [...] de faciliter la coopération transnationale engagée sur ce thème par les États membres et les autorités compétentes [...] ;

– d'améliorer l'impact territorial des politiques communautaires ».

23. *JOCE* C 143, 23 mai 2000, p. 9.

24. La coopération transfrontière comprend les relations qui présentent des éléments d'extranéité sans requérir l'existence d'une frontière commune. Voir N. LEVRAT : *Le droit applicable aux accords de coopération transfrontière entre collectivités publiques infra-étatiques, op. cit.*

25. Le volet C de INTERREG III, concerne la coopération interrégionale, laquelle « vise l'amélioration de l'efficacité des politiques et outils de développement régional et de cohésion par la mise en réseau, en particulier pour les régions en retard de développement et de reconversion », cela « sur

Il apparaît en définitive que « toutes ces coopérations traitent des relations extérieures des collectivités locales qu'il faudra alors encadrer »[26].

– *La notion « flexible », « englobante » et « inclusive » de la « coopération territoriale » s'impose en droit de l'Union.* On constate une réelle difficulté à mettre en place un cadre juridique de cette « coopération territoriale » en droit de l'Union européenne, eu égard à la diversité intrinsèque des collectivités locales des États membres, aux compétences divergentes… C'est dans le cadre de la politique de cohésion économique et sociale de l'Union européenne que s'est progressivement créé un lien direct entre les instances communautaires et les régions favorisant la relation transfrontalière entre les régions elles-mêmes.

Dans l'ordonnancement actuel de l'Union, c'est l'expression « coopération territoriale européenne » qui semble s'imposer regroupant sous une même appellation les trois dimensions « d'une coopération territoriale européenne transfrontalière, transnationale et interrégionale »[27].

Si l'article 307 TFUE, retient la notion de « coopération transfrontière », le droit dérivé a imposé l'expression de « coopération territoriale » également retenue par le Parlement européen[28].

La coopération territoriale englobe dès lors les trois dimensions des coopérations :
- la coopération transfrontalière concerne les coopérations de voisinage dans un espace situé de part et d'autre d'une frontière commune, conception retenue par le Comité des Régions[29] ;

des sujets à définir par la Commission, après consultation du Comité des régions ».

26. R. Lafore, « L'action à l'étranger des collectivités territoriales », *RDP*, 1988, p. 763-811.

27. La coopération territoriale couvre, aux termes de l'article 1er § 2 du règlement relatif au GECT, « la coopération transfrontalière, transnationale et/ou interrégionale » : règlement (CE) nº 1082/2006, *JOUE* L210, 31 juill. 2006, p. 19.

28. Résolution législative du 6 juillet 2005 sur la proposition de règlement du Conseil portant dispositions générales sur le Fonds européen de développement régional, le Fonds social européen et le Fonds de cohésion, COM(2004) 492 2004/0163 (AVC) ; et Rapport J. Olbrycht (A6-0206/2005).

29. Comité des Régions, Avis 181/2000, « Stratégie pour la promotion de la coopération transfrontalière et interrégionale dans une Europe élargie », 13 mars 2002. Le nouvel objectif de coopération territoriale européenne, adopté en juillet 2006, établit que les régions de niveau NUTS 3 sont éligibles, le long de toutes les frontières terrestres intérieures et de certaines frontières terrestres extérieures, le long des frontières maritimes séparées par une distance maximum de 150 km. La liste des régions éligibles a été fixée par une décision 2006/769/CE de la Commission européenne du 31 octobre 2006, *JOUE* L312, 11 nov. 2006, p. 47.

– la coopération transnationale concerne des territoires issus d'au moins deux États membres ; en concertation avec les États membres, la Commission européenne a arrêté treize zones de coopération[30] qui visent à promouvoir un plus haut degré d'intégration européenne ;
– la coopération interrégionale est ouverte à toutes les régions européennes, qui sans être contiguës, peuvent décider de développer des réseaux de coopération, au travers desquels elles échangent des expériences, des savoir-faire[31].

La « coopération transfrontière » et la « coopération territoriale » apparaissent identiques, comprenant les mêmes types de coopérations : transfrontalière, transnationale, ou interterritoriale/interrégionale. La coopération territoriale n'apparaît-elle pas « plus flexible et plus englobante que la coopération transfrontière, comprise dans son sens strict », même si la mention faite de coopérations transfrontières à l'article 307 TFUE ne semble pas être envisagée dans son sens restrictif[32] ?

La « coopération territoriale » promue par l'Union européenne finance des projets mettant en jeu des acteurs de plusieurs pays européens ; elle se traduit par une *multiplication des échelles infra-étatiques* (souvent expérimentales au départ) à partir de projets et de savoir-faire évoluant vers des programmes stratégiques de développement, puis vers des visions spatiales partagées, pour s'orienter vers « des stratégies de coopération territoriale intégrée »[33], dont les collectivités territoriales à tous les niveaux, façonnent les modèles d'intégration fonctionnelle et s'approprient les stratégies et les instruments (I).

Les collectivités infra-étatiques reconnues comme acteurs institutionnels de cette coopération mettent en place un pilotage transnational de ces stratégies de coopération et s'emparent des instruments juridiques conçus par l'Union pour constituer une « gouvernance multiniveaux » (II).

---

30. Décision de la Commission européenne 2006/769/CE préc. Ces zones sont : la périphérie Nord, la mer Baltique, le Nord-Ouest de l'Europe, la mer du Nord, la côte Atlantique, le Sud-Ouest de l'Europe, l'espace alpin, l'Europe centrale et orientale, la Méditerranée, le Sud-Est de l'Europe, la Macaronésie (les Açores, Madère, les Canaries), la zone Océan Indien et la zone Caraïbes.

31. Par exemple : INTERACT, Urbact et ORATE.

32. A. NOUREAU, *op. cit.*, p. 317-319.

33. P. SALEZ : « Différenciation et gouvernance territoriale : que propose l'Europe ? », *op. cit.*

I. La « coopération territoriale » ou l'émergence d'échelles fonctionnelles de coopération entre les collectivités infra-étatiques

Depuis la mise en œuvre de la politique de cohésion, les fonds alloués par l'UE à la coopération territoriale n'ont cessé de croître (800 millions d'euros en 1988-1993 ; 8,7 milliards d'euros en 2007-2013 pour l'objectif 3 de la politique de cohésion économique et sociale). Les régions frontalières, principales bénéficiaires des programmes INTERREG pour la coopération transfrontalière, ont fait l'objet d'une attention originale – novatrice au regard du fait dominant dans la relation entre les territoires qui n'est pas la coopération, mais la concurrence – qui invite à compenser les « handicaps spécifiques » de ces zones, à coordonner le traitement des questions dépassant les frontières nationales telles que la gestion des bassins versants, des massifs montagneux, des espaces maritimes, des parcs naturels, ou des zones à risques majeurs (inondation, pollution…).

L'objectif de coopération territoriale encourage donc les États à faire coopérer leurs territoires, au-delà de leurs frontières nationales, en vue de réduire les effets de barrière ou de frontière persistants[34].

Outil majeur de la coopération transfrontalière, transnationale et interrégionale, la politique de cohésion de l'Union européenne (principalement par les programmes INTERREG) (A) a apporté un soutien important aux projets portés par les acteurs locaux, et ce dans le cadre de priorités stratégiques (B).

A. Des territoires transfrontaliers pour des projets de coopération stratégique : les programmations INTERREG

Trois catégories de programmes INTERREG ont été déclinées.

1. « Les petites Europes » ou INTERREG A dans un esprit de laboratoire fondé sur des « savoir-faire » transposables

Sont concernées les frontières internes (52 programmes FEDER) et les frontières externes (une douzaine de coopérations). Les principes de solidarité et de subsidiarité y sont mobilisés pour résoudre des problèmes communs de renouvellement

34. *Ibid.*, Chapitre 6 : *Dépasser les frontières*, p. 101 et s.

urbain, de protection des ressources naturelles, des stratégies de développement partagé. Il s'agit d'une coopération de proximité, d'un partage d'expériences et d'une incitation à innover, des actions pilotes conjointes.

L'exemple de l'agglomération Lille-Kortrijk-Tournai (devenue Eurométropole) montre que la coopération est la plus efficace là où elle a commencé le plus tôt[35].

2. L'approche transnationale et les visions spatiales INTERREG B

Plusieurs types de visions spatiales ont été soutenus dans le cadre d'INTERREG B[36].

a. Une approche transnationale institutionnalisée

Au-delà du voisinage, INTERREG a incité les collectivités infra-étatiques à coopérer sur de vastes espaces régionaux en vue « de réaliser une approche coordonnée proprement transnationale du développement ». Il s'agit d'espaces élargis de coopération territoriale avec plusieurs fonctions : bâtir un consensus autour d'objectifs communs, identifier des zones prioritaires d'action, favoriser la participation, permettre une approche plus horizontale, intersectorielle intégrée, « incitant les aménageurs à sortir des leurs espaces nationaux pour les replacer dans un ensemble élargi ». Les programmes INTERREG ont été présentés comme l'un des principaux instruments de mise en œuvre du SDEC et de l'Agenda territorial auxquels ils se réfèrent. L'intégralité de l'espace communautaire étant éligible, treize territoires de coopération ont été délimités, dont trois pour les RUP[37].

---

35. Ce savoir-faire acquis peut être transposable ; les liens tissés dans des programmes INTERREG ont été exploités (réponse à l'appel d'offres de la DATAR en 2004 pour redynamiser la stratégie des réseaux de villes et le rayonnement des métropoles régionales : les agglomérations transfrontalières ont valorisé leurs atouts et leurs acquis en poursuivant les actions engagées).

36. G. BAUDELLE, C. GUY, B. MERENNE-SCHOUMAKER, *op. cit.*, p. 110 et s ; J. PEYRONI, « L'avenir de la politique de cohésion » *in De nouvelles fabriques de territoires*, n° 2, p. 114 : *http://territoires2040.datar.gouv.fr/spip.php?page=result_recherche_revue&lang=fr&id_secteur=2&id=31&depuis=&id_rubrique= &tri=date&recherche=peyroni).*

37. Voir carte *in* Y. JEAN ET G. BAUDELLE (dir.), *L'Europe, aménager les territoires*, Paris, Armand Colin, 2009, p. 154.

b. Des stratégies territoriales partagées

Les visions spatiales issues des programmes INTERREG B n'en sont pas toutes au même point. Les visions spatiales dites « normatives » qui produisent des documents stratégiques, sous forme de cartes réalisées par les acteurs de l'aménagement des zones concernées, illustrant des visions partagées, en termes de diagnostic et de prospective, facilitent le recensement des besoins de coopération ; cet état des lieux prépare les choix stratégiques de développement et l'établissement d'un agenda. La première vision spatiale transnationale de cette nature a été celle de la mer Baltique en 1994 (à l'horizon 2010) qui a été actualisée et approfondie en 2009 (à l'horizon 2030) (*infra*). Le repérage des enjeux d'accessibilité a permis de définir d'un commun accord des couloirs de circulation à renforcer.

Des visions spatiales moins élaborées, avec un diagnostic « plus simpliste »[38], comme l'espace INTERREG B de l'Europe du Nord-Ouest (réputé comme l'une des zones de coopération transnationale des plus actives) ont néanmoins permis, après un travail important, de parvenir à une vision spatiale normative débouchant sur l'identification de systèmes urbains polycentriques existants ou potentiels et la recommandation de réseaux de villes à conforter. Les premiers exercices de prospectives dans cette zone se sont aussi référés au SDEC[39].

Tous les espaces INTERREG B n'ont pas produit de tels documents, confrontés à la difficulté de sortir de leur territoire et d'articuler leurs représentations à celles des autres, pour atteindre un consensus[40]. L'échelle de référence entraîne une multiplication des acteurs, des défis de tous genres (juridique, politique, historique, institutionnel, financier, démographique, psychologique…) et les difficultés de communication proviennent moins de problèmes linguistiques que de différences d'ordre culturel en matière de pilotage et de méthodes de travail. La complexité des montages et une inclinaison moindre des « grands élus » à s'impliquer dans des projets globaux à retombées à long terme de moindre visibilité que dans des projets transfrontaliers (de voisinage), les compétences requises, expliquent aussi le manque d'intérêt à participer à ces programmes.

38. G. Baudelle, C. Guy, B. Merenne-Schoumaker, *op. cit.*, p. 112.

39. Voir « Typologie des zones de l'Europe du Nord-Ouest », *in* G. Baudelle, C. Guy, B. Merenne-Schoumaker *op. cit.*, p. 113.

40. Voir G. Baudelle, « L'horizon élargi des espaces transnationaux maritimes : espaces atlantiques et Europe du Nord-Ouest », *in* Y. Jean et G. Baudelle (dir.), *op. cit.*, p. 39-58.

La valeur ajoutée de ces programmes est néanmoins reconnue comme l'échange d'expériences, et les transferts de bonnes pratiques produisant des « effets d'apprentissage collectif » (diffusion de connaissances à d'autres échelles, à d'autres organismes et collectivités[41], à un nombre important de partenaires), des transferts financiers supplémentaires, une approche plus qualitative, source de créativité et des progrès en matière de gouvernance régionale[42]. Il convient toutefois de nuancer certains apports de ce type de coopération qui conduit rarement à des transferts de politiques, par des changements de méthodes et de pratiques. L'affichage de la conformité aux objectifs du SDEC est souvent formel, les changements d'échelle de coopération territoriale restent encore largement théoriques[43].

3. Les programmes en réseau : INTERREG C ou l'encouragement aux réseaux de coopération

Des réseaux ont été inspirés par des programmes anciens RECITE (*Regions and Cities for Europe*, 1991) et ECOS (*European City Cooperation System*) ; le volet C d'INTEREG a soutenu des réseaux de partenaires parfois éloignés en vue de partager des solutions et de diffuser de bonnes pratiques. Pour la période 2007-2013, deux domaines prioritaires ont été fléchés : l'innovation et l'économie de la connaissance, d'une part, et l'environnement, d'autre part.

a. Un encouragement par le financement

Outre des réseaux de coopération interrégionale ou de réseaux de villes comme URBACT II, la politique de cohésion finance le réseau important de recherche comme ORATE destiné à l'évaluer et à l'éclairer, ou INTERACT (INTERREG Animation, coordination transfert), plateforme d'échange d'expériences entre participants aux projets INTERREG.

D'autres politiques ont soutenu les différents réseaux associant de façon variable aménageurs, représentants des institutions et chercheurs. Le PCRDT soutient le programme COST (coopération européenne dans le domaine de la recherche scientifique) qui soutient des réseaux notamment dans les domaines des transports et de

41. Par exemple en Grèce, en Italie, dans les PECO (Pologne, Slovénie) marqués jusqu'alors par des approches centralisées.

42. G. BAUDELLE, C. GUY, B. MERENNE-SCHOUMAKER, se référant à des études de l'Office fédéral allemand de la construction et de l'aménagement du territoire, *op. cit.*, p. 115.

43. *Ibid.*, p. 116 : référence à d'autres études.

l'environnement et le développement urbain : CIVITAS (36 villes et 300 millions d'euros pour les transports urbains durables) ; MUE (*Managing Urban Project*), réseau de villes soutenu par la DG environnement…

b. Une diffusion des savoir-faire et des modèles de développement

Ces différents réseaux d'acteurs du développement territorial contribuent, en dépit de l'inertie institutionnelle, de la mobilisation budgétaire qui reste très modeste, avec dès lors un effet direct marginal sur le développement territorial au niveau des infrastructures, à stimuler les échanges économiques, sociaux et culturels, de la formation de réseaux de professionnels par la base (*bottom-up*) et à la diffusion de bonnes pratiques et à la construction de projets[44]. Les meilleures pratiques et expériences en la matière sont échangées à l'échelle interrégionale, pour améliorer les outils existants ou en forger de nouveaux pour éviter de minimiser ce phénomène et développer l'attractivité de régions auprès des personnes qualifiées.

Les programmes de coopération INTERREG ont constitué un instrument phare de financement des projets transfrontaliers. Au-delà des crédits mobilisés par les collectivités au titre des politiques propres[45], on constate un manque d'articulation entre les programmes INTERREG et les autres programmes européens de coopération transfrontalière. Une très faible articulation apparaît entre les programmes transfrontaliers contigus, que ce soit en termes de critères d'éligibilité, de procédures de sélection et d'instruction, de dialogue entre les autorités et entre les instances des programmes. On remarque également un cloisonnement entre les trois volets de l'objectif de la coopération territoriale européenne (transfrontalier, transnational, interrégional).

44. Dans le cadre d'INTERREG IV C, le réseau « Brain flow » (3,4 millions d'euros dont les 2/3 provenant du FEDER), est une plate-forme d'échanges sélectionnée dans le cadre du sous-thème *Emploi, Capital humain et Éducation* de la priorité 1 (Innovation et connaissance) ; il vise à favoriser des actions innovantes et un transfert de connaissances entre huit régions frontalières de sept pays (Espagne, Pays-Bas, Allemagne, Suède, Lituanie, Norvège et Suisse) confrontées selon leurs caractéristiques socio-économiques, à « des fuites de cerveaux » ou au contraire à une immigration nette de personnes qualifiées.

45. Voir *Guide méthodologique : Articuler la politique de cohésion, les dispositifs de gouvernance et les logiques territoriales transfrontalières*, Mission opérationnelle transfrontalière, févr. 2013, p. 119.

B. Vers des stratégies de coopération territoriale intégrées ou la coopération territoriale transfrontière intégrée dans le droit commun des politiques

La recherche d'un croisement des politiques sectorielles et transversales de l'Union ayant des effets territoriaux structurants a conduit à faire émerger la notion de démarche intégrée ainsi que des modèles de coopération territoriale à différentes échelles.

1. La coordination des politiques territoriales et sectorielles sur des espaces stratégiques et son prolongement dans la « coopération territoriale »

L'impact de la réforme de la politique de cohésion, sur la coopération territoriale (qui semble faire l'unanimité sur sa « valeur ajoutée communautaire ») est fonction du scénario choisi, dit « scénario européen »[46] qui implique que les programmes transfrontaliers financent la coopération de proximité entre les territoires NUTS 3 (en France, les départements) contigus des frontières[47]. Ils sont porteurs d'enjeux stratégiques, par exemple des enjeux de métropoles transfrontalières comme l'Eurométropole Lille-Kortrijk-Tournai ou l'espace du Rhin supérieur (avec ses Eurodistricts de Strasbourg-Ortenau, ou de Bâle). S'agissant de l'intégration du système de transports (TGV, aéroports), de la coopération universitaire ou du développement de bassins d'emploi transfrontaliers, la question ne consiste pas seulement à se doter de programmes pluriannuels (du type INTERREG), mais aussi de savoir comment ces programmes vont attirer, sur des stratégies réellement transfrontalières, des financements nationaux ou régionaux. Sur le plan de la coordination des législations, il ne suffit pas d'avoir un cadre législatif européen ; il faudrait, concrètement, sur chaque frontière, ajuster sa mise en œuvre conjointe par les États.

46. Voir J. PEYRONI, « L'avenir de la politique de cohésion », *op. cit.*, p. 126.

47. Ce volet transfrontalier a beau représenter 74 % de l'objectif de coopération, contre 21 % pour le volet transnational et 5 % pour le volet interrégional, il est souvent considéré comme relevant de la subsidiarité, et n'a pas toujours, « vu de Bruxelles », l'attention qu'il mérite.

Les villes et les régions transfrontalières répondent aux trois défis posés par la Banque mondiale : la densité, la distance et la division; mais aussi au « défi, éminemment européen, celui de la diversité » : comment abolir les frontières, sans niveler les différences culturelles ou linguistiques, mais au contraire, en s'en enrichissant[48].

La coopération interrégionale (entre régions non contiguës), continue à être soutenue par l'Union européenne au travers de programmes de réseaux, en tant qu'instrument de capitalisation et d'échange d'expériences entre territoires, qui permet la diffusion de bonnes pratiques, la construction de capacités locales.

2. Des modèles de coopération transnationale à l'échelle « macrorégionale » et de « bassins maritimes »

L'Union européenne encourage des stratégies territoriales intégrées pour des espaces fonctionnels qui se développent à l'échelle macrorégionale et de certains bassins maritimes. Cette approche implique une délimitation des espaces en fonction d'enjeux géopolitiques et d'aménagement comme la connexion et les transports, la gestion de l'eau et des ressources naturelles et une multiplicité d'enjeux communs : sécurité et transports maritimes, pêche, énergies renouvelables, adaptation au changement climatique, gestion durable du milieu marin et aménagement intégré des espaces côtiers.

a. Une « démarche d'aménagement du territoire »[49]

Première du genre, à la demande du Conseil européen, la Commission a élaboré une stratégie intégrée macrorégionale pour l'environnement, la compétitivité, l'accessibilité et la sécurité des pays riverains de la mer Baltique rassemblant huit États membres et la Russie, dont le défi principal porte sur la pollution marine.

La Direction générale de la politique régionale a coordonné le travail de l'ensemble des directions de la Commission, tout en consultant les régions et les États membres concernés[50]. Cette stratégie a été approuvée par le Conseil à l'automne 2009. Le maître mot de cette nouvelle démarche est : « Pas de nouvelle

48. Voir *infra* le rôle de l'outil « GECT (groupement européen de coopération territoriale) », qui offre un support juridique à la gouvernance de tels territoires.

49. J. PEYRONI, *op. cit.*

50. Communication de la Commission européenne concernant la *Stratégie de l'Union européenne pour la région de la mer Baltique*, COM(2009) 248 final, 10 juin 2009; J. PEYRONI, *op. cit.*

législation, pas de nouvelles institutions et pas de nouveaux financements. » L'enjeu en est la coordination, horizontale et verticale dans une démarche d'aménagement du territoire, de *spatial planning*, même s'il ne s'agit pas d'une nouvelle compétence, tout au plus d'un nouveau rôle pour l'Union[51].

b. Des exemples de démarche macrorégionale

– La stratégie européenne pour la Baltique s'est poursuivie par la publication de la Commission européenne du 23 mars 2012 sur la stratégie de l'Union européenne pour la région de la mer Baltique[52], visant à intensifier la coopération entre les États participants. La stratégie a pour but d'augmenter les retombées des financements de l'UE afin d'atteindre des objectifs communs, tels que l'amélioration de la qualité de l'eau, dans l'ensemble de la région.

La communication fixe trois nouvelles priorités à la coopération : « Sauver la mer Baltique », « Désenclaver la région » et « Accroître sa prospérité ». Dans le cadre de ces priorités, elle définit des objectifs et des indicateurs pour l'ensemble de la stratégie et laisse à chaque secteur le soin de définir des objectifs supplémentaires. En outre, la communication décrit la manière dont tous les participants peuvent renforcer leurs efforts conjoints en faisant plus pour coordonner leurs décisions politiques et les financements disponibles au cours de la préparation de la période de programmation 2014-2020.

– La stratégie maritime de l'Union européenne pour l'Atlantique[53] avec le Forum Atlantique[54], qui a pour mission la mise en œuvre de cette stratégie, propose de relever les défis suivants : l'application d'une approche écosystémique, la réduction de l'empreinte écologique de l'Europe, l'exploitation durable des ressources naturelles des fonds marins, la réaction aux menaces et aux situations d'urgence

---

51. J. PEYRONI, *op. cit.*

52. COM(2012) 128 final, 23 mars 2012.

53. Communication de la Commission européenne, *Définir une stratégie maritime pour la région atlantique*, COM(2011) 782 final, 21 nov. 2011.

54. Le Forum Atlantique réunit les cinq États membres de l'Union européenne possédant un littoral atlantique (France, Irlande, Portugal, Espagne et Royaume-Uni), les autorités régionales et locales, le secteur privé et les autres acteurs concernés, afin de déterminer les priorités en matière d'investissement et de recherche et de recenser les idées de projets concrets. La stratégie maritime intégrée de l'Union porte aussi sur les eaux internationales qui rejoignent les Amériques à l'Ouest, l'Afrique et l'océan Indien à l'Est, l'océan Antarctique au Sud, et l'océan Arctique au Nord.

et la promotion d'une croissance ouverte à tous. Une stratégie pour le Danube a également été initiée en mai 2011 et l'Union européenne s'oriente vers une stratégie européenne pour les Alpes.

II. Une « gouvernance territoriale » renforcée et rénovée dans le cadre de stratégies évolutives de coopération territoriale

L'analyse de la « gouvernance »[55], qui renvoie en général à l'hypothèse d'une insuffisance des modes de gouvernement traditionnels (déficit de la prise en compte de la société civile, du monde économique, etc.), voire de leur obsolescence, prend un sens différent dans le contexte transfrontalier, où la notion même de gouvernement transfrontalier est « interdite ». La notion de gouvernance, en tant que dispositif permettant de faire coopérer divers acteurs publics comme privés à l'échelle transfrontalière, y prend tout son sens[56].

Concernant le cadre juridique de la coopération transfrontalière, la pratique a précédé le droit qui s'est développé à partir des années 1980, alors que des coopérations informelles avaient déjà été mises en place dès les années 1970. La difficulté tient au fait que ce droit entend régir les règles de l'action extérieure des collectivités territoriales, alors que la politique étrangère est le domaine réservé des États. Les États étant seuls reconnus en droit international, le développement du droit de la coopération transfrontalière s'est effectué sur la base d'une reconnaissance progressive de la capacité d'action des collectivités territoriales au-delà des frontières de l'État[57]. Les États ont été à l'origine des principaux freins au développement du droit de la coopération transfrontalière. Ni le droit national, ni le droit international public, ni le droit international privé ne paraissaient aptes à

55. Selon P. Le Galès, on retrouve dans la gouvernance les idées de conduite, de pilotage, de direction, mais sans le primat accordé à l'État souverain. « C'est un processus de coordination d'acteurs, de groupes sociaux, d'institutions pour atteindre des buts propres discutés et définis collectivement dans des environnements fragmentés, incertains » : P. Le Galès, « Avant-propos », *Problèmes politiques et sociaux*, n° 922 : « Gouvernement et gouvernance des territoires », 2006, p. 5 et s.

56. *Guide méthodologique* préc., p. 93 : « Gouvernance ».

57. Voir L. Mirambeau, Blog. : « Historique du cadre juridique de la coopération transfrontalière » ; POCTEFA 2007-2013 (cadre de référence stratégique pour tous les projets de coopération transfrontalière entre la France, l'Espagne et Andorre) : *https://www.poctefa.eu/arbol/index.jsp?id=d6c275d5ebd1c3d360465fe70c1e5b7a.*

régir, tels quels, les relations transfrontalières entre pouvoirs locaux ou régions sis dans des États européens différents. Il convenait donc de développer des solutions juridiques *ad hoc*[58].

Le cadre initial a été celui du Conseil de l'Europe, par le biais de la convention-cadre de Madrid de 1980 prévoyant la conclusion d'accords bilatéraux particuliers dont pour l'essentiel, la solution consistait sur le fond :

– à interdire les relations entre une collectivité territoriale et un État étranger, pour éviter tout problème lié à la responsabilité de l'État en droit international ;
– à laisser dans un certain flou juridique la relation transfrontalière ;
– à rattacher à un droit public national (choisi, soit selon le lieu où se produisent les effets juridiques, soit selon le droit ordinairement applicable à l'administré, soit en fonction du siège de l'organisme de coopération transfrontalière) l'exécution et les effets juridiques des droits et obligations nés de la relation transfrontalière.

Ce texte a été renforcé par deux protocoles additionnels à vocation opérationnelle dédiés à la coopération transfrontalière (en 1995) et interterritoriale, c'est-à-dire sans continuité géographique (en 1998). La mise en œuvre de cette convention a donné lieu à la signature d'accords bilatéraux et multilatéraux qui définissent, frontière par frontière, les modalités particulières de coopération transfrontalière pour certaines collectivités et acteurs publics locaux situés de part et d'autre de la frontière[59]. Cette solution juridique s'est révélée dans la pratique peu satisfaisante, d'une part, en raison de sa complexité et de l'insécurité juridique qui en résulte pour les acteurs concernés et, d'autre part, parce qu'elle induit une inégalité fondamentale entre les partenaires de telles coopérations. Certains évoluent dans leur cadre juridique national, alors que les autres se retrouvent contraints d'évoluer dans un environnement juridique et administratif étranger, qui ne correspond ni à leurs référentiels ni à leur culture politique, administrative et juridique[60].

---

58. Voir l'étude réalisée par le GEPE, N. LEVRAT (dir.), préc., p. 17.

59. Par exemple, le traité de Valence, conclu entre l'Espagne et le Portugal en 2003, autorise les acteurs concernés à créer des structures sans personnalité juridique (communautés de travail ou groupes de travail) et des organismes dotés de la personnalité juridique tel que le *consorcio* de droit espagnol.

60. À titre d'exemple : pour le Programme opérationnel de coopération territoriale Espagne-France-Andorre, 2007-2013, INTERREG IV, la formalisation des relations institutionnelles s'est d'abord effectuée dans le cadre de l'Accord-cadre européen en matière de coopération transfrontalière entre collectivités territoriales signé à Madrid, le 21 mai 1980, et entré en vigueur le 22 décembre 1981. En 1995 est signé le traité de Bayonne entre la France et l'Espagne qui met en application concrète

L'élaboration d'un troisième Protocole additionnel relatif à un instrument de coopération doté de la personnalité juridique a ouvert de nouvelles perspectives d'évolution de la coopération. Un instrument juridique de coopération commun : le « groupement eurorégional de coopération » (GEC) a été présenté lors de la réunion d'Utrecht en novembre 2009[61]. Il devra composer avec le statut juridique du GECT (groupement européen de coopération territoriale) créé auparavant par l'Union européenne. Il possède un champ d'action élargi au-delà du cadre spécifique des programmes communautaires, sa structure peut s'avérer utile pour la coopération avec des collectivités de pays membres du Conseil de l'Europe au-delà de l'Union européenne[62]. L'Union, qui a devancé le Conseil de l'Europe en créant le GECT, a précisément cherché à renforcer ce dernier dans ces deux directions, en révisant son règlement de base (*infra*).

Au regard du nombre croissant de programmes de coopération territoriale transfrontaliers et transfrontières auxquels participent de plus en plus de pays, il s'est avéré nécessaire de définir un instrument juridique commun pour mener à bien des activités et des projets transnationaux.

Dans la perspective de la réforme de la politique de cohésion présentée en 2004, la Commission européenne a franchi une nouvelle étape dans la mise en œuvre de cette coopération transfrontalière en proposant un règlement relatif à la création d'un GECT[63], qui a fait émerger un cadre juridique européen de coopération territoriale, intégrant le fait que la « coopération territoriale » est devenue un objectif prioritaire (alors, l'Objectif 3) de cette politique. Le GECT, structure de coopération pouvant gérer des programmes ou des projets de coopération, s'inscrit dans les acquis de la Convention-cadre de Madrid sur la coopération transfrontalière, dont il

l'accord-cadre européen. Bien qu'il existât déjà des conventions de coopération transfrontalière, le traité de Bayonne constitue le premier cadre réglementaire pour les collectivités régionales et locales concernant les modalités de collaboration avec les autorités publiques de l'autre côté de la frontière. À partir de cette date, 24 conventions de coopération ont été signées : entre autorités locales, entre autorités régionales, et mixtes de niveau régional et local et une communauté autonome espagnole.

61. Voir Protocole n° 3 à la Convention-cadre européenne sur la coopération transfrontalière des collectivités ou autorités territoriales, relatif aux Groupements eurorégionaux de coopération (GEC), Utrecht, 16 nov. 2009, *STCE* n° 206.

62. Th. PERRIN, « L'institutionnalisation de la coopération transfrontalière en Europe », *CERISCOPE Frontières*, 2011 ; *http://ceriscope.sciences-po.fr/content/part2/linstitutionnalisation-de-la-cooperation-transfrontaliere-en-europe,* consulté le 17 mars 2013.

63. Règlement (CE) n° 1082/2006 du Parlement européen et du Conseil du 5 juillet 2006 relatif à un groupement européen de coopération territoriale (GECT), *JOUE* L210, 31 juill. 2006, p. 19.

reprend les principes fondamentaux, en les adaptant aux besoins de la coopération territoriale européenne. En tant qu'outil de la coopération territoriale européenne, il se distingue des autres outils issus de la Convention-cadre de Madrid : son champ d'application dépasse le cadre de la coopération transfrontalière, il bénéficie à tous les États membres de l'Union européenne et il est ouvert à un très large partenariat.

Le GECT se fonde sur le principe de subsidiarité : le règlement définit une base commune et renvoie pour de nombreux points aux droits internes des membres du GECT.

Il ne se substitue pas aux outils existants, mais les complète. Il s'inscrit dans une « boîte à outils juridiques » composée de l'ensemble des instruments utilisables dans les droits internes (conventions, associations…), les accords internationaux (groupement local de coopération transfrontalière ou GLCT) et le droit de l'Union européenne (groupement européen d'intérêt économique – GEIE…). La pratique est particulièrement développée dans le domaine de la coopération transfrontalière[64]. Un certain nombre de principes de fonctionnement du GECT sont directement inspirés de la Convention-cadre de Madrid, de ses protocoles ou des accords interétatiques qui en découlent[65].

Selon le Comité des Régions, l'adoption en juillet 2006 du règlement relatif au GECT représente une évolution majeure du cadre juridique de la coopération territoriale. Il est le premier instrument communautaire à portée normative dans ce domaine. Il inscrit la coopération entre collectivités situées dans différents États européens au cœur du processus d'intégration, « alors que par nature, il ne

---

64. Voir « Le Groupement européen de coopération territoriale », *les Cahiers de la Mission opérationnelle transfrontalière (MOT)*, mai 2008, p. 8.

65. Il s'agit des principes suivants :

– le recours au GECT est facultatif;

– le GECT a la personnalité juridique : il a la capacité d'agir au nom et pour le compte de ses membres; il peut passer des contrats, employer du personnel et acquérir des biens mobiliers ou immobiliers;

– le règlement renvoie, par défaut, à l'application du droit du lieu du siège du GECT;

– le GECT intervient dans les domaines communs de compétences de ses membres, à l'exception de leurs pouvoirs de police et de réglementation.

En pratique, comme les autres outils déjà utilisés dans le cadre de la coopération transfrontalière, le GECT intervient dans le respect du droit interne des membres, des engagements internationaux des États concernés et du droit communautaire. En créant un GECT, les membres ne peuvent aller au-delà des compétences et des prérogatives qu'ils détiennent sur la base du droit interne qui les régit.

s'agissait que d'un phénomène de marges »[66]. Enfin, ce règlement offre aux États la possibilité de participer, aux côtés des collectivités territoriales, à des entités de coopération territoriale dotées d'une personnalité juridique propre.

Le Congrès des pouvoirs locaux et régionaux d'Europe (CPLRE)[67] a mis l'accent sur les coopérations fructueuses entre des collectivités locales et régionales d'États de l'Union européenne et celles de non-membres et sur la possible complémentarité entre les instruments juridiques élaborés par le Conseil de l'Europe comme la Convention-cadre de Madrid de 1981 et le Protocole n° 3 relatif aux groupements eurorégionaux de coopération (GEC) qui peuvent « servir de base »[68] et venir compléter l'instrument communautaire, le GECT, que les travaux du Conseil de l'Europe ont largement contribué à inspirer.

Les acteurs de la coopération ont le choix de l'outil juridique pour formaliser leur démarche. De la simple convention à la mise en place d'un organisme de coopération doté de la personnalité juridique tel que le GEC, à chaque projet correspond son outil juridique. Il convient d'adapter ces instruments à la maturité, au contenu, au partenariat du projet et à l'ambition des parties prenantes, éléments qui évoluent dans le temps.

---

66. Voir l'étude réalisée par le GEPE, N. LEVRAT (dir.), préc., p. 13.

67. Le Congrès des pouvoirs locaux et régionaux d'Europe est le forum des représentants des autorités locales et régionales des pays membres du Conseil de l'Europe. Il a élaboré depuis sa création un ensemble de traités internationaux. Parmi les documents adoptés par le Conseil de l'Europe sur proposition du CPLRE :

– la Charte européenne de l'autonomie locale (1985) souligne qu'une véritable autonomie locale reste essentielle pour la démocratie. Elle sert de modèle aux réformes législatives dans les nouvelles démocraties. Certains États ont d'ores et déjà incorporé ses principes dans leur Constitution ;

– la Convention-cadre européenne sur la coopération transfrontalière des collectivités ou autorités territoriales (1980) et ses deux protocoles additionnels reconnaissent aux pouvoirs locaux et régionaux le droit de coopérer par-delà les frontières dans le domaine des services publics et de la protection de l'environnement ;

– la Convention européenne sur la participation des étrangers à la vie publique au niveau local (1992) pose le principe de l'octroi progressif aux résidents étrangers de droits civils et politiques, dont le droit de vote. Depuis la 21e session du Congrès des pouvoirs locaux et régionaux du Conseil de l'Europe, qui s'est tenue à Strasbourg du 18 au 20 octobre 2011, l'Association française du Conseil des communes et régions d'Europe assure le secrétariat de la délégation française auprès de cet organe du Conseil de l'Europe.

68. Protocole n° 3 à la Convention-cadre européenne sur la coopération transfrontalière des collectivités ou autorités territoriales, préc.

Au regard du droit de la coopération transfrontalière, le GECT a traduit un changement absolu de perspective ; en tant que nouvel instrument juridique, il s'est inscrit « dans le parcours évolutif des solutions de gouvernance et d'organisation de la coopération territoriale européenne »[69] (A).

Dans le cadre de la réforme des politiques de l'Union, la Commission soutient l'élaboration et l'application les stratégies de coopération intégrées macrorégionales et les programmes par bassins maritimes, fondées sur des contrats de partenariat, cherchant à prendre appui sur une gouvernance multiniveaux renforcée (B).

A. Le GECT ou un pilotage rénové de l'action publique locale ou territoriale[70]

La création de quarante-six GECT a été notifiée au Comité des Régions conformément à l'article 5 du règlement (CE) n° 1082/2006 précité[71].

1. La création des GECT ou l'expérimentation d'une gouvernance complexe à l'échelle transfrontière

Face à une certaine indifférence des élus locaux pour la coopération transfrontalière (faible visibilité), face à la difficulté de monter des structures de gestion *ad hoc*, face à des montages financiers complexes, dans un environnement juridique incertain, la création d'un groupement européen de coopération territoriale doté de la personnalité juridique s'est avérée particulièrement utile pour assurer la maîtrise d'ouvrage conjointe des projets et gérer les fonds.

Le GECT créé notamment pour porter des démarches de coopération territoriale européenne vise à promouvoir les démarches de coopération transfrontalière, mais également transnationale et interrégionale menées sur les frontières internes et externes du territoire de l'Union européenne, afin de renforcer la cohésion économique et sociale de ce dernier. Il offre un cadre inédit aux démarches de coopération interrégionale et transnationale qui ne pouvaient pas s'appuyer sur

69. Voir l'étude réalisée par le GEPE, N. LEVRAT (dir.), préc.

70. P. SALEZ, *op. cit.*, p. 118.

71. Voir la liste des GECT dont la constitution a été notifiée au Comité des Régions de l'Union européenne en vertu de l'article 5 du règlement (CE) n° 1082/2006 du Parlement européen et du Conseil, Bruxelles, le 4 févr. 2014 : *https://portal.cor.europa.eu/egtc/en-US/Register/Documents/EGTC%20List/EGTC_List_fr.doc.*

le cadre juridique de la coopération transfrontalière[72]. En effet, si le deuxième Protocole additionnel à la Convention-cadre de Madrid est dédié à la coopération interterritoriale, il n'a été ratifié que par une minorité d'États membres du Conseil de l'Europe[73].

a. Des principes nouveaux de gouvernance et d'utilisation

Le GECT est un outil facultatif qui s'inscrit dans un panel d'instruments issus de sources juridiques différentes et présentant chacun des avantages et des inconvénients. La création d'un GECT doit être motivée par la volonté de mettre en place une structure commune permettant aux membres de parler d'une même voix et d'agir en commun.

Le recours au GECT permet notamment :

- sur le plan politique : d'assurer une représentation paritaire et démocratique des membres *via* les organes du GECT, de créer une structure qui soit l'interlocuteur unique vis-à-vis des niveaux nationaux et européens (visibilité européenne) ;
- sur le plan pratique, pour faire avancer un projet de coopération, de bénéficier d'une permanence de fonctionnement et du processus décisionnel, de coordonner les membres et les activités notamment *via* les fonctions du directeur, de promouvoir les objectifs communs et de favoriser l'émergence et la réalisation de projets, d'assurer une pérennité de la démarche ;
- sur le plan juridique, de formaliser l'engagement des partenaires *via* le fonctionnement des organes et le vote du budget, de faciliter l'articulation entre les ordres juridiques de chaque membre, d'apporter des garanties juridiques pour les démarches communes. Le GECT peut être « chef de file » de projets

72. Le projet MATRIOSCA-AAP (*Management Tools and Relations for Interregional Organisation to Strenghtening Co-operation in Adria-Alpe-Pannonia Space*) vise à promouvoir le développement intégré et coordonné du territoire d'Adria-Alpe-Pannonia (Autriche/Italie/Hongrie/Slovénie/Croatie/Serbie). Ce territoire, d'environ 17 millions d'habitants, se situe à un carrefour entre les nouveaux et les anciens États membres de l'Union européenne. Le projet INTERREG 3 B a été lancé en juin 2005. À la fin du projet, en décembre 2007, un GECT a été créé, lorsque le cadre juridique de tous les partenaires a été adopté.

73. Neuf États seulement ont ratifié les deux protocoles de la Convention de Madrid (voir « Le Groupement européen de coopération territoriale », *Cahier de la Mission opérationnelle transfrontalière (MOT)* préc., carte, p. 7).

cofinancés (ou non) par des fonds communautaires ; il peut passer des contrats avec des tiers, lancer des appels d'offres pour le compte de ses membres et réaliser des projets de coopération ou porter des programmes opérationnels[74].

Le GECT, structure de gouvernance ou outil opérationnel, peut permettre de développer des actions très diversifiées : coordonner l'ensemble des démarches sur le territoire, élaborer et mettre en œuvre une stratégie commune sur la base d'un diagnostic partagé, réaliser des projets plus ou moins ambitieux (de la gestion de services et d'équipements communs à la réalisation de projets à destination des citoyens), accompagner les acteurs du territoire dans leurs projets de coopération, mettre en œuvre des actions de *lobbying* à l'échelle internationale ou européenne.

Plusieurs territoires transfrontaliers, désireux de se doter d'un outil pérenne de coordination d'une démarche de coopération intégrée, se sont orientés vers la création d'un GECT. Il en va ainsi de l'Eurométropole Lille-Kortrijk-Tournai précitée, premier GECT en Europe ; les partenaires de la plateforme transfrontalière West-Vlanderen/Flandre-Dunkerque-Côte d'Opale (France/Belgique) se sont également engagés en novembre 2006 dans la création d'un GECT.

L'enjeu de la gouvernance d'un territoire transfrontalier est au cœur de la valeur ajoutée du GECT : en permettant à un État, dans ses domaines de compétences, d'être membre d'une structure de coopération aux côtés de collectivités locales, ce nouvel outil est susceptible d'offrir aux acteurs locaux, régionaux et étatiques un « forum » d'échanges pour l'élaboration de mesures innovantes et ambitieuses adaptées aux démarches de coopération.

La possibilité, pour un GECT, de conclure des conventions avec des acteurs privés, permet également de nouer un dialogue horizontal et de mettre en œuvre des actions s'appuyant sur des expertises complémentaires.

La question de la coordination d'un GECT avec les autres acteurs de la coopération, y compris d'autres structures de coopération relevant d'autres échelles et réalisant d'autres missions, sur un territoire donné, est par ailleurs essentielle.

74. Règlement (CE) n° 1082/2006 préc.

Trois types d'utilisations possibles du GECT ont été fixés par le règlement initial n° 1082/2006 :

– la gestion d'un programme opérationnel au titre de l'objectif « Coopération territoriale européenne », comme l'ont fait les partenaires belges, luxembourgeois, français et allemands dans le cadre du programme opérationnel « Grande Région » (Wallonie, Communauté germanophone de Belgique, Luxembourg, Lorraine, Sarre, Rhénanie-Palatinat) ;
– la gestion d'un projet de coopération cofinancé par le FEDER, le FSE, le Fonds de cohésion ou bénéficiant d'autres cofinancements communautaires (par exemple le 7e programme-cadre pour la recherche et le développement) ;
– la gestion d'un projet de coopération contribuant à renforcer la cohésion économique et sociale, sans contribution financière communautaire. Dans cette hypothèse, les États membres peuvent choisir de limiter les champs d'intervention de ces GECT aux priorités fixées par le règlement relatif au FEDER pour la coopération territoriale européenne.

Le GECT introduit à la fois une réponse pratique à la gestion des programmes opérationnels et propose une solution juridique inédite pour porter des projets de coopération. Il peut avoir une durée de vie illimitée, allant au-delà de la période de cofinancement du projet par des fonds communautaires. Il permet d'assurer une pérennité à des démarches de coopération bénéficiant d'autres sources de financements. Compte tenu de son objet très large, le GECT est ouvert à tout « pouvoir adjudicateur » au sens communautaire[75]. Il permet en outre des coopérations inédites entre États et collectivités sur des compétences communes, comme en matière de santé (comme par exemple pour la création d'un hôpital transfronta-

75. Selon l'article 1er (§ 9, 2e alinéa) de la directive 2004/18/CE du 31 mars 2004 (coordination des procédures de passation des marchés publics, *JOUE* L 134, 30 avr. 2004, p. 114), les pouvoirs adjudicateurs sont les États, les collectivités territoriales, les « organismes de droit public » et les associations formées par une ou plusieurs de ces collectivités ou un ou plusieurs de ces organismes de droit public. Les « organismes de droit public » sont des personnes morales créées pour satisfaire spécifiquement des besoins d'intérêt général et ayant un caractère autre qu'industriel ou commercial et qui répondent à l'un des critères suivants : ayant une activité financée majoritairement par l'État, les collectivités territoriales ou d'autres organismes de droit public, dont la gestion est soumise à un contrôle par ces derniers, dont l'organe d'administration, de direction ou de surveillance est composé de membres dont plus de la moitié est désignée par l'État, les collectivités territoriales ou d'autres organismes de droit public.

lier de Cerdagne et Capcir)[76]. Un GECT peut également comprendre parmi ses membres des partenaires issus d'États non membres de l'Union européenne, sous certaines conditions[77].

b. Des exemples opérationnels significatifs

– Une structure de gouvernance pour une dynamique de territoire métropolitain : le GECT « Eurométropole Lille-Kortrijk-Tournai »[78].

Située au cœur de l'Europe du Nord-Ouest, dans le triangle Bruxelles-Paris-Londres, l'Eurométropole Lille-Kortrijk-Tournai compte plus de 2 millions d'habitants répartis sur la région de Lille-Métropole, du Sud de la Flandre occidentale et de la Wallonie picarde. Cet espace transfrontalier de 3 550 km^2 forme la plus grande agglomération transfrontalière d'un seul tenant d'Europe. Confrontés à l'éclatement des pouvoirs locaux et à la spécificité des politiques nationales en matière de développement et d'aménagement, les partenaires de l'Eurométropole ont travaillé à la définition et à la mise en place d'une forme de gouvernance adaptée

76. Le projet de construire un hôpital transfrontalier en Cerdagne est antérieur à l'adoption du règlement nº 1082/2006 préc. (GECT).

Jusqu'en 2006, le projet bloquait sur une difficulté juridique que le GECT a résolue : trouver une forme juridique permettant d'associer de manière pérenne les principaux acteurs de la santé (l'État français et la *Generalitat* de Catalogne). S'il existe un accord franco-espagnol sur la coopération transfrontalière, le traité de Bayonne, signé en 1995, il ne permet pas aux États d'être membres de structures transfrontalières comme le *consorcio*. Dès 2006, les partenaires ont créé une fondation privée « Hôpital transfrontalier de Cerdagne » qui assure le pilotage d'ensemble du projet : conception et construction du nouveau bâtiment, fonctionnement du réseau de santé et du futur établissement. Cette structure de droit catalan a été chargée de mener à bien la constitution du GECT qui a repris l'ensemble des fonctions de la fondation, permettant de faciliter l'implication des administrations concernées dans la gestion financière et le management du projet transfrontalier. L'hôpital transfrontalier de Cerdagne et Capcir a été mis en service en 2010. Il couvre le territoire suivant : France (FR)/Espagne (ES) – Plateau de la Cerdagne/Pyrénées-Orientales/Catalogne. Les partenaires membres du GECT sont : du côté français, le ministère de la Santé et des Solidarités DHOS, ARH du Languedoc-Roussillon, Région Languedoc-Roussillon, département des Pyrénées-Orientales, mairie de Bourg-Madame ; du côté espagnol, *Departament de Salut de la Generalitat de Catalunya-Servei català de la Salut, Ajuntament de Puigcerdà, Consell Comarcal*. (Site internet : *http://hcerdanya.eu*).

77. Le règlement communautaire sur le GECT préc. fixe trois conditions : 1. Au moins deux membres issus de deux États membres de l'UE doivent participer au GECT ; 2. Le siège du GECT, qui conditionne le régime juridique de ce dernier, doit être localisé dans un État de l'UE dont relève l'un des membres ; 3. La possibilité de participer à un GECT doit être prévue par la législation du pays tiers concerné ou par des accords entre le(s) État(s) membre(s) de l'UE et le(s) pays tiers concerné(s).

78. Voir *Cahier de la Mission opérationnelle transfrontalière (MOT)*, préc.

à une métropole polycentrique, triculturelle et binationale, *via* la création d'un GECT. L'objectif est d'impulser une dynamique de territoire commune et de mettre en œuvre une stratégie transfrontalière sur un territoire qui regroupe la France, la Belgique, 145 communes, 4 arrondissements flamands, 3 arrondissements wallons.

L'émergence de cette structure de gouvernance est le résultat d'une longue coopération : dès 1991, cinq structures intercommunales flamandes, françaises et wallonnes se sont réunies au sein de la COPIT (Conférence permanente intercommunale transfrontalière) afin de favoriser l'émergence d'une Eurométropole franco-belge.

Cette coopération a notamment abouti à la publication d'une « Stratégie pour une métropole transfrontalière ». En 2005, les gouvernements français, fédéral belge, flamand, wallon et la Communauté française de Belgique ont missionné un groupe de travail constitué de parlementaires français et belges. Son rôle était d'élaborer des propositions pour la constitution d'un véritable outil de coopération territoriale disposant d'un organe politique de gouvernance. Des réunions techniques et politiques ont eu lieu durant plus de dix-huit mois afin de rédiger des projets de convention et de statuts, permettant la création, en janvier 2008, du premier GECT en Europe dont les membres sont l'État français (FR), la Région Nord-Pas-de-Calais (FR), le département du Nord (FR), Lille-Métropole-Communauté urbaine (FR), l'État fédéral belge (BE), la Région Flandre (BE), la Communauté flamande (BE), la Province de Flandre occidentale (BE), l'Intercommunale Leiedal (BE), l'Intercommunale WVI (*West-Vlaamse Intercommunale*) (BE), la Région wallonne (BE), la Communauté française de Belgique (BE), la Province du Hainaut (BE), l'Agence intercommunale de développement IDETA (BE), l'Intercommunale d'Étude et de Gestion (BE)[79].

Cinq ans après la création du GECT, l'Agence de l'Eurométropole assure la coordination et la concertation entre les 14 partenaires fondateurs et traduit les objectifs et décisions qu'ils ont définis en actions concrètes ; « le Forum », son assemblée consultative composée de 80 représentants de la société civile, contribue à ses travaux. Le programme stratégique de l'Eurométropole, devant être adopté en 2013, s'articule autour de trois thèmes transversaux prioritaires : le développement

79. Site internet : *http://www.cudl-lille.fr.*

du potentiel économique, le renforcement de la mobilité interne et de l'accessibilité internationale du territoire, le développement de la trame bleue et verte comme support de valorisation et d'attractivité[80].

– Un second souffle pour « l'Extrême-Occident européen »[81] : le GECT « Gallice-Nord Portugal ».

La coopération entre ces deux grandes régions remonte à 1991, année de la création d'un groupe de travail dont la mission était le lancement de projets transfrontaliers, essentiellement dans le domaine économique. Ce groupe de travail s'est constitué en 2005-2006 sous la forme de l'Eurorégion[82] « Portugal du Nord-Galice ».

Le GECT Galice-Nord Portugal a été créé le 23 septembre 2008 en vue de lancer « une nouvelle phase dans la coopération, démarrer la deuxième génération de la coopération transfrontalière »[83]. Le 22 septembre 2008, la Convention de coopération territoriale européenne a été signée à Saint-Jacques-de-Compostelle entre la *Xunta de Galicia* et la CCDR-N (*Comissão de Coordenação e Desenvolvemento Regional do Norte*) pour constituer le GECT Galice-Nord Portugal sur la base du règlement (CE) n° 1082/2006. Publié conjointement à ses statuts par une résolution

80. Voir *L'actualité transfrontalière, Newsletter de la MOT*, n° 86, févr. 2013, p. 2.

81. *www.Eurojournal.net,* Nachrichten, 3 févr. 2010.

82. Les « eurorégions » peuvent être définies comme des organisations européennes de coopération plus ou moins structurées, de part et d'autre d'une frontière, entre des collectivités allant de la commune à la région ou leurs équivalents, associées pour la réalisation d'objectifs et de projets communs en fonction d'intérêts partagés et dans le cadre de « territoires de projets ». Si les premières eurorégions ont été créées le long de la frontière germano-néerlandaise (Euregio en 1958), ces structures se sont multipliées à partir des années 1990 en Europe, ce qui montre que l'apport financier des programmes communautaires a été décisif pour l'institutionnalisation de la coopération transfrontalière. De trente-cinq au début des années 1990, on est passé à plus de cent structures pouvant être considérées comme des eurorégions. Or un tel développement n'est pas sans soulever des contradictions, car le foisonnement d'initiatives est allé de pair avec des statuts institutionnels généralement précaires et peu adaptés, compromettant la durabilité et, par là même, la légitimité des *processes* et des organisations de coopération ; voir H. COMTE, N. LEVRAT, « Vers une gouvernance transfrontalière – Introduction », *in* H. COMTE, N. LEVRAT (dir.), *Aux coutures de l'Europe, Défis et enjeux de la coopération transfrontalière*, L'Harmattan, coll. « Logiques juridiques », 2006. « Les possibilités ouvertes par le GECT et le GEC devraient venir modifier le paysage de la coopération territoriale en Europe, en permettant de dépasser les barrières administratives et juridiques auxquelles les collectivités sont confrontées lors de la mise en œuvre de coopérations » : Th. PERRIN, « L'institutionnalisation de la coopération transfrontalière en Europe », *op. cit.*

83. Cette affirmation se retrouve dans l'acte de création du GECT, daté du 23 septembre 2008.

du ministère des Affaires extérieures et de la Coopération du 23 octobre 2008, il a « pour but de faciliter et de promouvoir la coopération territoriale » entre la Galice et le Nord du Portugal. Il est devenu opérationnel le 1er mars 2010.

Il en résulte une double structure de coopération transfrontalière sur le même territoire[84]. Une division du travail est prévue entre l'Eurorégion et le GECT. Les institutions des deux structures doivent déterminer l'instrument le plus adapté à l'action concrète dans différents domaines.

D'une part, le GECT a son siège dans la métropole galicienne, la ville de Vigo. Le budget s'élève à 200 000 euros, partagé entre les partenaires portugais et espagnols ; toutefois, le financement est flexible, et adapté annuellement en fonction des projets en cours. Les langues officielles sont le portugais, l'espagnol et le galicien[85].

Le GECT Galice-Nord Portugal constitue un modèle de GECT non limité à un projet de coopération entre communes et autres institutions territoriales ; ses missions sont définies à l'article V, paragraphe c.1 de la Convention. Celles-ci sont :

- la promotion des relations transfrontalières comme instrument fondamental de transformation des territoires frontaliers en nouvel espace de développement ;
- la valorisation et la promotion de la compétitivité du tissu entrepreneurial de l'Eurorégion au travers de la connaissance et l'innovation ;
- la transformation de l'Eurorégion en un territoire plus attractif, réformant les systèmes élémentaires de transport et d'accessibilité et renforçant les synergies entre croissance et développement soutenable ;
- l'amélioration de la cohésion sociale et institutionnelle de l'Eurorégion ;
- les autres thèmes intéressants la coopération transfrontalière ainsi que les éléments spécifiés à l'article 1.2 du règlement sur les GECT.

D'autre part, l'Eurorégion du même nom se caractérise par une multitude d'institutions :

- trois commissions de secteur se penchent sur des sujets tels que la santé, l'éducation, les infrastructures et la pêche, qui concernent l'ensemble des partenaires de cette Eurorégion ;

84. Cette Eurorégion, comparée à d'autres GECT, est un géant géographique couvrant 51 000 km^2 et où vivent environ 6,4 millions habitants.

85. Le galicien est une langue romane à part qui est reconnue officiellement depuis 1982 dans cette région du Nord-Ouest de l'Espagne, au même titre que le castillan, la langue officielle du pays. Le galicien ressemble fortement au portugais, ce qui facilite les échanges entre des partenaires jouissant d'une telle proximité linguistique.

– quatre commissions territoriales s'occupent de missions particulières touchant différents secteurs de la région frontalière. Dans ces commissions, il est question de l'amélioration du quotidien des citoyens ;
– une commission spéciale travaille sur les questions liées à l'organisation de la vie urbaine. Avec les villes de Porto, Braga, Vigo et La Coruna, quatre villes de plus de 150 000 habitants se trouvent dans ce GECT. Dans la seule agglomération de Porto, on compte plus de 1,26 million d'habitants.

2. La réforme du règlement de base des GECT : une amélioration des dimensions transnationale et interrégionale[86]

La première mouture du règlement constitutif du GECT s'est avérée trop rigide et trop restrictive suscitant de nombreuses demandes de réformes. Il s'agissait de propositions de révision du règlement pour permettre soit aux GECT actuels de fonctionner, soit pour des territoires qui souhaiteraient créer des GECT et qui ne le pouvaient pas actuellement, d'avoir accès à ces dispositions[87].

a. Une nécessaire réforme pour une meilleure utilisation des GECT

Afin de promouvoir l'utilisation du GECT, la Commission européenne a proposé[88] d'assouplir les conditions de création (approbation portant uniquement sur la convention et en six mois maximum [art. 4.3]), de fonctionnement (possibilité de définir des dispositions *ad hoc* additionnelles pour l'emploi du personnel [art. 8], possibilité d'assurance pour pallier le problème de responsabilité limitée des membres [art. 12]), de constitution : il suffirait qu'un membre par État membre soit compétent au regard des missions du GECT pour valider la participation de tous les membres du même État (art. 7.2). Elle a aussi proposé d'élargir l'objet du GECT à toute action de coopération territoriale (art. 1.2), à la création d'infrastructures et à la gestion de services économiques d'intérêt général (art. 7.4), à la gestion d'une partie d'un programme opérationnel (art. 7.3).

86. Voir *Cadre juridique de la coopération transfrontalière – Outils juridiques au service des projets transfrontaliers*, Guide publié par la MOT, déc. 2013 ; Projet cofinancé par le FEDER.

87. Voir S. GOBERT-KECKEIS et F. SCHNEIDER-FRANÇAIS (directeur de projet), « L'opinion de la MOT sur l'avenir de la coopération transfrontalière », Mission opérationnelle transfrontalière (MOT).

88. Proposition de règlement du Parlement européen et du Conseil modifiant le règlement (CE) n° 1082 du 5 juillet 2006 préc., COM(2011) 610 final, 6 oct. 2011.

En réponse aux demandes de révision du règlement de base sur le GECT formulées par de nombreuses instances, elle a prévu d'élargir son partenariat aux « entités nationales », aux entreprises publiques, aux membres issus de pays tiers et aux territoires d'outre-mer, hors territoire de l'UE (art. 3 et 3 A).

Elle aussi proposé d'admettre, dans le cadre de la coopération transnationale, la participation automatique à un GECT de membres issus d'États tiers, hors de l'Union européenne. Précédemment, on se trouve dans une situation qui apparaît discriminante pour un membre qui souhaiterait créer un GECT et qui ne relève pas de l'Union européenne ; la création d'un GECT supposait en effet un partenariat composé d'au moins deux membres issus d'au moins deux États membres de l'UE. Il était ainsi possible de créer un GECT franco-italo-suisse, mais non un GECT franco-suisse. Il en est de même à la frontière entre la Guyane et le Brésil, quoiqu'un programme de coopération entre l'UE et le Brésil existe. Une ouverture permettrait, lorsqu'il y a une continuité physique entre les territoires aux frontières de l'Union européenne, d'autoriser des GECT entre des États membres de l'UE et un membre issu d'un État tiers, à condition que le GECT soit régi par des règles du droit européen et qu'il ait son siège sur le territoire de l'UE. Il apparaît en effet très difficile d'établir des GECT dans des pays voisins hors de l'Union européenne. Seuls deux GECT, « Ung-Tisza-Túr-Sajó (UTTS) » et « Eurorégion sans frontières », ont été mis en activité rapidement, respectivement avec l'Ukraine et la Croatie. Le principal avantage qui s'en dégage tient à l'importance politique de ce partenariat à long terme, et au soutien que les GECT peuvent apporter à la mise en œuvre de l'acquis de l'UE, point particulièrement important dans le cas des pays candidats[89].

Il s'agit aussi d'améliorer l'encouragement à la coopération interrégionale en réseaux. Les GECT qui portent des réseaux pour la coopération interrégionale (volet C de l'initiative communautaire INTERREG) connaissent deux difficultés. Un réseau suppose un nombre important d'États concernés, mais aussi une distance physique entre les partenaires. Dans le cadre d'une révision, le fonctionnement d'un système de consultation par écrit des membres pourrait être autorisé, ce qui permettrait à ces membres de se prononcer à distance. Lorsqu'un réseau s'étend de

89. Voir la consultation sur la révision du règlement GECT (initiative commune du Comité des Régions, du trio de présidences du Conseil de l'Union européenne [Espagne, Belgique, Hongrie], de la Commission européenne et du programme INTERACT, rapporteur M. Alberto Nuñez Feijóo, président de la Galice [PPE, Espagne], CdR 100/2010) ; et fiche CdR 7444/2010 EN (ext)-JL nr.

la France à la Grèce, il est effectivement difficile de rassembler concrètement les partenaires. Des dispositions spécifiques permettant à des GECT liés à des réseaux de faciliter l'éloignement physique entre les membres doivent être envisagées[90].

D'autres ajustements du règlement initial du GECT ont été sollicités. Notamment, cela concerne la composition ; il faudrait étudier plus avant la possibilité de faire participer des organisations de droit privé, sous certaines conditions[91] (règlement [CE] n° 1082/2006, art. 3).

Concernant le rôle des États membres, il conviendrait d'accroître la marge de manœuvre des GECT existants en matière de droit applicable (art. 2), en insérant des commentaires illustrés sur les conséquences de la hiérarchie juridique établie par l'article 1er du règlement, d'insister sur l'importance de prendre la décision d'approuver la création d'un GECT dans le délai de trois mois prévu par le règlement (art. 4), de fournir aux autorités compétentes une formation et une assistance technique. Une harmonisation plus poussée du règlement relatif aux GECT, leur permettrait d'avoir un accès à un statut public dans tous les États membres. Sur les compétences et le contrôle des GECT, il s'agirait d'éviter que les dépenses publiques fassent l'objet d'un régime de double contrôle (art. 6) en conseillant les autorités compétentes de manière adéquate ; de reformuler le paragraphe 3 de l'article 7 afin d'éviter une interprétation étroite ou erronée de ce que sont les « missions » d'un GECT ; de favoriser l'ajout du « développement rural » parmi les missions possibles d'un GECT, en adoptant une formulation plus ouverte dans le paragraphe 3 de l'article 7 ; de préciser que les GECT sont de droit éligibles aux programmes financés par l'UE, sans que des partenaires complémentaires soient nécessaires ; de préciser la portée du paragraphe 4 de l'article 7, concernant l'exclusion des « pouvoirs de police et de réglementation, la justice et la politique étrangère » des missions des GECT.

Sur le régime juridique des GECT, il faudrait délimiter clairement ce qui ressortit à la convention ou aux statuts, en révisant les articles 8 (« Convention ») et 9 (« Statuts »), ou en envisageant d'abandonner l'un des deux ; faciliter l'emploi de

90. Un GECT interuniversitaire par exemple suppose l'organisation de réunions fréquentes entre ses membres, ce qui est souvent compliqué à organiser.

91. Voir l'étude *Mise en œuvre des GECT sur le terrain : valeur ajoutée et solutions aux problèmes*, réalisée pour le Comité des Régions par la société METIS GmbH, Référence : Fiche CdR 6210/2010 EN-BP/LL/nr/mdeq *http://cor.europa.eu/en/documentation/studies/Documents/Developments%20on%20the%20Ground-added%20value%20and%20solutions%20to%20problems-Executive%20summary/FR.pdf.*

personnel en étudiant la possibilité de créer un statut professionnel qui transcende les réglementations nationales ; donner davantage de précisions sur la création d'un GECT, concernant l'article 10 (« Organisation »), en vue de promouvoir les principes de proportionnalité et de démocratie participative ; mieux expliquer, ou réviser, le paragraphe 3 de l'article 10, qui concerne la responsabilité du GECT « même lorsque [ses actes] ne relèvent pas des tâches du GECT » ; donner davantage de précisions sur la création d'un GECT en ce qui concerne l'article 11 (« Budget ») et son incidence concrète sur le recrutement de personnel ; donner davantage de précisions sur l'article 13 (« Intérêt public »), en vue d'expliquer les interprétations de la Cour de justice de l'Union européenne[92].

Le règlement modificatif fait partie du paquet législatif portant sur la politique de cohésion 2014-2020. Celui-ci prévoit le financement de projets de développement local intégré, qui, dans le contexte de la coopération territoriale, peuvent être confiés aux GECT.

b. Une réforme qui répond partiellement aux attentes

Le nouveau règlement n° 1302/2013[93] élargit potentiellement les catégories de membres susceptibles d'y adhérer : les autorités à l'échelon national (agences ou directions nationales, etc.), les entreprises publiques et les entreprises chargées de l'exploitation de services d'intérêt économique général (SIEG) (art. 3).

La participation des pays tiers constitue une autre avancée : il deviendra possible de constituer des GECT bilatéraux entre une structure appartenant à un État membre de l'UE et une structure issue d'un pays tiers voisin, avec lequel cet État membre a des actions de coopération (art. 3 *bis*). L'adhésion des nouveaux membres sera facilitée : s'ils sont issus d'un État membre qui a déjà approuvé la convention, leur adhésion est approuvée uniquement par l'État dont le droit régit la constitution du nouveau membre (art. 4 et 4 *bis*). La réforme vise également à encadrer la procédure d'approbation des GECT par les autorités nationales, qui portera désormais uniquement sur la convention. Les États membres devront statuer sur l'approbation des GECT dans un délai de six mois à compter du dépôt de la demande de création. Le silence gardé vaudra approbation, sauf pour l'État membre où le GECT aura son siège, qui devra approuver formellement la convention (art. 5).

92. Fiche CdR 6210/2010 EN-BP/LL/nr/mdeq.

93. Règlement (UE) n° 1302/2013 du 17 décembre 2013, *JOUE* L347, 20 déc. 2013, p. 303.

En théorie, une plus grande flexibilité est accordée aux compétences et aux actions des organes du GECT, quant à ses missions et aux règles applicables au personnel. Le texte reste néanmoins très en retrait et laisse aux États membres une large marge de manœuvre pour interpréter ses dispositions et définir le droit applicable aux GECT en particulier au personnel de ces structures[94].

À ce jour, selon « les principes d'autonomie institutionnelle et de subsidiarité qui sont intangibles, l'UE ne peut proposer que des cadres d'organisation décentralisés dans lesquels les États puisent avec plus ou moins d'ambition »[95]. La composition des GECT se caractérise généralement par une large proportion de partenaires territoriaux (quelques-uns du niveau régional, nombreux du niveau local), alors que les partenaires nationaux sont relativement rares. Selon M. Delebarre[96],

> « […] les territoires doivent jouer un rôle plus important dans la conception, la mise en œuvre et la gestion de la coopération. Le GECT est par excellence l'outil juridique de la coopération territoriale multiniveaux ; il permet de porter des programmes, des services d'intérêt général, des projets de territoires ou de réseaux. Vecteurs d'intégration européenne au quotidien, les GECT doivent être davantage reconnus par les politiques sectorielles de l'Union et faire l'objet d'une attention plus bienveillante et coordonnée des États ».

Les GECT seraient, selon le Comité des Régions, « des laboratoires de la gouvernance à multiniveaux »[97], même si plus de la moitié de ceux qui ont été créés jusqu'à présent est composée de partenaires homogènes, soit de communes, soit de régions. Les structures à multiniveaux sont davantage l'exception que la règle dans les GECT : la plupart d'entre eux nouent des partenariats entre membres de même niveau administratif[98].

Alors que plusieurs GECT ont prévu d'attribuer un rôle important à leurs organes représentatifs, certains vont jusqu'à mettre en œuvre une approche participative plus poussée : certains GECT disposent de mécanismes qui leur permettent d'être plus proches de la société civile (par exemple, le parlement de la société civile dans l'Ister-Granum et la conférence des maires dans l'Eurométropole

---

94. Voir « Évolution du cadre juridique des GECT », *Newsletter de la MOT*, n° 96, févr. 2014, p. 3.

95. Voir P. SALEZ, *op. cit.*, p. 118.

96. Voir *Guide méthodologique de la MOT* préc., « Préface ».

97. Le Comité des Régions a analysé le rôle du GECT dans son *Livre blanc sur la gouvernance à multiniveaux*, adopté en juin 2009 par l'Assemblée plénière du Comité des Régions ; Référence : CdR 25/2010 *[http://www.cor.europa.eu/governance]*.

98. Voir document du Comité des Régions : *Plus-value des GECT et fiches GECT*, préc.

Lille-Kortrijk-Tournai). Le processus décisionnel entre les partenaires d'un GECT est un jeu d'équilibre subtil, lorsqu'il s'agit de régler des questions telles que le recrutement de personnel, le choix du quartier général ou l'emploi des langues[99].

B. La gouvernance multiniveaux renforcée et soutenue dans le cadre des stratégies macrorégionales

La nouvelle politique de cohésion 2014-2020 soutient l'élaboration et l'application de stratégie macrorégionales et des programmes de bassins maritimes.

Sur le plan de la gouvernance, il en résulte une approche plus ascendante *bottom-up* où l'UE ne définit plus seule les périmètres et les priorités, un engagement politique plus important des États, un schéma de forte appropriation des États et des régions[100].

Cette gouvernance multiniveaux se fonde sur le principe de subsidiarité active, un équilibre entre l'approche *bottom-up* (pour les domaines où l'information est détenue au niveau local ou régional) et *top-down*, pour les domaines où les États et l'Union peuvent agir de façon plus pertinente[101].

1. L'exemple de la stratégie macrorégionale de l'Union européenne en mer Baltique : les perspectives d'un « pacte territorial »

Dans sa communication relative à la stratégie pour la mer Baltique[102], la Commission mettait en avant les principes de gouvernance suivants.

Il n'y a pas lieu de créer une nouvelle institution : « la région de la mer Baltique »[103] dispose déjà de nombreuses structures de coopération ; il n'est pas souhaitable d'en créer de nouvelles qui apporteraient de nouvelles charges administratives sans pour autant permettre un gain d'efficacité. Il convient aussi de ne pas se limiter à une stratégie : des mesures concrètes et visibles doivent être prises pour relever les défis auxquels la région est confrontée. C'est pourquoi la Commission souligne, dans son plan d'action, que les États membres et les autres parties prenantes doivent prendre

99. *Ibid.*

100. P. Salez, *op. cit., p. 117.*

101. J. Peyroni, *op. cit.*

102. Communication COM(2009) 248 final, préc.

103. Cette « région » comprend les huit États membres qui bordent la mer Baltique. Une coopération étroite entre l'Union et la Russie est également nécessaire pour relever conjointement nombre des défis qui se posent dans la région. Une coopération constructive est tout autant nécessaire avec la Norvège et le Belarus.

les rênes de l'action dans certains domaines prioritaires spécifiques et piloter des projets phares, par exemple la mise en place de structures intégrées de gouvernance maritime, conformément à l'approche intégrée de la politique maritime.

En outre, il faut une participation renforcée de la Commission européenne, au-delà du contrôle de l'exécution des programmes de financement et de la transposition des directives. En réponse au besoin relevé, la Commission peut assumer le rôle d'organe indépendant et multisectoriel chargé d'assurer la coordination, le contrôle et le suivi du plan d'action ainsi que l'actualisation régulière du plan et de la stratégie, le cas échéant. Pour ce qui concerne la conception des politiques, la coopération entre les États membres en vue de l'adoption de mesures concrètes fait l'objet d'une surveillance générale au niveau des structures communautaires, ainsi que de rapports réguliers et de propositions de recommandation de la Commission au Conseil. Ce dernier est tenu au courant de l'état d'avancement de la stratégie.

La Commission est chargée de la coordination, du contrôle, de la diffusion de l'information, des mesures d'aide à l'application et du suivi. En partenariat avec les partics prenantes de la région, elle doit élaborer régulièrement des rapports d'avancement et user de son pouvoir d'initiative pour présenter des propositions d'adaptation de la stratégie et du plan d'action, lorsque cela sera nécessaire. La coordination comprend l'examen de l'utilisation des fonds au regard des priorités de la stratégie. Une réévaluation de la valeur ajoutée européenne de la stratégie et de l'application du plan d'action a été réalisée en 2011.

L'application sur le terrain, qui incombe aux partenaires déjà actifs dans la région, doit être adaptée aux objectifs de la stratégie. La Commission collabore avec les autres institutions, les États membres et les régions, les institutions financières internationales, les autorités de programmation transnationales et les organisations intergouvernementales[104] en vue de désigner les autorités de coordination au niveau des domaines d'intervention prioritaires et les chefs de file pour les projets phares.

Le Parlement européen estime nécessaire, pour assurer le plein succès de cette démarche, d'en soutenir durablement la structure de gouvernance, en l'élargissant aux autorités locales et régionales, au travers de sa prise en compte dans le cadre des programmations 2014-2020[105].

---

104. Par exemple HELCOM (Helsinki Commission) : *http://helcom.fi/.*

105. Rapport de M. François Alfonsi (Commission du développement régional) : *L'évolution des stratégies macro-régionales de l'UE : pratiques actuelles et perspectives d'avenir*, notamment en Méditerranée (2011/2179[INI]), PE 488 006v02-00 A7-0219/2012, 27 juin 2012.

La faible association des territoires dans ce dispositif du fait d'un système de pilotage de nature intergouvernementale laisse une place très restreinte aux autorités infra-nationales. Il en découle une appropriation limitée de la stratégie par les acteurs territoriaux, voire une déception pour ceux qui ont activement participé à la phase ouverte de consultation et se retrouvent exclus de la mise en œuvre. Pour maintenir la participation intense de toutes les parties prenantes de la région, dont le besoin est clairement apparu au cours des consultations, un forum annuel est organisé. Il rassemble les partenaires concernés par les différentes facettes de la stratégie – y compris les pays tiers intéressés – et permet d'examiner l'état d'avancement de la stratégie et de formuler des recommandations sur son application. La CRPM avait proposé en 2008 un « Pacte territorial » consistant à faire signer à l'ensemble des dirigeants régionaux et locaux une charte à travers laquelle ils s'engagent à mettre en œuvre les priorités stratégiques de l'UE dans le cadre de leurs propres compétences, il lui semblait intéressant qu'un tel pacte puisse être envisagé entre les territoires d'un même espace macrorégional[106].

2. La stratégie macrorégionale en faveur de l'Atlantique : la notion de macrorégion pour combattre l'image de la périphéricité

Initiée par le Parlement européen[107], la stratégie en faveur de l'Atlantique a été présentée dans la communication du 21 novembre 2011[108] de la Commission européenne qui rappelle que cette stratégie ne fonctionnera pas uniquement grâce à l'action des institutions de l'UE.

106. Note technique du secrétariat général de la CRPM, *Coopération territoriale et Stratégies macro-régionales : quelles opportunités pour la politique de cohésion après 2013 ?*, CRPMNTP100018 A0, avr. 2010, p. 5.

107. Le 9 mars 2011, le Parlement européen a voté une résolution demandant que l'UE se dote d'une stratégie d'ensemble pour les régions du littoral atlantique, traitant aussi bien les activités maritimes (commerce, pêche) que terrestres, économiques et environnementales. L'Aquitaine sera la première région bénéficiaire d'une telle stratégie, qui concerne aussi tout l'Ouest de la France, ainsi que le Portugal, l'Espagne et le Royaume-Uni.

Cette stratégie doit partir de la coopération territoriale déjà existante, qu'il faut rendre plus cohérente (ce sont souvent des accords bilatéraux sans liens entre eux), en coordonnant les actions entreprises, en s'ouvrant à des thématiques nouvelles (« autoroutes de la mer », nouvelles énergies renouvelables, maîtrise du coût du foncier…), et en accentuant la participation des élus locaux et de la société civile. Le Parlement européen a proposé que la stratégie Atlantique privilégie la sécurité et la surveillance maritime, le développement des ports en liaison avec leur arrière-pays, la pêche et l'aquaculture, l'environnement, l'énergie, la recherche, les nouvelles formes de tourisme.

108. Communication de la Commission, *Définir une stratégie maritime pour la région Atlantique*, COM(2011) 782 final, le 21 nov. 2011.

Elle exige un engagement de la part des États membres, des régions, des autorités locales et du secteur privé ainsi que des laboratoires d'idées. La création d'une stratégie commune à un espace atlantique peut aider à résoudre certains problèmes transfrontaliers. Il faut de part et d'autre des frontières (toujours vivaces malgré l'unification de l'espace européen) une volonté de coopération qui transcende des structures décisionnelles, enracinées dans des traditions culturelles et historiques[109].

La mise en œuvre de la stratégie se fonde sur une méthodologie en trois volets.

Il s'agit d'abord de tirer parti de l'engagement actif et des initiatives des États membres, régions et autres parties prenantes de l'Atlantique pour concevoir et mettre en œuvre des actions, en prenant en compte notamment l'apport des groupes d'action locaux. Ce sont des groupes de partenaires publics et privés qui reçoivent des aides spécifiques du Fonds européen pour la pêche et du Fonds européen agricole pour le développement rural ; leur implication permet de recenser les investissements à confier à l'UE. Cette forme d'auto-prise en charge à partir de la base a donné aux populations locales les moyens de développer de nouvelles activités économiques dans des secteurs où les débouchés traditionnels sont en diminution ; cela devrait se poursuivre dans le cadre des nouveaux financements structurels après 2013.

Il convient aussi d'encourager la coopération internationale sur des questions telles que l'observation, le partage de données, les évaluations du milieu marin, la recherche, la réduction des émissions et de la pollution des navires, la sûreté et la sécurité de la navigation, la sûreté portuaire, la lutte contre la piraterie, ainsi que la lutte contre la pêche illicite, non déclarée et non réglementée.

Il faut en outre adopter un plan d'action pour la stratégie, qui précise les projets et actions spécifiques pour lesquels un soutien est recommandé, pour 2014-2020.

Les instruments de mise en œuvre de la stratégie sont les suivants :
- la coopération renforcée ;
- les réunions, conférences, ateliers, sites de discussion et d'information en ligne ;

109. Réseau transnational atlantique (RTA), *Pour une macro-région Atlantique, Stratégie Atlantique maritime,* Contribution au Comité économique et social européen, 1er mars 2012.

– les actions ciblées dans le cadre des accords et des structures existants tels que la Convention pour la protection du milieu marin de l'Atlantique du Nord-Est (OSPAR), les organisations régionales de pêche et l'Organisation maritime internationale (OMI) ;
– la combinaison stratégique des instruments de financement et des actes législatifs de l'UE définis à la section 3 de la communication du 21 novembre 2011, pour réaliser les objectifs fixés pour l'Atlantique.

La première étape a consisté à mettre sur pied un Forum Atlantique qui permette aux États membres, au Parlement, aux autorités régionales, à la société civile et aux représentants des industries existantes et émergentes d'apporter leurs contributions[110], en vue d'une « gouvernance intelligente ».

L'exercice de « Forum » des acteurs, lancé dans le cadre de la Stratégie Atlantique, est à ce titre une pratique à encourager selon la CRPM[111], dans la mesure où un comité de pilotage dirige ces travaux en incluant les Régions. L'approche macro-régionale ou de bassin maritime devrait se baser sur un processus d'association d'acteurs (publics, privés, socio-économiques, etc.), une meilleure collaboration entre les secteurs (énergies, transport, environnement) et une plus grande coordination entre les fonds.

***
*

Le rôle moteur des collectivités infra-étatiques est reconnu sur l'ensemble des frontières de l'Union. Les collectivités infra-étatiques apparaissent comme des acteurs essentiels de la coopération, du développement de territoires transfrontaliers et de l'amélioration du cadre de vie des habitants frontaliers[112]. Les collectivités

110. Dans ce cadre, une série d'ateliers ont été organisés sur les enjeux et perspectives de la coopération et un laboratoire d'idées mis en place pour proposer des scénarios en vue d'atteindre les objectifs fixés. Le Forum s'est réuni à Brest les 29 et 30 octobre 2012 réunissant plus d'une centaine d'acteurs de la communauté scientifique et industrielle et les autorités publiques sur les enjeux de l'économie maritime, de la croissance bleue, autour des énergies marines renouvelables, du transport maritime durable, de la sécurité et de la sûreté maritimes. Voir le communiqué de presse du Pôle Mer Bretagne « Forum Atlantique : doper l'économie bleue européenne ».

111. Note technique du Secrétariat général de la CRPM, *Élaboration et mise en œuvre de stratégies macrorégionales (SMR) et de bassin maritime (SBM)*, mars 2013.

112. *Guide méthodologique de la MOT* préc. : « Gouvernance », p. 93.

territoriales françaises (à titre d'exemple) et leurs homologues de l'autre côté des frontières se saisissent des questions transfrontalières et développent des projets depuis des décennies, qu'il s'agisse des conseils régionaux, des conseils généraux, des EPCI ou des communes[113].

Certes, comparé aux autres champs d'action des collectivités, le transfrontalier reste marginal en termes de budget alloué, de personnel dédié ou de projets montés par les collectivités. La coopération transfrontalière est cependant considérée par la plupart des collectivités frontalières comme un sujet porteur dépassant généralement les clivages politiques. De plus, la majorité des interventions dans ces domaines est perçue comme positive et nécessaire par les citoyens, ce qui encourage les collectivités à s'y engager. Les politiques transfrontalières ont un fort capital de représentation en ce qu'elles donnent une visibilité à l'institution et à son territoire et permettent aux collectivités de se montrer volontaires, actives et visionnaires. Elles donnent aussi aux collectivités l'occasion d'avoir une action extérieure, d'étendre leur influence par la création d'alliances avec d'autres partenaires institutionnels ou privés.

113. *Ibid.*

9. LA PARTICIPATION DES ENTITÉS INFRA-ÉTATIQUES À LA POLITIQUE ÉNERGÉTIQUE DE L'UNION EUROPÉENNE

par

Elina DÉVOUÉ

Maître de conférences de sciences économiques, HDR
Université des Antilles et de la Guyane, CEREGMIA

Le marché européen de l'énergie est le plus grand marché régional (plus de 500 millions de consommateurs) et le principal importateur d'énergie au monde. Près de trois quarts des Européens vivent en ville. Les zones urbaines représentent 70 à 80 % de la consommation énergétique et des émissions de CO_2 en Europe[1]. L'énergie constitue un des enjeux auxquels l'Union européenne (UE) est confrontée. Les objectifs fondamentaux de la politique énergétique (sécurité de l'approvisionnement, compétitivité et durabilité) sont inscrits à l'article 194 du Traité sur le fonctionnement de l'UE (TFUE). La politique énergétique de l'UE a aussi pour objectif de réduire de 20 % les émissions de gaz à effet de serre d'ici 2020, notamment en produisant 20 % de l'énergie à partir des énergies renouvelables et en accroissant de 20 % l'efficacité énergétique[2]. Le 12 décembre 2008,

1. EUROPA, *Le mécanisme ELENA soutient les villes et les régions dans le développement de solutions durables*, 5 juill. 2010.
2. Par rapport aux niveaux de 1990.

le Conseil européen adopte le « paquet énergie-climat », plan d'action visant à mettre en place une politique commune de l'énergie et à lutter contre le changement climatique[3] pour atteindre les objectifs « 3 X 20 » ou objectifs « 20/20/20 » fixés par le Conseil européen en 2007. La stratégie *Énergie 2020, Stratégie pour une énergie compétitive, durable et sûre*[4] présente les étapes à franchir pour atteindre ces objectifs. Elle est axée sur cinq grandes priorités (elles-mêmes déclinées en plusieurs actions) : rendre l'Europe économe en énergie (efficacité énergétique), mettre en place un marché intégré de l'énergie paneuropéen, responsabiliser le consommateur et maximiser la sûreté et la sécurité, développer le rôle prépondérant joué par l'Europe en matière de technologie et d'innovation liées à l'énergie, renforcer la dimension extérieure du marché de l'énergie de l'UE.

La lutte contre le réchauffement climatique figure au premier rang des priorités de l'UE. Le Conseil européen des 29 et 30 octobre 2009[5] a annoncé que les États membres devraient aussi viser une réduction des émissions de gaz à effet de serre de l'ordre de 80 à 95 % d'ici à 2050 par rapport aux niveaux de 1990. La politique énergétique ne peut être réalisée sans l'implication des entités infra-étatiques (régions, départements, provinces, villes, communes…). L'échelon local est primordial pour lutter contre les changements climatiques et mettre en œuvre des politiques en vue d'une gestion durable de l'énergie. Les villes et les communes jouent un rôle de gestionnaires de bâtiments, de régulation et d'incitation en matière d'aménagement du territoire et d'urbanisme (recours aux énergies renouvelables et aux sources locales d'énergie, promotion de chauffage urbain efficient…), de sensibilisation et de stimulation d'un large public (citoyens, personnels, usagers…).

L'objectif du présent travail est d'analyser la participation des entités infra-étatiques à la politique énergétique de l'UE. Nous examinons la place des entités infra-étatiques dans la politique énergétique de l'UE. Nous étudions le soutien

3. Commission européenne, Communication de la Commission au Parlement européen, au Conseil, au Comité économique et social européen et au Comité des Régions. *Intégrer le développement durable dans les politiques de l'Union européenne : rapport de situation 2009 sur la stratégie de l'Union européenne en faveur du développement durable*, COM(2009) 400 final, 24 juill. 2009.

4. Commission européenne, Communication de la Commission au Parlement européen, au Conseil, au Comité économique et social européen, et au Comité des Régions. *Énergie 2020, Stratégie pour une énergie compétitive, durable et sûre*, SEC(2010) 1346, COM(2010) 639 final, 10 nov. 2010.

5. Conseil de l'Union européenne, Conseil européen de Bruxelles, 29-30 oct. 2009, *Conclusions de la Présidence*, (OR.en) 15265/09 Concl. 3, 30 oct. 2009.

dont bénéficient les entités infra-étatiques pour les financements conjoints. Nous tâchons de montrer que cette participation contribue au développement durable des États membres de l'UE.

I. La place des entités infra-étatiques dans la politique énergétique de l'Union européenne

Dans le domaine de l'énergie, les dispositifs juridiques de l'UE retiennent les principes de subsidiarité, de solidarité et de précaution.

A. Les principes

Reconnu en droit de l'UE depuis le traité de Maastricht de 1992, le principe de subsidiarité est ainsi énoncé depuis le traité de Lisbonne :

> « En vertu du principe de subsidiarité, dans les domaines qui ne relèvent pas de sa compétence exclusive, l'Union intervient seulement si, et dans la mesure où, les objectifs de l'action envisagée ne peuvent pas être atteints de manière suffisante par les États membres, tant au niveau central qu'au niveau régional et local, mais peuvent l'être au mieux, en raison des dimensions ou des effets de l'action envisagée, au niveau de l'Union[6]. »

En outre, le traité de Lisbonne introduit un devoir d'aide et d'assistance mutuelle et institue une clause de solidarité. La solidarité dans le domaine de l'énergie concerne les mesures pour assurer la sécurité énergétique, les conditions d'utilisation des ressources énergétiques, l'aide et l'assistance mutuelle entre États membres dans le cas d'une crise d'énergie[7].

Depuis le traité de Maastricht, le principe de précaution figure dans le droit communautaire, à l'ex-article 130 R TCE (devenu art. 174 TCE, puis art. 191 TFUE) ; de même, en 1992, la Conférence de Rio l'adopte dans son principe 15. Il vise à protéger des dommages imprévisibles et incertains. Il se place dans la perspective du développement durable. Il s'applique aux politiques et actions de

---

6. TUE, art. 5 § 3, *JOUE* C 326, 26 oct. 2012.

7. U. EHRICKE, D. HACKLÄNDER, « European Energy Policy on the Basis of the New Provisions in the Treaty of Lisbon », *in* A. BAUSCH, B. SCHWENKER (eds), *Handbook Utility Management*, Springer-Verlag, Berlin, Heidelberg, 2009, p. 741-759.

la Communauté européenne et de ses États membres. Il y a lieu de recourir au principe de précaution dès lors que la possibilité d'effets nocifs sur l'environnement ou la santé est identifiée et dans les cas d'incertitude[8].

B. Les participants

Institué par le traité de Maastricht et mis en place en 1994, le Comité des Régions de l'Union européenne est l'organe de consultation et de représentation des collectivités locales et régionales de l'Union européenne. Il associe les collectivités locales et régionales et les populations qu'elles représentent au processus décisionnel de l'Union européenne et les informe sur les politiques menées. Il a souscrit aux feuilles de route sur l'énergie à l'horizon 2050 et sur les sources d'énergie renouvelables. Il reconnaît que les collectivités locales et régionales ont un rôle à jouer dans la réduction de la consommation d'énergie et la transition vers des sources d'énergie plus durables[9].

Le 29 janvier 2008, à l'occasion de la Semaine européenne de l'énergie durable, la Commission européenne lance la Convention des maires afin d'associer les autorités locales et régionales d'Europe aux objectifs fixés par l'Union européenne en matière de politique énergétique[10]. Les signataires de la Convention visent à respecter et à dépasser l'objectif de l'Union européenne de réduire les émissions de CO_2 de 20 % d'ici 2020. Ils s'engagent à mettre en œuvre un Plan d'actions en faveur de l'énergie durable (PAED) dans les domaines d'activités relevant de leur compétence, à mobiliser la société civile sur leur territoire afin qu'elle prenne part au Plan d'actions, à partager leur expérience et leur savoir-faire avec d'autres territoires, à organiser les journées de l'énergie, à participer et à contribuer à la Conférence européenne de la Convention des maires. Le PAED est le document-clé dans lequel le signataire de la Convention décrit la manière dont il entend atteindre

8. Commission des Communautés européennes, *Communication sur le recours au principe de précaution*, COM (2000) 1, 2 févr. 2000.

9. *CDURABLE.Info*, « Le Comité des Régions de l'UE accueille favorablement la feuille de route sur l'énergie à l'horizon 2050 de la Commission européennes avec des priorités à équilibrer », 17 déc. 2011. Le Comité des Régions peut saisir la CJUE en cas de violation de ses prérogatives (TFUE, art. 263 al. 3) ou bien s'il estime qu'un acte législatif viole le principe de subsidiarité (Protocole n° 2, art. 8, al. 2).

10. M. DUQUESNE, « Convention des maires des villes d'Europe : une initiative visant à promouvoir les actions locales pour un avenir énergétique durable », janv. 2009, *http://www.uvcw.be/articles/33,493,486,486,2696.htm.*

son objectif de réduction des émissions de CO_2 d'ici 2020. Il définit les activités et les mesures arrêtées afin d'atteindre les objectifs, le calendrier de réalisation et la répartition des responsabilités à cet égard. Le catalogue de la Convention des maires pour les PAED regroupe l'ensemble des PAED soumis par les signataires et acceptés ou non acceptés par la Commission européenne. De janvier 2008 à septembre 2012, 1 727 PAED ont été soumis[11].

Le 17 décembre 2009, la Commission européenne et la Banque européenne d'investissement (BEI) ont créé un mécanisme baptisé ELENA (European Local Energy Assistance, mécanisme européen d'assistance à l'échelle locale dans le domaine de l'énergie) destiné à aider financièrement les collectivités territoriales à accélérer leurs programmes d'investissement dans les domaines de l'efficacité énergétique et des sources d'énergie renouvelable[12]. ELENA soutient les collectivités territoriales dans leurs efforts pour réaliser les objectifs « 3 X 20 » de l'Union européenne. L'assistance technique, qui bénéficie du soutien d'ELENA, peut être fournie à une autorité locale ou régionale ou à un autre organisme public ou groupement d'organismes publics des pays participant au programme Énergie Intelligente-Europe (EIE) et qui possèdent une stratégie pour réduire les émissions de CO_2. Le programme EIE fait partie du programme-cadre pour l'innovation et la compétitivité (CIP) qui soutient les activités d'innovation dans l'Union européenne. Il contribue à la réalisation des objectifs de l'Union européenne dans le domaine de l'énergie durable en soutenant financièrement les initiatives locales, régionales et nationales liées à ces objectifs.

De nombreuses villes et régions d'Europe ont élaboré des PAED. Cependant, nombre d'entre elles, essentiellement les localités de petite à moyenne taille, ne disposent pas des capacités techniques requises pour mettre sur pied des programmes d'investissement de grande envergure. ELENA offre à ces entités infra-étatiques un soutien spécifique pour la mise en œuvre de projets d'investissement portant sur la modernisation des bâtiments publics et privés, la construction durable, le chauffage urbain économe en énergie, les réseaux de refroidissement, les transports respectueux de l'environnement… Ce mécanisme aide les autorités locales et régionales des pays membres de l'Union européenne qui participent au programme EIE *via* des analyses de faisabilité et des études de marché. Il les épaule dans la

11. Covenant of Mayors, *Plans d'action en faveur de l'énergie durable*, *http://www.conventiondesmaires.eu/actions/sustainableenergy-actions-plans_fr.html.*

12. EUROPA, 5 juill. 2010, document préc.

structuration des programmes d'investissement proposés. Il sert à élaborer des plans commerciaux, à réaliser des audits énergétiques et à répondre aux procédures d'appel d'offres[13].

En 2012, la Commission européenne lance un partenariat d'innovation européen pour les villes et communautés intelligentes. Son objectif est de stimuler le développement de technologies intelligentes en milieu urbain, notamment par la mise en commun de ressources pour la recherche dans les secteurs de l'énergie, des transports et des technologies de l'information et des communications (TIC), qui seront consacrées à un petit nombre de projets de démonstration mis en œuvre en partenariat avec les villes[14].

II. Les financements conjoints

Les financements conjoints se développent avec l'Union européenne, les États membres et les entités infra-étatiques. Les États délèguent aux entités infra-étatiques le pouvoir d'agir au niveau local en vue d'atteindre les objectifs « 3 X 20 ». Ils leur fournissent, avec l'Union européenne, des fonds pour des initiatives soutenant les domaines des transports publics, du logement et de l'énergie. L'écueil de l'insuffisance des ressources publiques locales peut être levé si le financement de la politique énergétique est réalisé en partie par des fonds de l'Union européenne. Les entités infra-étatiques bénéficient du soutien des États membres par l'intermédiaire de divers programmes. Le partenariat public-public est une manière de réduire les coûts supportés par les entités infra-étatiques.

A. ELENA et BEI

Le mécanisme ELENA est destiné à mettre en œuvre des projets d'énergies durables. Ces projets sont évalués par des ingénieurs et des économistes de la Banque européenne d'investissement. L'aide au titre d'ELENA couvre 90 % au maximum des frais d'assistance technique induits par la préparation, la mise en œuvre et le financement d'un projet d'investissement. Cette aide peut comprendre des études

13. EUROPA, Communiqués de presse RAPID, « La Commission européenne et la BEI créent ELENA, le mécanisme européen d'assistance à l'échelle locale dans le domaine de l'énergie », IP/09/1922, 15 déc. 2009.

14. Communication de la Commission européenne, *Partenariat européen d'innovation pour les villes et communautés intelligentes*, C(2012) 4701 final, 10 juill. 2012.

de faisabilité et de marché, la structuration du programme, des audits énergétiques et la préparation des appels d'offres. La mise en place de plans d'activité et techniques contribue à inciter des banques privées et d'autres sources, notamment la BEI, à apporter des fonds. Le budget d'ELENA est de 15 millions d'euros par an.

Seize projets ont été financés par ELENA de 2010 à 2012. Les bénéficiaires sont situés[15] :

- au Danemark : Région Zealand (2012-2015);
- en Espagne : Province de Barcelone (2010-2013), Ville de Madrid (2011-2013), Ville de Barcelone (2011-2014);
- en France : Ville de Paris (2010-2013);
- en Grèce : Lesvos, Limnos, Milos, Kythnos et Santorini (2011-2014);
- en Italie : Province de Milan (2010-2013), Province de Modena (2011-2014), Province de Chieti (2011-2014);
- aux Pays-Bas : Purmerend (2010-2013), Municipalités de Sittard-Geleen, Beek et Stein (2012-2014);
- au Portugal : Vila Nova de Gaia (2010-2013);
- au Royaume-Uni : Londres (2011-2013), Londres (2011-2014), Bristol City and Wider Sub-Region (2011-2014), Ville de Birmingham (2012-2014);
- en Suède : Région de Skåne et Villes de Malmö, Lund et Helsingborg (2011-2014).

La BEI accorde des prêts aux secteurs public et privé pour financer des projets qui présentent un intérêt européen. Pour les prêts importants, elle peut nouer un partenariat avec une collectivité. Pour les prêts faibles, elle les fait transiter par des banques privées. La BEI finance la rénovation urbaine.

B. Les fonds européens

Les fonds européens : Fonds européen de développement régional (FEDER), Fonds européen agricole pour le développement rural (FEADER) et le Fonds social européen (FSE), ainsi que le Fonds européen pour la promotion de l'efficacité énergétique (FEEE) sont les instruments financiers de la politique régionale de l'UE. Ils participent aux financements communautaires pour le développement local des énergies renouvelables.

15. European Investment Bank, *Le mécanisme ELENA contribue à maximiser les investissements dans les énergies renouvelables, http://www.eib.org/products/elena/index.html?lang=fr.*

C. Programmes et Initiatives

Le programme Énergie Intelligente-Europe est doté d'un budget de 727 millions d'euros pour la période 2007-2013. Il assure le cofinancement de projets d'efficacité énergétique, d'énergies renouvelables et de transports non polluants. Le programme consiste en trois domaines d'action concernant les entités infra-étatiques[16] :

- SAVE (Specific Actions for Vigorous Energy Efficiency), pour l'amélioration de l'efficacité énergétique et l'utilisation rationnelle de l'énergie, notamment dans les secteurs du bâtiment et de l'industrie (69,8 millions d'euros).
- ALTENER (Alternative Energies), pour la promotion des énergies nouvelles et renouvelables pour la production centralisée et décentralisée d'électricité et de chaleur, ainsi que leur intégration dans le milieu local et dans les systèmes énergétiques (80 millions d'euros).
- STEER (Valorisation de l'efficacité énergétique dans les transports) pour le soutien aux initiatives portant sur tous les aspects énergétiques des transports et la diversification des carburants, par le biais de l'utilisation des sources d'énergies renouvelables (32,6 millions d'euros). Les types d'actions soutenues sont : l'efficacité énergétique, les énergies renouvelables, l'énergie dans les transports et les initiatives intégrées (planification et investissements en bioénergie, services énergétiques, éducation à l'énergie intelligente, municipalités énergétiquement durables, créations d'agences énergétiques locales et régionales, travail en réseau européen pour des actions locales, cogénération[17], normalisation de produits).

Le programme EIE est renforcé dans le cadre du programme-cadre pour la compétitivité et l'innovation. Le CIP et le 7e programme-cadre de recherche et de développement technologique (2007-2013) sont des initiatives complémentaires et se renforcent mutuellement pour contribuer à leur succès mutuel.

La Banque centrale européenne (BCE) est associée, aux côtés de la Commission européenne et de la BEI, à l'initiative JESSICA (Joint European Support for Sustainable Investment in City Areas) lancée en 2006. JESSICA a pour but de promouvoir l'utilisation *revolving* (renouvelable) des ressources mises à la disposition des États membres au titre des fonds structurels dans le secteur du développement urbain (notamment dans l'efficacité énergétique).

---

16. Le quatrième domaine d'action : COOPENER (Community Cooperation in Energy) concerne le soutien aux initiatives portant sur la promotion des énergies renouvelables et de l'efficacité énergétique dans les pays en développement.

17. Production combinée de chaleur et d'électricité.

Le programme LIFE + (L'instrument financier pour l'environnement +) pour la protection de l'environnement et de la nature a permis de financer plusieurs projets parmi lesquels :

- *Urban Light Plan* dont l'objectif est la mise en œuvre d'un programme de gestion innovant et durable de l'éclairage public et de la lutte contre la pollution lumineuse;
- *R-urban*, projet d'environnement urbain axé sur la résilience des villes et leurs capacités à s'adapter à des changements externes (changement climatique, crise économique, pénurie de ressources naturelles).

Pour 2012, l'initiative « Villes et communautés intelligentes » est dotée de 81 millions d'euros et ne couvre que deux secteurs : les transports et l'énergie. Les projets de démonstration financés au titre de cette initiative peuvent relever de l'un ou de l'autre de ces deux secteurs, plutôt que d'une combinaison des deux. À partir de 2013, le budget passe à 365 millions d'euros et couvre trois domaines : énergie, transports et TIC. Chacun des projets de démonstration financés dans le cadre de ce partenariat doit allier les trois secteurs.

D. Système d'échange de quotas

L'Union européenne met en place un système d'échange de quotas d'émission de gaz à effet de serre en vue de réduire celles-ci de façon économiquement efficace[18]. À l'aide de ce système, l'Union européenne et les États membres cherchent à respecter les engagements de réduction de gaz à effet de serre pris dans le cadre du Protocole de Kyoto. Les installations réalisant des activités dans les secteurs de l'énergie sont obligatoirement soumises à ce système[19].

De 2005 à 2012, les États membres mettent aux enchères l'intégralité des quotas qui ne sont pas délivrés à titre gratuit. Au moins 50 % du produit de la mise aux enchères des quotas doivent être utilisés à diverses fins, notamment :

- la réduction des gaz à effet de serre;
- le développement des énergies renouvelables;
- l'adoption de moyens de transport à faible émission;

18. Directive 2003/87/CE du Parlement européen et du Conseil du 13 octobre 2003 établissant un système d'échange de quotas d'émission de gaz à effet de serre dans la Communauté et modifiant la directive 96/61/CE du Conseil, *JOUE* L275, 25 oct. 2003, p. 32.

19. Les secteurs de la production et transformation des métaux ferreux, l'industrie minérale et la fabrication de papier et de carton sont également concernés.

– la recherche en matière d'efficacité énergétique et de technologies propres ;
– l'amélioration de l'efficacité énergétique et l'isolation.

Pour 2013-2020, 300 millions de quotas de CO_2 sont monétisés par la BEI pour subventionner, entre autres, des projets novateurs d'énergies renouvelables, *Smart grid* (réseau énergétique intelligent) en milieu urbain ou rural[20]. Le tableau 1 présente les financements communautaires de la politique énergétique au bénéfice des entités infra-étatiques.

Tableau 1

Financements communautaires pour le développement local des énergies renouvelables

Activités. Programmes	Budget. Nature de l'aide
ALTENER. EIE	16 millions d'euros pour 2011. Subventions
Initiatives intégrées EIE	27 millions d'euros pour 2011. Subventions
ELENA. EIE	45 millions d'euros pour 2010-2012. Subventions
FEADER. Fonds structurels	5,1 milliards d'euros pour 2011. Subventions
FEDER. Fonds structurels	23,3 milliards d'euros pour 2011. Subventions
FSE. Fonds structurels	7,9 milliards d'euros pour 2011. Subventions
JESSICA. Fonds structurels	1,6 milliard d'euros pour 2011. Participations, prêts, garanties
FEEE, LIFE+	265 millions d'euros pour 2011-2014. Participations, prêts, garanties, subventions
Directive 2003/87/CE	4,5 milliards d'euros à 15 euros/t CO_2 pour 2013-2020. Subventions
Coopération 7e PCRD	2,3 milliards d'euros pour le thème Énergie pour 2007-2013. Subventions
Initiative « Villes et Communautés intelligentes »	81 millions d'euros pour 2012 365 millions d'euros pour 2013

Sources : CDC, Climat Recherche 2011, et Commission européenne, Toute l'Europe 2010.

20. Caisse des dépôts et consignations (CDC), *Climat recherche*, 2011.

III. Contribution des entités infra-étatiques à la politique énergétique et au développement durable de l'Union européenne

Les politiques de l'UE en matière de changement climatique et d'énergie témoignent de l'impact de sa stratégie en faveur du développement durable[21]. D'après le rapport Brundtland[22], le développement durable est défini comme « un développement qui répond aux besoins des générations présentes sans compromettre la capacité des générations futures à répondre aux leurs ». Le développement durable introduit de nouvelles logiques de participation. Les entités infra-étatiques peuvent ainsi définir et mettre en œuvre des actions de développement durable. Elles se sont engagées à atteindre des objectifs énergétiques, allant souvent au-delà de l'objectif européen « 3 X 20 ».

A. Régions, énergie et développement durable

Une étude de l'Assemblée des régions d'Europe (ARE) en 2010[23] montre que les entités infra-régionales jouent un rôle important dans le cadre de l'avenir durable de l'Europe et de ses préoccupations d'ordre environnemental. Cette enquête révèle que 91 % des régions d'Europe considèrent l'énergie comme l'une de leurs priorités clés pour les quinze années à venir. 75 % d'entre elles ont déjà mis en place une stratégie énergétique comportant un plan spécifique de développement des énergies renouvelables. Plusieurs régions produisent de l'énergie à partir de sources renouvelables dans des proportions supérieures à l'objectif de 20 % fixé par l'Union européenne. L'énergie hydraulique assure de 88 à 100 % les besoins en électricité des régions de Maramures (Roumanie), Norrbotten (Suède) et Trento (Italie). 24 % des régions interrogées ont recours aux programmes européens de coopération territoriale financés par le FEDER. Cependant le potentiel de subventions n'est pas pleinement exploité par les régions.

---

21. Commission européenne, Communication de la Commission au Parlement européen, au Conseil, au Comité économique et social européen et au Comité des Régions, *Intégrer le développement durable dans les politiques de l'Union européenne : rapport de situation 2009 sur la stratégie de l'Union européenne en faveur du développement durable*, COM(2009) 400 final, 24 juill. 2009.

22. H. BRUNDTLAND, *Our Common Future*, Oxford University Press, Oxford, 1987.

23. Assemblée des régions d'Europe, Commission économie et développement régional, *Régions : des politiques énergétiques durables*, Strasbourg, avril 2010, 59 p.

Les régions et les villes peuvent stimuler le marché de l'énergie au travers des transports, de l'agriculture, du logement, de la recherche-développement. Elles peuvent mettre sur pied des campagnes efficaces de sensibilisation. Elles disposent d'outils économiques pour promouvoir un recours plus intensif à l'énergie verte (achats publics, tarifs de rachat, réduction d'impôt)[24]. Avec 19,9 % d'électricité renouvelable dans la production électrique totale en 2010, l'Union européenne a presque atteint l'objectif fixé. Ce résultat est obtenu grâce aux États ayant dépassé leurs obligations (Allemagne, Espagne, Danemark…) compensant les mauvaises performances des autres. Nous observons que les entités infra-étatiques bénéficiaires de financement (ELENA, PAED) sont peu nombreuses, sauf en Italie, en Espagne, au Portugal, au Royaume Uni, et en Suède (tableau 2).

24. *Ibid.*

Tableau 2

Nombre de projets ELENA et PAED acceptés (2010-2012)

Pays	Projets ELENA	PAED
Allemagne	0	2
Autriche	0	0
Belgique	0	1
Bulgarie	0	0
Chypre	0	1
Danemark	1	1
Espagne	3	22
Estonie	0	0
Finlande	0	2
France	1	1
Grèce	1	0
Hongrie	0	0
Irlande	0	0
Italie	3	206
Lettonie	0	0
Lituanie	0	0
Luxembourg	0	0
Malte	0	1
Pays-Bas	2	0
Pologne	0	4
Portugal	1	15
République tchèque	0	0
Roumanie	0	4
Royaume-Uni	4	1
Slovaquie	0	1
Slovénie	0	1
Suède	1	4

Source : Calculs de l'auteur à partir des données d'ELENA et de la Convention des maires.

Notre objectif est de voir la contribution des entités infra-étatiques à la politique énergétique et au développement durable des États membres de l'Union européenne. Nous utilisons la méthodologie de la classification ascendante hiérarchique (CAH). Elle nous permet de regrouper les États membres par niveaux de développement durable (en considérant les objectifs de la politique énergétique et le PIB par tête) et de participation des entités infra-étatiques.

B. Résultats de la CAH

L'analyse porte sur vingt-sept États membres de l'Union européenne[25]. Nous retenons treize variables dont six indicateurs de développement durable et d'évaluation des objectifs 2020 et deux variables de participation des entités infra-étatiques. Les indicateurs du développement durable utilisés par l'Union européenne permettent de suivre la stratégie européenne de développement. On compte plus de cent indicateurs dont onze ont été identifiés comme indicateurs clés. Parmi ces derniers : le produit intérieur brut (PIB) par tête, la productivité des ressources, les émissions de gaz à effet de serre, la part des énergies renouvelables dans la consommation finale brute d'énergie, la consommation énergétique des transports par rapport au PIB, la consommation d'énergie primaire.

La stratégie de l'Union européenne pour l'emploi et une croissance intelligente, durable et inclusive est évaluée grâce à huit indicateurs clés (indicateurs 2020). Parmi eux, se trouvent les émissions de gaz à effet de serre, la part des énergies renouvelables dans la consommation finale brute d'énergie, la consommation d'énergie primaire[26].

Les indicateurs de développement économique et de politique énergétique que nous retenons sont : le produit intérieur brut (PIB) par tête, les émissions de gaz à effet de serre, la part des énergies renouvelables dans la consommation finale brute d'énergie, la consommation énergétique des transports par rapport au PIB, la consommation d'énergie primaire, la productivité des ressources, la dépendance

25. Allemagne (ALL), Autriche (AUT), Belgique (BEL), Bulgarie (BUL), Chypre (CHY), Danemark (DAN), Espagne (ESP), Estonie (EST), Finlande (FIN), France (FRA), Grèce (GRE), Hongrie (HON), Irlande (IRL), Italie (ITA), Lettonie (LET), Lituanie (LIT), Luxembourg (LUX), Malte (MAL), Pays-Bas (P-B), Pologne (POL), Portugal (POR), République Tchèque (RTC), Roumanie (ROU), Royaume-Uni (R-U), Slovaquie (SLO), Slovénie (SLo), Suède (SUE).

26. On entend par consommation d'énergie primaire la consommation intérieure brute, à l'exception de tout usage non énergétique des produits énergétiques.

énergétique, le prix de l'électricité pour les ménages, l'intensité énergétique de l'économie, l'électricité provenant de sources renouvelables, le taux d'imposition implicite de l'énergie.

Les indicateurs de participation des entités infra-étatiques disponibles sont :

- le nombre de bénéficiaires de projets financés par ELENA dans les États membres (provinces, villes...). ELENA offre aux villes et aux régions la possibilité d'être épaulées dans la mise en œuvre de plans d'action pour l'énergie durable qui créent des emplois et, dans le même temps, d'aider l'Europe tout entière à atteindre ses objectifs climatiques ;
- le nombre de PAED soumis et acceptés dans les pays membres.

Le tableau 3 présente le descriptif des variables de la CAH.

Tableau 3

Descriptif des variables de la CAH

Identificateur	Intitulé de la variable	Descriptif et source de la variable
PIBh	PIB par tête	Milliers d'euros. 2010. Eurostat
ERCF	Part des énergies renouvelables dans la consommation finale brute d'énergie	%. 2010. Eurostat
GESE	Émissions de gaz à effet de serre	Indice 1990 =100. 2010. Eurostat
CEPR	Consommation d'énergie primaire	Milliard de tonnes d'équivalent pétrole. 2010. Eurostat
CETR	Consommation énergétique des transports relatifs au PIB	Indice 2000 = 100. 2010. Eurostat
PAED	Nombre de PAED soumis et acceptés	2010-2012. Convention des maires
PROJ	Nombre de bénéficiaires de projets ELENA	Mai 2010 à juin 2012. BEI
PRED	Productivité des ressources	Euros par kg. 2009. Eurostat
DEPE	Dépendance énergétique	%. 2010. Eurostat
PRIX	Prix de l'électricité pour les ménages	Euros par kwh. 2011. Eurostat
IENE	Intensité énergétique de l'économie	Kg d'équivalent pétrole pour 1 000 euros. 2010. Eurostat
ESRE	Électricité provenant des sources renouvelables	% de la consommation brute d'électricité. 2011. Eurostat
TIIE	Taux d'imposition implicite de l'énergie	Euros par tonne d'équivalent pétrole. 2010. Eurostat

Source : Auteur.

Les résultats de la CAH (tableaux 4 et 5, figure « CAH. Dendogramme ») nous permettent de distinguer trois classes d'États membres de l'Union européenne. La classe 1 regroupe quatorze pays : Autriche, Belgique, Chypre, Danemark, Espagne,

Finlande, Grèce, Irlande, Luxembourg, Malte, Pays-Bas, Portugal, Slovaquie, Suède. La classe 2 comprend neuf pays : Bulgarie, Estonie, Hongrie, Lettonie, Lituanie, Pologne, République Tchèque, Roumanie et Slovénie. La classe 3 est composée de : Allemagne, France, Italie, Royaume-Uni. Les objets centraux sont : la Grèce pour la classe 1, la Roumanie pour la classe 2, et la France pour la classe 3.

Tableau 4

CAH. Résultats par classe

Classe	1	2	3
Objets	14	9	4
Somme des poids	14	9	4
Variance intra-classe	7210,238	17887,419	17584,515
Distance minimale au barycentre	23,708	33,676	79,442
Distance moyenne au barycentre	76,313	106,073	108,983
Distance maximale au barycentre	154,910	265,715	170,962
	BEL	BUL	ALL
	DAN	RTC	FRA
	IRL	EST	ITA
	GRE	LET	R-U
	ESP	LIT	
	CHY	HON	
	LUX	POL	
	MAL	ROU	
	P-B	SLo	
	AUT		
	POR		
	SLO		
	FIN		
	SUE		

Source : Auteur.

Tableau 5

CAH. Objets centraux

Distances entre les objets centraux			
	1 (GRE)	2 (ROU)	3 (FRA)
1 (GRE)	0	276,871	231,097
2 (ROU)	276,871	0	344,999
3 (FRA)	231,097	344,999	0

Source : Auteur.

Figure

CAH. Dendrogramme

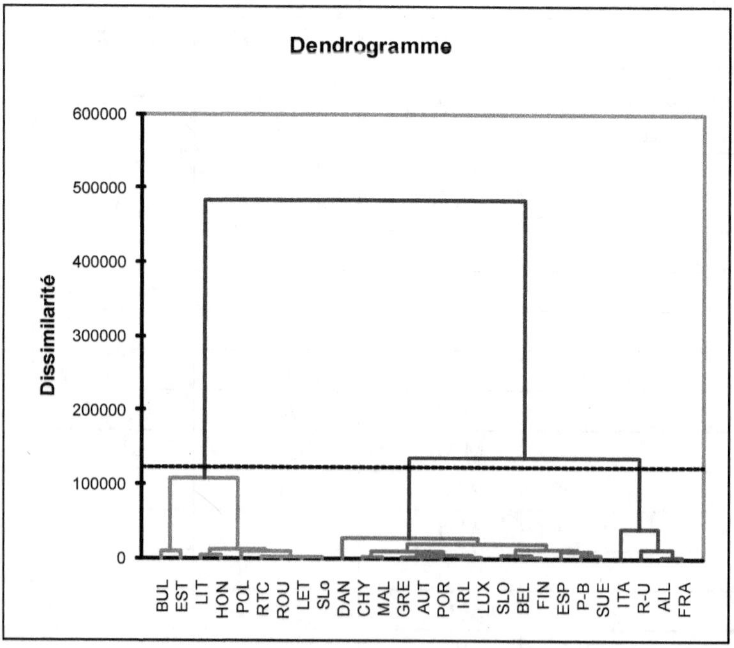

Source : Auteur.

Nous observons que les États membres de l'Union européenne de la classe 1 ont un PIB par habitant moyen à élevé. Certains de ces pays ont atteint l'objectif sur la part des énergies renouvelables dans la consommation finale brute d'énergie (Belgique, Espagne, Pays-Bas). Leurs entités infra-étatiques ont pour la plupart une bonne participation aux projets ELENA et/ou aux PAED. L'Espagne est deuxième pour les émissions de gaz à effet de serre, deuxième pour les projets ELENA et les PAED. La Suède est le premier pays à consommer plus d'énergies renouvelables que d'énergies fossiles, grâce à une importante biomasse (bois principalement).

La classe 2 est composée d'États d'Europe de l'Est à faible PIB par habitant (sauf pour la Bulgarie). Certains de ces pays ont un écart à l'objectif sur la part des énergies renouvelables dans la consommation finale brute d'énergie inférieur à un point de pourcentage (Pologne, Slovénie). Leurs consommations d'énergie primaire sont faibles. Leurs parts des énergies renouvelables dans la consommation finale brute d'énergie sont faibles. Leurs consommations énergétiques des transports relatifs au PIB sont élevées, leurs émissions de gaz à effet de serre sont de « moyen » à « très élevé ». La Pologne est classée au premier rang pour la consommation énergétique des transports relatifs au PIB. La participation des entités infra-étatiques de ces pays aux projets ELENA est nulle. Elle est faible ou nulle pour les PAED.

Dans la classe 3 se trouvent les États *leaders* en matière d'énergie éolienne : Allemagne (29 060 mégawatts), Espagne (21 674 mégawatts), Italie (6 737 mégawatts), France (6 684 mégawatts), Royaume-Uni (6 540 mégawatts). Ces pays ont un PIB par tête élevé. Leurs consommations énergétiques des transports relatifs au PIB et émissions de gaz à effet de serre sont importantes. La part des énergies renouvelables dans la consommation finale brute d'énergie est moyenne pour l'Allemagne, la France et l'Italie, faible pour le Royaume-Uni. On observe une bonne participation des entités infra-étatiques aux projets ELENA et aux PAED. L'Italie est au premier rang pour les PAED (206) et au deuxième rang pour les projets ELENA.

Nous constatons que, dans l'ensemble, les États membres de l'UE qui ont les meilleurs résultats en matière de politique énergétique et de développement durable sont aussi ceux où la participation des entités infra-étatiques est la plus forte.

***
*

Les entités infra-étatiques sont des acteurs clés de la politique énergétique de l'Union européenne. Elles jouent un rôle important dans la réduction de la consommation d'énergie et la transition vers des sources d'énergies plus durables. Elles initient la politique énergétiquc européenne plutôt qu'elles ne la subissent. Elles doivent faire face à la complexité croissante de cette politique qui nécessite des moyens financiers importants. Les instruments financiers prévus par l'Union européenne sont nombreux, mais ils ne sont pas pleinement utilisés par les entités infra-étatiques. L'Union européenne a intégré l'objectif de développement durable dans sa politique énergétique. Les entités infra-étatiques sont au cœur des efforts de l'Union européenne en matière de développement durable. À condition de disposer de compétences adéquates et de financements adaptés des États membres et de l'Union européenne, les entités infra-étatiques peuvent prendre des initiatives efficaces dans le domaine de l'énergie.

Bibliographie

Ouvrages et articles

- BRUNDTLAND H., *Our Common Future*, Oxford University Press, Oxford, 1987.
- BURGUILLO CUESTA M., DEL RIO GONZALEZ P., « La contribucion de las energias renovables al desarollo rural sostenible en la Union Europea: Pautas teoricas para el analisis empirico », *Informacion Comercial Espanola Revista de Economia*, nov.-déc. 2008, iss. 845, p. 149-165.
- DUQUESNE M., « Convention des maires de villes d'Europe : une initiative visant à promouvoir les actions locales pour un avenir énergétique durable », janv. 2009 : *http://www.uvcw.be/articles/33,493,486,486,2696.htm.*
- EHRICKE U., HACKLÄNDER D., « European Energy Policy on the Basis of the New Provisions in the Treaty of Lisbon », *in* A. BAUSCH, B. SCHWENKER (eds), *Handbook Utility Management*, Springer-Verlag, Berlin Heidelberg, 2009, p. 741-759.
- ESPER P., MANDIL C., « L'Europe et l'énergie : économie et sécurité », *Problèmes économiques*, 3058, janv. 2013, p. 22-32.
- GODARD O., « Le principe de précaution comme norme de l'action publique, ou la proportionnalité en question », *Revue économique*, n° 6, vol. 54, 2003, p. 1245-1276.

- HORST K. J., « L'Union européenne et sa politique énergétique », *Politique étrangère*, 3, 2007, p. 529-543.
- JEULIN M., DELBOSC A., « Le rôle des collectivités territoriales dans le soutien public aux énergies renouvelables. Exemples en Europe et en France », *Étude Climat*, n° 30, nov. 2011, 32 p.
- PANNEELS A., « L'accès aux ressources énergétiques sous l'angle du développement durable », *Reflets et perspectives de la vie économique*, 1-2, tome XLVIII, 2009, p. 187-197.
- TOLON-BECERRA A., LASTRA-BRAVO X., BIENVENIDO-BARCENA F., « Renewable Energies in the EU Energy Policy: Model of Territorial Distribution of Efforts to Meet the Strategic Goal for 2020 », *Smart Innovation, Systems and Technologies*, 2011, vol. 7, Part 3, p. 169-178.

Documents

Communautés européennes/Union européenne

Documents juridiques

- Traité sur l'Union européenne et Traité sur le fonctionnement de l'Union européenne (versions consolidées), *JOUE* C 326, 26 oct. 2012, p. 13 et 47.
- Directive 2003/87/CE du Parlement européen et du Conseil du 13 octobre 2003 établissant un système d'échange de quotas d'émission de gaz à effet de serre dans la Communauté et modifiant la directive 96/61/CE du Conseil, *JOUE* L275, 25 oct. 2003, p. 32.
- Décision n° 1639/2006/CE du Parlement européen et du Conseil du 24 octobre 2006 établissant un programme-cadre pour l'innovation et la compétitivité (2007-2013), *JOUE* L310, 9 nov. 2006, p. 15.

Commission européenne

- Commission des Communautés européennes, *Communication sur le recours au principe de précaution*, COM(2000) 1, 2 févr. 2000.
- Commission européenne, Communication de la Commission au Conseil européen et au Parlement européen, *Une politique de l'énergie pour l'Europe*, COM(2007) 1 final, 10 janv. 2007.

- Commission européenne, Communication de la Commission au Parlement européen, au Conseil, au Comité économique et social européen et au Comité des Régions, *Intégrer le développement durable dans les politiques de l'Union européenne : rapport de situation 2009 sur la stratégie de l'Union européenne en faveur du développement durable*, COM (2009) 400 final, 24 juill. 2009.
- Commission européenne, Communication de la Commission au Parlement européen, au Conseil, au Comité Économique et Social Européen, et au Comité des Régions. *Énergie 2020, Stratégie pour une énergie compétitive, durable et sûre*, SEC (2010). COM(2010) 639 final, 10 nov. 2010.
- Commission européenne, Communication de la Commission. *Partenariat européen d'innovation pour les villes et communautés intelligentes*, C(2012) 4701 final, 10 juill. 2012, Bruxelles.
- EUROSTAT, European Commission, *Energy, Transport and Environment Indicators*, 2012.

Communiqués de presse et autre

- EUROPA, *La Commission européenne et la BEI créent ELENA, le mécanisme européen d'assistance à l'échelle locale dans le domaine de l'énergie*, Communiqués de presse RAPID, IP/09/1922, 15 déc. 2009.
- EUROPA, *De l'énergie pour doper le développement : nouvelle initiative de la Commission pour favoriser l'accès à l'énergie pour tous d'ici à 2030*. Communiqué de presse. IP/12/372, 16 avr. 2012.
- « Énergie Intelligente-Europe, promouvoir le développement durable dans le domaine de l'énergie », *Toute l'Europe*, 11 mars 2010.

Autre

- Assemblée des Régions d'Europe, Commission économie et développement régional, *Régions : des politiques énergétiques durables*, Strasbourg, avr. 2010, 59 p.

10. LES ENTITÉS INFRA-ÉTATIQUES ET LES INSTRUMENTS DE L'ACTION EXTÉRIEURE DE L'UNION EUROPÉENNE

L'exemple de la politique de coopération au développement

par

Catherine FLAESCH-MOUGIN

Professeur émérite de droit public de l'université de Rennes 1
Chaire Jean Monnet ad personam
Membre du Centre de recherches européennes de Rennes (CEDRE)
Département de IODE (UMR-CNRS 6262)
Membre du Centre d'excellence Jean Monnet de Rennes

L'évolution de l'Union européenne témoigne d'une montée en puissance des entités infra-étatiques, même si les rapports entre construction européenne et collectivités locales ne sont pas dénués d'ambiguïtés[1]. Initialement cantonnées à être des sujets soumis au droit communautaire, elles ont peu à peu acquis une place dans le système de l'Union en dépit du rôle toujours principal reconnu aux États membres conformément au principe d'autonomie institutionnelle. Le traité de Lisbonne confirme sans ambiguïté ce primat, mais il évoque pour la première fois l'existence des niveaux infra-étatiques : l'article 4 § 2 TUE affirme ainsi, à propos des États membres, le respect par l'Union européenne « de leur identité nationale, inhérente

1. Voir notamment L. MALO, *Autonomie locale et Union européenne*, Bruylant, 2010, 719 p., et M. BOULET, *Les collectivités françaises dans le processus d'intégration européenne*, L'Harmattan, 2012, 761 p. ; également, la contribution de F. Michéa dans le présent ouvrage, p. 173.

à leurs structures fondamentales politiques et constitutionnelles, y compris en ce qui concerne l'autonomie locale et régionale ». De sujets, les entités infra-étatiques sont progressivement devenues des acteurs associés, selon des modalités variées, à l'élaboration du droit et à la mise en œuvre des politiques de l'Union européenne. Le principe de subsidiarité, s'agissant de l'exercice des compétences de l'Union, implique d'ailleurs, depuis la révision de Lisbonne, un test d'efficacité optimale couvrant l'insuffisance de l'action des États membres « tant au niveau central qu'au niveau régional et local » (TUE, art. 5 § 3)[2].

La place accordée aux entités infra-étatiques au sein de l'Union participe du principe de démocratie, affirmé de longue date par la jurisprudence de la Cour de Luxembourg[3] et consacré dans sa dimension locale par le Conseil de l'Europe avec la Charte européenne de l'autonomie locale du 15 octobre 1985. Les parties y mentionnent notamment que « les collectivités locales sont l'un des principaux fondements de tout régime démocratique » et que « la défense et le renforcement de l'autonomie locale dans les différents pays d'Europe représentent une contribution importante à la construction d'une Europe fondée sur les principes de la démocratie et de la décentralisation du pouvoir »[4]. Le principe de démocratie a été qualifié de « principe » puis de « valeur » tant de l'Union que commune aux États membres[5] et le traité d'Amsterdam a par ailleurs reconnu les principes de transparence et de proximité. Ceux-ci impliquent que les citoyens de l'Union ont « le droit de participer à la vie démocratique » et que « les décisions sont prises aussi ouvertement et aussi près que possible des citoyens » (TUE, art. 10 § 3). Ce souci d'ouverture est au cœur du *Livre blanc* de la Commission sur la gouvernance[6] qui, pour réduire le déficit démocratique de l'Union, « exige une action concertée de toutes les institutions européennes, des États membres actuels et futurs, *des autorités régionales et locales* et de la société civile »[7]. Afin de favoriser un partenariat

2. Disposition complétée par le protocole n° 2 sur l'application des principes de subsidiarité et de proportionnalité, dont l'article 2 prévoit que la Commission, avant de proposer un acte législatif, doit procéder à de larges consultations et que celles-ci « doivent tenir compte, le cas échéant, de la dimension régionale et locale des actions envisagées ».

3. CJCE, 29 oct. 1980, *Roquette*, aff. 138/79, *Rec.*, p. 3333.

4. Préambule de la Charte, *http://conventions.coe.int/treaty/fr/treaties/html/122.htm.*

5. TUE, art. 2.

6. COM(2001) 428, 25 juill. 2001.

7. *Livre blanc* préc., p. 6. [Souligné par nos soins.].

à niveaux multiples, sont ainsi proposés une meilleure information et participation des autorités locales et un dialogue accru avec leurs associations représentatives, dans le but de « Parvenir jusqu'au citoyen par la démocratie régionale et locale[8]... »

La dimension démocratique de l'Union ne se limite pas, toutefois, à son fonctionnement interne ; elle fonde également ses politiques externes. Le traité de Lisbonne, systématisant la pratique antérieure, énonce une doctrine qui exige que l'action de l'Union sur la scène internationale « repose sur les principes qui ont présidé à sa création, à son développement et à son élargissement et qu'elle vise à promouvoir dans le reste du monde » (TUE, art. 21 § 1). Y figure au premier chef la démocratie qui, associée à l'État de droit et au respect des droits de l'homme, concerne l'État partenaire dans toutes ses composantes. Toutefois, compte tenu de la référence de l'article 21 TUE aux principes qui ont présidé au « développement de l'Union », il convient de s'interroger sur la façon dont est décliné le principe de démocratie dans l'action extérieure, et plus spécialement sa dimension locale à travers la place accordée aux entités infra-étatiques[9].

Les ambitions de l'Union européenne en matière de respect et de promotion de la démocratie ont trouvé une illustration précoce et emblématique dans la politique de coopération au développement qui, bien qu'apparue antérieurement, a été institutionnalisée par le traité de Maastricht. Celui-ci évoquait dès 1992 sa contribution « à l'objectif général de développement et de consolidation de la démocratie » (TCE, ex-art. 177 § 2) ainsi que le respect des objectifs agréés par la Communauté et ses États membres dans le cadre des Nations unies et autres enceintes multilatérales compétentes (même art., § 3). Au début des années 2000, dans

8. *Ibid.*, p. 9.

9. Nous reprendrons le terme très large d'entités infra-étatiques retenu par le colloque, sans considérations particulières vis-à-vis de leur degré d'autonomie, de leur appellation, de leur niveau ou de leur structuration juridique. Les précisions interviendront au fur et à mesure des développements, mais ces entités ont comme point commun d'appartenir à la structure constitutionnelle de l'État et doivent être distinguées des acteurs dits non étatiques qui englobent la société civile, les représentants de la société civile organisée et le secteur privé.

Toutefois, il convient d'attirer l'attention sur un usage dual des termes « régional » et « local » dans les documents relatifs à l'action extérieure de l'Union européenne : le qualificatif « régional » peut être utilisé pour désigner un niveau infra-étatique ou renvoyer à un niveau supra-étatique lorsque sont visées les organisations d'intégration ou de coopération régionales ; quant au terme « local », il peut désigner aussi bien un niveau infra-étatique que ce qui se rapporte à la sphère de l'État partenaire, au sens de domestique, par opposition aux entités/acteurs/politiques extérieurs, notamment ceux de l'Union européenne et de ses États membres.

l'esprit des grands documents onusiens et de ses relations rénovées avec les États ACP, l'Union a profondément revu sa politique de coopération au développement et en a exposé sa vision au sein d'un document de nature politique, le « consensus européen sur le développement »[10], approuvé fin 2005 par les États membres de l'Union, la Commission et le Parlement européen. Y sont exposés les principes structurants de cette politique et prônée une approche partenariale des relations mettant l'homme au cœur du développement et faisant, au-delà des seuls États, une large place au dialogue. Véritable « stratégie européenne de développement », selon les termes du commissaire au développement Louis Michel[11], ce document systématise les nouvelles orientations d'une politique où sont mises en exergue les valeurs communes, notamment la démocratie et la bonne gouvernance, et les principes communs d'appropriation, de partenariat, de dialogue et de participation impliquant la mobilisation de tous les acteurs au service du développement. Si la société civile est spécialement visée, les autorités locales ne sont pas ignorées dans le consensus[12] ; surtout deux documents, parmi les nombreuses communications portant sur la gouvernance et/ou les divers aspects du développement, leur sont spécifiquement consacrés par la suite, l'un ayant pour titre *Les autorités locales : des acteurs en faveur du développement*[13], et l'autre intitulé *Accorder une autonomie accrue aux autorités locales dans les pays partenaires pour une meilleure gouvernance et des résultats plus concrets en matière de développement*[14]. Les conclusions du Conseil approuvant cette dernière communication[15] viendraient, selon PLATFORMA, la plateforme des autorités locales et régionales européennes dans la coopération au développement, confirmer « le changement de paradigme qui s'est opéré au sein de l'Union »[16].

10. *JOUE* C 46, 24 févr. 2006, p. 1.

11. Commission européenne – IP/05/252, 3 mars 2005.

12. À propos des principes d'appropriation et de partenariat, en soulignant le rôle « essentiel » de surveillance joué par les représentants des citoyens démocratiquement élus et appelant « une participation accrue des assemblées nationales, des parlements et des autorités locales » (pt 16) et, par ailleurs dans les dispositions intitulées « gouvernance, démocratie, droits de l'homme et appui aux réformes économiques et institutionnelles » en évoquant le soutien à la décentralisation et aux autorités locales en vue d'accroître la légitimité des réformes menées par les pays (pt 86).

13. COM(2008) 626, 8 oct. 2008 et SEC(2008) 2570.

14. COM(2013) 280, 15 mai 2013.

15. Concl. Conseil Affaires étrangères, 22 juill. 2013, doc 12584/13, p. 30-33.

16. Lettre d'information n° 22, juill. 2013, p. 2, *www.platforma-dev.eu/newsletter.php?newsletter_id=20.*

Au regard de ces divers documents s'accordant sur l'importance des autorités locales en tant qu'actrices du développement et des principes de l'action extérieure énoncés dans le traité sur l'Union européenne, il nous a semblé intéressant d'analyser de quelle façon les entités infra-étatiques des États partenaires sont prises en compte au sein des instruments juridiques sur lesquels reposent les relations avec les pays ou groupes de pays en développement. Y trouve-t-on une concrétisation des positions exprimées ? La réponse est difficile à donner, car les textes visent souvent globalement les autorités locales de l'Union et celles des pays tiers. De plus, l'évaluation de l'impact des instruments de l'Union, compte tenu du nombre et de la diversité des situations locales[17], reste parcellaire. En dépit de ces difficultés, il semble possible de caractériser la démarche européenne par une grande prudence vis-à-vis des entités infra-étatiques des pays partenaires qui, contrairement à d'autres acteurs de la coopération, sont des composantes institutionnelles de l'État. Mais, des signes d'évolution sont perceptibles, bien que de façon très variable, dans les textes de l'Union. Si les accords, sauf exception, ne portent qu'une attention très limitée aux entités infra-étatiques (I), l'instrument de financement de la coopération au développement (ICD), pour lequel l'Union dispose d'une plus grande liberté d'action, traduit des progrès, encore qu'inégaux, en leur faveur (II).

I. L'attention en général très limitée portée aux entités infra-étatiques dans les accords de l'Union avec les pays en développement

La Communauté et aujourd'hui l'Union européennes ont multiplié les accords avec les pays en développement : accords d'association, qualifiés ou non comme tels, fondés sur l'article 217 TFUE (TCE, ex-art. 310) avec les pays ACP[18] et certains pays ou groupements latino-américains[19] ; accords de coopération remplacés au-

17. Voir, par exemple, l'évaluation faite de l'appui de la Commission aux processus de décentralisation qui, selon les auteurs, a nécessité l'analyse de plus de 4 000 documents et publications, et l'interview de plus de 200 personnes ; étude en langue anglaise disponible sur le site : *http://ec.europa.eu/europeaid/how/evaluation/evaluation_reports/reports/2012/1300_vol1_en.pdf.*

18. Accord de partenariat signé à Cotonou le 23 juin 2000, *JOCE* L317, 15 déc. 2000, p. 1. Cet accord a été révisé en 2005 (*JOUE* L209, 11 août 2005, p. 27) et en 2010 (*JOUE* L287, 4 nov. 2010, p. 3).

19. Accord d'association avec le Chili, *JOCE* L352, 30 déc. 2002, p. 1 ; accord d'association signé avec l'Amérique centrale, *JOUE* L346, 15 déc. 2012, p. 1.

jourd'hui par des accords de partenariat et de coopération[20], accords de dialogue politique et de coopération[21] ou accord atypique de partenariat économique, de coordination politique et de coopération[22], ayant en commun de reposer sur les dispositions de la politique de coopération au développement, soit l'article 209 TFUE (TCE, ex-art. 179), en général complété par d'autres articles. Tous ces accords sont fondés sur certains principes dont ceux de démocratie, de respect des droits de l'homme et de l'État de droit qui, s'ils sont transgressés, peuvent entraîner la suspension de l'accord. Ils mettent en place des Conseils et Commissions mixtes, composés par des représentants des Parties, qui ont en charge le bon fonctionnement de l'accord auxquels s'ajoutent, parfois, des organes mixtes composés par des parlementaires, pour les uns, et par des représentants de la société civile organisée, pour les autres. Toutefois, il n'existe jamais d'organes mixtes qui seraient composés par des représentants des autorités locales et régionales des parties[23]. Bien que prévoyant des dispositions variées et plus ou moins étoffées pour atteindre leurs objectifs, les accords obéissent à un schéma tripartite commun reposant sur un dialogue politique entre les Parties, des concessions commerciales, pouvant aller jusqu'à la création d'une zone de libre-échange, et une coopération multidimensionnelle. Bien que les accords soient conclus entre des États, groupements d'États ou organisations régionales, d'une part, et l'Union et (souvent)

20. Voir pour les accords les plus récents avec l'Asie, les accords signés avec l'Irak, *JOUE* L 204, 31 juill. 2012, p. 18 ; le Vietnam, *JOUE* L 137, 26 mai 2012, p. 1 (pour le texte de l'accord, voir COM(2010) 699, 29 nov. 2010) ; les Philippines, *JOUE* L 134, 24 mai 2012, p. 3 (texte de l'accord disponible *in* COM(2010) 460 final, 6 sept. 2010) ; l'Indonésie, COM(2009) 492, 22 sept. 2009 ; la Mongolie, *JOUE* L 134, 25 mai 2012, p. 4 (texte de l'accord disponible *in* COM(2011) 117, 14 mars 2011).

Pour les accords de coopération plus anciens, voir C. Flaesch-Mougin, J. Kasmi et J. Lebullenger, « Relations de la CE avec les pays d'Amérique latine et d'Asie, Cadres conventionnel et autonome », *Juris-classeur Europe*, fasc. 2231, sept. 2005.

21. Accords signés l'un avec la Communauté andine et ses États membres, COM(2003) 695, 14 nov. 2003, et l'autre avec les pays d'Amérique centrale, COM(2003) 677, 10 nov. 2003. S'agissant de ce dernier, il sera remplacé par l'accord d'association au moment où celui-ci, signé en 2012 et en application provisoire uniquement pour sa partie commerciale, entrera en vigueur.

22. Accord entre la Communauté européenne et ses États membres, d'une part, et les États-Unis mexicains, d'autre part ; *JOCE* L 276, 28 oct. 2000, p. 44.

23. Ce type d'organe existe dans le cadre de certains accords avec des autres partenaires de proximité de l'Union européenne ; voir par exemple la décision n° 1/2012 du Conseil de stabilisation et d'association UE-Monténégro du 21 juin 2011 modifiant la décision n° 1/2010 [...] en vue de l'institution [...] d'un comité consultatif paritaire entre le Comité des Régions de l'Union européenne et les autorités locales et régionales monténégrines, *JOUE* L 158, 19 juin 2012, p. 21.

ses États membres, d'autre part, il n'est pas exclu que les entités infra-étatiques dont « l'importance capitale » comme « acteurs essentiels dans le renforcement de la gouvernance locale et dans la fourniture de services publics, notamment dans le contexte de la décentralisation » a été souligné[24], puissent, comme la société civile, y faire l'objet de certaines dispositions. Pourtant, c'est rarement le cas. La situation de l'accord de partenariat avec les États ACP et, dans une moindre mesure, de l'accord d'association avec l'Amérique centrale où les entités infra-étatiques sont abordées en tant qu'« acteurs » font figurent d'exception (B). Dans les autres accords, ce n'est en général qu'à travers une référence aux « niveaux », local ou régional, mentionnée dans quelques domaines de coopération que l'on peut, tout au plus, déceler une allusion aux entités infra-étatiques (A).

A. Une référence aux « niveaux » infra-étatiques dans quelques domaines de coopération

Alors que de très nombreux domaines sont en général prévus dans les accords[25] pour développer des actions de coopération porteuses de développement durable, seules quelques rares dispositions utilisent le terme « local », sans nécessairement citer des entités infra-étatiques, ni même y renvoyer. Elles concernent quelques politiques publiques et les questions de gouvernance. Cette situation contraste avec l'expérience reconnue aux autorités locales dans de nombreux domaines touchant l'éducation, la santé, la cohésion sociale, la gestion de l'eau… et la contribution qu'elles peuvent apporter pour réaliser les Objectifs du Millénaire pour le développement[26]. Dans ses conclusions du 22 juillet 2013 faisant suite à la communication de la Commission appelant à une autonomie accrue des autorités locales dans les pays partenaires, le Conseil relevait aussi : « Aux côtés des pouvoirs centraux et en partenariat avec les organisations de la société civile, les autorités locales, à différents niveaux, jouent un rôle important dans la fourniture de services de base, le soutien d'une croissance qui bénéficie à tous et une cohésion sociale accrue »[27].

24. *Les autorités locales : des acteurs en faveur du développement*, COM(2008) 626 préc., p. 9.

25. Voir par exemple l'APC précité avec le Vietnam qui énonce 25 domaines de coopération au titre de la seule rubrique « développement économique et autres domaines ».

26. Voir, en ce sens, la déclaration du Secrétaire général de l'ONU prononcée lors du Sommet du Millénaire pour le développement de 2005, rapportée par le Rapport Schapira sur *Les collectivités locales et le développement*, rapport du Parlement européen du 1er mars 2007, A6-0039/2007, p. 5.

27. Concl. du Conseil préc., pt 1, p. 30.

1. La dimension locale évoquée dans de rares politiques

– La coopération en matière d'environnement et de gestion des ressources naturelles prévoit fréquemment des dispositions faisant référence au « local », ce qui ne saurait surprendre compte tenu de la mobilisation qu'implique à tous les niveaux la protection de l'environnement et des enjeux tant économiques qu'écologiques et humains de la gestion des ressources naturelles au plan local. La déclaration de Rio elle-même, dans son article 22, soulignait le rôle essentiel des territoires et des populations locales en matière de développement durable[28].

Selon une formule souvent reprise, bien qu'avec des variantes, dans les accords, la coopération prévue se donne pour objectif « la promotion de la sensibilisation à l'environnement et de la participation accrue des populations locales aux efforts en faveur de la protection de l'environnement et du développement durable »[29].

Au-delà de cette référence générale à la sauvegarde de l'environnement, des aspects particuliers sont parfois abordés, en lien avec la situation des partenaires et dans le respect des engagements internationaux. C'est le cas de la protection des ressources naturelles et de la biodiversité. Ainsi, l'accord avec les Philippines prévoit une coopération en vue d'assurer « la gestion efficace des parcs nationaux et des régions protégées ainsi que la désignation et la protection des zones de biodiversité et des écosystèmes fragiles, dans le respect des collectivités locales et autochtones vivant dans ces régions ou à proximité »[30]. La question des catastrophes naturelles est aussi abordée : une coopération est instaurée en vue de réduire la vulnérabilité sociale et environnementale et de « renforcer les capacités des communautés et des institutions locales »[31].

---

28. « Les populations et communautés autochtones et les autres collectivités locales ont un rôle vital à jouer dans la gestion de l'environnement et le développement du fait de leurs connaissances du milieu et de leurs pratiques traditionnelles [...] », *http://www.un.org/french/events/rio92/rio-fp.htm.*

29. APC précité avec l'Irak, art. 93 sous c). Voir aussi les accords précités avec le Mongolie, art. 47 § 4 sous a), et avec le Vietnam, art. 30 § 4 sous b), ou encore l'association de 2012 avec l'Amérique centrale, art. 50 § 1 sous a). On notera que dans le précédent accord de dialogue politique et de coopération, il n'était fait qu'une mention des « niveaux de gouvernement » à propos de la gestion de l'environnement à l'article 38 § 2 sous f), tout comme dans l'accord de 2000 avec le Mexique, art. 34 § 2.

30. Accord préc., art. 34 § 4 sous f).

31. Accord préc. avec l'Amérique centrale, art. 51 § 2. L'article 54 de l'accord avec la Mongolie aborde de façon plus allusive « les collectivités » (§ 1) et la coopération se concentre notamment sur un renforcement des politiques et des capacités institutionnelles (§ 2 d)). L'APC avec le Vietnam évoque seulement la prévention dans tous les secteurs et domaines d'intervention au niveau tant national que local (art. 48 § 1).

Toutefois, si le terme « local » se réfère à un niveau de proximité incontournable dans la gestion des problèmes environnementaux, il ne renvoie pas nécessairement aux entités infra-étatiques. Le terme local peut signifier « du pays », par opposition de ce qui est externe, et faire écho à l'appropriation nationale des politiques, ce qui n'est pas le cas ici; il peut également être synonyme d'autochtones : les populations, collectivités et communautés sont indifféremment qualifiées de locales et/ou d'autochtones. C'est d'ailleurs la formule retenue par la Convention sur la biodiversité qui évoque globalement « les communautés locales et autochtones » dans son article 8 sous j), tant afin de protéger leur mode de vie traditionnel que de tirer profit de leurs connaissances pour conserver et utiliser la diversité biologique. Dans ce cas, si l'on se situe bien à un niveau infra-étatique, le terme ne renvoie pas à des entités infra-étatiques, même si celles-ci sont susceptibles de représenter ces communautés locales et de défendre leurs intérêts. Toutefois, « local » peut aussi se rapporter à des entités infra-étatiques. Ainsi l'APC avec les Philippines vise, à propos de la protection de l'environnement, à la fois « la participation des populations autochtones/collectivités culturelles autochtones et des collectivités locales »[32]. Il est toutefois le seul accord qui cite expressément les « collectivités locales »; il n'est, de plus, pas totalement certain que ce terme soit synonyme d'entité infra-étatique si on le compare à la formulation de la déclaration de Rio[33].

– Le tourisme constitue un autre domaine de coopération souvent prévu dans les accords et il fait en général[34] référence à l'échelon local.

Cette activité s'ancre, elle aussi, par excellence dans les territoires. Toutefois, si le tourisme peut contribuer au développement économique local, celui-ci doit, pour être durable, être conçu en lien avec les populations locales et éviter les risques qui peuvent en découler pour les cultures locales et l'environnement mais aussi en matière de prolifération d'activités illicites et d'atteintes aux droits humains. Il est d'ailleurs souvent fait référence, dans les dispositions des accords relatives

32. Accord préc., art. 34 § 4 sous a).

33. Voir *supra* note 28.

34. Ce n'est pas le cas toutefois des ADPC avec la CAN et l'Amérique centrale, ni de l'APC avec l'Irak, ou même de l'accord de Cotonou, bien qu'une coopération en matière de tourisme soit prévue dans ces accords.

à la coopération en matière de tourisme, au code éthique mondial du tourisme de l'Organisation mondiale du tourisme et aux principes de durabilité à la base du processus de l'Agenda local 21[35].

Mais, bien que le tourisme implique de nombreux acteurs au plan local – populations locales, secteur privé, collectivités locales –, il n'est en principe fait référence qu'au « niveau local »[36] ou aux « communautés locales et autochtones »[37], même s'il arrive qu'elles soient qualifiées de « décideurs politiques et gestionnaires »[38], ce qui laisse entendre une forme d'organisation locale. Le seul accord évoquant expressément des autorités locales est l'accord avec le Mexique qui prévoit, au titre de la coopération en matière de tourisme, que les Parties s'attachent « en particulier à respecter l'intégrité et les intérêts des collectivités locales et à promouvoir la coopération entre les régions et les villes des pays voisins »[39].

– Certains accords prévoient aussi une coopération dans des politiques touchant l'aménagement des territoires et donc les divers niveaux concernés. Ainsi, l'accord avec le Vietnam prévoit en matière d'urbanisme et d'aménagement du territoire une coopération qui peut prendre la forme d'échanges d'expériences, parmi lesquelles « l'établissement de réseaux urbains avec la participation de gestionnaires centraux et locaux, notamment des municipalités… » et « le soutien aux actions de formation et de renforcement des capacités des gestionnaires au niveau central, régional et local » (art. 49). Au détour de la coopération en matière de transports, il n'est pas rare que la dimension urbaine soit aussi abordée : par exemple, l'accord avec l'Indonésie évoque « des échanges d'informations [entre les Parties] sur leurs politiques et pratiques de transports respectives, notamment pour ce qui est

---

35. Voir par exemple l'art. 42 de l'APC précité avec les Philippines ou l'art. 40 de l'APC précité avec la Mongolie.

36. Voir aussi l'art. 34 § 2 sous g) de l'accord d'association avec le Chili préc., à propos de la « coopération sur l'utilisation d'instruments de promotion pour développer le tourisme au niveau local ».

37. Voir l'art. 42 § 3 de l'accord avec les Philippines préc., qui précise : « Les parties conviennent d'intensifier leur coopération pour sauvegarder et optimiser les potentialités du patrimoine naturel et culturel, atténuer les incidences négatives du tourisme et augmenter l'apport positif de l'industrie touristique au développement durable des communautés locales, notamment par la promotion du tourisme écologique, le respect de l'intégrité et des intérêts des communautés locales et autochtones et l'amélioration de la formation dans le secteur du tourisme ».

38. Accord avec le Vietnam préc., art. 43.

39. Accord avec le Mexique préc., art. 25 § 2 sous b) et c).

du transport urbain »[40]. Quelques accords abordent également le développement régional avec des dispositions plus ou moins étoffées. Alors que l'accord avec la Mongolie se contente de mentionner que les parties le favorisent, l'accord avec l'Indonésie embrasse dans la coopération la question du développement des régions défavorisées ainsi que celle des liens entre régions urbaines et rurales[41].

L'examen minutieux des accords avec les pays en développement témoigne donc d'une attention portée uniquement à titre tout à fait exceptionnel aux entités infra-étatiques en tant que telles. En général, seul le niveau local est mentionné dans les dispositions relatives aux politiques qui appellent, au nom de la protection des populations et des territoires et/ou de l'efficacité des gestions, des actions de proximité ou de celles qui touchent l'aménagement des espaces. Quant aux formes que peut revêtir la coopération, elles ne prennent que rarement en compte les autorités infra-étatiques. De plus, contrairement à la société civile dont les parties reconnaissent le rôle et la contribution au processus de coopération et dont elles entendent promouvoir la participation[42], les autorités locales ne font pas l'objet d'un article spécifique. Leur situation peut en revanche être abordée dans le cadre des dispositions consacrées à la réforme de l'État.

2. Une référence ponctuelle aux échelons infra-étatiques dans les dispositions relatives à la coopération en matière de réforme de l'État et de gouvernance

La question de la gouvernance, et plus spécialement de la bonne gouvernance, est au cœur des relations avec les pays en développement puisqu'elle conditionne pour l'Union la réalisation d'un développement équitable et durable. Toutefois, si la bonne gouvernance est amplement invoquée, il s'agit d'une notion ambivalente qui ne recouvre pas nécessairement exactement les mêmes réalités pour les institutions financières internationales et l'Union européenne[43]. En se référant aux dispositions de l'accord de Cotonou où la bonne gouvernance est qualifiée d'« élément fonda-

40. APC avec l'Indonésie préc., art. 24 ; c'est aussi le cas dans l'accord avec le Vietnam préc., art. 41 § 2 sous a).

41. APC avec l'Indonésie préc., art. 36.

42. Voir par ex. APC avec la Mongolie, art. 52 ; et les deux ADPC préc., art. 43.

43. M. MONTAGNIER, *Le concept de gouvernance dans les discours de la Commission européenne. Quel apport européen aux débats internationaux sur la gouvernance dans les politiques de développement ?*, étude disponible sur le site *http://www.institut-gouvernance.org/fr/analyse/fiche-analyse-256.html.*

mental »[44], il apparaît que cette notion est certes inspirée de celle de bonne gestion des affaires publiques prônée par ces institutions. Elle y est en effet décrite comme une « gestion transparente et responsable des ressources humaines, naturelles, économiques et financières ». Cependant, la bonne gouvernance ainsi définie est une « notion plus large, plus globalisante »[45], et surtout doublée d'une approche plus politique. En effet, la bonne gestion publique s'inscrit, selon l'article 9 de l'accord de Cotonou, dans le cadre d'un « environnement politique et institutionnel respectueux des droits de l'homme et des principes démocratiques ».

Les entités infra-étatiques des pays tiers sont donc directement touchées par ces deux aspects. En tant que composantes de l'État, elles doivent se soumettre aux principes de bonne gestion publique et doivent répondre de leurs actions ; mais elles sont par ailleurs porteuses de démocratisation en favorisant la participation des citoyens au niveau local et l'appropriation des stratégies de développement. Pourtant, les accords qui abordent, dans le cadre de la coopération entre les Parties, l'amélioration de la gestion des affaires publiques ne prennent que rarement en considération les entités infra-étatiques en tant que telles, et tous ne prévoient pas un appui à la décentralisation.

Les accords avec les pays en développement consacrent, pratiquement toujours[46], un volet coopération à la « Réforme de l'État ou/et de l'administration publique » ou encore, à la « Modernisation de l'État », les intitulés étant variables[47]. Dès la décennie 1990, les accords de troisième génération avec les États d'Amérique latine prévoyaient une coopération dans le domaine de l'administration publique[48]. Mais celle-ci est aujourd'hui plus nourrie, mais surtout ciblée sur la gestion des affaires publiques en vue de la rendre plus efficace. Au-delà des particularités propres à chaque partenaire, la coopération vise notamment l'amélioration du cadre juridique et institutionnel ainsi que celle de l'efficacité organisationnelle, une

---

44. Accord de Cotonou préc., art. 9.

45. J. Raux, « Afrique-Caraïbes-Pacifique (Partenariat) », *Répertoire communautaire*, Dalloz, sept. 2003, n° 95, p. 19.

46. On peut signaler le cas inverse du récent accord préc. avec l'Irak qui ne comporte aucun article dédié à la modernisation de l'État, mais dans lequel certains domaines spécifiques prévoient une coopération en vue de renforcer la bonne gestion publique (coopération douanière et fiscale, stabilité macroéconomique et finances publiques).

47. L'accord de Cotonou aborde ces questions dans un article intitulé « Développement institutionnel et renforcement des capacités » (art. 33).

48. Voir par ex., accord-cadre de coopération de la CEE avec l'Uruguay, art. 15, *JOCE* L94, 8 avr. 1992, p. 2.

gestion plus transparente et responsable des finances publiques, le renforcement des capacités nécessaires à la conception et à la mise en œuvre des politiques, la réforme des systèmes en place, par exemple en matière de justice ou de sécurité. Ce dispositif de base est parfois complété par des dispositions spécifiquement ciblées sur la gestion des finances publiques ou la fiscalité dont les enjeux sont fondamentaux pour garantir les ressources de l'État. Il arrive également qu'un domaine de coopération traite, sous l'intitulé « bonne gouvernance », à la fois de l'appui à la modernisation de l'État et à la bonne gestion publique, d'une part, et au développement des valeurs fondamentales (État de droit ; démocratie), d'autre part[49]. Des dispositions sur la lutte contre la corruption peuvent également y être insérées[50] ou faire l'objet d'un article particulier[51].

Mais, bien que l'amélioration de la gestion publique englobe l'État dans toutes ses composantes, démembrements administratifs et collectivités autonomes lorsque celles-ci existent, la coopération prévue dans ces domaines ne fait que rarement référence aux niveaux infra-étatiques. C'est le cas de quelques accords avec l'Amérique latine[52], l'accord d'association avec l'Amérique centrale étant le plus développé de ce point de vue[53].

Toutefois, certains accords, au titre de la modernisation de l'État, abordent la question de la décentralisation qui est censée favoriser l'émergence de contre-pouvoirs jouant un rôle moteur dans les réformes et le changement[54]. C'est le cas de l'accord de Cotonou[55], et aussi de tous les accords depuis la décennie 2000 avec des États ou groupements d'Amérique latine (accords de dialogue politique

---

49. Voir accord d'association préc. avec l'Amérique centrale, art. 31 (Modernisation de l'État et de l'administration, y compris décentralisation) et 30 (Bonne gouvernance).

50. Les accords de dialogue politique avec les groupements latino-américains préc. évoquent, parmi les domaines bénéficiant d'un soutien actif : « Renforcement de l'État de droit et gestion efficace et transparente des affaires publiques, en particulier lutte contre la corruption aux niveaux local, régional et national » (accord avec la CAN, art. 8).

51. Accord d'association préc. avec l'Amérique centrale, art. 18.

52. Cas des ADPC, à propos de la lutte contre la corruption, et de l'accord d'association avec le Mexique (art. 27).

53. Il fait référence aux niveaux national, régional et local, à propos des politiques anti-corruption (art. 38), de la qualité et de la transparence de la gouvernance (art. 30 sous g)) ainsi que de la clarté des procédures de prise de décision (art. 30 sous h)).

54. Voir G. DUSEPULCRE, « La charte européenne de la coopération en matière d'appui à la gouvernance locale : outils et questionnements pour les autorités territoriales », *Développement durable et territoires*, vol. I, n° 1, mai 2010, p. 1-16, spéc. p. 10, pt 32.

55. Accord préc., art. 33 § 3 sous f).

et de coopération de 2003 avec la Communauté andine et l'Amérique centrale[56], associations de 2002 avec le Chili[57] et de 2012 avec l'Amérique centrale[58]) et d'un accord avec un pays asiatique, l'APC avec le Vietnam[59]. Tous prévoient le soutien aux processus de décentralisation mais, à l'exception de l'association avec le Chili qui vise explicitement le renforcement des pouvoirs régionaux et locaux[60], la notion de décentralisation n'est pas définie : s'agit-il de déconcentration des services de l'État ou de création/renforcement des collectivités locales ou régionales autonomes ? Bien que la Commission y voie, en général[61], « un processus impliquant la délégation d'une série de pouvoirs, compétences et ressources du gouvernement central à des autorités locales (sous-nationales) élues »[62], le terme utilisé dans un accord est fonction de l'acception qu'en donnent les deux parties ; aussi la question reste-t-elle ouverte.

La référence, même générale aux niveaux infra-étatiques de pouvoirs, apparaît donc de manière erratique à propos des divers aspects de la bonne gestion des affaires publiques et la question de la décentralisation est inégalement abordée, en fonction de la situation spécifique de l'État partenaire. Ainsi les accords avec les pays d'Asie, où des processus de réforme ont été engagés, mais se caractérisent par leur hétérogénéité et de grandes faiblesses[63], ne traitent pas, à une exception

56. Accords préc., art. 10 « Coopération à la modernisation de l'État et de l'Administration, y inclus décentralisation ».

57. Accord préc., art. 41 § 1 et § 2.

58. La décentralisation est abordée dans un article intitulé « Modernisation de l'État et de l'Administration publique, y compris décentralisation » qui est inséré dans un titre « Démocratie, droits de l'homme et bonne gouvernance ». Ces dispositions, prévues au titre de la coopération, font écho au principe de bonne gouvernance énoncé, dans ses dimensions bonne gestion/démocratie, au sein des principes fondateurs de l'accord (art. 1 § 3), *JOUE* L344, 15 déc. 2013 préc., respectivement p. 6 et 13.

59. Au titre de la coopération touchant la réforme de l'administration publique, il est prévu d'améliorer l'efficacité organisationnelle et de favoriser la décentralisation (art. 36).

60. Accord préc., art. 41 § 1 sous d).

61. Dans l'étude précitée sur l'appui aux processus de décentralisation, les auteurs soulignent que la Commission n'est pas toujours très rigoureuse dans ses documents ; voir *Thematic Global Evaluation of the Commission Support to Decentralisation Processes*, préc., vol. 1, p. 3, disponible sur le site *http://ec.europa.eu/europeaid/how/evaluation/evaluation_reports/2012/1300_docs_en.htm.*

62. Document accompagnant la communication de la Commission *Les autorités locales : des acteurs en faveur du développement*, SEC(2008) 2570, 8 oct. 2008, p. 3.

63. *La décentralisation et la démocratie dans le monde, 1er Rapport mondial 2007, Cités unies et gouvernements locaux*, résumé exécutif, p. 36 ; disponible sur le site *http://www.cities-localgovernments.org/gold/Upload/gold_report/00_summary_fr.pdf.*

près, des niveaux infra-étatiques. Ceux avec les pays ou groupements d'Amérique latine où le mouvement de démocratisation des années 1980 a favorisé un processus de décentralisation qui reste toutefois à parachever[64], leur accordent en revanche traditionnellement une place. L'accord de Cotonou, quant à lui, consacre logiquement des développements à la décentralisation dans la mesure où la plupart des États africains ont, sous des influences diverses, engagé des processus de réformes en ce sens[65]. Il reconnaît de plus aux collectivités décentralisées un rôle d'acteur de la coopération.

B. Une reconnaissance rarissime des entités infra-étatiques comme acteurs de la coopération

Il est encore tout à fait inhabituel que les entités infra-étatiques soient reconnues comme des acteurs à part entière de la coopération dans les accords de l'Union. L'exemple le plus achevé est celui de l'accord de Cotonou ; mais, en dépit du rôle de laboratoire de ces relations avec les États ACP, ce schéma peine à être reproduit. Même le récent accord d'association avec les États d'Amérique centrale qui fait des autorités locales des acteurs de la coopération semble timide et fait ainsi apparaître en contrepoint le caractère exceptionnel du dispositif de l'accord de Cotonou, a fortiori depuis sa révision de 2005.

1. L'affirmation dans l'accord de Cotonou d'un statut d'acteur de la coopération et du partenariat au profit des autorités locales décentralisées

L'accord de Cotonou, signé le 23 juin 2000[66], traduit une « mutation inévitable » des relations avec les États ACP, tant en raison des résultats décevants des conventions de Lomé que de contraintes internationales pressantes[67]. Finalisé sur la lutte contre la pauvreté, ce nouvel accord dit de partenariat repose sur des principes fondamentaux qui donnent de la substance à ce terme, spécialement l'égalité des

64. *Ibid.* p. 31.

65. Voir la contribution de J. Fialaire, « Entités infra-étatiques et aide publique au développement, entre coopération internationale décentralisée et intégration régionale en Afrique de l'Ouest », dans le présent ouvrage, p. 341.

66. *JOCE* L317, 15 déc. 2000, p. 1. Pour une analyse générale des changements apportés par cet accord, voir D. Perrot (dir.), *Les relations ACP/Union européenne après le modèle de Lomé – quel partenariat ?*, Bruxelles, Bruylant, 2007.

67. J. Raux, « Afrique-Caraïbes-Pacifique (Partenariat) », *op. cit.*, n° 23 à 31.

partenaires, l'appropriation et la participation[68]. Le rôle central des États ACP y est pleinement reconnu mais si ceux-ci déterminent « en toute souveraineté » les stratégies de développement, c'est en respectant des « éléments essentiels » de l'accord[69] (démocratie, respect des droits de l'homme et de l'État de droit) et avec la participation de leurs populations qui est encouragée par le partenariat[70]. Le principe de participation suppose en effet que, « outre l'État en tant que partenaire principal, le partenariat soit ouvert à différents types d'autres acteurs »[71], assurant une appropriation « collective » des stratégies de développement.

À l'origine, les types d'acteurs listés n'incluaient pas spécifiquement les entités infra-étatiques, mais le caractère ouvert du partenariat mis en place ainsi que d'autres dispositions de l'accord invitaient à les prendre en compte. Figuraient ainsi dans les acteurs de la coopération les autorités publiques à la fois « *locales*, nationales et régionales »[72]. La 3e partie relative aux stratégies de coopération évoquait ponctuellement le niveau local à propos de certains domaines d'appui[73], spécialement le développement institutionnel et le renforcement des capacités[74]. Surtout, dans la 4e partie de l'accord consacrée à la coopération pour le financement du développement, les collectivités locales des États ACP apparaissaient comme bénéficiaires possibles de soutiens financiers[75] et elles étaient visées, comme les collectivités locales de l'Union, dans les dispositions sur les microréalisations et la coopération décentralisée[76].

La révision de l'accord de Cotonou de 2005[77] a toutefois apporté des changements significatifs. D'une part, la nature des entités infra-étatiques concernées a été clarifiée : elles étaient abordées sans précision particulière du point de vue de leur degré d'autonomie par rapport à l'État central. Si les dispositions financières évoquaient les collectivités locales, sous-entendant une certaine autonomie, les acteurs de la coopération visés étaient « les autorités publiques au niveau local », terme plus flou. Désormais, ce sont les « autorités locales décentralisées » qui sont

68. Accord de Cotonou préc., art. 2 : principes fondamentaux.
69. Accord préc., art. 9 § 2.
70. Accord préc., art. 2, 1er tiret.
71. Accord préc., art. 2, 2e tiret.
72. Accord préc., art. 6 § 1 sous a). [Souligné par nos soins.].
73. Par exemple, le développement social sectoriel (art. 25 § 3) ou les questions liées au genre (art. 31).
74. Accord préc., art. 33 § 3 sous f) et § 4 sous d). Voir *supra*.
75. Accord préc., art. 58 § 2 ; il est précisé : « Avec l'accord de ou des État(s) ACP concerné(s). »
76. Accord préc., art. 70 et 71.
77. *JOUE* L209, 11 août 2005, p. 27.

intégrées parmi les acteurs du partenariat et éligibles aux financements. Englobant tous les niveaux de décentralisation, y compris les « collectivités locales »[78], elles constituent ainsi une catégorie particulière, individualisée, au sein des autorités publiques locales du fait de ce caractère décentralisé. D'autre part, leur position a été valorisée par les droits qui leur sont désormais reconnus et qui avaient été initialement réservés aux seuls acteurs non étatiques, c'est-à-dire le secteur privé, les partenaires économiques et sociaux, y compris les organisations syndicales et la société civile[79]. La révision de l'accord de Cotonou de 2010[80] complète celle de 2005 en enrichissant encore le partenariat de nouveaux acteurs, notamment les parlements des États ACP[81], et conforte ainsi une évolution en deux temps qui renforce le principe de démocratie aux niveaux central et local, et ses corollaires en termes de participation et d'appropriation.

Les autorités locales décentralisées figurent donc depuis 2005 dans l'article 4 de l'accord de Cotonou qui définit l'« approche générale » relative aux « acteurs du partenariat ». Y est rappelé que « les États ACP déterminent en toute souveraineté, les principes et stratégies de développement, et les modèles de leurs économies et de leurs sociétés ». Mais « le rôle complémentaire et la contribution potentielle au processus de développement » d'autres acteurs sont également reconnus : non seulement les autorités locales décentralisées sont expressément visées, mais elles bénéficient également d'un statut comparable à celui des acteurs non étatiques. Celui-ci a pour but de faciliter leur participation à la vie politique, économique et sociale et leur confère des droits au titre du partenariat qui leur est désormais expressément ouvert[82]. La contribution que leur participation accrue peut apporter

78. Accord de Cotonou préc., Déclaration de la Communauté (XI) relative à l'article 4 et à l'article 58 § 2.

79. Accord préc., art. 4 et 6.

80. *JOUE* L287, 4 nov. 2010, p. 3.

81. Sont également ajoutées à l'article 6, au titre des acteurs de la coopération, les organisations régionales ACP et l'Union africaine ; voir C. FLAESCH-MOUGIN, « La deuxième révision de l'accord de Cotonou : quelle place pour l'intégration régionale ? », p. 109-135, *in* L.-M. IBRIGA (dir.), *Le partenariat Europe-Afrique et les intégrations régionales*, Bruxelles, Bruylant, 2012.

82. Suite à la révision de 2010, il est mentionné à l'article 2, à propos du principe de participation, que : « Outre l'État en tant que partenaire principal, le partenariat est ouvert aux parlements ACP, *aux autorités locales des États ACP* et à différents types d'autres acteurs, en vue de favoriser la participation de toutes les couches de la société, du secteur privé et des organisations de la société civile à la vie politique, économique et sociale. » [Souligné par nos soins].

« au maintien et à la consolidation d'un environnement politique stable et démocratique » est également prise en compte dans la nouvelle rédaction de l'article 10 révisé relatif aux « autres éléments de l'environnement politique »[83].

Les droits énoncés à l'article 4 se situent à différents échelons – dialogue sur les politiques, accès aux ressources financières, implication dans la mise en œuvre des projets, renforcement des capacités – et donnent lieu dans l'accord ou ses annexes à des dispositions qui les complètent et favorisent leur concrétisation. Tous les articles visant à l'origine les seuls acteurs non étatiques, n'ont toutefois pas nécessairement été adaptés aux changements introduits par les révisions et étendus aux autorités locales.

– Les autorités locales décentralisées se voient ainsi reconnaître le droit d'être associées à la détermination des grandes orientations en matière de coopération au développement. Cette possibilité de participer aux choix politiques se concrétise par un droit à l'information qui apparaît comme un préalable à l'exercice effectif d'un second droit, celui d'être consulté sur les politiques et stratégies de coopération et sur les priorités de la coopération. Ce droit implique la possibilité d'exprimer un avis et de pouvoir ainsi, éventuellement, peser sur les orientations adoptées. L'annexe IV de l'accord relative aux procédures de mise en œuvre et de gestion des financements, telle que modifiée, prévoit expressément, en ce domaine, des consultations préliminaires lors de la préparation des stratégies de coopération par l'État ACP concerné et l'Union européenne[84] et lors du réexamen des programmes, suite à l'évaluation de leur mise en œuvre[85]. Toutefois, l'étendue des droits d'information et de consultation ne doit pas être envisagée de façon restrictive : en effet, ils touchent « en particulier » les domaines qui concernent et affectent directement les acteurs en cause ; aussi l'utilisation de cette formule n'exclut-elle pas d'autres hypothèses. Cette interprétation est d'ailleurs confortée par la référence faite par l'article 4 à l'application de ces droits à propos du dialogue politique qui porte sur l'ensemble des objectifs et finalités de l'accord, y compris les questions de gouvernance[86]. On notera toutefois que l'article 8 traitant du dialogue politique n'a pas été modifié et que, selon le paragraphe 7, les représentants des sociétés civiles y sont « associés », mais non les autorités locales décentralisées.

83. Accord révisé préc., art. 10.
84. Accord révisé préc., annexe IV, art. 2.
85. Accord révisé préc., annexe IV, art. 5 § 4.
86. Accord révisé préc., art. 8 § 3.

– L'implication effective des acteurs dans le processus de participation suppose toutefois des moyens matériels pour pouvoir, notamment, tirer parti de l'information qui leur est donnée et prendre part avec profit aux consultations. À cette fin est prévu un appui au renforcement de leurs capacités, spécialement en matière d'organisation, de représentation, de mise en place de mécanismes de consultation dans le but de promouvoir des alliances stratégiques. Ce soutien s'effectue grâce à des financements du Fonds européen de développement (FED) dans le cadre des programmes indicatifs nationaux, voire intra-ACP ou régionaux. Les stratégies de développement, appuyées par l'Union, visent de façon générale, à « renforcer les capacités au service du développement et du partenariat »[87] et, au titre du développement institutionnel, à « créer, au niveau local et municipal, la capacité nécessaire à la mise en œuvre d'une politique de décentralisation »[88]. C'est dans ce cadre qu'a été mis en place le programme ARIAL (Appui et Renforcement des Initiatives des associations de collectivités locales) qui a pour but de renforcer les associations représentatives de collectivités locales et de les appuyer dans le processus de décentralisation[89]. Par ailleurs, un soutien au renforcement des capacités peut être accordé directement aux autorités locales par le biais du programme thématique « acteurs non étatiques et autorités locales » prévu dans l'instrument de financement de la coopération au développement et ouvert aux États ACP (voir *infra*).

– Les autorités locales décentralisées ont non seulement un droit d'être associées aux choix politiques au moment de l'élaboration des documents de stratégie de l'État ACP, mais elles ont aussi, au même titre que les acteurs non étatiques, vocation à participer elles-mêmes au processus de développement. À cette fin, l'article 4 prévoit qu'elles reçoivent des ressources financières, en général *via* les programmes indicatifs nationaux, « en vue d'appuyer les processus de développement local ». Elles peuvent également être elles-mêmes opérateurs « impliqués dans la mise en œuvre des projets et programmes de coopération dans les domaines qui les concernent ou ceux dans lesquelles elles possèdent un avantage comparatif ». Rappelons

87. Accord préc., art. 20 § 1 sous d).
88. Accord préc., art. 33 § 4 sous d).
89. ACP-LGP-060/21.01.2012 : *http://fr.acplgp.net/Nouvelles/Le-programme-ARIAL-Historique.*

que l'article 58 révisé de l'accord de Cotonou prévoit, au titre de l'éligibilité au financement, une rubrique spécifique pour « les autorités locales décentralisées » des États ACP et de l'Union européenne[90].

Toutefois, si l'accord de Cotonou innove avec l'ouverture du partenariat aux acteurs non étatiques et, depuis 2005, aux autorités locales décentralisées, ces nouveautés exigent d'être concrétisées dans la pratique. Or, l'implication effective de ces acteurs se heurte à des difficultés et, pour certains observateurs, le bilan apparaît mitigé[91]. S'agissant tout d'abord des consultations, les avis convergent sur leur caractère insatisfaisant et souvent formel[92], même si ce constat général mérite d'être nuancé au regard de la diversité des situations des États ACP[93]. Toutefois, les premières expériences de la programmation en cours au titre du 11ᵉ FED laissent encore penser que « dans la plupart des cas, les délégations de l'UE (dans le nouveau cadre post-Lisbonne) ne sont pas parvenues à mettre en œuvre l'intention d'une programmation proprement participative »[94]. Le Parlement a d'ailleurs exprimé son souhait que les rapports d'étape du FED comportent une partie détaillant les consultations menées par les délégations[95] qui ont, semble-t-il, été confrontées à des difficultés liées aux nouveautés issues du traité de Lisbonne,

90. Accord révisé préc., art. 58 § 2 sous e). La version antérieure comportait une référence aux collectivités locales dans une rubrique « fourre-tout ».

91. N. Dukhan, « Fonds européen de développement ; à quand un véritable instrument de partenariat ? », *Les cahiers de la coopération internationale*, nº 11, mai 2009, p. 6-10.

92. À propos de la consultation des acteurs de la société civile, voir le rapport de la Cour des comptes européenne de 2009 qui soulignait que l'on est « loin du dialogue continu et structuré comme le prévoient la législation communautaire et les lignes directrices établies par la Commission elle-même », *Rapport nº 4/2009, La gestion par la Commission de la participation des ANE à la coopération communautaire au développement, JOUE* C 152, 4 juill. 2009, pt 84.

93. Voir document du 20 déc. 2007 sur les résultats du questionnaire auquel 64 délégations de la Commission ont répondu à propos des consultations réalisées pour l'élaboration des documents de stratégie dans les États ACP au titre du 10ᵉ FED : 33 font état de consultations associant réellement les acteurs non étatiques et les autorités locales à la définition des orientations et 31 d'une simple information de ces acteurs ; document disponible sur le site : *http://ec.europa.eu/development/icenter/repository/Consultation-non-state-Actor-and-local-Authorities-Public%20report_en.pdf*.

94. A. Herrero, G. Galeazzi, F. Krätke, *Premières expériences de programmation de l'aide de l'UE 2014-2020 – Tracer la voie du Programme pour le changement*, Note d'information, ECDPM, nº 5, sept. 2013, p. 15.

95. Parlement européen, Rapport Tirolien sur *La préparation du cadre financier pluriannuel concernant le financement de la coopération de l'UE en faveur des États d'Afrique, des Caraïbes et du Pacifique et des pays et territoires d'outre-mer pour la période 2014-2020 (11ᵉ Fonds européen de*

mais aussi à des délais jugés trop courts et à des ressources insuffisantes[96]. Il a par ailleurs été relevé que le programme pour le changement adopté en 2011[97], qui oblige à une concentration sectorielle sur trois priorités, est susceptible d'entrer en contradiction avec la dynamique participative et le processus d'appropriation[98].

S'agissant des financements, des programmes d'appui aux capacités sont, contrairement à la situation des pays en développement d'Asie et d'Amérique latine (voir *infra*), spécifiquement prévus dans les programmes indicatifs en faveur des ACP. Toutefois, certaines contradictions existent au niveau des modalités de financements dans le cadre desquelles les autorités locales ne sont pas toujours suffisamment prises en compte. Tel est par exemple le cas au titre de l'appui budgétaire, ou de l'incitation à la bonne gouvernance qui tous deux apparaissent « concentré[s] sur le gouvernement central et ne prenant que très peu la mesure des enjeux de décentralisation et de la démocratie locale »[99].

Si des efforts restent encore à réaliser pour concrétiser pleinement les ambitions affichées par l'accord de Cotonou, on ne saurait cependant nier l'existence d'une approche novatrice, surtout comparativement aux autres accords de l'Union.

---

développement), A7-0049/2013, 27 févr. 2013, pt 38, p. 11. Dans le même sens, voir les conclusions précitées du Conseil du 22 juill. 2013 qui appelle les délégations à mener un dialogue régulier et structuré avec les autorités locales et à rendre compte des progrès réalisés, p. 33.

96. *Premières expériences de programmation de l'aide de l'UE* préc., p. 10 et 14. Les auteurs notent que le processus de programmation a été conduit, en dépit du rôle désormais partagé par le SEAE et la Commission, par la DG développement de cette dernière, contribuant à la marginalisation des responsables des délégations en contact avec la société civile.

97. *Accroître l'impact de la politique de développement de l'UE : un programme pour le changement*, COM(2011) 637, 13 oct. 2011.

98. Voir *Premières expériences de programmation de l'aide de l'UE* préc., p. 11 et s.; dans le même sens, le rapport Tirolien préc. considère que la volonté de concentration de la Commission, conformément au programme pour le changement, ne doit pas faire oublier les besoins spécifiques, pt 30, p. 10.

99. N. DUKHAN, « Fonds européen de développement; à quand un véritable instrument de partenariat? », *op. cit.*, p. 8. Voir, à propos du profil de gouvernance pour les États ACP, Document de travail des services de la Commission accompagnant la communication intitulée *La gouvernance dans le consensus européen pour le développement : vers une approche harmonisée au sein de l'Union européenne*, SEC (2006) 1020, annexe E2.

2. La situation toujours exceptionnelle de l'accord de Cotonou

Aucun autre accord avec un/des pays en développement ne reconnaît aux entités infra-étatiques un statut comparable à celui prévu par l'accord de Cotonou révisé, même si certains accords comportent des dispositions spécifiques concernant la participation d'acteurs autres que les gouvernements centraux au processus de coopération. Ainsi, plusieurs d'entre eux – association avec le Chili, accords de dialogue politique et de coopération, accord de partenariat et de coopération avec le Vietnam – présentent des similitudes avec l'accord de Cotonou en reconnaissant des droits d'information, de consultation, à des ressources financières, à la mise en œuvre des programmes de coopération… Mais cela est limité aux seuls acteurs de la société civile[100]. Aucune extension de ces droits n'est intervenue au profit des autorités locales, y compris dans l'accord d'association de 2012 avec l'Amérique centrale[101] qui présente pourtant la particularité de traiter spécifiquement des acteurs locaux. Ainsi, il cite dans ses dispositions relatives à la coopération divers acteurs susceptibles d'être chargés de telles activités : sont visés à ce titre « les autorités *locales*, nationales et régionales, des représentants de la société civile et des organisations internationales »[102]. Cet énoncé des acteurs fait écho à l'article 6 de l'accord de Cotonou traitant des acteurs de la coopération. Mais si les autorités locales sont bien citées, ce qui est en soi exceptionnel, aucun statut comparable à celui de l'accord de Cotonou ne leur est reconnu, pas plus d'ailleurs qu'aux acteurs de la société civile, et le stade de leur intervention se limite à la mise en œuvre des activités de coopération. Au titre des modalités et de la méthodologie de la coopération traitées à l'article 26, il est en effet prévu qu'« au nombre des acteurs chargés de la mise en œuvre peuvent figurer des autorités locales et régionales, des représentants de la société civile et des organisations internationales »[103], et que « les parties fournissent les ressources administratives et financières nécessaires pour assurer la mise en œuvre des activités de coopération dont elles auront convenu, conformément à leurs propres législations, réglementations et procédures »[104]. Au-delà, figure seulement, à propos des « principes » régissant la coopération, un accord des parties pour « s'attacher à promouvoir la participation

---

100. Voir pour illustration : accord préc. avec le Chili, art. 48 ; accords préc. avec la CAN et l'Amérique centrale de 2003, art. 47 et 43 ; APC préc. avec le Vietnam, art. 37.

101. *JOUE* L346, 15 déc. 2012 préc., p. 1.

102. Souligné par nos soins ; notons que le terme « autorités régionales » doit être entendu ici comme « autorités des organisations régionales ».

103. Accord préc. avec l'Amérique centrale, art. 26 §1 sous b).

104. Accord préc. avec l'Amérique centrale, art. 26 §1 sous c).

de la société civile et des *autorités locales* à leur politique de développement et à leur coopération »[105]. Si l'on doit saluer dans cette disposition une conception de la participation élargie à divers acteurs, sa concrétisation reste liée à la bonne volonté de chacune des parties. Rien de précis n'est prévu, par exemple, en matière de dialogue ou de consultation sur les stratégies de développement.

Dès lors, il est permis de s'interroger, au regard de la rareté des références aux entités infra-étatiques dans les accords de l'Union avec les pays en développement, sur les raisons qui expliquent le particularisme de l'accord de Cotonou, y compris par rapport à l'association avec l'Amérique centrale.

Dans cette hypothèse, comme pour les autres accords, la relation est bien fondée sur un instrument juridique de nature conventionnelle, c'est-à-dire qui fait l'objet d'une négociation entre l'Union et un ou des États en développement. Il est bien connu que ceux-ci sont souvent sourcilleux sur les questions de souveraineté et face à ce qui peut être interprété comme une ingérence dans leurs affaires intérieures[106]. Dans ce contexte, il est aisé de comprendre que les États parties à un accord puissent préférer ne pas voir traiter, même à titre complémentaire, de la présence d'autres acteurs qu'eux-mêmes dans les dispositions sur la coopération. Toutefois, les situations politiques nationales, notamment l'état des processus de décentralisation, ainsi que la prise de conscience, parfois imposée, de l'intérêt d'impliquer les entités infra-étatiques dans les processus de développement peuvent expliquer une certaine bienveillance face à la prise en considération des autorités locales dans les accords. C'est un facteur qui a joué pour l'Afrique où a été engagé un vaste mouvement en faveur de la décentralisation. Toutefois, la vague de démocratisation qu'a connue l'Amérique latine dans les années 1980 ne s'est pas traduite dans les accords avec les États ou groupements de cette région, à l'exception de l'association avec l'Amérique centrale. La raison du particularisme de l'accord de Cotonou doit donc être recherchée ailleurs.

Si un accord résulte bien du consentement des Parties, il existe néanmoins dans toute négociation un rapport de force qui permet à l'Union européenne de se montrer plus ou moins « incitative ». Or, de ce point de vue, l'accord de Cotonou

105. Accord préc. avec l'Amérique centrale, art. 25.

106. Par exemple, la notion de société civile a fait l'objet d'une déclaration annexée à l'accord de Cotonou dans laquelle les Parties conviennent que sa définition « peut varier de manière significative selon les caractéristiques socio-économiques et culturelles de chaque pays ACP » (Déclaration commune n° 1 relative aux acteurs du partenariat).

présente une singularité par rapport aux autres accords, car, non seulement, il fixe un cadre de coopération, mais il prévoit également les moyens de sa concrétisation grâce au protocole financier qui lui est annexé. Les modalités du financement de la coopération, mais aussi son montant, font partie du paquet de négociation, ce qui constitue pour l'Union européenne un élément de poids pour obtenir certaines concessions des partenaires ACP, dont bon nombre sont des PMA. On ne peut, par ailleurs, pas sous-estimer le fait que la négociation de l'accord de Cotonou a été précédée d'un *Livre vert* sur l'avenir de la coopération ACP-UE[107] qui « a mobilisé un large éventail d'acteurs de la société civile, d'organisations du secteur privé, de syndicats et, dans une moindre mesure, de représentants des autorités locales », européennes essentiellement[108], et que « ce processus a permis à de nouveaux acteurs de défendre leurs intérêts dans le processus de négociation d'un accord succédant à Lomé IV »[109].

En conclusion, l'examen des dispositions des accords avec les pays en développement témoigne, sauf cas particulier, d'une grande timidité, y compris dans les accords les plus récents, pour aborder la question des entités infra-étatiques, et cela en dépit des positions affichées par les institutions de l'Union. Le Conseil, suite à la communication de la Commission de 2013, *Accorder une autonomie accrue aux autorités locales dans les pays partenaires*, affirmait pourtant sans ambiguïté que « Les autorités locales et leurs associations sont des acteurs importants du changement en ce qui concerne la réduction de la pauvreté et la promotion des droits de l'homme et de la démocratie, de la bonne gouvernance et du développement durable au niveau local dans les pays partenaires »[110]. L'examen de l'instrument de

107. *Livre vert sur les relations entre l'Union européenne et les pays ACP à l'aube du 21e siècle – Défis et options pour un nouveau partenariat*, COM(96) 570, 20 nov. 1996.

108. Le site de la plateforme des collectivités locales ACP souligne que « la plupart des associations de collectivités locales ont été absentes du processus de négociation de l'Accord de Cotonou et de sa récente révision. Ceci est essentiellement, de son point de vue, dû à leurs faiblesses institutionnelles et parce qu'elles manquent de structures pour défendre leurs intérêts dans le cadre spécifique de la coopération ACP-UE », *L'Accord de Cotonou et les Collectivités locales*, 19 août 2009, disponible sur le site : *http://fr.acplgp.net/Outils-de-l-aide-de-l-UE/L-Accord-de-Cotonou-et-les-Collectivites-locales.*

109. *Entre politiques et pratique dans la coopération internationale, Infokit Cotonou : S'organiser pour participer*, (12), ECDPM 2002, disponible sur le site de l'ECDPM (European Centre for Development Policy Management) : *http://www.ecdpm.org/Web_ECDPM/Web/Fr_Content/Navigation.nsf/index2?readform&http://www.ecdpm.org/Web_ECDPM/Web/FR_Content/Content.nsf/0/5924879D00C388FCC125718B0039A354?OpenDocument.*

110. Concl. du 22 juill. 2013 préc., p. 30.

financement de la coopération au développement, instrument autonome pour lequel l'Union européenne jouit pourtant d'une plus grande liberté, confirme toutefois l'ambivalence de son attitude à l'égard des autorités locales.

II. Des progrès inégaux dans la prise en compte des entités infra-étatiques au sein de l'instrument de financement de la coopération au développement

Première donatrice d'aide publique au développement avec ses États membres, l'Union européenne dispose par le biais de ses instruments financiers d'un levier important sur ses partenaires pour encourager, voire dans certains cas imposer, des orientations qu'elle juge souhaitables. Bien qu'ils répondent aux engagements agréés au plan international en matière d'efficacité de l'aide, ces instruments constituent des outils propres à l'Union et des moyens privilégiés pour concrétiser ses politiques et soutenir les principes et objectifs qu'elle s'est fixés. La réforme de l'aide extérieure de 2006 a prévu pour la période 2007-2013 un dispositif reposant sur des instruments dits « géographiques » et des instruments « thématiques » qui sera, dans ses grandes lignes, repris par les nouveaux règlements financiers pour la période 2014-2020[111]. Un instrument géographique est ainsi spécifiquement consacré au financement de la coopération au développement[112], les pays ou groupements en développement pouvant par ailleurs bénéficier des instruments financiers thématiques, tel l'instrument financier pour la promotion de la démocratie et des droits de l'homme dans le monde[113] ou l'instrument de

111. *L'Europe dans le monde, une nouvelle stratégie pour le financement de l'action extérieure de l'Union européenne*, COM(2011) 865, 7 déc. 2011, pt 6.

112. Règlement (CE) n° 1905/2006 du Parlement européen et du Conseil du 18 décembre 2006 portant établissement d'un instrument de financement de la coopération au développement, *JOUE* L378, 27 déc. 2006, p. 41. Ce texte est connu sous le nom de règlement ICD. L'ICD, en tant qu'instrument géographique concerne les pays en développement et groupements d'Asie et d'Amérique latine ainsi que l'Afrique du Sud. Le financement des programmes de coopération avec les États ACP relève toujours actuellement du Fonds européen de développement (FED), conformément à l'accord de Cotonou.

113. Règlement (CE) n° 1889/2006 du Parlement européen et du Conseil du 20 décembre 2006, *JOUE* L386, 29 déc. 2006. Cet instrument vise en particulier à soutenir la démocratie, notamment représentative et participative et les réformes démocratiques dans les pays tiers. Toutefois, le Comité des Régions a souhaité que cet instrument insiste davantage à l'avenir sur l'échelon local et régional dans la construction des institutions publiques, *JOUE* C 391, 18 déc. 2012, p. 114.

stabilité[114]. Compte tenu des principes de bonne gouvernance, de participation et d'appropriation prônés par l'Union pour favoriser un développement durable de ses partenaires, il est intéressant d'examiner comment cet instrument prétend concrétiser ces engagements à l'égard des entités infra-étatiques. Si ces dernières sont désormais pleinement prises en compte dans le dispositif général mis en place (A), le soutien effectif dont elles bénéficient est variable selon les programmes. Alors que leur situation est aléatoire dans le cadre des programmes géographiques, un programme thématique spécialement consacré au « Rôle des acteurs non étatiques et des autorités locales dans le développement » leur ouvre des possibilités nouvelles et concrétise, bien qu'avec certaines ambiguïtés, l'intérêt porté par l'Union européenne à ces acteurs (B).

A. Des droits reconnus aux entités infra-étatiques dans le dispositif général de l'instrument de coopération au développement

Le règlement du 18 décembre 2006 instituant l'instrument de financement de la coopération au développement (ICD)[115] constitue le cadre régissant la fourniture de l'aide aux pays et groupements en développement d'Asie, d'Amérique latine, d'Afrique du Sud et bénéficiant ponctuellement aux États ACP et du voisinage. Il prévoit que l'aide est accordée conformément aux principes et objectifs qu'il énonce, par l'intermédiaire de programmes géographiques et thématiques dont les autorités locales ne sont pas absentes. Évoquées expressément à propos du processus de programmation, elles figurent également parmi les bénéficiaires potentiels des financements ; ce sont des avancées réelles qui exigent toutefois d'être concrétisées, ce qui en pratique se fait de manière inégale.

114. Règlement (CE) nº 1717/2006 du Parlement européen et du Conseil du 15 novembre 2006, *JOUE* L327, 24 nov. 2006, p. 1.

115. Règlement (CE) nº 1905/2006 du Parlement européen et du Conseil du 18 décembre 2006 préc., *JOUE* L378, 27 déc. 2006, p. 41.

1. L'association des entités infra-étatiques aux stades de la programmation et de l'évaluation des résultats

Le règlement ICD de 2006 attribue à la Commission un rôle majeur dans le processus de programmation de l'aide, dans le suivi des programmes et dans l'évaluation des résultats. Il comporte de nombreuses innovations par rapport au règlement de 1992 qu'il remplace, les entités infra-étatiques y étant alors totalement ignorées à ces stades[116].

La Commission établit, en lien avec ses partenaires, les documents de stratégie à la fois pour les programmes géographiques et thématiques et arrête, sur cette base, les programmes indicatifs pluriannuels qui serviront eux-mêmes à définir les programmes d'action annuels. Toutefois la conception partenariale du développement ainsi que les principes d'efficacité de l'aide agréés au plan international impliquent une appropriation au plan national, l'alignement sur les stratégies nationales ainsi que la coordination entre donateurs.

Aussi le règlement ICD dispose-t-il que, pour les programmes géographiques, les documents de stratégie sont établis « sur la basc d'un dialogue avec le pays ou la région partenaire auquel la société civile et *les autorités régionales et locales* sont associées »[117].

De même, est-il fait référence aux « autorités locales et régionales » dans les dispositions du règlement visant à favoriser la complémentarité des activités de coopération. Ainsi, est-il prévu tant pour les programmes géographiques que thématiques que la Commission et les États membres se consultent « et consultent les autres bailleurs de fonds et les acteurs du développement, y compris les représentants de la société civile et *les autorités locales et régionales* à un stade précoce du processus de programmation »[118]. La formule utilisée ainsi que la raison d'être des consultations expliquent que les acteurs du développement visés dans ce cas soient prioritairement ceux de l'Union européenne[119].

116. Règlement (CEE) nº 443/92 du Conseil du 25 février 1992 relatif à l'aide financière et technique et à la coopération économique avec les pays en développement d'Amérique latine et d'Asie, *JOCE* L52, 27 févr. 1992, p. 1. Il est connu sous le nom de règlement ALA.

117. Règlement ICD préc., art. 19 § 3. [Souligné par nos soins].

118. Règlement préc., respectivement art. 19 § 8 et art. 20 § 2 [Souligné par nos soins].

119. Rappelons que les autorités locales, spécialement de certains États membres, sont de gros donateurs. Par exemple, pour l'Espagne, les montants fournis par les autorités locales étaient estimés à 14,8 % de l'aide publique au développement de ce pays en 2006 ; voir *Les autorités locales : des acteurs en faveur du développement*, COM(2008) 626 préc., p. 7.

La Commission a, d'autre part, pour tâche de suivre les politiques et les programmes géographiques et thématiques, d'évaluer les résultats de leur mise en œuvre ainsi que l'efficacité de la programmation. À ce stade, il est également prévu qu'elle « associe l'ensemble des parties prenantes concernées, y compris les acteurs non étatiques et *les autorités locales* au processus d'évaluation de l'aide communautaire »[120].

Si les autorités infra-étatiques sont expressément mentionnées au stade initial de la programmation de l'aide et à celui final de l'évaluation des résultats, les modalités de « l'association » prévue dans le règlement de 2006 sont floues. Il n'y a pas de référence précise à des consultations et la mention de leur réalisation à un stade précoce, qui est une condition pour avoir une réelle efficacité, n'est pas utilisée pour l'établissement des stratégies de développement. La formulation tranche avec les précisions fournies à propos de la coordination entre les donateurs et également avec les termes de l'accord de Cotonou qui évoque une information et une implication dans la consultation sur les stratégies de développement[121].

Le règlement de 2006, en tant qu'instrument adopté unilatéralement par le Parlement européen et le Conseil, ne peut, de plus, imposer d'obligations qu'à l'Union et non aux États tiers; il indique d'ailleurs que l'établissement du document de stratégie se fait en principe sur la base d'un dialogue avec le pays auquel les acteurs sont associés.

À défaut de dispositions particulières dans les accords[122], c'était donc à la Commission qu'incombait cette tâche jusqu'au traité de Lisbonne[123]. L'association s'est concrétisée en pratique par l'organisation, au niveau de ses délégations, de consultations, mais celles-ci n'ont pas toujours été satisfaisantes, comme l'a constaté, à propos des acteurs non étatiques, un rapport de la Cour des comptes

120. Règlement préc., art. 33 § 3. [Souligné par nos soins.]

121. Conformément à l'article 4 de l'accord préc. ; voir *supra* Partie I.

122. L'article 19 § 3 de l'accord de Cotonou précise que l'initiative de telles consultations est prise par les gouvernements de chaque État ACP et les acteurs non étatiques.

123. Rappelons que les délégations de l'Union ont remplacé les délégations de la Commission et que leur personnel est issu du Service européen d'action extérieure. De plus, les documents de programmation (documents de stratégie, programmes indicatifs nationaux et régionaux), s'agissant de l'ICD comme du FED, sont élaborés conjointement par le SEAE et la Commission, conformément à l'article 9 § 4 de la décision du Conseil du 26 juillet 2010 fixant l'organisation et le fonctionnement du Service européen pour l'action extérieure, *JOUE* L201, 3 août 2010, p. 37.

européenne[124]. Celle-ci a ainsi relevé, à propos de la programmation 2007-2013, que les consultations concernant les programmes géographiques avaient souvent été ponctuelles, qu'elles n'avaient par ailleurs pas été précédées par un envoi de documents, ou que celui-ci avait été trop tardif, et qu'elles avaient été effectuées souvent à un stade trop avancé pour avoir un réel impact. La Cour des comptes a toutefois constaté que le nombre d'États où les consultations n'avaient pas été faites de façon satisfaisante était moins important pour le groupe ACP que pour les pays d'Amérique latine ou d'Asie. S'agissant du programme thématique en faveur des acteurs non étatiques et des autorités locales, la Cour des comptes n'est guère plus indulgente relevant que « La Commission a accordé trop peu d'attention aux méthodes de consultation avec les ANE du Sud. Outre la méthode passive consistant à publier un questionnaire sur Internet, des mesures très énergiques d'encouragement de la part des délégations s'imposent de toute évidence dans beaucoup de pays »[125]. La Cour appelait donc sur ces différents points à une nette amélioration des pratiques des délégations, confirmant en cela les souhaits qui avaient été exprimés par les autorités locales[126]. Toutefois, comme cela a été dit précédemment, les premières expériences de programmation qui concernent à la fois les États ACP au titre du 11e FED et les pays en développement d'Asie et d'Amérique latine au titre de la période 2014-2020 traduisent toujours des difficultés[127]. L'enjeu est pourtant important, car les consultations n'auront en effet un impact que si elles sont mieux organisées et que si les entités infra-étatiques sont suffisamment structurées pour pouvoir y prendre part et y faire entendre leur voix. Cela toutefois suppose un accroissement des moyens des délégations et un renforcement des capacités des autorités locales.

2. L'accès aux financements

À la faveur de la promotion d'un développement reposant sur une multiplicité d'acteurs, les entités infra-étatiques tant européennes que des pays partenaires ont été, à partir du milieu des années 1990, impliquées dans les processus de coopération et reconnues éligibles aux financements communautaires au titre de

124. Rapport n° 4/2009 préc. : *La gestion par la Commission de la participation des ANE à la coopération communautaire au développement*, *JOUE* C 152, 4 juill. 2009, p. 8.

125. Rapport préc., pt 35.

126. Voir rapport Schapira préc. du 1er mars 2007, *Les collectivités locales et le développement*, p. 10.

127. Voir *supra* Partie I; l'étude précitée sur les premières expériences de programmation de l'aide de l'UE 2014-2020 porte à la fois sur les financements au titre du FED et au titre de l'ICD.

la coopération décentralisée[128], mais le règlement ALA de 1992 ne les prenait en compte que de manière imparfaite. S'agissant des bénéficiaires de l'aide, il ne visait que les administrations publiques décentralisées[129], ce qui ne semblait pas englober les autorités locales autonomes, au sens de gouvernements locaux. Le règlement de 2006 établissant l'ICD lève cette incertitude et définit plus précisément les entités infra-étatiques ayant accès aux financements pour la mise en œuvre des programmes d'action annuels, ainsi que pour les mesures spécifiques arrêtées par la Commission. Il identifie ainsi, en premier lieu, parmi les nombreux bénéficiaires cités, les *« entités décentralisées »* des pays partenaires[130]. Le qualificatif « décentralisé », non accolé à « administrations publiques », est plus ouvert d'autant que les exemples évoqués incluent des collectivités territoriales telles que les « municipalités, provinces, départements, régions ». Il s'agit, dans cette hypothèse, uniquement des entités « des pays partenaires » et leur positionnement au sein de l'article 24 « Admissibilité », juste après les pays et régions partenaires et leurs institutions, dénote l'attention qui y est portée. Les entités infra-étatiques sont par ailleurs citées au titre des bénéficiaires dans le cadre d'une hypothèse plus large qui englobe les entités ou organismes des États membres, des pays et régions partenaires, voire d'autres États dans la mesure où ils contribuent à atteindre les objectifs du règlement : à ce titre figurent « les autorités locales et leurs regroupements ou les associations les représentant »[131]. Outre l'origine géographique diversifiée des autorités locales visées, on notera que sont également mentionnés dans cette rubrique les regroupements ou associations représentant les autorités locales, ce qui permet de favoriser leur structuration et de soutenir des plateformes de nature à faciliter le dialogue avec les institutions.

L'éligibilité des autorités locales qui est prévue pour tous les programmes constitue donc un apport indéniable de l'instrument de coopération au développement. Encore faut-il que celles-ci y soient effectivement prises en compte. Or, leur place est fluctuante selon les différents programmes qui relèvent de la politique

---

128. Règlement (CE) n° 1659/98 du Conseil du 17 juillet 1998 relatif à la coopération décentralisée, *JOCE* L 213, 30 juill. 1998, p. 6, modifié en dernier lieu par le règlement (CE) n° 625/2004 du Parlement européen et du Conseil, *JOUE* L 99, 3 avr. 2004, p. 1.

129. Selon l'article 3 du règlement ALA préc., « Sont bénéficiaires et partenaires, outre les États et les régions, les administrations publiques décentralisées, les organisations régionales, les communautés locales ou traditionnelles, les instituts et les opérateurs privés, y compris les coopératives ainsi que les ONG. »

130. Règlement ICD préc., art. 24 § 1 sous b). [Souligné par nos soins].

131. Règlement ICD préc., art. 24 § 1 sous g), i).

de développement[132] et le Parlement européen demandait encore récemment à la Commission « d'encourager un essor de (leur) participation à *tous* les programmes de l'ICD »[133], ce qui témoignait d'une situation insatisfaisante, au moins pour certains d'entre eux. Si les programmes thématiques ouvrent de réelles opportunités aux autorités locales (voir *infra*), leur prise en compte dans les programmes géographiques est plus problématique. En effet, les entités infra-étatiques sont concernées par de nombreux domaines[134] soutenus au titre de l'ICD en vue d'atteindre l'objectif primordial et prédominant « d'éradiquer la pauvreté dans les pays et régions partenaires dans le cadre du développement durable, y compris les efforts visant à atteindre les Objectifs du Millénaire ainsi qu'à promouvoir la démocratie, la bonne gouvernance, le respect des droits de l'homme et de l'État de droit »[135], mais rien de spécifique à leur égard ne figure dans les dispositions au titre des domaines listés. Ainsi, la rubrique « gouvernance, démocratie, droits de l'homme et réformes institutionnelles »[136] ne fait pas précisément référence au niveau local, ni à la décentralisation. Il en est de même des dispositions relatives au renforcement des capacités, thème pourtant évoqué à plusieurs reprises dans

132. Avis du Comité des Régions sur la *Coopération décentralisée dans la réforme de la politique du développement de l'UE*, 224/2005, 23 nov. 2005, pt 1-2-3.

133. Résolution du Parlement européen du 22 octobre 2013 sur *Les autorités locales et la société civile : l'engagement de l'Europe en faveur du développement durable*, A7-0296/2013, pt 39. [Souligné par nos soins.]

134. Au titre des programmes géographiques prévus à l'article 5 du règlement ICD préc., figurent les domaines suivants : santé, éducation, cohésion sociale et emploi, gouvernance, démocratie, droits de l'homme et soutien aux réformes institutionnelles, commerce et intégration régionale, environnement et développement durable des ressources naturelles, infrastructures, communication et transports, développement rural, aménagement du territoire, agriculture et sécurité alimentaire, situation d'après-crise des États fragiles.

Le règlement prend par ailleurs en considération la situation propre de chaque grande région éligible (Amérique latine, Asie, Asie centrale, Moyen-Orient, Afrique du Sud) et identifie des domaines de coopération auxquels il sera accordé « une attention particulière ».

135. Règlement ICD préc., art. 1 § 1.

136. Règlement ICD préc., art. 5 sous f).

le règlement, mais sans viser précisément les autorités locales[137], ou encore des questions transversales à intégrer dans tous les programmes qui n'évoquent que très généralement le renforcement des institutions[138].

Aussi la situation des entités infra-étatiques est-elle fonction du programme indicatif arrêté. Les documents de stratégie et de programmation sont établis par la Commission en concertation avec l'État, même si les autorités locales et les acteurs non étatiques sont associés à ce processus. Toutefois, les consultations dont on mesure toute l'importance ne leur permettent pas nécessairement, comme cela a été dit, de faire valoir leurs positions et d'influer sur le contenu des programmes. Leur implication est aléatoire et réglée au cas par cas.

– Dans le cadre des programmes indicatifs *nationaux*, il existe plusieurs points d'entrée[139] pour les autorités locales, mais ceux-ci sont exploités de manière variable.

En premier lieu, au titre des secteurs de concentration soutenus par l'Union, il est possible de prévoir l'appui aux réformes et l'amélioration de la gouvernance, mais les aspects couverts ne visent pas nécessairement la gouvernance locale, ni l'appui au processus de décentralisation. C'est le cas de l'Indonésie où l'appui à la gouvernance concerne les questions d'application de la loi et de réforme judiciaire[140]. En revanche, le document de stratégie avec le Pérou prévoit, quant à lui, un secteur de concentration axé sur l'appui à la modernisation de l'État, le renforcement de la bonne gouvernance et l'inclusion sociale qui inclut un volet décentralisation[141]. Mais, de façon générale, il a été démontré que, en dépit de l'intérêt affiché par l'Union européenne en faveur de la décentralisation, l'aide

137. Excepté dans le cadre du programme thématique « acteurs non étatiques et autorités locales » (voir *infra*) et d'une aide aux autorités locales dans le cadre du programme thématique « environnement » (art. 13 § 2 sous a).

138. L'article 3 § 3 du règlement ICD prévoit, parmi les questions transversales à intégrer « dans tous les programmes », le « renforcement des institutions », termes qui peuvent être interprétés plus ou moins largement.

139. *Thematic Global Evaluation of the EC Support to Decentralisation Processes*, Final Report, Volume I, Febr. 2012, préc., p. 2.

140. L'une des trois priorités arrêtées dans le document de stratégie 2007-2013, p. 27.

141. *http://eeas.europa.eu/peru/csp/07_13_fr.pdf*, p. 26 et 34.

globale accordée, soit au titre d'un secteur d'appui spécifique ou d'autres secteurs ou programmes, ne représentait encore, même s'il avait crû[142], que 2,5 % du total des financements entre 2004 et 2008, ce montant ayant de plus baissé en 2009[143].

Les entités infra-étatiques peuvent, en deuxième lieu, être concernées au titre des autres secteurs de concentration retenus dans les programmes indicatifs nationaux, mais leur situation y est aussi fluctuante, bien que la Commission ait souligné que « les autorités locales dans les pays partenaires ont également une importance capitale car elles peuvent être des acteurs essentiels [...] dans la fourniture de services publics, notamment dans le contexte de la décentralisation »[144], par exemple en matière de cohésion sociale, de fourniture de services de santé ou d'éducation. Dans ces secteurs de concentration fréquents, notamment en Amérique latine pour le premier cité, et en Asie pour les deux autres, l'implication des entités infra-étatiques dépend en effet des modalités indiquées dans le programme indicatif pluriannuel adopté, ou, à défaut, des projets retenus dans les programmes d'action annuels. Par exemple, le document de stratégie CE-Vietnam ne vise pas spécifiquement les autorités locales mais il appuie, pour la période 2007-2013, au titre des secteurs de concentration, la santé et la réalisation du plan de développement économique et social du Vietnam. Le pays accorde à ce titre des fonds aux municipalités les plus pauvres des régions montagneuses dans le cadre de programmes de lutte contre la faim et la pauvreté que la Commission s'est dite prête à soutenir[145]. Cela a débouché sur l'adoption d'un projet HERMA visant l'amélioration de la santé des populations de ces régions pour lequel les comités populaires sont intervenus dans le choix des communes et des structures bénéficiaires[146].

En troisième et dernier lieu, les entités infra-étatiques peuvent bénéficier d'un soutien au renforcement de leurs capacités dans le cadre du programme indicatif. Tel est le cas du document de stratégie CE-Pérou pour 2017-2013 qui prévoit comme secteur de concentration, outre la modernisation de l'État précédemment évoquée, « l'appui au développement social intégré dans des régions spécifiques afin de renforcer la cohésion sociale ».

142. Il était de 1 % pour la période 2000-2004.

143. *Thematic Global Evaluation of the EC Support to Decentralisation Processes*, préc., p. 8.

144. COM(2008) 626 préc., p. 9.

145. Document de stratégie, *http://eeas.europa.eu/vietnam/csp/07_13_fr.pdf*, p. 24.

146. Voir présentation réalisée par un membre de la délégation de la Commission, disponible sur le site : *http://hosting.blueacacia.com/w000030/2008/upload/uploads/Media/mediatheque/PDF/Evenements/2007/Hue_Union_europenne/Atelier_3/leon_pdf_20091028_185643.pdf.*

Or dans ce cadre, il poursuit :

> « À côté de la cohésion sociale, l'objectif [est] de soutenir à partir de la base le processus de décentralisation du Pérou, en formant les acteurs locaux et en renforçant leur capacité de dialogue vis-à-vis de l'État. De même, la CE encouragera la participation des autorités régionales et locales, des organismes des domaines sectoriels décentralisés, ainsi que de la société civile à l'élaboration, à la mise en œuvre et au suivi des projets et actions définis[147]. »

Néanmoins, les entités infra-étatiques n'ont aucune assurance de bénéficier d'une telle possibilité et ce soutien est loin d'être automatique en dépit des dispositions de l'instrument de coopération au développement. L'article 14 § 3 réserve en effet le programme thématique de renforcement des capacités aux situations où les programmes géographiques ne sont pas appropriés (voir *infra*), et fait clairement de ces derniers « le vecteur ordinaire de l'aide »[148]. Mais, la Cour des comptes a constaté, à propos du soutien aux acteurs de la société civile, que « malgré ce principe clairement établi, rien n'a changé dans la manière de financer le développement des capacités dans les pays ALA depuis l'entrée en vigueur de l'ICD »[149].

Ces quelques illustrations montrent que la prise en compte des autorités locales dans le cadre des programmes indicatifs nationaux est certes possible, mais non systématiquement prévue. Elle est fonction de plusieurs variables : les stratégies de développement de l'État, son organisation constitutionnelle et administrative et l'avancement de son processus de décentralisation, la leçon tirée des expériences des périodes antérieures de programmation, les secteurs de concentration retenus par l'Union européenne, les modalités de conduite des opérations soutenues, ce à quoi il faut ajouter le type d'aide. Dans le cadre du dialogue structuré, il a ainsi été relevé que l'appui budgétaire était particulièrement prisé par la Commission, mais « nettement moins pour le financement direct des autorités régionales et locales, même [si] les programmes d'appui budgétaire incluent généralement quelques dispositions et conditions qui intéressent directement ou indirectement les autorités locales »[150].

147. Document de stratégie précité, p. 28.

148. Selon l'expression de la Cour des comptes : Rapport n° 4/2009 préc., pt 73.

149. *Ibid.*

150. Dialogue structuré, Fiche technique n° 6 : *Appui budgétaire octroyé aux autorités locales*, disponible sur : *https://webgate.ec.europa.eu/fpfis/mwikis/aidco/images/f/fc/TF6%2B-%2BAppui_budg%C3%A9taire_octroy%C3%A9_aux_autorit%C3%A9s_locales_2.pdf.*

Compte tenu de la prise en considération très aléatoire des entités infra-étatiques dans les programmes indicatifs nationaux et dans la mesure où l'Union souhaite effectivement les promouvoir comme catalyseur de développement et moteur de démocratie locale, ne devrait-elle pas se montrer plus proactive pour appuyer les autorités locales et conforter les processus de décentralisation à l'œuvre dans les pays partenaires[151] ?

La révision du règlement ICD offre l'opportunité de développer une stratégie en phase avec les prises de position des diverses institutions en faveur d'une prise en compte accrue des autorités locales. Une possibilité serait de cibler les domaines d'appui prévus pour les programmes géographiques nationaux sur le niveau local. Par exemple, la rubrique « gouvernance, démocratie, droits de l'homme et soutien aux réformes institutionnelles » pourrait-elle préciser que la démocratie doit aussi être déclinée « au niveau local » ou/et inclure une référence explicite à la décentralisation ? Il a même été proposé que la décentralisation et l'action des autorités locales constituent un secteur de concentration de l'aide européenne[152]. Il serait également possible de les insérer explicitement parmi les questions transversales à intégrer dans tous les programmes. La proposition de nouvel ICD présentée par la Commission est toutefois étrangement silencieuse sur ces divers aspects[153], alors même que des communications récentes traduisaient un intérêt accru pour les autorités locales. En revanche, de nombreux amendements du Parlement européen, relayant ainsi les souhaits du Comité des Régions, ont été déposés pour valoriser la dimension locale[154].

Au-delà des dispositions à insérer dans le nouveau règlement ICD, certaines réflexions ont été menées sur les modalités de l'aide en vue d'y donner plus d'importance aux considérations locales. Par exemple, au titre de l'appui budgétaire, il a été proposé de renforcer les conditionnalités imposées au pays partenaire pour que « l'aide au développement soit réellement acheminée, en quantité suffisante, vers les échelons administratifs compétents [car] les ressources tout comme le

151. L'Union insiste fréquemment dans ses documents sur le fait qu'elle entend appuyer les processus de décentralisation lorsqu'il existe une volonté politique exprimée en ce sens par l'État partenaire ; voir par ex. les conclusions du Conseil du 22 juill. 2013 préc., pt 6, p. 31.

152. Rapport Schapira préc., pt 18, p. 11.

153. Proposition de règlement du Parlement européen et du Conseil instituant un instrument de financement de la coopération au développement, COM(2011) 840, 7 déc. 2011.

154. Voir les amendements adoptés par le Parlement européen le 11 décembre 2013 : *Établissement d'un instrument de financement de la coopération au développement*, P7_TA-PROV(2013)0571_fichiers.

personnel compétent ne doivent pas être concentrés au niveau central, mais décentralisées vers les autorités nationales concernées »[155]. La Commission, dans sa communication sur la future approche de l'appui budgétaire de l'UE en faveur des pays tiers[156], n'avait pas abordé cette question; mais elle y a, en revanche, consacré des développements dans sa communication de 2013 sur le renforcement de l'autonomie des autorités locales dans les pays tiers[157]. À propos de la conception et de la mise en œuvre de l'appui budgétaire, elle considère que l'Union européenne doit « prendre en compte le niveau tant central qu'infranational » et qu'elle doit « appuyer les systèmes permettant d'évaluer dans quelle mesure le financement accordé est transféré par l'intermédiaire du trésor public au niveau d'administration locale le mieux approprié »[158], propositions approuvées par le Conseil qui a par ailleurs invité « la Commission à étudier des modalités de financement nouvelles et innovantes pour soutenir les autorités locales et leurs associations »[159].

– S'agissant plus particulièrement des programmes indicatifs *régionaux* qui concernent un ensemble régional ou sous-régional, le règlement ICD est tout aussi silencieux à propos des autorités locales. C'est donc dans le cadre des priorités retenues pour les financements que les entités infra-étatiques peuvent éventuellement être prises en compte. Celles-ci portent traditionnellement sur le soutien des processus d'intégration : ainsi le document de stratégie CE-MERCOSUR inclut à ce titre un appui au FOCEM[160] qui devrait, par-delà les États qui en sont bénéficiaires, avoir un impact pour les entités régionales[161]. En dehors du soutien aux processus d'intégration, les priorités retenues concernent des questions d'intérêt commun pour la région. Il s'agit, par exemple, du « soutien à la cohésion

155. Avis du Comité des Régions sur *L'Europe dans le monde : une nouvelle stratégie pour le financement de l'aide extérieure de l'UE*, préc., pt 10, *JOUE* C 391, 18 déc. 2012, p. 112.

156. COM(2011) 638, 13 oct. 2011. La Commission y propose seulement, dans une optique de responsabilisation mutuelle, d'intégrer systématiquement des programmes de soutien aux organes de contrôle nationaux, aux organisations de la société civile et aux *autorités infra-étatiques* (pt 4.7, p. 11); [Souligné par nos soins].

157. *Accorder une autonomie accrue aux autorités locales dans les pays partenaires pour une meilleure gouvernance et des résultats plus concrets en matière de développement*, COM(2013) 280 préc.

158. COM(2013) 280 préc., p. 10.

159. Concl. du Conseil Affaires étrangères du 22 juill. 2013 préc., respectivement pts 12 et 11. Notons que, dans le cadre du dialogue structuré, il avait été relevé que l'appui budgétaire direct aux collectivités locales suscitait des difficultés qui limitaient souvent sa faisabilité (voir fiche technique préc.).

160. Document disponible sur le site *http://eeas.europa.eu/mercosur/rsp/07_13_fr.pdf*, p. 30.

161. Fonds pour la convergence structurelle du MERCOSUR; voir sur ce point la contribution de J. Kasmi dans cet ouvrage, p. 329.

sociale, à la réduction de la pauvreté, des inégalités et de l'exclusion » dans le programme indicatif régional pour l'Amérique latine 2007-2013 qui y affecte 35 % de ses financements[162]. C'est dans le cadre de ces priorités que sont prévus des programmes de coopération décentralisés ouverts, pour certains, aux acteurs infra-étatiques[163]. Ainsi, avec l'Amérique latine, le programme URBAL, axé sur le développement urbain et renouvelé plusieurs fois depuis les années 1990, a permis non seulement aux villes européennes et latino-américaines d'échanger leurs expériences en matière de gouvernance et de politiques d'inclusion sociale et de conduire des projets en commun, mais a aussi suscité des collaborations entre collectivités du Sud[164]. De tels programmes de coopération décentralisée nourrissent concrètement le partenariat stratégique UE-Amérique latine-Caraïbes et ont été bâtis sur la base des priorités du dialogue politique établi entre deux régions[165]. Celui-ci, outre les sommets réunissant les dirigeants au plus haut niveau, donne également lieu à des dialogues spécialisés et à des rencontres associant les représentants de divers secteurs. Un forum des gouvernements locaux a été créé en 2007 et l'Assemblée Eurolat a proposé l'institutionnalisation d'un dialogue régulier entre les gouvernements locaux et régionaux sous les auspices du Comité des Régions[166].

Au-delà des programmes géographiques qui offrent des possibilités de soutien variables et aléatoires aux entités infra-étatiques, les autorités locales bénéficient d'un programme thématique au sein duquel elles sont spécifiquement prises en compte, bien qu'aux côtés d'autres destinataires, les acteurs non étatiques.

---

162. Document de programmation stratégique Amérique latine 2007-2013, 12 juill. 2007, doc. E/2007/1417.

163. De tels programmes sont habituellement prévus dans les documents de stratégie établis à l'échelle d'un ensemble régional ; voir par exemple dans le document de stratégie pour l'Asie centrale, le programme Switch-Asia, *Promoting Sustainable Consumption and Production*, en matière de protection de l'environnement.

164. Lors de l'évaluation du programme URBAL III pour la période 2009-2013, en juin 2013, il a été fait état de 1,8 million de bénéficiaires dans 500 municipalités latino-américaines, *http://www.arcolatino.org/index.php?method=section&action=zoom&id=20328*.

165. Document de programmation stratégique Amérique latine préc., p. 10 ; voir la contribution de K. Galy au présent ouvrage, p. 305.

166. *Les relations Union européenne-Amérique latine dans la perspective du Ve sommet de Lima*, TA_EUROLAT (2007) 001.

B. La création non dénuée d'ambiguïté d'un programme spécialement dédié au rôle des acteurs non étatiques et des autorités locales dans le développement

À côté des programmes indicatifs nationaux et régionaux, l'instrument de financement de la coopération au développement de 2006 a prévu des programmes thématiques qui permettent à l'Union d'afficher des priorités qu'elle souhaite promouvoir dans sa politique de développement. Ils sont présentés comme complémentaires des programmes géographiques et y apportent une plus-value dans la mesure où les questions sur lesquels ils portent ne sont pas, ou insuffisamment, intégrées dans ces programmes, du point de vue de l'Union. Les six programmes thématiques initialement prévus[167] visent à soutenir des actions dans des domaines qui peuvent impliquer des autorités régionales ou locales[168]. Mais l'un d'eux, dit programme ANE-AL, est spécialement dédié au « Rôle des acteurs non étatiques et des autorités locales dans le développement »[169]. Il s'agit du premier programme financier visant à soutenir les autorités locales pour des projets établis à leur initiative[170], ce qui dénote l'intérêt de l'Union et l'apport qu'elle en attend pour sa politique de coopération au développement. Au regard du bilan de la période antérieure, la Commission constatait en effet en 2006 la sous-exploitation du « potentiel du partenariat stratégique entre la CE et les parties prenantes autres que les gouvernements centraux »[171]. Toutefois le soutien prévu, essentiellement en vue du renforcement des capacités (1), est destiné aux autorités locales, mais aussi aux acteurs non étatiques par rapport auxquels elles peinent à se faire pleinement reconnaître (2).

---

167. Investir dans les ressources humaines; environnement et gestion durable des ressources naturelles, y compris l'énergie; rôle des acteurs non étatiques et des autorités locales dans le développement; sécurité alimentaire; migrations et asile; pays ACP signataires du protocole sucre. Y a été ajouté en 2008 un nouveau programme relatif à la sécurité alimentaire.

168. Le programme sur l'environnement vise même expressément l'aide aux autorités locales en vue de renforcer les capacités d'intégration des préoccupations environnementales dans les PED (Règlement ICD préc., art. 13 § 2 a).

169. Règlement ICD préc., art. 14.

170. En pratique, le programme donne lieu à des appels à propositions de la Commission.

171. Programme thématique *Les acteurs non étatiques et les autorités locales dans le développement*, COM(2006) 19, 25 janv. 2006, p. 5.

1. Un programme visant essentiellement le renforcement des capacités des acteurs non étatiques et des autorités locales

Le programme ANE-AL, doté de 1,639 milliard d'euros pour la période 2007-2013, se focalise sur le rôle des acteurs non étatiques et des autorités locales dans le développement, que ce soient ceux de l'Union[172] ou de ses partenaires[173]. Il s'inscrit dans l'objectif général d'éradication de la pauvreté dans le cadre du développement durable visé par le règlement ICD et a pour but essentiel le « renforcement de [leur] capacité d'intervention dans le processus d'élaboration des politiques »[174]. Il s'agit plus spécialement, selon l'article 14 du règlement, de contribuer à promouvoir une société solidaire et autonome, de sensibiliser les citoyens européens aux questions de développement et d'établir une coopération plus efficace entre réseaux de la société civile et associations représentant les autorités locales.

Ces finalités se retrouvent dans les objectifs des documents de stratégie de la Commission[175].

Le premier objectif, faciliter la participation des acteurs non étatiques et des autorités locales dans la réduction de la pauvreté et les stratégies de développement durable, est le plus important dans la mesure où plus de 80 % des financements lui sont consacrés[176]. Il répond au souci de favoriser un développement inclusif soucieux de la situation de tous, y compris les groupes les plus défavorisés, souvent

172. Aux acteurs non étatiques et autorités locales de l'Union s'ajoutent ceux des pays candidats.

173. Les programmes thématiques ne sont pas réservés aux pays et régions en développement bénéficiaires « géographiques » de l'ICD. En effet, les acteurs des États ACP ainsi que ceux des pays relevant de la politique de voisinage et de Russie peuvent en bénéficier, en complément du FED et de l'instrument financier de voisinage et de partenariat. Pour la période 2011-2013, la répartition suivante était prévue : 51,5 % des financements en faveur des ACP, 20,5 % pour l'Amérique latine, 1,5 % pour l'Amérique centrale et 19,5 % pour l'Asie (hors Moyen-Orient); voir document de stratégie 2011-2013 du programme thématique ANE-AL dans le développement, p. 14, disponible sur le site : *http://ec.europa.eu/europeaid/how/finance/dci/documents/nsa-la_strategy_2011-2013_-_fr.pdf*.

174. Règlement ICD préc., art. 14 § 1. Précisons que le renforcement des capacités peut revêtir des formes différentes parmi lesquelles : formation, tutorat, évaluation de l'organisation, échange d'informations, amélioration de la communication.

175. Voir en dernier lieu le document de stratégie du programme thématique ANE-AL dans le développement, 2011-2013 préc. sur lequel s'appuieront les développements.

176. Le document de stratégie 2011-2013 préc. prévoit respectivement 83 % pour l'objectif 1, 14,5 % pour l'objectif 2 et 2,5 % pour l'objectif 3.

marginalisés, et de stimuler les processus participatifs qui exigent la mobilisation de tous les acteurs. De ce point de vue, le potentiel offert par les autorités locales est très important : en effet,

> « Alors qu'elles font partie intégrante de la structure de l'État, les autorités locales sont beaucoup plus proches des citoyens que d'autres institutions publiques et sont en mesure d'offrir une expertise significative non seulement en matière de fourniture de services (enseignement, santé, eau, transports, etc.), mise en place d'institutions démocratiques et d'administrations efficaces, mais aussi en tant que moteur du changement et du renforcement des relations de confiance entre les différentes parties. Elles peuvent formuler une vision à long terme, à l'échelle du pays, sur la manière de bâtir des sociétés inclusives avec la légitimité politique nécessaire et la capacité de mobiliser d'autres acteurs[177]. »

Ce potentiel recelé par les autorités locales ainsi que par les acteurs non étatiques dans leur grande diversité[178] suppose toutefois qu'ils disposent de ressources suffisantes pour s'organiser et « participer à la définition et à la mise en œuvre de stratégies de réduction de la pauvreté et de développement durable »[179]. Le programme de l'Union a précisément pour but de soutenir ces acteurs « en renforçant [leurs] moyens d'action »[180], mais aussi plus spécifiquement en « renforçant le rôle des autorités locales dans les processus de décentralisation »[181]. Il vise également à faciliter les connexions entre les acteurs et entre catégories d'acteurs en vue de renforcer leur poids au niveau local, régional et national.

Si les interventions doivent, pour l'essentiel, se faire dans les pays et régions en développement, les financements bénéficient prioritairement aux acteurs européens qui peuvent apporter leur savoir-faire pour renforcer les capacités des acteurs des pays partenaires, les aider dans la réalisation de leurs projets de développement et leur faire partager des expériences de gouvernance locale. Selon l'évaluation fournie par la Commission pour la période 2007-2010, le pourcentage des finance-

177. Document de Stratégie 2007-2010 du programme thématique ANE-AL cité dans le document de présentation de PLATFORMA, *http://www.platforma-dev.eu/page.php?parent_id=2&page_id=16.*

178. L'article 24 § 2 du règlement ICD donne une liste des acteurs non étatiques qui peuvent accéder à un financement; elle comprend plus de vingt catégories différentes et ne se présente pas, de plus, comme exhaustive.

179. Règlement ICD préc., art. 14 § 1 sous a) ii).

180. *Ibid.*

181. Règlement ICD préc., art. 14 § 1 sous a) iii).

ments bénéficiant aux organisations et acteurs locaux des pays partenaires, n'était que de 21 % en 2008, même si cette part avait nettement augmenté par rapport à l'année antérieure (13 %)[182].

Outre les soutiens pour les interventions effectuées dans les pays partenaires, les acteurs non étatiques et les autorités locales européennes peuvent également obtenir des financements au titre du deuxième objectif du programme, à savoir promouvoir des actions de sensibilisation et d'éducation au développement des citoyens de l'Union et des pays adhérents. Cela est considéré comme d'une « importance stratégique »[183] pour « mobiliser un plus grand soutien public »[184], dans un contexte où « l'aide au développement continuera de nécessiter un engagement financier s'inscrivant sur le long terme »[185] et où nombre d'États donateurs connaissent en Europe de graves difficultés économiques. L'UE trouve ainsi, par le biais de ces acteurs, un relais important pour sa politique de coopération au développement à la fois comme prestataires dans les pays en développement, mais aussi comme alliés pour mobiliser, en Europe, des ressources en leur faveur. Elle attend enfin d'eux une organisation permettant d'en faire des partenaires stratégiques des institutions.

Le troisième objectif du programme vise, dans cette perspective, à faciliter la coordination entre les plateformes représentatives et les institutions de l'Union, d'une part, et le renforcement des réseaux d'acteurs non étatiques et de réseaux d'autorités locales dans l'UE et les pays adhérents, d'autre part. C'est à ce titre que les plateformes comme CONCORD pour les ONG et PLATFORMA pour les autorités locales et régionales reçoivent des soutiens[186]. Elles prennent, en effet, une part active aux débats européens et internationaux et ont notamment participé avec le Parlement et les États membres au « Dialogue structuré pour un partenariat efficace »[187] lancé par la Commission. Portant sur la participation des organisations

182. Document de stratégie 2011-2013, préc., p 10.

183. Livre vert de la Commission européenne : *La politique de développement de l'UE en faveur de la croissance inclusive et du développement durable. Accroître l'impact de la politique de développement de l'Union européenne*, COM(2010) 629, 10 nov. 2010, p. 4.

184. Règlement ICD préc., art. 14 § 2 sous b).

185. Livre vert préc., p. 4.

186. Voir pour 2013, la décision d'exécution de la Commission du 29 avr. 2013 concernant le programme d'action annuel 2013 relatif au programme thématique intitulé *Les acteurs non étatiques et les autorités locales dans le développement*, à financer sur le budget général de l'Union européenne, doc. C(2013) 2333 final, p. 5.

187. Document disponible sur le site d'Europeaid : *http://ec.europa.eu/europeaid/who/partners/civil-society/structured-dialogue_fr.htm.*

de la société civile et des autorités locales dans la coopération au développement, il s'est déroulé de mars 2010 à mai 2011 et avait pour but d'apporter des réponses à l'agenda sur l'efficacité de l'aide, suite au plan d'Accra qui prenait en compte ces acteurs[188].

La création du programme thématique ANE-AL a été saluée par les autorités locales et perçue comme un signe tangible d'évolution de l'approche de l'Union européenne[189]. Toutefois, les modalités d'accès à ses financements ont fait l'objet de certaines critiques exprimées justement dans le cadre des travaux sur le Dialogue structuré[190] : diffusion des informations insatisfaisante, notamment en langues locales, délais trop courts pour répondre aux appels à propositions, calendrier ne coïncidant pas avec le calendrier budgétaire des autorités locales, lourdeurs des procédures, exigence d'un cofinancement, même si celui-ci est plus faible pour les pays tiers. Ces reproches pèsent toutefois inégalement sur les diverses autorités locales et défavorisent en pratique les plus petites et les plus reculées des États tiers. Mais, outre ces critiques, certaines limites touchent plus spécifiquement la place des autorités locales au sein de ce programme qui bénéficie également à d'autres acteurs.

2. Une consécration laborieuse de la place des autorités locales au sein du programme ANE-AL

Les premières manifestations de la nouvelle approche du développement centrée sur l'homme et de la redéfinition des relations Communauté/pays en développement dans une perspective partenariale étaient apparues dans la IVe conven-

188. Notamment son article 13 b) dispose : « Les donneurs appuieront les efforts déployés pour accroître la capacité de l'ensemble des acteurs du développement – parlements, administrations locales et centrales, OSC, instituts de recherche, médias et secteur privé – de prendre une part active au dialogue sur la politique de développement et sur le rôle de l'aide au service des objectifs de développement visés par les pays » ; et son article 20 porte plus spécialement sur les organisations de la société civile (OSC), *http://siteresources.worldbank.org/ACCRAEXT/Resources/4700790-1217425866038/FINAL-AAA-in-French.pdf.f*

189. Voir par exemple l'étude publiée par Cités Unies France, *La coopération internationale des collectivités territoriales et l'Union européenne : l'Allemagne, l'Espagne, la France, l'Italie, le Royaume-Uni et la Suède face à la Commission européenne*, collection Référence, mai 2010, p. 26.

190. Fiche technique n° 11 – Modalités de l'aide – Appels à propositions destinés aux autorités locales : *https://webgate.ec.europa.eu/fpfis/mwikis/aidco/images/e/ed/Microsoft_Word_-_QL1020F_-_Dialogue_structur%C3%A9_-_FT11%2B-%2BAppels_destin%C3%A9s_aux_AL.pdf.*

tion de Lomé[191] et dans deux règlements communautaires portant, l'un, sur le cofinancement des ONG européennes[192] et, l'autre, sur la coopération décentralisée[193]. Mais dans la nébuleuse des nouveaux acteurs de la coopération, les autorités locales, sans être nécessairement ignorées, ont peiné à obtenir une reconnaissance propre. Si c'est effectivement le cas aujourd'hui grâce au programme thématique créé en 2006, celle-ci n'est pas encore totalement satisfaisante.

S'agissant tout d'abord de la reconnaissance des autorités locales en tant qu'acteurs spécifiques, elle résulte d'un processus laborieux. En effet, si l'approche européenne de la gouvernance est holistique et englobe toutes les forces et tous les secteurs de la société, une certaine confusion a longtemps été entretenue entre acteurs de la société civile et autorités locales. Ainsi le règlement relatif à la coopération décentralisée envisageait-il pêle-mêle les

> « pouvoirs publics locaux, organisations non gouvernementales, groupements professionnels et groupes d'initiatives locaux, coopératives, syndicats, organisations de femmes ou de jeunes, institutions d'enseignement et de recherche, églises et toutes associations non gouvernementales susceptibles d'apporter leur contribution au développement »[194].

Les pouvoirs publics locaux étaient ainsi fondus dans une masse d'acteurs variés, non étatiques pour l'essentiel, conformément à une approche anglo-saxonne, extensive, de la coopération décentralisée[195], et cette « acceptation européenne [...] visait essentiellement les ONG »[196].

191. *JOCE* L229, 17 août 1991, p. 1.

192. Règlement (CE) n° 1658/98 du Conseil du 17 juillet 1998 relatif au cofinancement avec les organisations non gouvernementales de développement (ONG) européennes d'actions dans les domaines intéressant les pays en développement, *JOCE* L213 du 30 juill. 1998, p. 1.

193. Règlement (CE) n° 1659/98 du Conseil du 17 juillet 1998 relatif à la coopération décentralisée, *JOCE* L213 préc., p. 6.

194. Règlement (CE) n° 1659/98 préc. art. 3.

195. A. BEKKOUCHE et B. GALLET, « La coopération décentralisée : l'émergence des collectivités et autorités territoriales sur la scène internationale », *AFRI*, 2001, p. 377-392, spéc. p. 389.

196. Étude de Cités Unies France, *La coopération internationale des collectivités territoriales et l'Union européenne*, préc., p. 30.

La réforme de l'aide extérieure de l'Union de 2006 constitue de ce point de vue un réel progrès puisque le nouveau programme thématique fait expressément apparaître, aux côtés des acteurs non étatiques, les autorités locales[197]. Toutefois, cette reconnaissance propre ne s'est pas faite sans difficulté puisque la Commission, sous l'intitulé « acteurs non étatiques dans le développement »[198], faisait à l'origine état de son intention de « proposer un programme thématique visant à soutenir les organisations de la société civile et autres acteurs non étatiques actifs dans le développement, qu'ils soient originaires de l'UE ou des pays partenaires ». Elle ajoutait, en utilisant de plus le conditionnel : « L'aide aux autorités locales dans les pays partenaires pourrait également être prise en considération dans ce cadre[199]. »

Certes, la proposition de règlement et le règlement de 2006 lui-même font état des autorités locales, y compris dans l'intitulé du programme, mais la mise en œuvre de ce dernier montre qu'il serait nécessaire de différencier plus clairement acteurs non étatiques et autorités locales. Le bilan réalisé par la Commission sur la période 2007-2010 en vue de l'adoption de la nouvelle stratégie 2011-2013 pour le programme ANE-AL, concluait à la nécessité de ne pas la modifier substantiellement pour la seconde période de programmation, mais appelait à des améliorations sur des points spécifiques dont la « nécessité de différencier les approches ANE et AL concernant la gestion du programme, ces dernières ayant des caractéristiques propres les singularisant par rapport aux ANE pris dans leur ensemble »[200]. Encore

197. Le terme n'est pas défini dans le règlement ICD préc. de 2006. En revanche, dans sa proposition de nouvel instrument financier, la Commission, sans en donner une définition, apporte certaines précisions. Il y est prévu que « Les autorités locales englobent toutes les variétés de niveaux infranationaux de gouvernement, tels que les municipalités, les communautés, les districts, les comtés, les provinces, les régions, etc. » (COM(2011) 840 préc. p. 48). Cette formulation tranche toutefois avec la communication de la Commission, COM(2013) 280, du 15 mai 2013, préc., sur les autorités locales, qui était beaucoup plus précise. Il y est écrit que « l'expression "autorités locales" désigne les institutions publiques dotées de la personnalité juridique, faisant partie de la structure de l'État, situées à un niveau inférieur à celui du pouvoir central, et responsables devant les citoyens. Les autorités locales se composent généralement d'un organe de délibération ou d'élaboration des politiques (conseil ou assemblée) et d'un organe exécutif (le maire ou d'autres responsables exécutifs), directement ou indirectement élus ou choisis au niveau local. L'expression recouvre différents niveaux de pouvoir tels que les villages, les municipalités, les districts, les comtés, les provinces, les régions, etc. » (note 1, p. 2).

198. *Actions extérieures au travers de programmes thématiques dans le cadre des futures perspectives financières 2007-2013*, COM(2005) 324, 3 août 2005.

199. COM(2005) 324 préc., p. 7.

200. Document de stratégie 2011-2013 préc., p. 12.

en 2012, le Comité des Régions, dans un avis concernant la réforme du financement de l'action extérieure de l'Union, saluait la proposition de conserver le programme ANE-AL dans le futur instrument financier de coopération au développement pour la période 2014-2020[201], mais évoquait l'utilité d'une « distinction claire [...] à la fois en ce qui concerne la décision politique, les instruments et le financement effectif »[202]. En effet, chaque type d'acteurs a ses spécificités et leur rôle n'est pas interchangeable. Contrairement aux ONG et à nombre d'acteurs de la société civile, les autorités locales sont des autorités publiques qui procèdent d'élections démocratiques et possèdent une légitimité que n'ont pas nécessairement les acteurs non étatiques. Aussi, en tant que composantes de l'État, elles incarnent l'intérêt général et ont, en principe, une approche globale des problèmes alors que les autres acteurs sont plus focalisés sur des préoccupations sectorielles. Selon les termes du rapport Schapira, les autorités locales, là où elles sont dotées d'une légitimité électorale, ont une « place stratégique [...], à mi-chemin entre gouvernement national et société civile »[203].

La difficulté pour les autorités locales d'obtenir une pleine reconnaissance de leur spécificité par rapport aux acteurs non étatiques n'est sans doute pas étrangère à la structuration plus ancienne et à l'action plus efficace des ONG grâce à CONCORD, la Confédération européenne des ONG d'urgence et de développement. Les autorités locales n'avaient pas de structure équivalente jusqu'en 2006 où, à la demande du Comité des Régions[204] et avec le relais du Parlement européen[205], elles ont réussi à mieux se structurer grâce à la création en 2008 de PLATFORMA,

201. Sous un titre modifié : « Organisations de la société civile et autorités locales ».

202. Avis du Comité des Régions sur *L'Europe dans le monde : une nouvelle stratégie pour le financement de l'action extérieure de l'UE* préc., pt 27, p. 114.

203. Rapport Schapira : *Les collectivités locales et la coopération au développement*, Parlement européen, 2 mars 2007, A6-0039/2007, préc., pt U.

204. Voir, suite au rapport Soulabaille du 21 mars 2005, l'avis 224/2005 préc. du Comité des Régions du 23 novembre 2005 sur *La coopération décentralisée dans la réforme de la politique de développement de l'Union européenne*, notamment le point 2-2-1 qui recommande « d'encourager la création d'une plateforme analogue à celle dont disposent les ONG (CONCORD) de manière à instaurer un dialogue politique entre institutions communautaires et collectivités locales tournées vers le développement », doc. relex 0-34.

205. Le rapport Schapira préc. fait écho à l'avis du Comité des Régions et « demande à la Commission de mettre en place un partenariat avec une plateforme des associations représentatives des autorités locales actives dans le domaine de la coopération, à l'exemple de la Concord [Confédération européenne des ONG d'urgence et de développement] pour les ONG, afin de faci-

association représentative des gouvernements locaux et régionaux. Elle est sans doute aussi liée au fonctionnement de la coopération décentralisée pour laquelle les autorités locales recourent fréquemment aux ONG[206].

Les difficultés rencontrées par les autorités locales pour une pleine reconnaissance de leur identité se doublent, ensuite, d'un désavantage en termes de soutien financier. En effet, même expressément reconnues comme bénéficiaires d'un programme thématique, les autorités locales en profitent beaucoup moins que les acteurs non étatiques. Le règlement de 2006 prévoit en effet que ces derniers doivent disposer d'une part de financement d'au moins 85 % des fonds[207], ce qui laisse 15 % au mieux pour les autorités locales. Cela garantit certes aux autorités locales une part des financements du programme, mais elle semble faible, voire très disproportionnée à leur égard. Le Comité des Régions, particulièrement attentif aux intérêts des collectivités locales et régionales, estimait ainsi qu'« affecter au minimum 25 % des ressources aux collectivités territoriales, au lieu de 15 % actuellement, permettrait de mieux exploiter leur rôle et leur expertise légitimes »[208] et appelait donc, au nom de l'efficacité de la politique de l'Union, à un accroissement de ce pourcentage à l'avenir. Toutefois, la proposition de nouvel ICD élaborée par la Commission laisse la question ouverte dans la mesure où toute référence quantitative a disparu[209].

La faiblesse du pourcentage des financements accordé aux autorités locales doit cependant être abordée au regard de l'ensemble des dispositions du programme ANE-AL. En effet, s'agissant des autorités locales, il est clairement précisé au paragraphe 3 de l'article 14 du règlement ICD que « le soutien aux autorités locales dans les pays partenaires s'inscrit normalement dans le cadre des documents de stratégie par pays » ; ce n'est que « lorsque ceux-ci ne prévoient pas le soutien nécessaire, par exemple lorsqu'un partenariat présente des difficultés lorsque l'on est en présence d'États fragiles ou après un conflit » que le programme thématique

liter le dialogue et la coopération avec les institutions européennes, de coordonner la coopération entre les autorités locales et d'assister les autorités locales dans la mise en œuvre des politiques de développement et surtout de renforcer les capacités de ses membres », pt 20.

206. Voir le rapport de l'OCDE *Aide allouée par les collectivités* territoriales, oct. 2005, disponible sur le site : *http://www.oecd.org/fr/developpement/stats/35935292.pdf*; il montre à travers l'exemple de plusieurs pays européens que, la plupart du temps, l'aide est mise en œuvre par les ONG.

207. Règlement ICD préc., art. 14 § 1.

208. Avis du Comité des Régions sur *L'Europe dans le monde : une nouvelle stratégie pour le financement de l'action extérieure de l'UE*, préc., pt 28, p. 114.

209. COM(2010) 840 préc., art. 8, p. 24 ; et annexe V, p. 42.

pourra être sollicité. C'est donc le caractère subsidiaire du programme thématique qui justifie la faiblesse du pourcentage réservé aux autorités locales ; toutefois, cela suppose que le renforcement des capacités soit effectivement prévu dans le cadre du programme indicatif national de l'État partenaire. Or tel n'est pas le cas et le renforcement des capacités n'est que très faiblement pris en compte dans les programmes géographiques de l'ICD. Outre les conclusions du rapport précité de la Cour des comptes sur les acteurs de la société civile, la Commission a elle-même reconnu, à la suite de l'étude concernant l'appui aux processus de décentralisation, que le renforcement des capacités en faveur des autorités locales était principalement assuré à travers le programme thématique ANE-AL[210]. La cohérence du dispositif en place et le soutien effectif aux autorités locales exigent donc impérativement que les programmes géographiques soient musclés sur ce point.

***
*

L'Union européenne, en dépit de prises de position croissantes de ses institutions reconnaissant le rôle majeur des entités infra-étatiques dans le développement, ne leur accorde encore qu'une attention inégale dans les instruments de son action extérieure. Sur le plan conventionnel, les innovations de l'accord de Cotonou, surtout après sa révision de 2005, restent isolées et n'ont pas d'équivalent dans les accords de partenariat et de coopération ou d'association, y compris les plus récents, avec des pays ou groupements en développement. Quant au dispositif unilatéral mis en place en 2006 par l'instrument financier de coopération au développement, il témoigne de progrès en faveur des entités infra-étatiques, mais ceux-ci sont variables selon les programmes concernés. Si des signes tangibles d'évolution sont bien présents au plan rhétorique, ils se traduisent plus difficilement dans les instruments juridiques de l'Union et le potentiel unique dont celle-ci dispose, forte de sa propre expérience, de ses réseaux internationaux de collectivités et de ses outils de coopération, n'est pas assez exploité pour soutenir les autorités locales ainsi que les politiques de décentralisation et de développement local[211].

---

210. *Évaluation de l'appui de la Commission aux processus de décentralisation (2012)*, étude préc., partie relative aux réponses de la Commission, p. 4 ; disponible sur le site : *http://ec.europa.eu/europeaid/how/evaluation/evaluation_reports/response/2012/1300_rsp_en.pdf.*

211. *Thematic Global Evaluation of the Commission Support to Decentralisation Processes*, préc., p. 53.

Le Parlement européen, sensible à ces enjeux et fort de ses pouvoirs accrus par le traité de Lisbonne, dispose des moyens de conforter la dynamique enclenchée non seulement au plan autonome, mais aussi pour peser sur le contenu des futurs accords[212]. Il vient de démontrer sa volonté d'infléchir le contenu « local » du nouvel instrument de coopération au développement[213], il devra poursuivre en ce sens pour tenter de valoriser la place des autorités locales dans tous les futurs partenariats de l'Union avec des pays en développement.

---

212. Le Parlement européen dispose désormais d'un pouvoir d'approuver non seulement les accords d'association mais aussi les accords de partenariat et de coopération avec les pays tiers.

213. Règlement (UE) n° 233/2014 du Parlement européen et du Conseil du 11 mars 2014 instituant un instrument de financement de la coopération au développement pour la période 2014-2020, *JOUE* L 77, 15 mars 2014, p. 44.

11. LA NOUVELLE STRATÉGIE UNION EUROPÉENNE-CARAÏBES

Quelle place pour les entités infra-étatiques françaises de la Caraïbe ?

par

Karine GALY

Maître de conférences en droit public
Université des Antilles et de la Guyane
CRPLC UMR-CNRS 8053

Les relations entre l'Union européenne (UE) et les pays de la Caraïbe sont sous-tendues par presque quarante ans de coopération pour le commerce et le développement[1], formalisées par des instruments juridiques que sont par exemple l'accord

1. Voir par exemple, F. GRANELL, *La coopération au développement de la Communauté européenne*, Éditions de l'université de Bruxelles, coll. « Commentaire Mégret », n° 13, 2005, 475 p.

de Cotonou[2] ou l'accord de partenariat économique CARIFORUM/UE[3]. Ce dernier instrument est entre autres, la résultante d'une nouvelle dynamique des relations entre l'Union et la partie Caraïbe du groupe ACP[4] et le fondement d'un « partenariat stratégique », le terme stratégique désignant l'importance des liens à maintenir ou à établir avec la partie concernée[5]. Ils formalisent par ailleurs une nouvelle donne de la relation à travers un partenariat, qui devient, comme le soulignait le professeur Jean Raux, « Le [...] maître-mot de la politique extérieure de l'Union, [et qui] caractérise désormais la relation de la Communauté avec les États ACP. »[6]

Parmi les objectifs généraux de ce partenariat, les deux parties ont convenu d'intensifier le dialogue politique institutionnalisé et la coopération au développement. En effet, déjà en 2006, la Commission européenne relevait que « la dimension politique de Cotonou [n'avait] été que peu exploitée jusqu'à présent. À l'avenir, le dialogue politique au niveau régional aura la priorité lors des réunions ministérielles annuelles CARIFORUM-UE, ainsi qu'au niveau interrégional, il sera intensifié au cours des sommets semestriels UE-ALC dans le contexte de la troïka »[7].

2. Accord de partenariat entre les membres du groupe des États d'Afrique, des Caraïbes et du Pacifique, d'une part, et la Communauté européenne et ses États membres, d'autre part, signé à Cotonou le 23 juin 2000, *JOCE* L317, 15 déc. 2000, p. 3. Modifié par l'accord modifiant l'accord de partenariat entre les membres du groupe des États d'Afrique, des Caraïbes et du Pacifique, d'une part, et la Communauté européenne et ses États membres, d'autre part, signé à Cotonou le 23 juin 2000, *JOUE* L209, 11 août 2005, p. 27 ; accord modifiant, pour la deuxième fois, l'accord de partenariat entre les membres du groupe des États d'Afrique, des Caraïbes et du Pacifique, d'une part, et la Communauté européenne et ses États membres, d'autre part, signé à Cotonou le 23 juin 2000 et modifié une première fois à Luxembourg le 25 juin 2005, *JOUE* L287, 4 nov. 2010, p. 3.

3. Accord de partenariat économique entre les États membres du CARIFORUM, d'une part, et la Communauté européenne et ses États membres, d'autre part, Barbade, 15 octobre 2008, *JOUE* L289, 30 oct. 2008, p. 3.

4. La partie Caraïbe du groupe ACP comprend Antigua-Barbuda, Bahamas, Barbade, Belize, Cuba (non-signataire de l'accord de Cotonou), Dominique, Grenade, Guyana, Haïti, Jamaïque, République Dominicaine, Saint-Kitts-et-Nevis, Saint-Vincent-et-les-Grenadines, Sainte-Lucie, Suriname et Trinité-et-Tobago.

5. F. Mangilli, *Le partenariat de l'Union européenne avec les États et groupements régionaux d'Amérique latine*, Bruylant et LGDJ, Dossier de droit européen, 2010, p. 8.

6. J. Raux, « Les "principes structurants" de l'accord de partenariat ACP/CE et États membres de l'Union européenne », *in* D. Perrot (dir.), *Les relations ACP/UE après le modèle de Lomé : quel partenariat ?*, Bruxelles, Bruylant, coll. « Rencontres européennes », 2007, p. 43.

7. Commission européenne, Communication de la Commission au Conseil, au Parlement européen et au Comité économique et social européen, *Partenariat UE-Caraïbes pour la croissance, la stabilité et le développement*, SEC (2006) 268, COM (2006) 86 final, Bruxelles, 2 mars 2006, p. 16.

Plusieurs observations peuvent être formulées à ce stade :

D'abord, il convient de souligner que le dialogue politique entre l'UE et les Caraïbes présente une double particularité :

- il est interrégional car la Caraïbe fait partie du groupe Amérique latine-Caraïbes (ALC) et c'est dans ce cadre que sont organisées tous les deux ans, des rencontres au sommet UE-ALC[8] qui abordent des sujets d'intérêt commun et singulièrement des cadres de coopération régionale;
- il est également birégional parce qu'il s'inscrit dans le prolongement du dialogue UE/ACP prévu par l'accord de Cotonou (article 8).

Par ailleurs, cette volonté partenariale a permis l'institutionnalisation et la structuration du dialogue souhaité entre l'Union européenne, d'une part, et son interlocuteur au niveau régional caribéen à savoir le Forum caribéen des États ACP (CARIFORUM). Officiellement créé en octobre 1992, le CARIFORUM, est un forum des États caribéens, signataires de la convention de Lomé IV et de l'accord de Cotonou. Il constitue à la fois une instance de dialogue politique dans le cadre de l'accord de Cotonou entre les pays ACP et l'Union européenne, mais également le support institutionnel de mise en œuvre de l'APE dans le cadre des relations commerciales entre ces deux partenaires. Il a également pour rôle de coordonner et de contrôler l'attribution des ressources du Fonds européen de développement (FED) pour financer des projets dans la région. Le CARIFORUM est composé de quinze États membres[9] et comporte une structure relativement souple : un Conseil des ministres, organe suprême se réunissant une fois par an, et une présidence tournante attribuée pour douze mois. Ce Conseil est secondé par un secrétariat composé d'un Secrétaire général et d'une unité de programmation chargée des études, des propositions de financement des programmes régionaux et fournissant une assistance technique pour l'exécution de ces projets. L'unité de programmation maintient des liens étroits avec la Commission européenne, d'une part, notamment pour le suivi des programmes régionaux et, d'autre part, de manière fonctionnelle avec le secrétariat de la CARICOM qui lui apporte un

---

8. En juin 1999 à Rio de Janeiro (Brésil), s'est tenu le premier sommet des chefs d'État et de gouvernement de l'Union européenne et de l'Amérique latine, avec comme objectif la création d'une association stratégique birégionale. Voir C. FLAESCH-MOUGIN, J. KASMI et J. LEBULLENGER, « Relations de la Communauté européenne avec les pays d'Amérique latine et d'Asie (ALA). Cadre conventionnel et autonome », *Jurisclasseur Europe*, Fasc. 2231, 2005, p. 3 et s.

9. Voir *supra* note 4.

soutien administratif. D'ailleurs, le secrétaire général de la CARICOM est aussi le secrétaire général du CARIFORUM et l'ordonnateur des projets régionaux financés par le FED.

Dans le contexte de la mondialisation, les relations entre l'UE et les pays de la zone Caraïbes, tout en conservant l'objectif général de départ, ont été profondément bouleversées, ce qui a justifié de renouveler le partenariat[10]. En effet, ces relations ont évolué pour tenir compte notamment des impératifs liés à la globalisation économique, au changement climatique ou encore à la crise économique. Il est alors apparu opportun à ces deux partenaires de repenser, de resituer, voire de recentrer leur partenariat afin d'optimiser les avantages de leurs relations.

De fait, la problématique des relations équilibrées entre les partenaires a été avancée comme l'un des points essentiels de la mise en œuvre d'une nouvelle stratégie qui s'inscrirait dans les objectifs de la Stratégie dite *Europe 2020*[11]. Car, si jusqu'alors les relations entre les deux parties étaient fondées essentiellement sur une stratégie de l'UE pour les Caraïbes, désormais elles devraient être fondées sur une approche conjointe tenant compte des thématiques d'intérêts mutuels (dépendance énergétique à l'égard des énergies fossiles, crise économique et financière mondiale…), d'une part, et proposer une approche globale incluant l'ensemble des Caraïbes y compris les Pays et territoires d'outre-mer (PTOM) et les Régions ultrapériphériques françaises (RUP), d'autre part. De ce dernier point de vue en effet, l'espace Caraïbes présente une mosaïque de territoires dont le statut juridique au regard du droit de l'Union varie de l'association à l'intégration[12].

10. Sur la problématique générale, voir Ph. MOREAU-DEFARGES, « Partenariat, mondialisation et régionalisation », *in* M.-F. LABOUZ (dir.), *Le partenariat de l'Union européenne avec les pays tiers, conflits et convergences*, Bruxelles, Bruylant, 2000, p. 39-46 ; D. DORMOY, « Mondialisation, partenariat et développement », *in* M.-F. LABOUZ (dir.), *op. cit.*, p. 47-57.

11. Commission européenne, *Europe 2020 : Une stratégie pour une croissance durable, inclusive et intelligente*, COM(2010) 2020, 3 mars 2010, 35 p., disponible : *http://ec.europa.eu/eu2020/pdf/*.

12. Voir G. CIAVARINI-AZZI, « L'Union européenne et l'Outre-mer », *Hermès*, n° 32-33, 2002, p. 559-567 ; L. TESOKA et J. ZILLER (dir.), *Union européenne et outre-mers unis dans leur diversité*, Colloque organisé à Florence, avril 2007, Presses Universitaires de Marseille, 2008, 456 p. ; J. ZILLER, « Les États européens et les territoires ultramarins placés sous leur souveraineté », *Les nouveaux cahiers du Conseil constitutionnel*, 2012/2, n° 35, p. 169-186 ; I. VESTRIS, *Le statut des régions ultrapériphériques de l'Union européenne, la construction d'un modèle attractif et perfectible d'intégration différentiée*, Bruxelles, Bruylant, 2012, 670 p.

Il est ainsi apparu opportun de proposer une approche globale et de renforcer le partenariat entre l'UE et les Caraïbes du fait des liens étroits qu'entretiennent plusieurs pays de l'Union (France, Royaume-Uni, Pays-Bas) avec des pays et territoires de l'espace Caraïbes, ces derniers possédant au regard du droit de l'Union, le statut de RUP ou de PTOM. Pour ce qui concerne la France, est particulièrement visée une catégorie spécifique d'entités infra-étatiques à savoir, les Départements/ Régions d'Outre-mer (Guadeloupe, Guyane, Martinique) qui sont des RUP de l'Union européenne et les Collectivités d'outre-mer de Saint-Martin et de Saint Barthélemy, qui sont respectivement une RUP et un PTOM[13].

D'emblée, la participation de ces diverses entités dénommées en droit interne « collectivités territoriales » interroge à la fois quant à leur degré d'autonomie par rapport à l'État de rattachement et également quant à leur capacité d'action internationale[14]. Plus globalement, le « nouveau partenariat » proposé questionne par son ampleur et son ambition. En quoi ce partenariat stratégique voulu par l'UE et les Caraïbes est-il novateur ? Comment envisager la participation des collectivités infra-étatiques françaises à la construction de cette stratégie ? Que sous-tend cette nouvelle approche ? Quel pourra être l'apport de ces collectivités au développement d'une relation qui s'étend au-delà du réseau d'échanges commerciaux et d'assistance et visant à tirer parti au maximum du partenariat ?

Avec la stratégie à construire, les Caraïbes dans leur ensemble sont désormais engagées sur la voie de l'intégration et de la coopération régionales. Se fondant sur une vision partagée de l'avenir, et par le biais d'un partenariat politique approfondi, les partenaires présentent une démarche à la fois originale et novatrice en associant les collectivités infra-étatiques françaises de la Caraïbe (I). Toutefois, force est de constater que quelques ambiguïtés émergent déjà, la place réservée aux collectivités infra-étatiques, quant aux modalités de mise en œuvre de la stratégie, demeurant résiduelle (II).

---

13. Voir décision 2010/718/UE du Conseil européen du 29 octobre 2010, modifiant le statut à l'égard de l'Union européenne de l'île de Saint-Barthélemy (*JOUE* L325, 9 déc. 2010, p. 11) : Saint-Barthélemy est officiellement devenu un PTOM depuis le 1er janvier 2012.

14. Voir SFDI, *Les collectivités territoriales non-étatiques dans le système juridique international*, Journée d'étude SFDI, Paris, Pedone, 2002 ; P.-Y. CHICOT, *La compétence internationale des collectivités territoriales françaises, l'action extérieure des Départements-Régions des Antilles et de la Guyane*, Paris, l'Harmattan, 2005.

I. Une démarche novatrice : la participation des collectivités territoriales françaises de la Caraïbe à la construction d'une stratégie UE-Caraïbes

En tant qu'outil d'application de l'accord UE-CARIFORUM, la stratégie UE-Caraïbes est l'occasion de mettre en œuvre les nouvelles dispositions de l'accord en matière de coopération au développement sous l'angle notamment du dialogue politique pour lequel les partics ont exprimé leur volonté de renforcement et de revitalisation (A)[15]. Elle est aussi l'occasion d'un partenariat élargi eu égard notamment à la place accordée aux divers acteurs du partenariat[16]. De ce point de vue, la contribution des collectivités infra-étatiques françaises de la Caraïbe à la stratégie UE-Caraïbes constitue une originalité et une nouveauté du dialogue politique entamé entre l'Union européenne et les pays du CARIFORUM (B).

A. Un préalable : le renforcement du dialogue politique UE-CARIFORUM

L'analyse rétrospective du partenariat UE-ACP a révélé son caractère limité : en effet, le partenariat politique souhaité n'a apporté ni la paix, ni la prospérité, ni la sécurité et n'a pas permis d'éradiquer la pauvreté[17]. D'où l'impérieuse nécessité relevée par tous de refonder le partenariat[18]. Bien plus, les sommets des chefs d'État et de gouvernement organisés en moyenne tous les deux ans depuis 1999, et qui sont le lieu privilégié d'un dialogue politique entre l'UE et les États du groupe ALC sur les sujets d'intérêt commun et singulièrement, le renforcement du « partenariat stratégique », n'ont pas permis jusqu'alors de donner une valeur

15. Dès le préambule de l'accord de Cotonou, les parties ont affirmé « leur volonté de revitaliser leurs relations privilégiées et de mettre en œuvre une approche globale et intégrée en vue d'un partenariat renforcé fondé sur le dialogue politique, la coopération au développement et les relations économiques et commerciales ».

16. Accord de Cotonou préc., Partie I, Titre I, Chapitre 2.

17. Voir par exemple, J.-A. SANAHUJA, « L'UE et l'intégration régionale en Amérique latine. La nécessité d'adopter une nouvelle stratégie », *Revue du Centre d'études des relations entre l'UE et l'Amérique latine*, Université libre de Bruxelles, nº 2, 2007, p. 35-56 ; J. FELTZ, « Nouveaux accords ACP-UE », *Études*, 2009/4, Tome 410, p. 451-462.

18. Sans avoir la prétention de dresser un bilan exhaustif du partenariat tel que prévu par l'accord de Cotonou, on peut observer que l'application concrète des dispositions politiques de l'accord s'est heurtée à diverses contraintes, parmi lesquelles l'érosion du dialogue formel et informel entre les ACP et l'UE.

ajoutée au partenariat[19]. C'est dans ce contexte que les deux parties ont opté pour un renforcement du dialogue politique. Même si il est vrai que dans sa conception d'approfondissement du dialogue voulu par l'accord de Cotonou, la nouvelle stratégie UE-Caraïbes s'inscrit dans la lignée des instruments classiques de partenariat utilisée par l'UE, le cadre stratégique présenté est profondément rénové (1), et laisse entrevoir la mise en œuvre de nouvelles pratiques (2).

1. Un cadre stratégique rénové

Dans la perspective de renforcer la coopération birégionale et de préparer le IVe sommet UE-CARIFORUM devant se tenir à Madrid (Espagne) le 17 mai 2010, l'Union européenne et le CARIFORUM ont tenu leur première réunion de dialogue politique à Kingston (Jamaïque), le 23 mars 2010[20]. À cette occasion, les deux parties sont convenues de parvenir à la construction d'une stratégie conjointe Union européenne-Caraïbes dont les lignes directrices devaient être présentées lors du sommet de Madrid.

De fait, la IVe réunion au sommet UE-CARIFORUM a permis aux deux parties de redéfinir la portée de leur partenariat et d'exprimer le souhait d'élaborer une stratégie conjointe afin de tirer parti des opportunités de coopération concernant les principaux défis et les priorités communes de leurs régions respectives. Afin de mener à bien cette stratégie commune, les deux régions ont approuvé la création d'un groupe de travail technique commun, basé à Bruxelles, composé de délégations de la Caraïbe et de l'UE et dont les réunions ont commencé en septembre 2010.

Au-delà du caractère multiforme du dialogue politique[21] et du questionnement lié à sa nature et à sa base juridique[22], l'objectif visé est bien celui de la recherche de cohérence et de visibilité à travers l'identification des acteurs, des cadres du dialogue et de l'appropriation commune de la stratégie.

---

19. Voir S. SANTANDER, « La stratégie interrégionale de l'Union européenne et le régionalisme latino-américain à l'heure des mutations géopolitiques », *in* C. FLAESCH-MOUGIN et J. LEBULLENGER (dir.), *Regards croisés sur les intégrations régionales : Europe, Amériques, Afrique*, Bruxelles, Bruylant, 2010, p. 367-378.

20. Conseil de l'UE, Réunion UE-CARIFORUM concernant le dialogue politique, Kingston (Jamaïque), 8015/10 (press. 77), Bruxelles, 25 mars 2010.

21. Il est à la fois global (UE-ALC) et sous régional (UE-CARIFORUM).

22. Il est institutionnalisé par l'accord de Cotonou, dont il constitue un élément déterminant. Pour une analyse détaillée des instruments juridiques du partenariat de l'UE avec les États et groupements régionaux d'Amérique latine, voir F. MANGILLI, *Le partenariat de l'Union européenne avec les États*

La création d'un cadre structuré pour un dialogue plus large et approfondi, constitue un aspect important du processus de mise en place d'une stratégie de partenariat politique renforcé. Eu égard à ces aspirations, les différents niveaux du dialogue doivent être assez flexibles pour permettre aux partenaires de se concerter et de traiter des questions d'intérêt commun.

Ces priorités communes s'organisent autour de principes structurants fondamentaux. En effet, le partenariat proposé se traduit par la mise en œuvre d'un cadre stratégique fondé sur :

- *Des objectifs clairs, définis d'un commun accord et qui permettent d'atteindre la continuité des objectifs généraux du partenariat.* Ainsi, l'UE et le CARIFORUM ont identifié des priorités et des difficultés autour des thématiques suivantes : la coopération et l'intégration régionales dans la grande Caraïbe, la reconstruction de Haïti, le changement climatique et les catastrophes naturelles, la criminalité et la sécurité et une action conjointe dans les enceintes interrégionales et multilatérales sur les questions internationales.
- *Des principes directeurs fondamentaux et tirés de la Charte des Nations Unies, devant guider la stratégie entre l'UE et les pays de la Caraïbe.* Ces principes sont fondés sur la légitimité à travers l'appropriation commune de la stratégie et la solidarité, la gestion et la responsabilité conjointes.
- *Un mécanisme de mise en œuvre et de suivi efficace reposant sur une gestion conjointe et qui vient compléter les structures existantes tout en cherchant à éviter une bureaucratie excessive.* Le caractère opérationnel de la stratégie est fondé sur l'implication d'acteurs les plus divers : experts, hauts fonctionnaires, parlementaires, ministres, chefs d'États et de gouvernement ainsi que des acteurs non gouvernementaux… Institutionnellement, il met en présence deux partenaires : l'UE et le CARIFORUM.
- *La complémentarité et la cohérence avec les différents cadres du partenariat :* ACP-UE, UE-ALC, Groupe de Rio et les autres cadres bilatéraux et multilatéraux.

---

et groupements régionaux d'Amérique latine, *op. cit.* p. 54 et s.

Le cadre théorique de la stratégie à construire au-delà d'être structuré autour d'une vision partagée de l'avenir, reflète les défis et enjeux qui sous-tendent la relation partenariale. L'efficacité recherchée dans l'accomplissement des objectifs annoncés se double d'une quête de complémentarité et de cohérence, permettant aux deux parties de construire ce cadre théorique autour de pratiques innovantes.

2. Un cadre stratégique porteur de nouvelles pratiques

L'analyse de la stratégie UE-Caraïbes révèle que, au-delà de l'affirmation du caractère inédit du partenariat à mettre en œuvre, le dialogue politique recherché n'a rien d'original ou de novateur. Tout au plus la nouveauté réside-t-elle dans l'intensification recherchée par les deux partenaires de ce dialogue.

En revanche, la stratégie est un outil, résultat du dialogue politique qui permet d'impulser une nouvelle gouvernance de la coopération au développement[23]. Elle permet à l'Union d'institutionnaliser de nouvelles méthodes de travail basées sur des règles, des logiques adaptées du modèle d'intégration européen. En somme, sur le fondement de l'accord de Cotonou, l'Union impulse

> « une sorte de "procéduralisation" de l'aide au développement. En proposant des outils juridiques, la Communauté européenne semble éprouver une nouvelle manière d'exporter un cadre de coopération au développement par le droit, par la procéduralisation de la politique »[24].

Elle permet également à la partie Caraïbe du groupe ACP de se positionner comme une région vis-à-vis du reste du monde.

Bien plus, l'identification des partenaires de la coopération au développement semble porteuse d'originalité : au demeurant, l'accord de Cotonou, dès son article 2 consacré aux principes fondamentaux, ancre le partenariat UE-ACP sur la participation, entendue de la manière la plus large, c'est-à-dire que « outre l'État en tant que partenaire principal, le partenariat est ouvert à différents types d'autres acteurs, en vue de favoriser la participation de toutes les couches de société [...] »[25].

---

23. A. SABOURIN, *Des politiques nationales à une politique communautaire de la coopération au développement, Jeux de pouvoirs et conflits d'intérêts entre l'Union européenne et ses États membres*, Thèse de doctorat en science politique, 14 janv. 2013, Université des Antilles et de la Guyane, p. 239 et s.

24. *Ibid.*, p. 248.

25. Accord de Cotonou préc., art. 2.

De plus, les articles 4[26], 6[27] et 33[28], apportent des précisions sur l'importance accordée par les deux parties à la décentralisation comme axe stratégique de la coopération au développement. Tout cela n'est que le reflet d'une volonté initiée depuis le début des années 1990 par les institutions européennes puisque comme le notent MM. Planche et Lavigne-Delville :

> « La notion de société civile devient importante dans les déclarations de l'UE et elle commence également à concerner sa politique de coopération. Nouvelle approche adoptée en 1992, la coopération décentralisée cherche à accroître la participation d'autres acteurs (la société civile, le secteur privé, les collectivités territoriales), dans un contexte de redéfinition du rôle de l'État[29]. »

Ainsi, dans sa dimension partenariale élargie, la stratégie UE-Caraïbes propose une vision étendue des « autorités locales décentralisées » identifiées par l'article 4 de l'accord de Cotonou en y incluant toutes les collectivités locales de la Caraïbe dépendant d'un État partie, ce qui justifie la participation des collectivités territoriales françaises. Ce mode opératoire permet ainsi de « gommer » les différences juridiques, statutaires des différents territoires de la zone et finalement de considérer la Caraïbe dans sa globalité.

---

26. Accord de Cotonou préc., art. 4 : « Les parties reconnaissent le rôle complémentaire et la contribution potentielle des acteurs non étatiques et des autorités locales décentralisées au processus de développement. »

27. Accord de Cotonou préc., art. 6 : « Les acteurs de la coopération comprennent :
a) les autorités publiques (locales, nationales et régionales);
b) les acteurs non étatiques :
– le secteur privé; les partenaires économiques et sociaux y compris les organisations syndicales;
– la société civile sous toutes ses formes selon les caractéristiques nationales; […]. »

28. Accord de Cotonou préc., art. 33 : « La coopération vise, dans tous les domaines et secteurs, à favoriser l'émergence d'acteurs non gouvernementaux et le développement de leurs capacités et à renforcer les structures d'information, de dialogue et de consultation entre ces acteurs et les pouvoirs publics, y compris à l'échelon régional. »

29. J. Planche et Ph. Lavigne-Delville, « L'Union européenne et les sociétés civiles du Sud : du discours politique aux actions de coopération », *Revue Autrepart*, vol. 3, nº 35, 2005, p. 3-17.

B. Une volonté d'ouverture : l'inclusion des collectivités infra-étatiques françaises de la Caraïbe au dialogue UE-CARIFORUM

La participation des collectivités infra-étatiques françaises de la Caraïbe prend la forme d'une consultation (1) dont l'objectif principal est l'insertion de ces collectivités dans leur environnement (2).

1. Un procédé original : la consultation des collectivités infra-étatiques françaises de la Caraïbe

Afin de garantir la visibilité et la légitimité de la stratégie, la partie Caraïbe a lancé un processus de consultation au cours duquel un coordonnateur a été chargé des relations avec les parties prenantes nationales et régionales y compris les PTOM et les RUP.

Dans ce contexte, s'est tenu les 25 et 26 mai 2011 en Martinique, un séminaire de consultation sur la stratégie en présence de Mme l'Ambassadrice des États de l'Organisation des États de la Caraïbe Orientale auprès de l'Union européenne, coprésidente du groupe de travail technique sur la stratégie, de Mme la Consultante-coordinatrice de la stratégie, des conseils régionaux de Guadeloupe, de Guyane, de la Collectivité de Saint-Martin, et du Délégué adjoint pour la coopération régionale Antilles-Guyane.

D'emblée les discussions sont restées limitées aux thèmes prédéterminés et devant nourrir la stratégie, à savoir l'intégration et la coopération dans la région des Caraïbes, la reconstruction de Haïti, le changement climatique et les catastrophes naturelles, la criminalité et la sécurité et les actions conjointes dans les forums internationaux.

Pour autant, les travaux et les discussions ont permis aux parties prenantes et singulièrement aux RUP de sensibiliser les partenaires sur la nécessité de les inclure à tous les stades de la construction de la stratégie et non seulement lors des simples études d'impact en amont des négociations. Plus spécifiquement, la consultation a été avancée comme une réelle opportunité pour marquer le positionnement des collectivités infra-étatiques françaises en tant que territoire européen, français et caribéen, et faire traduire la volonté de créer un schéma régional de coopération cohérent qui soit en étroite corrélation avec la politique de cohésion de l'Union.

S'agissant du fond, sur les cinq thèmes de la stratégie, la contribution des collectivités infra-étatiques a porté spécifiquement sur la thématique de la coopération et de l'intégration régionales, le soutien à la reconstruction de Haïti et les catastrophes naturelles.

Au-delà des apports qualitatifs des échanges, l'idée de réunir les ACP, les RUP et les PTOM de la Caraïbe au sein d'une plateforme de coopération reflète une volonté exprimée de manière récurrente par les parties prenantes, mais prise en compte de manière diverse dans les accords de partenariat. En effet, si dès la IIIe convention de Lomé signée le 8 décembre 1984, la question de la coopération DOM-ACP avait été simplement encouragée (annexe VII particulièrement), à partir de Lomé IV (15 décembre 1989), des dispositifs de coopération entre les États ACP et les PTOM et DOM environnants avaient été identifiés, tandis que la décision 89/687 du Conseil des Communautés du 22 décembre 1989 instituant un Programme d'options spécifiques à l'éloignement et à l'insularité des DOM (POSEIDOM) avait mis en place un soutien financier aux opérations de coopération internationale décentralisée des DOM. Avec l'accord de Cotonou, l'appui aux collectivités locales dans les processus de coopération décentralisée est une préoccupation forte des partenaires désireux d'impliquer ces collectivités dans des interventions concrètes comme dans le dialogue sur les stratégies de coopération, les instruments et les modalités de l'aide[30].

Au final, l'idée de mettre en œuvre une plateforme de coopération ACP-RUP-PTOM porte en elle les germes d'un souhait exprimé dès 2005 lors du séminaire *Clovis Beauregard*, coparrainé par la Commission européenne[31], mais dont les effets sont restés jusqu'à ce jour lettre morte, à savoir l'insertion régionale des collectivités infra-étatiques.

2. Un objectif affiché : l'enjeu de l'insertion régionale des collectivités infra-étatiques françaises de la Caraïbe

Si le droit de l'Union dans son aspect interne a privilégié l'émergence des collectivités infra-étatiques et au premier chef les régions en tant que référents de sa politique régionale, dans son aspect externe, il a également contribué à asseoir

30. A. DIALLO, *La dimension politique du partenariat UE/ACP depuis l'accord de Cotonou : défis, enjeux et perspectives*, Thèse de doctorat de droit public, Université de Reims, 2007-2008, 399 p., spéc. p. 60 et s.

31. Séminaire *Clovis Beauregard* sur l'insertion régionale, 17-18 nov. 2005, Martinique.

l'action extérieure de ces collectivités[32]. De fait, l'Union européenne s'est très tôt posée comme le moteur du développement de l'action extérieure des collectivités infra-étatiques et singulièrement des collectivités ultramarines au travers notamment du concept de coopération régionale, davantage adapté aux réalités de ces territoires[33].

Il convient par ailleurs de souligner que la coopération régionale a également constitué un argument de revendication tant identitaire qu'institutionnelle au sein des collectivités territoriales situées dans l'aire Caraïbe/Amérique[34]. En effet, le sentiment d'appartenance des collectivités territoriales françaises de la Caraïbe à leur espace géographique constitue le ferment d'une volonté de développer la coopération régionale à partir de ces collectivités, d'où l'infléchissement progressif de l'État conduisant à la mise en place d'un véritable régime juridique spécifique à l'outre-mer[35]. L'objectif affiché est bien celui de favoriser l'insertion de ces

32. Y. LUCHAIRE, « La contribution de l'Europe au droit des actions extérieures des collectivités territoriales », *Revue Lamy des collectivités territoriales*, n° 20, janv. 2007, p. 51-55 ; I. VESTRIS, « La coopération dans l'espace Amazonie-Caraïbe, atout pour l'aménagement raisonné du territoire des collectivités françaises d'Amérique ? », *in* M.-J. AGLAE (dir.), *Aménagement du territoire et développement durable : les collectivités françaises de l'espace Amazonie-Caraïbe en quête d'un projet territorial*, colloque CRPLC, 2007, Paris, Cujas, 2009, spéc. p. 351-375.

33. Voir P.-Y. CHICOT, *La compétence internationale des collectivités territoriales françaises, op. cit.* ; B. DOLEZ, *Coopération décentralisée et souveraineté de l'État ; contribution à l'étude du régime juridique de l'action extérieure des collectivités territoriales*, Thèse pour le doctorat en droit public, Université de Lille-II, 1993, p. 124-125.

34. Voir E. NABAJOTH, « Les relations entre les départements français d'Amérique et les Caraïbes : une histoire en construction », *RFAP*, 2002/1, n° 101, p. 137-148 ; J. DANIEL, « Les Départements français d'Amérique et de la Caraïbe : les trois âges de la coopération régionale », *in Une Méditerranée caraïbe ? Clovis Beauregard, 60 ans de coopération régionale*, Archives départementales de la Martinique, 2007, p. 9-13.

35. M. PRIEUR, « Les bases juridiques de la coopération frontalière locale et régionale », *RFDA*, mai-juin 1985, p. 222-331 ; Ch. AUTEXIER, « Le cadre juridique de l'action extérieure des Régions », *RFDA*, juill.-août 1986, p. 568-579 ; J.-C. BOUZELY, « L'action internationale des collectivités territoriales », *La Revue administrative*, n° 249, 1989, p. 252 ; Ch. POPOTTE, *Les régions françaises d'Amérique à l'épreuve de la coopération décentralisée*, Mémoire DEA, UAG, Martinique, 1994, p. 17-20 ; K. GALY et E. JOS, « Les collectivités territoriales françaises d'Amérique et les processus de coopération et d'intégration régionales : Vers de nouvelles dynamiques ? », *in Le monde Caraïbe : coopération et/ou intégration ?*, Journée d'études de Caraïbe Plurielle, Université Michel Montaigne de Bordeaux-III, nov. 2009, 24 p.

collectivités dans leur environnement. Les moyens d'y parvenir sont très divers mais ont tous en commun une demande renouvelée d'assouplissement tant des politiques nationales qu'européennes.

La problématique de l'insertion régionale est à titre d'exemple très présente dans le mémorandum du 7 mai 2010 de l'Espagne, de la France, du Portugal et de leurs Régions ultrapériphériques qui retranscrit la volonté de ces territoires de présenter à la Commission et aux autres institutions européennes une « vision rénovée de la stratégie européenne sur l'ultrapériphérie », tenant compte des défis à relever à l'horizon 2020[36]. Ce document s'inscrit dans le prolongement de celui signé le 14 octobre 2009[37], soulignant l'importance de l'insertion régionale notamment dans la perspective de la mise en œuvre de politiques de cohérence territoriale adaptées. Si le principe d'un bénéfice potentiel pour toutes les parties d'une coopération territoriale active au voisinage des RUP, dans un esprit « gagnant-gagnant », est admis par tous, ces documents reflètent bien la nécessité de définir un nouveau modèle. Il s'agirait d'élaborer une stratégie européenne de coopération territoriale intégrée, à décliner pour chaque zone concernée. La définition de cette stratégie spécifique permettrait de tenir compte du contexte de voisinage tout à fait particulier pour chacune de ces régions. Ce nouveau modèle serait accompagné d'instruments financiers *ad hoc* sur mesure et de nature horizontale, c'est-à-dire relevant conjointement et non séparément de différentes Directions générales de la Commission. Cette argumentation est largement reprise au premier Forum de l'ultrapériphérie européenne qui s'est tenu à Bruxelles les 27 et 28 mai 2010[38], les représentants des RUP ayant insisté sur le caractère essentiel de l'insertion régionale comme axe d'un développement.

Parallèlement et pour faire face aux enjeux liés à la diversité des collectivités situées outre-mer, le processus de coordination des RUP et PTOM de l'espace Caraïbe s'est renforcé au sein des instances associatives telles que la Conférence des régions périphériques maritimes (CRPM) et son organe spécifique, la Commission

36. Mémorandum de l'Espagne, de la France, du Portugal et des Régions ultrapériphériques, *Une vision rénovée de l'Union européenne à l'égard de l'ultrapériphérie*, Las Palmas de Gran Canaria, 7 mai 2010, 15 p.

37. Mémorandum conjoint des RUP, *Les RUP à l'horizon 2020*, Las Palmas de Gran Canaria, 14 oct. 2009, 81 p.

38. La Commission européenne s'est engagée, dans sa communication, *Les régions ultrapériphériques : un atout pour l'Europe*, à organiser tous les deux ans, conjointement avec les États membres et les régions ultrapériphériques, un forum de l'ultrapériphérie européenne ; COM(2008) 642 final, 17 oct. 2008, p. 13.

des Îles à travers un « *lobbying* insulaire »[39]. Mme Hélène Detrez-Cambrai observe que « la vision de la Commission des Îles traduit parfaitement la problématique des Outre-mer à savoir une valorisation de leurs intérêts au niveau de leur intégration dans leur environnement régional. Ces deux dimensions de la problématique des Outre-mer restent en tout état de cause en totale complémentarité. L'intégration régionale des Outre-mer est conditionnée à l'attribution et à la soumission des normes communautaires propres à répondre aux nécessités et aux besoins du contexte régional »[40].

D'autres organismes, tels que la Conférence des présidents des RUP, l'OCTA (Association des PTOM de l'Union européenne) ou plus spécifiquement la Commission des ports d'outre-mer[41] regroupant des RUP et PTOM français, constituent des plateformes privilégiées de concertation et de propositions. Cette « capacité de coordination et de rassemblement entre des entités infra-étatiques, pourtant fort bien différentes témoigne de la mesure de leur engagement et de leur investissement ainsi que de la nécessité d'asseoir la légitimité de leurs actions »[42].

L'élaboration dc la stratégie UE-Caraïbes, de par sa dimension globale, permet à l'Union d'appliquer la même méthodologie que celle utilisée pour le partenariat recherché avec les collectivités infra-étatiques dans le cadre de la politique de cohésion. La volonté de mettre en œuvre un partenariat étroit avec les autorités locales et régionales semble être transposée dans la démarche utilisée pour construire la stratégie UE-Caraïbes. La portée n'en est cependant pas la même, ce qui explique que la place des collectivités infra-étatiques demeure en deçà des ambitions affichées.

39. F. MARTIN FERNANDO, *Îles et RUP*, édition de l'Aube, 1999, p. 30.

40. H. DETREZ-CAMBRAI, « La coordination entre les outre-mers », *in* L. TESOKA et J. ZILLER (dir.), *Union européenne et Outre-mers, unis dans leur diversité*, *op. cit.*, p. 212.

41. Commission créée dans le cadre de l'Union des ports autonomes et des chambres de commerce et d'industrie maritimes.

42. H. DETREZ-CAMBRAI, *op. cit.*, p. 216.

II. Une démarche ambiguë : la place résiduelle des collectivités infra-étatiques françaises de la Caraïbe en tant qu'acteurs de la stratégie

La place accordée aux collectivités infra-étatiques françaises quant aux modalités de mise en œuvre de la stratégie demeure assez décevante au regard de ce qui avait été annoncé (A). Cela s'explique surtout par le fait que l'Union européenne a maintenu le cadre usuel du partenariat avec les RUP et le PTOM français de l'espace Caraïbes (B).

A. Une implication minimale des collectivités infra-étatiques françaises de la Caraïbe quant aux modalités de mise en œuvre de la stratégie UE-Caraïbes

Sur l'ensemble des axes qui nourrissent la stratégie UE-Caraïbes, le thème de la coopération régionale semble être le seul au sein duquel l'action des RUP, des PTOM et des ACP puisse trouver un caractère opérationnel (1). Concernant les autres axes, l'apport des collectivités infra-étatiques est davantage limité (2).

1. Une volonté affirmée de renforcer la coopération RUP-PTOM-ACP

Lors de sa session du 19 novembre 2012, le Conseil de l'Union a accueilli très favorablement la stratégie élaborée conjointement par l'UE et les États membres du CARIFORUM. Il a souligné l'importance de cette stratégie permettant la mise en place d'un « cadre structuré pour un dialogue politique élargi et approfondi entre les régions ». D'emblée, la lecture du document laisse entrevoir l'importance accordée au thème de l'intégration et de la coopération régionales « dans l'ensemble des Caraïbes »[43]. Cette vision « globalisante » est d'ailleurs confirmée par la lecture des buts et objectifs que s'assignent les partenaires : en entame, les deux parties prenantes expriment leur conviction de faire progresser la croissance économique et le développement durable par la promotion de l'intégration et de la coopération régionales, qui « sont particulièrement efficaces pour remédier aux faiblesses spécifiques d'un groupe composé essentiellement de petits États insulaires ». Pour y parvenir, l'une des voies proposées est celle du renforcement des processus d'intégration et de coopération régionales dans la région des Caraïbes, y compris avec départements et les territoires d'outre-mer de l'Union européenne limitrophes

43. Conseil de l'Union européenne, *Conclusions du Conseil sur la stratégie commune relative au partenariat Caraïbes-UE*, 3199e session du Conseil, Bruxelles, 19 nov. 2012, § 4.

de cette région. Ainsi, et au titre des actions conjointes, les parties ont convenu de mettre en œuvre des programmes contribuant au renforcement de l'intégration régionale – avec notamment le soutien à la mise en œuvre effective de l'APE UE-CARIFORUM, le marché unique de la CARICOM ou l'union économique de l'OECO – et de la coopération régionale – avec le renforcement des liens entre le CARIFORUM et les RUP et PTOM de l'Union. En réalité, peu d'indices supplémentaires sont donnés dans la stratégie sur les modalités pratiques de cet objectif.

De fait, tout au plus peut-on observer que la prise en compte des entités infra-étatiques françaises en fait des acteurs majeurs et des référents de premier ordre dans le schéma de coopération et d'intégration régionales dessiné par l'Union et ses partenaires. Pour autant, si la « condition internationale » des collectivités infra-étatiques françaises semble posée par-delà même l'État français, dans son application pratique, il faut bien observer qu'elle reste innervée par le sceau étatique. Ce dernier point de vue est conforté par la circulaire du 19 mars 2012 qui traduit la volonté d'omniprésence de l'État dans la coopération régionale[44].

2. Une exclusion des autres axes de la stratégie

Les quatre autres thématiques de la stratégie conjointe relatives à la reconstruction de Haïti, aux changements climatiques et aux catastrophes naturelles, à la criminalité et à la sécurité et aux actions conjointes à mener dans les forums internationaux ne laissent rien transparaître de la place que pourraient occuper les collectivités infra-étatiques françaises de la Caraïbe quant à leur mise en œuvre.

S'il est vrai que les thématiques liées à la sécurité, à la criminalité et les actions conjointes à mener dans les forums internationaux, relèvent très clairement des compétences régaliennes de l'État, il pourrait en aller autrement des actions à mener envers Haïti ou au regard du changement climatique et des catastrophes naturelles. C'était d'ailleurs l'une des propositions des collectivités territoriales françaises exprimée lors du séminaire de consultation en mai 2011 : partant du constat que les territoires caribéens partagent un espace commun, il fut proposé d'envisager la problématique plus large de l'environnement et de la biodiversité aux lieu et place de l'approche spécifique du changement climatique. Par ailleurs,

44. Circulaire des ministres des Affaires étrangères et européennes et de l'Outre-mer, *Compétences exercées par les collectivités territoriales d'outre-mer en matière internationale*, NOR : OMEO1209015 C, 19 mars 2012, *http://circulaires.legifrance.gouv.fr/pdf/2012/03/cir_34914.pdf* ou *http://circulaires.legifrance.gouv.fr/index.php?action=afficherCirculaire&hit=14&retourAccueil=1.*

il a été souligné que la gestion et la mitigation des catastrophes naturelles constituaient le thème privilégié pour initier une coopération fonctionnelle efficiente. Concernant la reconstruction de Haïti, le souhait avait été émis de la reconnaissance des compétences de collectivités infra-étatiques françaises en matière de sécurité civile ainsi qu'une meilleure prise en compte dans la reconstruction de Haïti avec lequel elles partagent une proximité culturelle, linguistique ou autre[45]. Aucune de ces propositions n'a été insérée dans le projet de stratégie.

Au-delà de tous ces éléments qui traduisent somme toute, la dualité de la position de ces collectivités dans la Caraïbe – Europe dans la Caraïbe et Caraïbe en Europe – la stratégie UE-Caraïbes qui reflète certes une nouvelle approche participative fondée sur davantage de flexibilité[46], n'en demeure pas moins affectée par le fait qu'elle porte en elle les germes de ses propres limites. L'une des limites majeures réside d'ailleurs dans le maintien par l'Union de stratégies différenciées pour chacun des sous-groupes de la zone Caraïbes.

B. Le maintien de la stratégie différenciée de l'UE pour les collectivités infra-étatiques françaises de la Caraïbe

L'approche globale de l'UE à travers la stratégie conjointe n'occulte pas le lien juridique plus ou moins distant que l'Union entretient avec les différents territoires de la zone. De ce fait, et parallèlement, une stratégie pour les RUP et une stratégie pour les PTOM sont élaborées (1). Tout au plus l'Union recherche-t-elle une certaine forme de coordination entre toutes ces stratégies (2).

---

45. Voir déclaration finale adoptée lors du Séminaire de consultation sur la stratégie conjointe UE/Caraïbes, Martinique, 26 mai 2011, 2 p.

46. Voir particulièrement les contributions de F. Moreau, « L'accord de Cotonou, genèse et architecture », et J. Daniel, « Le cadre institutionnel et le dialogue sur les politiques : l'accord de Cotonou à l'épreuve d'une réhabilitation du politique », *in* D. Perrot, *Les relations ACP/UE après le modèle de Lomé : Quel partenariat ? op. cit.*, respectivement p. 29-40 et 261-286.

1. Les stratégies de l'UE pour les RUP et les PTOM

Dans une communication du 20 juin 2012 relative à la proposition d'un partenariat pour une « croissance intelligente durable et inclusive », la Commission a décliné les modalités de sa stratégie en faveur des RUP[47].

L'objectif global est « d'aider les RUP à devenir plus autonomes, plus solides sur le plan économique et mieux à même de créer des emplois durables, en tirant parti des atouts uniques qu'elles possèdent et de leur valeur ajoutée pour l'UE »[48]. En d'autres termes, la proposition de la Commission relayée par la préoccupation du Conseil d'articuler les priorités de la Stratégie *Europe 2020* avec les caractéristiques et contraintes particulières des RUP, vise à proposer un resserrement des objectifs autour de concentrations thématiques liées à la croissance, à l'emploi ou au changement climatique. La politique de cohésion rénovée sert de support à la mise en œuvre de ces objectifs.

Pour ce qui concerne les PTOM, au-delà de la IVe Partie du TFUE, la décision d'association outre-mer et l'accord de partenariat avec le Groenland servent de fondations aux politiques et stratégies de la Commission européenne vis-à-vis des PTOM[49]. Dès 2009, la Commission européenne avait formulé une communication pour un nouveau

---

47. Commission européenne, *Les régions ultrapériphériques de l'Union européenne : vers un partenariat pour une croissance intelligente, durable et inclusive*, Bruxelles, COM(2012) 287 final, 20 juin 2012, 19 p.

48. COM(2012) 287 final préc., p. 3.

49. Décision 2001/822/CE du Conseil du 27 nov. 2001 relative à l'association des pays et territoires d'outre-mer à la Communauté européenne (*JOCE* L314, 30 nov. 2001, p. 1), modifiée par la décision 2007/249/CE (*JOUE* L109, 26 avr. 2007, p. 33). Elle est désormais remplacée par la décision du Conseil du 25 nov. 2013, relative à l'association des PTOM à l'UE (2013/755/UE), *JOUE* L344, 19 déc. 2013, p. 1.

Avec le Groenland, l'UE dispose également d'un partenariat étendu, complémentaire à l'association de l'ensemble des PTOM et basé sur la décision 2006/526/CE du Conseil du 17 juill. 2006 (Décision sur les relations entre la Communauté européenne d'un côté et le Groenland et le Royaume du Danemark de l'autre [*JOUE* L208, 29 juill. 2006, p. 8]), et sur l'accord de partenariat pour la pêche du 30 juillet 2006 entre la Communauté européenne, d'un côté, et le gouvernement du Danemark et le gouvernement du Groenland, de l'autre (Accord de partenariat pour la pêche entre les parties précitées; Protocole fixant les possibilités de pêche et la contrepartie financière prévues dans l'accord de partenariat dans le secteur de la pêche entre la Communauté européenne, d'une part, et le gouvernement du Danemark et le gouvernement autonome du Groenland, d'autre part [*JOUE* L293, 23 oct. 2012, p. 5]).

partenariat entre l'UE et les PTOM[50] où elle s'efforçait de moderniser le rapport de l'Union avec ses PTOM. La coopération au développement classique (centrée sur la réduction de la pauvreté) ne correspondant plus aux défis actuels et futurs, le nouveau partenariat avec l'UE devrait aider les PTOM à développer des économies compétitives grâce au soutien de l'éducation et de l'innovation. Il s'agissait également de leur prodiguer un régime commercial plus flexible et un soutien pour faire face aux défis de ce siècle : protéger la biodiversité et développer des technologies modernes pour combattre les conséquences négatives du changement climatique. Enfin, la communication visait également à permettre à l'UE de stimuler ces territoires pour augmenter la coopération avec leurs partenaires régionaux, nationaux et européens. Dans le prolongement, la proposition de la Commission de juillet 2012 visait à faire reposer le partenariat entre l'Union et les PTOM sur trois grands piliers, parmi lesquels une action en faveur de la coopération et de l'intégration entre les PTOM et d'autres partenaires et régions voisines[51]. Cette proposition a été adoptée par le Conseil, le 25 novembre 2013[52].

Globalement et sans entrer dans le détail de chacune des stratégies, se pose d'emblée la question de la cohérence de cette multitude de stratégies. La solution proposée semble être celle d'une recherche de cohérence, au demeurant incertaine, entre ces différentes stratégies.

2. La recherche d'une complémentarité des stratégies

Si l'ambition de l'UE pour les RUP et les PTOM de l'espace Caraïbes demeure dominée par des stratégies ciblées en fonction du degré d'intégration de ces territoires à l'Union, force est également de constater les tentatives effectuées pour assurer une coordination, voire une complémentarité entre ces stratégies. Le thème de prédilection est celui de la coopération et de l'insertion régionales.

Ainsi, l'analyse de la stratégie de la Commission pour les RUP laisse transparaître cette volonté. Au titre des axes de cette « stratégie renouvelée » de l'UE, il est intéressant de noter le « renforcement de l'intégration régionale des RUP au sein

50. Communication de la Commission au Parlement européen, au Conseil, au Comité économique et social européen et au Comité des Régions, *Éléments d'un nouveau partenariat entre l'UE et les PTOM*, COM(2009) 623 final, 6 nov. 2009.

51. Commission européenne, *Proposition de décision du Conseil relative à l'association des pays et territoires d'outre-mer à l'UE « décision d'association outre-mer »*, 16 juill. 2012, COM(2012), 362 final.

52. Décision 2013/755/UE du Conseil préc. (note 49).

de leurs zones géographiques respectives pour développer la sphère d'influence socio-économique et culturelle de l'UE et pour améliorer l'échange et le partage des connaissances. Les RUP sont les avant-postes de l'UE dans leurs zones respectives et l'UE bénéficie de leurs relations privilégiées avec les pays et territoires d'outre-mer, des pays tiers, dont certains pays émergents de premier plan (à savoir le Brésil ou l'Afrique du Sud), des pays en développement ainsi que des pays industrialisés avec lesquels ils ont des liens historiques et culturels étroits ». De la sorte, la stratégie de l'UE envers les RUP prévoit un renforcement de la politique de coopération territoriale de l'Union[53] afin d'améliorer les relations avec les pays voisins en matière de compétitivité, de commerce et de connaissances. Au titre de cette stratégie, par exemple les RUP obtiennent au moins 150 % de l'aide qu'ils ont reçu du FEDER au cours de la période 2007-2013, ainsi qu'une part significative de l'enveloppe destinée au financement de la coopération interrégionale : 50 millions d'euros sur les 500 millions prévus à cette fin[54]. Et spécialement pour les programmes impliquant des espaces territoriaux tiers à l'Union, le cofinancement par le FEDER peut s'élever à 30 %, contre 10 % antérieurement, si les régions de l'Union impliquées sont des RUP[55], ce qui devrait faciliter la mise en œuvre de projets avec les pays et territoires voisins.

---

53. À partir des années 1990, la coopération territoriale a connu une expansion rapide partout en Europe et singulièrement au milieu des années 2000. Elle s'est intensifiée au point de devenir un objectif à part entière de la nouvelle politique de cohésion de l'Union. Cofinancée par le FEDER, elle comprend notamment la coopération transnationale, transfrontalière et interrégionale. Voir règlement n° 1083/2006 du Conseil du 11 juill. 2006 portant dispositions générales sur les fonds structurels, *JOUE* L210, 31 juill. 2006, p. 31 ; règlement n° 1080/2006 du Parlement européen et du Conseil du 5 juillet 2006 relatif au Fonds de développement régional et abrogeant le règlement (CE) n° 183/1999, *JOUE* L210, 31 juill. 2006, p. 1. Pour la période de programmation 2014-2020, règlement (UE) n° 1303/2013 du Parlement européen et du Conseil du 17 déc. 2013 portant dispositions communes relatives au Fonds européen de développement régional, au Fonds social européen, au Fonds de cohésion, au Fonds européen agricole pour le développement rural et au Fonds européen pour les affaires maritimes et la pêche, portant dispositions générales applicables au Fonds européen de développement régional, au Fonds social européen, au Fonds de cohésion et au Fonds européen pour les affaires maritimes et la pêche, et abrogeant le règlement (CE) n° 1083/2006 du Conseil, *JOUE* L347, 20 déc. 2013, p. 347 ; règlement (UE) n° 1299/2013 du 17 décembre 2013 du Parlement européen et du Conseil, portant dispositions particulières relatives à la contribution du FEDER à l'objectif « Coopération territoriale européenne », *JOUE* L347, 20 déc. 2013, p. 259.

54. Règlement (UE) n° 1299/2013 préc., art. 4 § 2.

55. Règlement (UE) n° 1299/2013 préc., art. 20 § 2b) ; il est à noter que ce taux plafond est de 20 % pour les régions localisées en Europe.

De même dans sa dimension extérieure, la politique de l'UE devrait avoir vocation à établir des

> « plans de voisinage régional, en cohérence avec les objectifs de la politique extérieure de l'UE. Les autorités de l'UE amélioreront la coordination et la complémentarité de leurs actions, et prendront notamment des mesures supplémentaires pour accroître la coordination et les synergies entre les programmes de coopération soutenus par le FEDER et d'autres instruments, principalement le Fonds européen de développement, mais aussi l'instrument de financement de la coopération au développement et l'instrument de partenariat »[56].

Concernant l'association des PTOM, la décision de 2013 du Conseil pour sa part, envisage l'adoption de mesures appropriées visant à assurer la coordination des

> « crédits du FED et le budget général de l'Union en vue de financer des projets de coopération entre les PTOM, les pays ACP, les régions ultrapériphériques ainsi que d'autres pays, notamment des mécanismes simplifiés pour la gestion conjointe de ces projets » ;

et le règlement (UE) n° 1299/2013 relatif à la coopération territoriale européenne précise :

> [un] « programme de coopération définit […] les mécanismes qui assurent une coordination efficace entre le FEDER […] et d'autres instruments de financement de l'Union […], y compris la coordination et les combinaisons éventuelles avec […] le FED […] en tenant compte des dispositions de l'annexe I du règlement (UE) n° 1303/2013 lorsque des États membres et des pays tiers ou des territoires participent à des programmes de coopération qui incluent l'utilisation de crédits du FEDER pour les régions ultrapériphériques et de ressources du FED, les mécanismes de coordination au niveau approprié visant à faciliter une coordination efficace dans l'utilisation de ces crédits et ressources »[57].

Au titre de la stratégie UE-Caraïbes, il est prévu d'emblée et de manière emphatique que le partenariat aura vocation à

> « associer au niveau régional, national et local, un grand nombre d'acteurs institutionnels et non institutionnels de l'UE et de la région des Caraïbes, qui seront chargés de le mettre en œuvre. Sa mise en œuvre effective relèvera de la responsabilité partagée de tous les pays du CARIFORUM et de l'ensemble des États membres et des institutions de l'UE »[58].

---

56. COM(2012) 287 final, préc. p. 16.

57. Respectivement décision 2013/755/UE du Conseil préc., art. 93 § 4 ; règlement (UE) n° 1299/2013 préc., art. 8 § 5 a).

58. Conseil (de l'UE), *Conclusions sur la stratégie commune relative au partenariat Caraïbes-UE*, Annexe, 3199e session du Conseil, Bruxelles, 19 nov. 2012.

L'ensemble des actions conjointes retenues dans le cadre de la stratégie doit se réaliser de manière complémentaire des accords, structures et instruments de coopération existant entre les Caraïbes et l'UE, afin de favoriser les synergies et d'éviter les doublons. Une structure de suivi de la stratégie est prévue à laquelle peuvent être associés des experts des RUP et des PTOM.

***
*

En définitive, la stratégie UE-Caraïbes à construire de par la volonté d'approfondir un dialogue politique incluant tous les territoires de la zone Caraïbes, permet de tirer quelques enseignements :

- le caractère supranational du dialogue qui justifie qu'il soit conduit également au niveau régional et subrégional ;
- cette stratégie constitue une réelle opportunité d'une coopération renforcée favorable au développement des territoires de la zone ;
- cette stratégie semble exprimer une nouvelle dimension du régionalisme, voire l'émergence d'un paradigme qui l'inscrit non plus seulement dans l'aide au développement, mais davantage dans de la coopération au développement[59]. De fait, ce « nouveau paradigme de l'aide réclame une redéfinition du rôle spécifique des acteurs de développement du Nord, y compris les acteurs non étatiques, à l'intérieur d'un système de coopération de plus en plus complexe, politisé, multi-acteur et décentralisé »[60].

Ainsi, et même si pour l'heure cela peut paraître prématuré, il est aisé de supputer que cette stratégie aura des répercussions en termes de promotion et/ou renforcement de la gouvernance locale vis-à-vis de la France.

59. Th. AMOUGOU, « Le nouveau paradigme de la coopération au développement (le NPCD) : quels enjeux pour le développement des pays partenaires ? », *Économies et solidarités*, vol. 40, nº 1-2, 2010, p. 63-83.

60. G. LAPORTE, *L'accord de partenariat de Cotonou : quel rôle dans un monde en mutation ? Réflexions sur l'avenir des relations ACP-UE*, Rapport ECDPM, nº 13, Bruxelles, 2007, disponible : *http://www.ecdpm.org/Web_ECDPM/Web/FR_Content.*

12. LE FONDS POUR LA CONVERGENCE STRUCTURELLE DU MERCOSUR (FOCEM)

Quelles opportunités et contraintes pour les entités infra-étatiques des États membres ?

par

Jamel KASMI

Docteur en droit
Centre de Recherches Européennes de Rennes (CEDRE/IODE – UMR CNRS 6262)
Centre d'excellence Jean Monnet[1]

Le MERCOSUR[2] (de l'espagnol, *Mercado Común del Sur*) ou MERCOSUL (du portugais, *Mercado Comum do Sul*) a été institué le 26 mars 1991, lors de la signature du Traité d'Asunción (TA) par l'Argentine, le Brésil, le Paraguay (même s'il fait l'objet d'une suspension provisoire) et l'Uruguay ; pour sa part, le Venezuela a adhéré en 2012 ; le protocole d'adhésion de la Bolivie reste à ratifier.

---

1. Nous attirons l'attention du lecteur sur le fait que la rédaction de cet article a été achevée en mars 2013 en vue du colloque international « Les entités infra-étatiques et les organisations de coopération et d'intégration régionales », Université des Antilles et de la Guyane, Schœlcher, 25-26 mars 2013.

2. J. KASMI, *La nature juridique du MERCOSUR – Contribution à la théorie de l'intégration à travers l'étude d'une organisation d'intégration non communautaire*, thèse de doctorat en droit, Université Rennes 1 – Université européenne de Bretagne, IODE/CEDRE (UMR CNRS 6262), 23 juin 2012, 917 p.

Avec une superficie totale de 12 millions de km², un produit intérieur brut (PIB) de 1 002 milliards de dollars des États-Unis et une population de 235 millions d'habitants en 2005[3], le MERCOSUR représente le quatrième bloc économique régional dans le monde. Projet politique, le MERCOSUR

> « était envisagé, à l'instar de la construction européenne, comme un îlot de stabilité visant à éliminer les sources de conflits entre les deux géants de la région, alors nouvellement entrés dans un processus de transition démocratique. Projet économique, ce processus d'intégration représentait également une réponse aux exigences d'une conjoncture internationale incertaine, caractérisée par la globalisation des activités et la libéralisation des échanges »[4].

Après vingt-deux années d'existence, le MERCOSUR apparaît comme le processus d'intégration le plus dynamique et le plus abouti d'Amérique latine[5]. Néanmoins, et il faut le garder à l'esprit, l'intégration mercosurienne est dominée par la problématique du développement[6], caractérisée notamment par l'importance des disparités et des asymétries entre les États membres, tant au niveau géographique, qu'aux niveaux économique et politique. Par conséquent, l'une des difficultés essentielles que doit surmonter le MERCOSUR tient surtout à l'existence de ces fortes asymétries entre les États membres.

---

3. Commission européenne, *MERCOSUR : Document de stratégie régionale 2007-2013*, E/2007/1640, Bruxelles, 2 août 2007, 73 p., spéc. p. 9.

4. F. Darrigues, J.-M. Montaud, « Intégration économique et agglomération des activités industrielles dans le MERCOSUR », *Revue Région et Développement*, n° 13, 2001, p. 65-97, spéc. p. 66.

5. En témoignent l'évolution de son commerce intrazone qui a été multiplié par cinq depuis 1991, représentant actuellement prés de 25 % du total des échanges, et l'attraction qu'il exerce sur les pays voisins, la Bolivie (1996), le Chili (1996), le Pérou (2003), la Colombie (2004) et l'Équateur (2004) étant devenus des États associés de l'organisation.

6. Sur cette question, voir M.-H. Bourguinat, « Les marchés communs des pays en voie de développement », *in* Association libanaise des sciences politiques, *Les marchés communs*, Librairie du Liban, Beyrouth, 1967, 437 p., spéc. p. 101-145 ; F. Nicolas, « Mondialisation et régionalisation dans les pays en développement : les deux faces de Janus », *Politique Étrangère*, 1997, vol. 62, n° 2, p. 293-307 ; P. Hugon, « Les économies en développement au regard des théories de la régionalisation », *Revue Tiers Monde*, t. XLIII, n° 169, janv.-mars 2002, p. 9-25 ; P. Hugon (dir.), *Les économies en développement à l'heure de la régionalisation*, Paris, Karthala, 2002, 312 p. ; M. Chiff, L.-A Winters, *Intégration régionale et développement*, Paris : Economica, Washington (D.C.) : The World Bank, 2004, XI p. et 307 p. ; P. Kauffmann et B. Yvars (dir.), *Intégration européenne et régionalisme dans les pays en développement*, L'Harmattan, 2004, 344 p.

Le Brésil fait figure de géant de la région en représentant 78,8 % de la population totale et en dégageant un PIB 2,7 fois plus important que celui de son voisin argentin et presque 27 fois supérieur au PIB de l'Uruguay et du Paraguay réunis. Compte tenu de sa taille, le Brésil concentre plus de 70 % de la production industrielle totale et joue le rôle de bloc industriel du Cône sud latino-américain. Seule l'Argentine pourrait *a priori* contester ce *leadership.*

La question de l'asymétrie entre les États membres du MERCOSUR et de sa nécessaire prise en compte, existe depuis la création du MERCOSUR. D'ailleurs, les États membres, à l'article 6 du TA, « reconnaissent à la République du Paraguay et à la République orientale de l'Uruguay des différences ponctuelles de rythme qui figurent dans le Programme de libération commercial » (annexé au TA). Ils réaffirment, en outre, dans le Préambule du Protocole d'Ouro Preto, « la nécessité d'une considération spéciale pour les pays et régions moins développés du MERCOSUR ».

Toutefois, les traités constitutifs du MERCOSUR ne prévoient aucun mécanisme spécifique pour compenser ces inégalités de développement. Or, celles-ci sont non seulement substantielles, mais en plus elles s'accroissent. En effet, selon le professeur Olivier Dabene, « en dix ans [période de référence : 1992-2004] ces inégalités se sont plutôt creusées. Ainsi le PIB du Brésil est-il passé de 49 à 53 fois celui du Paraguay »[7].

La raison en est simple, le Brésil a toujours refusé de traiter de ce sujet avec ses partenaires, car lui-même connaît de profondes inégalités de développement sur son territoire, objectant que celles-ci sont supérieures aux asymétries dans le MERCOSUR. Il faut, en effet, garder à l'esprit que les régions les plus pauvres du MERCOSUR se situent au Nord/Nord-Est du Brésil[8].

La position du Brésil va cependant évoluer sous la présidence de Lula. Le Brésil décide, en effet, de prendre de plus grandes responsabilités dans la cohésion et l'approfondissement du processus d'intégration, en reconnaissant qu'il est nécessaire de prendre de nouvelles initiatives pour répondre aux exigences des petits

7. O. DABENE, « Virage à gauche et intégration régionale en Amérique latine », *Transcontinentale*, n° 4, 1er semestre 2007, p. 45-48, spéc. p. 47.

8. R. BOUZAS, « MERCOSUR, Regional Governance, Asimetrías e Integración Profunda », *in* BID-INTAL, *Profundización del MERCOSUR y el desafío de las disparidades*, Rio de Janeiro, 6-7 de julio 2005, 42 p., p. 13, disponible : *http://www.iadb.org/intal/aplicaciones/uploads/ponencias/Foro_INTAL_2005_09_Bouzas2.pdf* (consulté 28 sept. 2006).

États membres du MERCOSUR. C'est ainsi que, à partir de 2003, les dirigeants du MERCOSUR s'accordent sur la nécessité d'un modèle de développement qui lie étroitement la croissance, la justice sociale et la dignité de la population. Ils affirment que « le MERCOSUR est non seulement un bloc commercial, mais aussi un catalyseur de valeurs, de traditions et d'un avenir partagé », et que « l'intégration régionale est une option stratégique pour renforcer l'intégration de leurs pays dans le monde, en augmentant leur pouvoir de négociation »[9].

Ce changement d'attitude du Brésil n'est toutefois pas désintéressé. Il se justifie par la nécessité de maintenir le MERCOSUR uni face aux États-Unis dans le contexte des négociations de la ZLEA[10]. Or, cela n'est guère « possible sans contenter les "petits" États membres »[11]. C'est la raison pour laquelle, la décision est prise par le Conseil du Marché Commun du MERCOSUR (CMC), en 2004, de créer un Groupe de haut niveau sur la convergence structurelle et le financement du processus d'intégration (GANCEFI), dont la mission est de réfléchir sur la lutte contre les inégalités de développement, d'une part, et le financement de l'intégration, d'autre part[12]. Sur la base des travaux de ce groupe, le CMC décide de créer un Fonds pour la convergence structurelle du MERCOSUR (FOCEM), inspiré de l'exemple européen des fonds structurels[13].

Le FOCEM a pour mission de réduire les asymétries économiques au sein du MERCOSUR en finançant des projets favorisant la convergence structurelle, le développement de la compétitivité et la cohésion sociale, en particulier dans les petites économies et les régions moins développées du bloc.

Le MERCOSUR se compose de deux États unitaires – le Paraguay et l'Uruguay – et de trois États fédéraux – l'Argentine, le Brésil et le Venezuela[14].

9. El Consenso de Buenos Aires, 16 de octubre de 2003.

10. En ce sens, voir E.-H.-F. Araújo, *O Mercosul : negociações extra-regionais*, Brasília, Fundação Alexandre de Gusmão, 2007, 352 p., p. 76.

11. O. Dabene, « Virage à gauche et intégration régionale en Amérique latine », *op. cit.*, p. 47.

12. Consejo del Mercado Común, « Convergencia estructura en el MERCOSUR y financiamiento del proceso de integración », *MERCOSUR/CMC/DEC.* N° 19/04, XXVI CMC – Puerto Iguazú, 7 juill. 2004, 2 p.

13. Consejo del Mercado Común, « Fondo para la Convergencia Estructural del MERCOSUR », *MERCOSUR/CMC/DEC.* N° 45/04, XXVII CMC – Belo Horizonte, 16 déc. 2004, 1 p.

14. S. Valencia Carmona, « La décentralisation, tendance constitutionnelle à l'Amérique latine », Mexico, UNAM, 2010, 20 p. (Disponible : <*www.juridicas.unam.mx/wccl/ponencias/13/243.pdf*>, consulté le 22 mars 2013).

Le *Brésil* est le pays le plus décentralisé de la région. Plus de 40 % de la dépense publique est réalisée par les États fédérés et les communes, et la distribution des ressources entre les trois niveaux de l'État est la plus équitable de la région[15].

En *Argentine*, « il existe historiquement une relation pleine de contradictions entre le gouvernement fédéral et les provinces »[16]. Si la réforme constitutionnelle de 1994 reconnaît l'autonomie municipale et dote la ville de Buenos Aires, capitale du pays, d'un gouvernement local autonome, ce sont les provinces qui ont les pleins pouvoirs pour définir le régime municipal. Il existe de ce fait une grande diversité de situations pour chacune d'entre elles. De nombreuses provinces ont tendance à restreindre l'autonomie locale des petites communes. Par exemple, dans la province de Santiago del Estero, seules 5 des 126 communes jouissent de la pleine autonomie locale.

Le *Venezuela*, bien qu'il possède formellement un système fédéral, « est un pays fortement centralisé, phénomène aggravé par un modèle de développement fondé sur la rente pétrolière »[17].

En *Uruguay*, le gouvernement local est assimilé au niveau départemental. Après le retour de la démocratie en 1985, la réforme constitutionnelle de 1996 consacre pour la première fois l'obligation de l'État de formuler des politiques de décentralisation afin de « promouvoir le développement régional et le bien-être social »[18].

Le *Paraguay*, après trente-cinq ans de dictature (1954-1989), réalise les premières élections des intendants municipaux en 1991 et les premières élections des conseils départementaux et des gouverneurs qui les président en 1992. La Constitution de 1992 reconnaît l'« autonomie » municipale dans la conduite des affaires, dans la gestion de la fiscalité et des dépenses. L'autonomie des départements est beaucoup plus limitée. Néanmoins, malgré la démocratisation et le nouveau cadre constitutionnel, les réformes du Code municipal n'avancent pas. Le gouvernement national et le pouvoir législatif continuent d'exercer un contrôle direct sur les communes[19].

---

15. *Ibidem*, p. 4, note de bas de page n° 4.
16. *Ibid.*, p. 5.
17. *Ibid.*, p. 6.
18. *Ibid.*, p. 10-11.
19. S. VALENCIA CARMONA, « La décentralisation, tendance constitutionnelle à l'Amérique latine », *op. cit.*, p. 11.

Malgré les progrès de la décentralisation, le MERCOSUR reste une intégration régionale caractérisée par un degré élevé de centralisation territoriale, politique et économique, par un phénomène exacerbé de concentration métropolitaine et par d'immenses disparités territoriales et sociales. En effet, au-delà du choix du régime – fédéral ou unitaire –, les villes-capitales ont été de fait les vrais centres de pouvoir. Le résultat de ce processus a été l'implantation d'un modèle d'organisation du territoire qui a annulé toute possibilité d'autonomie locale. Ainsi, la tendance à la centralisation semble être une caractéristique constante dans le MERCOSUR.

Cette centralisation se retrouve dans le système institutionnel mercosurien puisque le FOCEM, qui semble être conçu comme un outil de cohésion territoriale, est à ce jour mené dans une logique intergouvernementale où les autorités infra-étatiques sont absentes du dispositif (I). On peut cependant repérer quelques réseaux territoriaux qui cherchent à s'inscrire dans les dynamiques de l'intégration mercosurienne (II). À ce jour les opportunités du FOCEM pour les entités infra-étatiques des États membres sont essentiellement « virtuelles », le FOCEM s'analysant davantage comme un transfert de ressources financières d'Argentine et du Brésil vers le Paraguay et l'Uruguay.

I. Le FOCEM : un dispositif marqué par l'absence des autorités infra-étatiques

L'on peut, tout d'abord, remarquer que les priorités du FOCEM reflètent les préférences nationales des États membres plus qu'elles ne contribuent à l'élimination des asymétries de développement (A). Ainsi le FOCEM peine à s'extraire des logiques intergouvernementales (B).

A. Des priorités exprimant les préférences étatiques

Les ressources du Fonds proviennent de contributions financières – non remboursables – des États membres, qui s'élèvent à 100 millions de dollars EU par an. Les contributions des membres se répartissent comme suit : Brésil 70 %, Argentine 27 %, Uruguay 2 % et Paraguay 1 %. Le Fonds cofinance des projets présentés par chaque État membre, mais la répartition du total de ses ressources entre les quatre pays est fixée à l'avance : le Paraguay reçoit 48 % des subventions, l'Uruguay 32 % et l'Argentine et le Brésil 10 %. On constate donc que le Paraguay et l'Uruguay sont les principaux bénéficiaires du FOCEM, et le Brésil et l'Argentine les principaux contributeurs.

La réglementation du FOCEM précise que les pays doivent participer aux projets les concernant à hauteur de 15 % de leur valeur totale.

Le FOCEM doit ainsi financer ou cofinancer des projets qui poursuivent un des quatre objectifs suivants :

- Programme 1 : Réduire les déséquilibres et les asymétries régionales et nationales;
- Programme 2 : Améliorer la compétitivité régionale et nationale;
- Programme 3 : Promouvoir les conditions du développement social;
- Programme 4 : Financer les organes de la structure institutionnelle du MERCOSUR.

Parmi les onze premiers projets qui lui avaient été soumis en janvier 2007 figurent la construction de logements (Paraguay) et de routes (Uruguay et Paraguay) et l'appui aux microentreprises (Paraguay). Il prévoit en outre de financer un laboratoire pour la sécurité biologique et le contrôle sanitaire des aliments (Paraguay), de promouvoir le développement d'industries du logiciel, de la biotechnologie et de l'électronique (Uruguay) et de lutter contre la fièvre aphteuse (dans les quatre États membres du MERCOSUR et en Bolivie)[20].

En dépit des objectifs assignés au FOCEM, tel que cités précédemment, on constate à travers les projets engagés en 2007 que les propositions des États membres et les priorités retenues dans le cadre du FOCEM reflètent essentiellement les préférences nationales des États membres, ce qui ne doit pas surprendre au demeurant.

Le FOCEM fait donc essentiellement une redistribution de ses ressources des grands pays vers les petits pays, avant même de les consacrer au développement frontalier et sous-national. Cette priorité vise à assurer que le FOCEM ne s'établit pas de façon analogue entre les membres du MERCOSUR, mais qu'il tienne compte des conditions de développement de chacun pour le partage des charges et des bénéfices.

20. Pour plus de détails sur le sujet, voir : Secretaría del MERCOSUR, *Recompilación normativa : Fondo para la Convergencia Estructural del MERCOSUR*, Sector de normativa, documentación y divulgación, Montevideo, 31 de julio de 2009, 110 p.

B. La prédominance de logiques intergouvernementales

Les États membres qui souhaitent accéder à ces ressources doivent présenter le projet à l'Unité technique nationale du FOCEM (UTNF), qui est responsable de la gestion de l'ensemble du projet FOCEM financé.

L'UTNF est chargée de vérifier si les projets présentés par des entités nationales répondent aux exigences techniques établies par règlement. Elle est responsable, en outre, de surveiller la mise en œuvre des projets qui reçoivent des fonds du FOCEM afin d'évaluer la réalisation des objectifs énoncés dans les programmes financés grâce au FOCEM (CMC 18/2005, article 18).

L'UTNF effectue cette première évaluation et, une fois les exigences techniques remplies, elle présente le projet au Comité des représentants permanents du MERCOSUR (CRPM). Celui-ci fait, à son tour, une analyse du projet et s'il répond positivement aux critères, il le transmet à l'Unité Technique FOCEM (UTF), qui est sous la responsabilité du directeur du Secrétariat du MERCOSUR (SM). L'UTF effectue une nouvelle analyse technique du projet et le renvoie au CRPM, qui rend son propre rapport et le transmet au Groupe Marché Commun (GMC), qui, après examen, élabore également un rapport et le transmet au Conseil du Marché Commun, qui émet à son tour la décision de financer le projet (CMC 18/2005, ch. IV).

Schéma

Structure institutionnelle du FOCEM

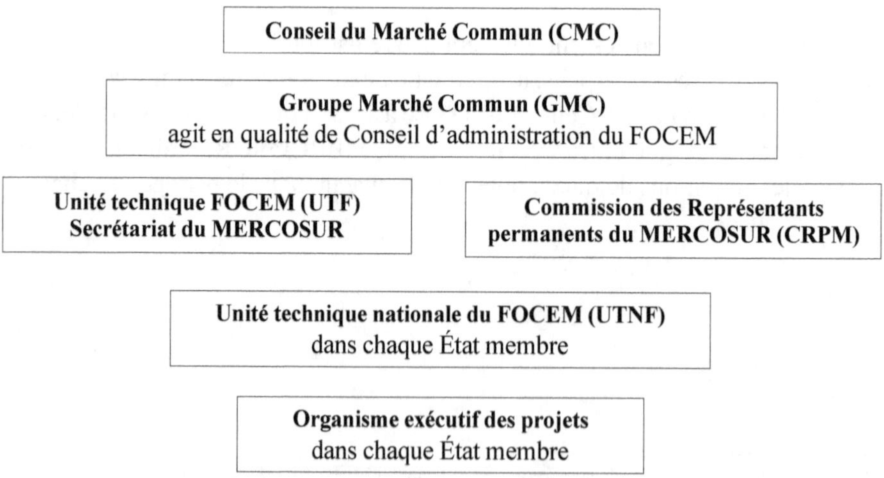

Source : Auteur.

À travers l'étude de la sélection des projets, nous constatons que le MERCOSUR n'a pas souhaité confier des prérogatives trop importantes à l'UIF du Secrétariat. Cette dernière n'a qu'une autonomie relative. Elle doit, en effet, tenir compte des UTNF qui sont chargées de préparer les projets dans chacun des États membres et de gérer les fonds lorsque les projets sont approuvés. Ajoutons que les autorités locales et régionales ne peuvent cofinancer les projets du FOCEM. On reste donc ici dans un dispositif purement intergouvernemental où les autorités infra-étatiques sont absentes.

II. L'existence au sein du MERCOSUR d'« enceintes » institutionnelles pouvant fédérer les entités infra-étatiques afin de tirer profit du FOCEM

Ce phénomène s'illustre par l'expérience du réseau de villes du MERCOSUR, intitulé *Mercociudades* (A). Ce réseau et le Forum consultatif de municipalités, d'États fédérés, de provinces et de départements du MERCOSUR se mobilisent aujourd'hui pour l'ouverture du FOCEM aux autorités locales et régionales (B).

A. Le réseau de villes Mercociudades

Mercociudades (traduction française : « Mercovilles » ou « Mercocités ») est un réseau de coopération horizontale composé de 228 villes des pays membres du MERCOSUR (Argentine, Brésil, Paraguay, Uruguay et Venezuela), mais aussi des pays associés (Bolivie, Chili et Pérou). *Mercociudades* représente actuellement la principale association de villes du MERCOSUR et compte environ 80 millions d'habitants.

Ce réseau, a été créé en 1995, à l'initiative de douze chefs de gouvernements locaux (Asunción, Buenos Aires, La Plata, Rosario, Córdoba, Rio de Janeiro, Brasilia, Curitiba, Florianópolis, Porto Alegre, Salvador et Montevideo) dans le but de favoriser la participation des gouvernements locaux dans le processus d'intégration régionale, de promouvoir la création d'un cadre institutionnel pour les villes au sein du MERCOSUR et de développer l'échange et la coopération horizontale entre les municipalités de la région, en renforçant la construction et la consolidation des processus démocratiques de la région.

Mercociudades est structuré autour de plusieurs organes qui assurent leurs fonctions pour un mandat d'un an, sauf le Secrétariat technique permanent. Ce dernier assure le fonctionnement technique et administratif du réseau. Il a à sa charge la mémoire institutionnelle de l'organisation. Son siège est à Montevideo.

Les villes membres du réseau *Mercociudades* travaillent et coopèrent suivant des thèmes, ou « Unités thématiques ». Aujourd'hui, on compte quinze unités thématiques qui vont de l'Environnement à l'Éducation, en passant par la Jeunesse et le Développement urbain. Cette organisation thématique est un succès et de véritables « sous-réseaux » de villes se sont développés au sein du réseau *Mercociudades*. Cette forme originale de coopération horizontale a permis à beaucoup de villes de développer un travail constructif et de présenter des projets communs.

Mercociudades est ouverte à la participation de toute ville désireuse de se joindre au projet. Les conditions d'adhésion sont : être située dans un pays membre ou associé au MERCOSUR ; avoir un gouvernement élu démocratiquement.

Mercociudades s'est converti en un acteur fondamental dans la création d'un espace institutionnel des villes dans le MERCOSUR, même s'il n'a pas réussi à obtenir la reconnaissance officielle de la part des gouvernements nationaux et de l'organisation du MERCOSUR. Malgré l'avancée qu'a représentée la création de ce réseau, en ce qui concerne l'activation de la participation d'entités infra-étatiques, il n'y avait toujours pas d'espace de représentation institutionnel à l'intérieur de la structure juridico-administrative de l'organisation régionale, pour ce niveau de gouvernement.

Cette représentation allait se concrétiser, à partir de l'année 2000, avec la création de la Réunion spécialisée des communes et intendances (RSCI), organe auxiliaire du Groupe Marché Commun. Mais, la RSCI n'a pas duré longtemps en raison de problèmes qui ont compliqué son fonctionnement. Le premier d'entre eux était lié à l'importante hiérarchie accordée à l'organisme, tout d'abord liée directement au GMC – instance exécutive de l'organisation – et plus tard transférée au Forum de Consultation et de Concertation Politique (FCCP), organe sans capacité de décision. D'autre part, le « format » Réunion spécialisée, comme modalité subsidiaire des sous-groupes de travail, n'offrait pas de grandes possibilités de développement. Un autre problème est né de son programme de travail, qui avait du mal à se démarquer de celui de *Mercociudades*, entraînant de rares incitations au compromis et à la participation.

La RSCI a été remplacée en 2004 par le Forum consultatif de municipalités, d'États fédérés, de provinces et de départements du MERCOSUR. S'inspirant du Comité des Régions de l'UE, ce forum a pour objectif fondamental de « stimuler le dialogue et la coopération entre les autorités au niveau étatique, municipal, départemental et provincial ». Il est approuvé par un Comité de municipalités et par un Comité des États fédérés, provinces et départements. Avec un statut consultatif, il ne peut que réaliser des recommandations au GMC.

Malgré le fait que ses propositions n'ont pas un caractère obligatoire, il est important de noter que, sur le plan politique, son importance dans le processus d'intégration réside dans la formation de consensus précis qui, par des pressions politiques, peuvent ressortir dans des documents importants, avec une efficacité juridique, dans les différentes instances du bloc. Cependant, jusqu'à présent, son fonctionnement n'a pas été simple. L'absence de consensus dans la rédaction de son règlement interne de fonctionnement, ajouté aux difficultés de coordination entre les deux Comités, et les différences de programme et de priorité entre eux, tout cela constitue un défi fondamental pour son fonctionnement.

B. Une mobilisation en vue d'une implication accrue des autorités locales et régionales

Le réseau *Mercociudades* prend position sur la centralisation administrative du FOCEM. Il estime que la contrepartie nationale monopolisée par les États membres devrait s'ouvrir au cofinancement local sur le modèle des fonds structurels de l'UE.

Le Forum consultatif de municipalités, d'États fédérés, de provinces et de départements du MERCOSUR a également rappelé dans sa déclaration d'Asunción « la nécessité d'approfondir la construction institutionnelle du MERCOSUR, comme l'expression la plus avancée du processus d'intégration régionale et de continuer à promouvoir une plus grande efficacité de l'espace institutionnel infra-étatique », en favorisant la participation des gouvernements locaux et régionaux au FOCEM[21].

21. [Notre traduction : « La necesidad de seguir profundizando la construcción institucional del MERCOSUR, como la expresión más avanzada del proceso de integración regional; y de seguir impulsando una mayor efectividad del espacio institucional de lo subnacional, promoviendo el acceso a la información técnica que contribuya a incrementar la participación de los gobiernos locales y regionales en el Fondo de Convergencia Estructural del MERCOSUR (FOCEM) con iniciativas concretas para la generación de proyectos que nos permitan fortalecer políticas integradas, en la discusión y aplicación del Fondo »], IX Reunión Ordinaria del Foro Consultivo de Municipios, Estados Federados, Provincias y Departamentos del MERCOSUR (FCCR), Declaración de Asunción, Asunción, 28 de junio de 2011.

***
*

Influencée par le modèle européen, la dynamique d'intégration du MERCOSUR s'en distingue par la prégnance d'un centralisme latent. Le FOCEM illustre assez bien cet état de fait. Il représente indéniablement un enrichissement, car il permet d'aborder une problématique jusque-là ignorée. Cependant, tant dans son dispositif de prise de décision que dans ses modalités de répartition des financements, il traduit une volonté de ne pas heurter les logiques intergouvernementales, laissant de côté les autorités infra-étatiques. Par conséquent, les opportunités que représente le FOCEM pour les entités infra-étatiques sont marginales, voire virtuelles, tant que ces dernières ne participeront pas au dispositif.

13. ENTITÉS INFRA-ÉTATIQUES ET AIDE PUBLIQUE AU DÉVELOPPEMENT, ENTRE COOPÉRATION INTERNATIONALE DÉCENTRALISÉE ET INTÉGRATION RÉGIONALE EN AFRIQUE DE L'OUEST

par

Jacques FIALAIRE

Professeur de droit public, Université de Nantes
Codirecteur du GRALE GIS-CNRS

Les politiques de coopération au développement ont connu depuis les années 1980 des mutations profondes. Le nombre d'acteurs engagés s'est multiplié, au point que « les interactions entre les acteurs du développement aux niveaux supranational, national et infranational modifient les formes traditionnelles de la coopération internationale »[1]. En Afrique comme sur les autres continents, des organisations internationales régionales intégrées sont apparues, dépassant le stade de la coopération interétatique, en érigeant le « partenariat en une voie obligée de développement »[2], et s'engageant progressivement à fournir un appui à l'aide publique au développement (APD).

1. E. H. MBODJ, « Un partenariat entre les villes africaines », *in* V. HOFFMANN-MARTINOT, L. A. KOSINSKI (dir.), *Quels partenariats pour la ville ? Approches internationales*, Pedone, CERVL, n° 15, 1999, p. 121.
2. E. H. MBODJ, *ibid.*, p. 121.

Les entités infra-étatiques comptent aussi parmi les acteurs de l'APD, grâce aux progrès de la coopération internationale décentralisée[3] (CID) depuis les années 1980[4]. Un auteur donne de ce mouvement une explication radicale, posant que « l'irruption d'acteurs publics de statut infra-étatique sur la scène internationale est concomitante du recul des États nations comme acteurs principaux de celle-ci »[5], dans un contexte de mondialisation.

Cette conjonction d'acteurs s'est approprié la nouvelle philosophie de l'APD forgée par les bailleurs de fonds internationaux dans les années 1990. Longtemps contestée dans ses modalités comme dans ses résultats, l'APD s'est vu assigner des principes généraux destinés à renforcer son efficacité, sur la base d'une Déclaration internationale[6], complétée par un programme d'action « listant un ensemble de mesures prioritaires de mise en œuvre de ces principes »[7]. Ainsi, la France les intègre depuis 2008 dans des procédures d'appel à projets lancées en direction de ses propres entités infra-étatiques, par la Commission nationale de la coopération décentralisée[8].

L'objectif du colloque consistant à « identifier une pluralité d'articulations possibles entre les caractéristiques des différentes organisations et des diverses entités infra-étatiques », nous tenterons d'éclaircir plusieurs concepts, dont ceux de coopération et d'intégration.

La substance de notre propos est sous-tendue par l'affirmation d'« entités infra-étatiques », établies dans un cadre de décentralisation dans les pays d'Afrique subsaharienne. Ce mouvement s'appréhende sur un double plan :

---

3. 4 800 collectivités territoriales et groupements de collectivités françaises sont aujourd'hui engagés dans des actions de CID ; elles mènent plus de 12 000 actions, dont la plupart concernent l'Afrique subsaharienne ; voir Sénat, Délégation aux collectivités territoriales et à la décentralisation, *Rapport sur la coopération décentralisée*, 13 nov. 2012.

4. On note qu'« au début des années 1990, la quasi-totalité des conseils régionaux et un tiers des conseils généraux français étaient déjà impliqués dans une coopération à dominante économique » : F. PETITEVILLE, *La coopération décentralisée – les collectivités locales dans la coopération Nord-Sud*, L'Harmattan, « Logiques politiques », p. 137.

5. F. PETITEVILLE, *ibid.*, p. 11.

6. Déclaration de Paris de 2005 sur l'efficacité de l'aide, adoptée par le « Forum de haut niveau sur l'efficacité de l'aide » sous l'égide du FMI et de l'OCDE : *http://www.oecd.org/dataoecd/53/38/34579826.pdf.*

7. Programme d'action d'Accra : *http://www.oecd.org/dataoecd/58/17/41202027.pdf.*

8. Voir CNCD, Appel à projets 2013 en soutien à la coopération décentralisée, DGM/DAECT, Ministère des Affaires étrangères, 2013.

– selon un registre politico-idéologique, le recours à la décentralisation s'impose comme une réponse à un sous-développement dont le mode endémique a pu être attribué au caractère autocratique des régimes en place et à l'absence d'une politique de participation des populations à l'élaboration et à la mise en œuvre des projets. La décentralisation introduite est alors reliée au processus de démocratisation des régimes africains. D'où l'approche juridique dominante dans les organisations internationales, suivant laquelle « le concept de décentralisation couvre la reconnaissance de compétences aux organisations de base et aux organisations non gouvernementales, et plus largement à tout ce qui ne relève pas du gouvernement central »[9]. Les entités infra-étatiques sont alors le produit d'une ingénierie institutionnelle effectuant un transfert d'autorité et de responsabilités, de l'administration centrale vers des organisations publiques territorialisées aussi bien subordonnées que quasi autonomes, et/ou vers le secteur privé ;
– selon un registre économique, la décentralisation s'appréhende ici comme « une nouvelle démarche dans la lutte contre le sous-développement »[10] intégrant la lutte contre la pauvreté et la promotion du développement économique local. Du point de vue de la théorie du développement endogène[11], dont l'un des modèles est le développement local[12], la décentralisation s'appréhende comme une approche stratégique du développement en ce sens qu'elle réfère à l'ensemble des processus socio-économiques mis en

9. Voir A. DIOP (éd.), *Développement local, gouvernance territoriale, Enjeux et perspectives*, Karthala, Paris, 2008.

10. Ch. NACH MBACK, *Démocratisation et décentralisation – Genèse et dynamiques comparés des processus de décentralisation en Afrique subsaharienne*, thèse université Bordeaux-IV Montesquieu, Khartala-PDM, 2003, p. 27. Il notera cependant que cette démarche n'a rien de révolutionnaire dans les années 1990.

11. La théorie du développement endogène a été mise en forme vers la fin des années 1950 par J. Friedmann et W. Stöhr. Ils concevaient le développement comme une démarche partant du bas, qui privilégiait les ressources endogènes.

12. Les théories du développement endogène sont diverses et découlent de trois modèles de développement qui sont : le développement local, le développement économique communautaire et le modèle des milieux innovateurs. Voir à ce sujet M. SIMARD, « Les théories de développement régional et la contribution des ressources dans le démarrage des petites localités en voie de dépeuplement : le cas du Bas-Saint-Laurent », disponible : *http://www.lib.unb.ca/Texts/CJRS/bin/get.cgi?directory =Spring98/&filename=Simard.htm.*

œuvre pour articuler les activités économiques ainsi que la vie sociale et communautaire à l'échelle locale. Il s'agit ni plus ni moins pour les acteurs de la décentralisation de construire un « système productif local »[13].

Contribuant à une mise en réseau des entités infra-étatiques de pays du Nord et du Sud, la coopération internationale décentralisée peut s'entendre plus ou moins largement. La conception française est plus étroite ; elle est assise sur la loi Thiollière n° 2007-147 du 2 février 2007 (CGCT, art. L. 115-1), qui permet aux collectivités territoriales métropolitaines de « conclure des conventions avec des autorités locales étrangères pour mener des actions de coopération ou d'aide au développement ». Ces conventions sont librement conclues avec des entités infra-étatiques étrangères, mais non avec des États souverains, sous la seule réserve du respect des engagements internationaux de la France. Une vision plus extensive est retenue par d'autres États et par l'Union européenne (UE), qui incorpore dans cette coopération une pluralité de partenaires potentiels (ONG, groupements professionnels et groupes d'initiative locaux, etc.), voire des liens directs avec des États.

Prise au sens général, la coopération est perçue comme « une entreprise concertée entre deux ou plusieurs partenaires dont les intérêts convergent sur une question donnée »[14]. Il s'en dégage une ambiance de consensualisme à l'œuvre dans un temps restreint. Un autre espace plus large, et *a priori* plus contraignant, se dessine à travers le concept de coopération appliquée au développement. Visant à rendre effectif le droit au développement, il s'accompagne d'un devoir de solidarité des pays riches selon l'article 55 de la Charte des Nations Unies, qui est de compenser une inégalité économique en aidant les pays pauvres à acquérir un capital de départ nécessaire à leur transformation[15]. L'aide publique au développement en découle. Trouvant dès les années 1960 une place déterminante dans le droit onusien, la coopération au développement s'est ensuite diffusée selon un processus de « capillarité » dans les sous-systèmes régionaux, stimulée par le mouvement « tiers-mondiste ».

---

13. A. FERGUENE, A. HSAINI, « Développement endogène et articulation entre globalisation et territorialisation : éléments d'analyse à partir du cas de Ksar-Hellal (Tunisie) », *Région et développement* n° 7-1998, *http://region-developpement.univ-tln.fr/fr/pdf/R7/R7_Ferguene_Hsaini.pdf.*

14. A. Y. SARR, *L'intégration juridique dans l'Union économique et monétaire ouest-africaine (UEMOA) et dans l'Organisation pour l'harmonisation du droit des affaires en Afrique (OHADA)*, PUAM 2008, coll. de l'Institut de droit des affaires, p. 22.

15. Le principe d'un droit au développement se matérialisant par une aide publique au développement a été admis à partir de la fin de la Seconde Guerre mondiale et de la naissance des Nations Unies.

Plusieurs enseignements peuvent en être tirés :

– l'idée de coopération au développement, source d'obligation à la charge des États dits développés, doit se concilier avec le droit à la libre détermination des peuples, impliquant pour eux non seulement qu'ils « déterminent librement leur statut politique », mais encore qu'« ils assurent librement leur développement économique, social et culturel »[16]. À défaut de respecter ce principe, l'APD se dévoie ;

– de nos jours, l'aide au développement s'intègre dans un contexte de mondialisation dominée par le libre-échangisme. L'aide financière déployée prenant, soit la forme de prêts selon des modalités plus favorables que celles couramment pratiquées sur le marché international des capitaux, soit la forme de dons, la conciliation s'opère en ce que l'APD est sujette à des conditions éthiques dans la gestion des pays bénéficiaires.

Si l'autonomie des institutions engagées dans des liens de coopération est strictement préservée, la notion d'intégration est plus exigeante. Elle rend compte d'un « processus de construction d'un espace collectif, voulu de façon consciente par des partenaires, ayant choisi de partager un même destin dans un cadre politico-institutionnel préalablement établi »[17]. La cohérence de celle-ci peut prêter à discussion, compte tenu de ce que la « théorie de la communauté internationale », sur laquelle elle prend appui, peut être déclarée dans la réalité « en avance sur son temps »[18]. Si la citoyenneté mondiale reste un vœu pieux, l'intégration s'est néanmoins imposée comme un concept opératoire en droit communautaire européen, signifiant un « processus de perfectionnement de cet ordre juridique par l'abandon progressif des domaines de compétence nationale au profit d'une compétence normative élargie des institutions de l'UE »[19]. Elle emprunte une voie originale dans l'affirmation d'une conception africaine des droits de l'homme, qui privilégie « le lien entre l'individu et le groupe », postulant que « l'on n'est réellement une personne que lorsque l'on est inscrit dans un lien de solidarité, avec des responsabilités que l'on assume dans telle ou telle communauté »[20]. Cette valeur

---

16. Pacte international relatif aux droits économiques, sociaux et culturels du 16 déc. 1966, art. 1er § 1.

17. A. Y. SARR, *op. cit.*, p. 22.

18. D. COLARD, *Les relations internationales de 1945 à nos jours*, A. Colin, 7e éd., 1997, p. 35.

19. R. CABRILLAC, *Dictionnaire du vocabulaire juridique*, Lexisnexis, « Objectif Droit », 2009, 3e éd., p. 234.

20. R. MAGLOIRE, K. KOUDE, « Peut-on à bon droit, parler d'une conception africaine des droits de l'homme ? », *RTDH*, 2005, n° 62, p. 547.

fondamentale est incorporée dans la Charte africaine des droits de l'homme et des peuples du 27 juin 1981 (art. 27), qui énonce les « devoirs généraux vis-à-vis de la famille, de la société et de l'État », ce traité étant entré en vigueur le 21 octobre 1986 après sa ratification par vingt-cinq États.

Nous entendrons par « coopération-intégration », dans sa figure institutionnelle classique, le mouvement réalisé par l'assemblage d'Unions régionales d'États et de la production d'effets directs attachés aux normes internationales régionales ainsi émises dans les systèmes juridiques nationaux. Si l'avancée maximale de la « coopération-intégration » se rencontre en Europe, il se vérifie qu'elle progresse désormais en Afrique, au vu de l'approfondissement en cours des fonctions accomplies par les organisations internationales régionales spécialisées africaines.

Une ligne de convergence se présente entre la décentralisation et la coopération-intégration lorsque les entités infra-étatiques réalisent une forme de décentralisation territoriale « reposant sur une solidarité sociologique ayant une assise géographique »[21]. Elles sont alors en mesure de compenser le caractère faiblement intégré de nombre d'États africains, découpés selon des frontières largement artificielles héritées de la colonisation. Les États de l'Afrique de l'Ouest subsaharienne souffrent ici de handicaps importants, tant la tradition juridique française a véhiculé une option dominante de décentralisation « octroyée » par le pouvoir central, plutôt qu'une « décentralisation conçue comme un droit naturel des collectivités de base ». Or comme il a été montré, seul ce schéma idéal permet que « les collectivités décentralisées trouvent à travers l'histoire dans leur dynamisme propre, les moyens d'accroître leurs compétences et l'autonomie ainsi comprise est susceptible de s'épanouir dans des programmes économiques »[22].

Nous nous en tiendrons à l'examen des rapports entre les organisations de coopération-intégration et les entités infra-étatiques présentes dans l'Afrique de l'Ouest subsaharienne. L'enjeu de cette étude consiste à dégager les marges d'action des entités infra-étatiques qui ont émergé dans le champ de la coopération-intégration, en tenant compte de la place essentielle prise par les institutions financières internationales dans la structuration de celle-ci. Une question centrale nous retiendra donc : quelles parts respectives occupent deux facettes de la coopération-intégration, selon qu'elle est subie ou voulue ?

21. Y. Prats, *Décentralisation et développement*, Cujas, Bibl. de l'IIAP, 1973, p. 7.
22. Y. Prats, *op. cit.*, p. 161.

Il est acquis que la diffusion des approches néolibérales a largement imprégné l'aide publique au développement depuis les années 1980. S'appuyant sur des conditionnalités imposées pour l'accès aux prêts, les institutions financières internationales (IFI) poussent les pays destinataires de l'aide « à réduire le poids de leurs administrations centrales sur leurs économies », voire vont jusqu'à promouvoir « l'adoption de projets urbains contournant les bureaucraties centrales »[23]. Corrélativement, les États d'Afrique de l'Ouest connaissent à partir des années 1980-1990, des réformes de décentralisation, tendant à traduire la « notion de gestion urbaine décentralisée »[24] promue par les IFI. Du coup, les réformes décentralisatrices opérées dans la plupart des États d'Afrique depuis une vingtaine d'années apparaissent davantage subies, reposant sur des postulats idéologiques des « institutions de la gouvernance mondiale », selon lesquels « le régionalisme institutionnel et la décentralisation influent sur la stabilité politique, le fonctionnement efficace du secteur public, l'équité sociale et l'équilibre macroéconomique »[25] (I).

Depuis les années 1990, les entités infra-étatiques africaines tendent à renforcer leur légitimité en adhérant à des formes de « développement participatif », qui dans l'idéal cherche à « promouvoir l'émergence d'une société civile dont les institutions serviront de corps intermédiaires entre les populations et les autorités locales »[26]. Cela affecte directement les actions de coopération décentralisée, structurées de plus en plus en réseaux grâce au concours de certaines ONG telles que « Cités et gouvernements locaux unis » (CGLU), laquelle possède depuis 2005 une branche africaine, la CGLUA, ou encore l'Association internationale des maires francophones (AIMF) qui se définit elle-même comme « l'opérateur de la Francophonie pour la coopération décentralisée »[27] (II).

23. « Cette nouvelle approche se traduit notamment dans la mise en place en 1986 du "*Urban Management Program*", auquel participent la Banque mondiale, le PNUD, l'UNCHS (habitat) : ce programme se structure autour de l'association étroite de prêts aux municipalités et d'un ensemble de réformes institutionnelles » : G. DE PONTE, « L'évolution du discours sur la ville des institutions multilatérales d'aide au développement des années 1960 aux années 1990 », *in* V. HOFFMANN-MARTINOT, L.et A. KOSINSKI (dir.), *op. cit.*

24. G. DE PONTE, *op. cit.*, p. 97.

25. Banque mondiale, *Le développement au seuil du 21e siècle*, Rapport sur le développement dans le monde 1999-2000.

26. Ch. NACH MBACK, *op. cit.*

27. Cadre stratégique décennal de l'AIMF pour 2005-2015.

I. La « coopération-intégration » entre les entités infra-étatiques et les institutions financières internationales : d'une coopération « subie » au partenariat

Une « coopération subie » a résulté de l'application des politiques d'« ajustement structurel » suivies par les bailleurs de fonds internationaux dans les années 1980-1990, sur fond de dérégulations et de privatisations (A). En a résulté l'instauration de mécanismes draconiens de « conditionnalités » à l'APD, qui a encouru de fortes critiques, entraînant depuis le milieu des années 1990 une réorientation de l'APD (B). Il a donc été entrepris un rééquilibrage entre le système de coopération placé sous « tutelle » des institutions financières internationales (IFI) et la capacité de mener des politiques de développement plus autonomes, dont la mise en œuvre reste problématique (C).

A. La portée de la « coopération-intégration » subie

Une sorte de « mise sous tutelle » des pays en développement par les IFI s'est réalisée, à travers l'édiction de normes-types établissant les bases de leurs institutions locales. Un « traitement chirurgical au scalpel » est prescrit, visant une reconfiguration politico-administrative de ces États. Ainsi « dans la pratique, il est arrivé à la Banque mondiale de suggérer des réformes de décentralisation dans certains États qui bénéficient de son aide, dans le but parfois de contourner des institutions étatiques [réputées] totalement inefficaces »[28]. Dans le prolongement d'un mouvement général où la décentralisation est impulsée par la coopération internationale, en tant que critère de « bonne gouvernance », se sont diffusés des projets de coopération intégrant puissamment entités infra-étatiques et ONG régionales, instrumentalisées dans le cadre de « programmes de développement local » soutenus par la France, l'UE ou les IFI[29].

Devant la dégradation de la situation économique des pays bénéficiaires de l'APD dans les années 1980, ont été mises en lumière les conséquences extrêmes résultant de l'application des « politiques d'ajustement structurel » imposées par les IFI. Alors que dans les années 1980, « l'État démissionnait de plusieurs domaines de ses responsabilités fondamentales, notamment dans les services publics de

28. Voir J.-B. AUBY, *La globalisation, le droit et l'État*, Montchrestien, Clés Politique, 2003.
29. Voir notamment : A. M. ALLAOUI, « La décentralisation aux Comores », *Cahiers administratifs et politistes du Ponant*, n° 16/2009, p. 126 et s.

base tels que la santé, l'éducation, l'action sociale, dans de nombreux cas ce sont des institutions de la société civile locale, y compris des ONG, épaulées par des bailleurs de fonds internationaux, qui ont pris le relais »[30]. C'est en définitive une « décentralisation par défaut »[31] qui a émergé.

B. De la critique de la « coopération-intégration » subie à la promotion de l'initiative locale intégrée

Les effets de cette coopération ont été dénoncés, comme induisant « une gestion quasi privée de la coopération décentralisée par les acteurs locaux, traduite par la distraction des fonds publics de la coopération »[32].

D'autres griefs se sont ajoutés, tirés des insatisfactions du recours à la consultance étrangère. Ce recours a longtemps prévalu lorsque la coopération privilégiait l'assistance technique à la maîtrise d'ouvrage. Cette forme de coopération, soumise à une injonction d'efficacité à court terme par les IFI employeurs, n'a guère pris en compte la « culture sociale dominante des administrations africaines » durant la période des « plans d'ajustement structurel » (PAS) mis en œuvre dans les années 1980. Il en a résulté « la formulation de recommandations qui se sont révélées par la suite inapplicables », en ce qu'elles ignoraient la place déterminante de variables d'ordre socioculturel, telle que « la valeur de la famille et du village », d'où découle « l'obligation sociale de tout agent public africain lui imposant d'entretenir une famille généralement nombreuse et d'assumer des responsabilités dans la promotion du développement économique de sa localité d'origine »[33].

Des réponses ont été apportées aux critiques en promouvant une plus forte autonomisation des acteurs publics locaux du développement. Cela passe par « un développement local intégré, où l'aide française encourage la réalisation d'investissements autogérables qui contribuent à renforcer l'autonomie des collectivités

30. Ch. NACH MBACK, *op. cit.*, p. 405.

31. Voir D. DAVIS, D. HULME, Ph. WOODHOUSE, "Decentralisation by Default : Local Governance and the View from the Village in the Gambia", *Public Administration and Development*, Vol. 14, 1994, p. 153-169.

32. Ch. NGO TONG, *Intercommunalité, coopération décentralisée et stratégies de lutte contre la pauvreté au Cameroun – Étude spécifique des villes de Limbé et Kribi et de la commune de Dschang*, thèse univ. Nantes, 2012, p. 54.

33. L.-B. NGOUO, « La consultation en développement organisationnel dans le contexte de l'ajustement structurel en Afrique subsaharienne : rôle et responsabilité des consultants », *RISA*, vol. 66, nº 1/2000, p. 123 et s.

locales autant qu'elles favorisent la participation des populations à la vie locale »[34]. D'un autre côté, des programmes de coopération, dont l'initiative provient des pays du Nord, peuvent acquérir une plus grande légitimité lorsqu'ils sont initiés par des associations regroupant les diasporas africaines, qui en Europe et en Amérique disposent de compétences professionnelles et de capacités de financement[35]. Elles offrent leur capital d'expertise et un vivier d'initiatives. Le problème se déplace alors, résidant désormais dans la sélection des opérateurs locaux, car il a été relevé qu'il existe en Afrique, « un foisonnement d'associations et d'ONG dont beaucoup ne peuvent justifier d'aucune capacité d'action technique ou de réelle capacité de mobilisation populaire »[36]. Des réponses ponctuelles peuvent être tirées d'une capitalisation d'expériences, telle la réalisation d'un accord de « co-développement », conclu sur la base du programme « TOKTEN » liant l'État sénégalais et des associations regroupant la diaspora hautement qualifiée, finançant les initiatives des experts sénégalais établis en France[37]. Pour répondre à ces enjeux, le besoin s'est fait sentir d'appliquer un programme global de développement local.

C. La refondation de la coopération au développement autour du « Partenariat pour le développement municipal »

À l'initiative de la Banque mondiale, prônant un lien nécessaire entre processus de démocratisation des États africains et accroissement de la décentralisation, un « Partenariat pour le développement municipal » s'est mis en place depuis 1991, diffusant des schémas d'organisation à travers des manifestations de grande ampleur, les sommets « Africités ». Il en a résulté à partir du sommet « Africités 2 »,

34. Ch. NACH MBACK, *op. cit.*, p. 221.

35. Leurs actifs sont estimés entre 700 milliards et 800 milliards USD, soit plus que le PIB de l'Afrique : Ph. HUGON, « Les nouveaux acteurs de la coopération en Afrique », *International Development Policy (revue internationale de politique de développement)*, p. 99-118.

36. Ch. NACH MBACK, *op. cit.*, p. 227.

37. P. B. THIAM, « Le co-développement, une nouvelle voie pour la lutte contre la pauvreté », *Les Cahiers de la coopération décentralisée*, Ministère sénégalais de la Micro-finance et de la Coopération décentralisée, Saint-Louis, 4e éd., 28-30 juin 2006.

tenu à Windhoek (Namibie) en mai 2000, une structuration du mouvement municipal africain lequel, de divisé au départ[38], est sorti unifié du sommet « Africités 3 », tenu à Yaoundé en 2002[39].

L'observation de certains partenariats révèle une diffusion des référentiels des IFI, relayés sous la pression de certaines collectivités territoriales françaises bailleurs de fonds, allant jusqu'à l'adoption de schémas de coopération intercommunale dans plusieurs États africains[40]. Cela commence par des incitations contenues dans le « Partenariat pour le développement municipal », à « la création dans les pays africains, des associations d'élus et de cadres administratifs et techniques locaux ». Ensuite, « les associations des pouvoirs locaux passent, avec le PDM, des conventions biennales renouvelables dans lesquelles elles se fixent un plan d'action à réaliser contre l'appui indispensable du PDM »[41].

L'un des enjeux majeurs de l'application du PDM réside depuis les années 2000 dans la mise en œuvre du « sous-programme Finances locales » (FILOC), qui vise tout à la fois à « développer les ressources internes », y compris en suivant « les transferts des moyens financiers compensatoires des transferts de compétences » provenant des budgets des États, et à « contribuer à l'insertion des collectivités locales africaines dans les circuits de l'aide directe ou des marchés financiers ». Ceci a abouti à la création d'un « Observatoire des finances locales africaines ». Il a en effet été compris que, faute de concours suffisant des États, « très peu de communes en Afrique sont capables de mobiliser des ressources propres pour répondre à une demande sociale croissante en matière de service public », notamment du fait de « la résistance fiscale des populations locales »[42]. On entre ici dans une coopération multiniveaux puisque ce sous-programme « a permis au PDM de nouer des relations de partenariat avec la Commission de l'UEMOA, le Club Sahel/OCDE et l'Institut du développement économique de la Banque mondiale »[43]. Il ne s'agit pas moins que de soutenir l'acquisition par

38. En 2000 ont été créés la CADDEL (Conférence africaine de la décentralisation et du développement local) et le CCRA (Conseil des communes et régions d'Afrique), ce qui représentait un progrès par rapport à une organisation antérieure en réseaux suivant les communautés linguistiques.

39. Cette représentation est unifiée au sein de Cités et gouvernements locaux unis d'Afrique (CGLU-Afrique), branche de l'ONG CGLU.

40. Voir le dossier « Coopération décentralisée et aide au développement », *Cahiers administratifs et politistes du Ponant*, n° 20/2012, p. 9 et s.

41. Ch. NACH MBACK, *op. cit.*, p. 234-235.

42. Ch. NACH MBACK, *op. cit.*, p. 461.

43. Ch. NACH MBACK, *op. cit.*, p. 237.

les entités infra-étatiques africaines d'une autonomie financière, tant il est clair que « le foisonnement des recettes fiscales, au-delà de l'exploitation par le pays de ses richesses, est une garantie d'autonomie et d'indépendance pour nos États qui peuvent ainsi se libérer des fortes pressions exercées sur eux par les pays développés, les bailleurs de fonds et les IFI »[44].

Il reste que la réorientation de la politique de coopération au développement par les IFI opérée à partir de 1999 a encouru aussi des critiques, bien qu'*a priori* séduisante dans son approche, consistant à « laisser l'initiative à chaque pays bénéficiaire de l'aide de concevoir des stratégies appropriées tenant compte de ses caractéristiques spécifiques, pour réduire la pauvreté ». Il a pu être jugé que cette planification stratégique par pays, dénommée « cadres stratégiques locaux de lutte contre la pauvreté », est de fait « une prolongation des anciens "plans d'ajustement structurels" (PAS), en ce qu'ils contiennent les mêmes conditionnalités ». Ainsi s'agissant d'un pays comme le Burkina-Faso, « l'octroi des fonds de l'initiative Pays pauvre très endetté (PPTE) demeure tributaire des performances en termes de stabilisation, de privatisation et de libéralisation », sachant que « les marges de manœuvre de l'État burkinabé dans l'accomplissement des politiques sociales » sont obérées du fait de son engagement à mener une politique de rigueur budgétaire[45].

En définitive, le constat des échecs passés de l'APD, joint à différents facteurs socioculturels favorisent une autonomisation des communautés locales. On est en quête d'un « modèle africain de développement participatif ».

II. La « coopération-intégration » s'appuyant sur l'autonomie des entités infra-étatiques d'Afrique francophone subsaharienne

Si l'assise offerte par les unions économiques régionales commence seulement à être explorée (A), les entités infra-étatiques africaines trouvent des appuis, particulièrement dans la diffusion par les organisations onusiennes d'une « éthique mondiale » fondée sur les « Objectifs du Millénaire pour le Développement » à l'horizon 2015, ainsi que dans la politique de développement de l'UE (B). Ce foisonnement général tend à laisser une place croissante à une « coopération-intégration » d'initiative locale (C).

44. D. Avom-Abega, *L'administration face au développement*, L'Harmattan, Cameroun, 2008, p. 195.
45. E. Dabonne, « Droits de l'homme et lutte contre la pauvreté au Burkina-Faso », thèse univ. Nantes, 2007.

A. Une collaboration balbutiante entre les organisations régionales de coopération-intégration et les entités infra-étatiques

Il a été perçu combien la globalisation des échanges commerciaux – couramment dénommée « mondialisation » – « s'accompagnait d'une intégration territoriale au travers d'unions régionales caractérisées par des formes institutionnelles variées »[46]. Si celles-ci sont connues à l'échelle des continents les plus développés (UE, ALENA, ASEAN), ce mouvement apparaît particulièrement foisonnant en Afrique. Dans l'Afrique de l'Ouest se sont créées plusieurs communautés à vocation économique ayant chacune la personnalité juridique, qui sont :

- Sur la base du traité du 28 mai 1975, la Communauté économique des États de l'Afrique de l'Ouest (CEDEAO), regroupant quinze États, visant « la création d'un marché commun »[47]. Un pays ici est dominant, qui constitue avec l'Afrique du Sud, l'un des « deux pôles [économiques dominants] africains au sud du Sahara »[48] : le Nigéria. Depuis 1990, il s'agit aussi d'une union de défense, avec la création de l'ECOMOG, « groupe militaire d'intervention devenu permanent en 1999 »[49].
- Sur la base du traité de Port-Louis (Île Maurice) du 17 octobre 1993, l'Organisation pour l'harmonisation en Afrique du droit des affaires (OHADA), liant seize États principalement d'Afrique centrale et occidentale, réalisant une intégration normative essentiellement en droit commercial et dans certaines procédures de règlements des litiges (recours à l'arbitrage)[50].

---

46. A. BENJELLOUN, « La mise à niveau de l'administration face à la mondialisation : quelques éléments d'approche », *in* A. SEDJARI (dir.), *La mise à niveau de l'administration face à la mondialisation*, L'Harmattan, GRET, p. 34-35.

47. Celui-ci comprend normalement « une union douanière, une libre circulation des biens et des personnes, une politique économique, financière, monétaire, sociale et culturelle commune » : Traité institutif de la CEDEAO, art. 3.

48. D'après une étude sur « l'invention géographique en Afrique » : M.-F. DURAND, J. LEVY, D. RETAILLE, *Le monde : espaces et systèmes*, Presses de la Fondation nationale des sciences politiques, Dalloz, 1992, p. 393.

49. Voir G. LOMPO, *Coopération internationale et droits de l'homme – cas de l'UEMOA*, thèse univ. Nantes, 2012, p. 35.

50. Voir M. KONÉ, *Le nouveau droit commercial des pays de l'OHADA : une comparaison avec le droit français*, LGDJ, 2003.

– Sur la base du traité de Dakar du 10 janvier 1994, l'Union économique et monétaire ouest-africaine (UEMOA)[51]. L'espace de cette union recouvre une partie de celui de la CEDEAO[52]. Cette institution résulte d'un élargissement de l'ancienne Union monétaire ouest-africaine (UMOA), créée en 1962 après les indépendances, regroupant les six États d'Afrique de l'Ouest se situant dans la zone Franc. Il résulte du préambule du traité que l'UEMOA a pour objectif la convergence économique et l'adoption de politiques macroéconomiques et sectorielles communes. L'objet initial d'intégration monétaire reste prégnant, induisant « une coopération verticale avec la France et les pays membres de l'Union, avec comme caractère essentiel la parité fixe entre le Franc français [l'Euro aujourd'hui] et le Franc CFA »[53].

La différence essentielle entre ces deux dernières organisations tient en ce que « dans l'OHADA, c'est la technique de l'uniformisation qui a été utilisée (ce qui consacre un abandon partiel de souveraineté des États membres), alors que dans l'UEMOA, c'est la technique de l'harmonisation »[54] ; pour moins radicaux que dans le premier cas, les effets produits sur les systèmes juridiques nationaux par l'UEMOA vont dans le sens d'un « transfert de souveraineté », limité par l'application du « principe de subsidiarité »[55].

Un atout de l'UEMOA est d'avoir mis à profit sa proximité en tant que structure d'intégration sous-régionale, en se dotant d'une assise institutionnelle ouverte à des membres de la société civile et des entités infra-étatiques, représentés dans des organes consultatifs (chambre consulaire régionale, Conseil du travail et du dialogue social, Conseil des collectivités territoriales).

---

51. Depuis l'adhésion de la Guinée-Bissau le 2 mai 1997, cet État lusophone voisine avec les sept autres États francophones de l'UEMOA (Bénin, Burkina-Faso, Côte d'Ivoire, Guinée-Bissau, Mali, Niger, Sénégal, Togo).

52. La CEDEAO rassemble, outre les huit États également membres de l'UEMOA, sept autres États, soit : un État francophone (Guinée), un État lusophone (Cap-Vert) et cinq États anglophones (Gambie, Ghana, Guinée, Libéria, Sierra Leone et Nigéria).

53. G. Lompo, *op. cit.*, p. 46.

54. A. Y. Sarr, *op. cit.*, p. 33.

55. A. Y. Sarr, *op. cit.*, p. 34.

Si l'on s'en tient à l'UEMOA, des rapports avec des entités infra-étatiques des pays de l'Union peuvent naître :

- soit du processus de fabrication des normes produites par l'UEMOA recueillant pour certaines les avis rendus par le « Conseil des collectivités territoriales décentralisées de l'Afrique de l'Ouest », mais aussi au travers de leur application dans la mesure où elles sont d'effet direct et donc invocables autant par les ressortissants des États membres que par les institutions communautaires et les États. L'institution depuis 2012 de ce Conseil des collectivités territoriales, organisme consultatif rattaché à l'UEMOA, atteste de la capacité d'initiative détenue par les pouvoirs locaux africains[56]. Désormais existe un cadre de concertation entre la Commission de l'UEMOA, les États membres et les collectivités territoriales;
- soit de la coïncidence entre nombre de compétences de l'UEMOA et des champs d'attribution revenant à des entités infra-étatiques. En effet entrent dans son champ d'attribution au regard des protocoles additionnels au traité, formant le droit dérivé de l'UEMOA : l'amélioration de l'enseignement supérieur et de la formation professionnelle, le renforcement du rôle de la femme dans l'intégration régionale et le développement économique et social des États membres, notamment en promouvant un accroissement de la scolarisation des filles; l'amélioration de la santé des populations des États membres; la fixation des objectifs et des principes directeurs pour un développement respectueux de l'environnement ainsi que pour l'aménagement du territoire. Ce dernier titre de compétence a généré, sur le modèle de la politique européenne de cohésion, la mise en place d'un fonds structurel de l'UEMOA, le « FAIR », finançant diverses actions visant à réduire les inégalités territoriales, principalement tournées vers la réalisation d'infrastructures (transports et télécommunications, réseaux d'irrigation, etc.).

L'éventail de tels domaines de compétences, dans des pays en développement connaissant une croissance démographique rapide, renvoie à la fois à la satisfaction de « besoins fondamentaux » de populations restant à l'écart de l'accès aux biens publics comme l'eau potable, et à la couverture de besoins complémentaires liés

---

56. M. Nepoue, « L'UEMOA a un Conseil des CT », *Villes et communes*, n° 16, « Spécial Africités 2012 », 28 nov.-9 déc. 2012. La Commission de l'UEMOA a fait adopter par la Conférence des chefs d'État et de gouvernement, à sa session du 30 mai 2011, à Lomé, l'Acte additionnel n° 02/2011/CCEG/UEMOA portant création et organisation du Conseil des collectivités territoriales de l'UEMOA (CCT).

à l'essor urbain et à la diffusion des progrès techniques ; cette conjonction est caractéristique de nos jours du sous-développement selon Yves Lacoste[57]. On peut soutenir que pour répondre à de pareils défis, l'intégration sous-régionale de type UEMOA devrait constituer une ressource complémentaire à l'aide au développement.

Dès lors, est-il concevable dans ces domaines d'intervention de bâtir d'éventuels partenariats croisés entre une politique sectorielle de l'Union et un programme de coopération décentralisée ?

Désormais, une réponse positive se conçoit, un frémissement étant perceptible dans le domaine de l'aménagement du territoire communautaire depuis 2010[58]. Posée comme cadre général, la coopération-intégration entre l'UEMOA et les entités infra-étatiques franchit désormais un stade opérationnel. Dans ce sens, on relève depuis 2008, le lancement par le conseil régional de Bretagne d'une « coopération décentralisée, en partenariat avec l'Union économique et monétaire ouest-africaine, pour contribuer au développement d'une filière de coton biologique au Burkina Faso et au Mali »[59]. Ce mouvement pourrait s'amplifier avec l'élaboration d'un programme sur la coopération transfrontalière lancé par la Commission de l'UEMOA.

---

57. Voir Y. Lacoste, *Les pays sous-développés*, PUF, « Que sais-je ? », 8e éd., 1989, p. 19 et s.

58. Il s'est tenu en 2010 une « Conférence régionale sur le thème "Développement territorial et cohésion sociale" au sein de l'espace UEMOA » (G. Lompo, *op. cit.*, p. 283). Cette conférence réunissant les ministres en charge de l'Aménagement du territoire et des collectivités territoriales des États membres, a « reconnu la nécessité de donner toute leur place aux collectivités territoriales dans la dynamique de la construction de l'intégration régionale afin de faire évoluer l'UEMOA d'une "Union des États" vers une "Union des peuples" », ce qui a débouché sur des propositions visant « la mise en place de mécanismes et dispositifs de financement du développement local dans l'espace UEMOA » (*ibid.*, p. 284). Des appuis devraient être apportés à la formation de cadres supérieurs en DESS aménagement du territoire à l'Institut Panafricain pour le Développement de l'Afrique de l'Ouest/Sahel (IPD/AOS).

59. « Ce projet concerne vingt villages au Mali et dix au Burkina Faso et permet à 3 000 producteurs, dont un tiers de femmes, d'avoir un projet stable. La filière devrait être autonome fin 2013 ». Des entreprises de textile bretonnes y sont associées ; Sénat, *Rapport sur la coopération décentralisée*, préc.

La Commission de l'UEMOA apporte depuis peu « un appui technique et financier aux initiatives de développement local des collectivités territoriales du Burkina Faso, du Mali, du Niger et du Togo dans le cadre d'un programme d'actions prioritaires sur la période 2012-2014 »[60].

Mais des freins persistants existent, limitant à la fois la puissance intégratrice propre à cette Union et sa capacité à coopérer avec des entités infra-étatiques. A pu à ce titre être dénoncé un attachement excessif des États africains à leur indépendance nationale, allant jusqu'à « se complaire dans un micro-étatisme improductif »[61], travers aggravé par le cadre statutaire de l'UEMOA qui, en faisant primer la « Conférence des chefs d'État et de gouvernement » sur les autres institutions communautaires, glisse vers « une forme de coopération intergouvernementale. On retrouve ce penchant "souverainiste" à l'échelle plus large de l'Union africaine »[62]. Aussi la coopération-intégration pourrait connaître à l'avenir des avancées asymétriques en fonction de la plus ou moins grande souplesse des législations nationales. Ainsi, les entités infra-étatiques sénégalaises pourraient constituer une avant-garde, compte tenu de l'approche extensive de la coopération décentralisée retenue dans le nouveau Code sénégalais des collectivités locales, en phase avec les approches universalistes de l'Union européenne et des Nations Unies. Son article 17 dispose en effet :

> « Les collectivités locales peuvent, dans le cadre de leurs compétences propres, entreprendre des actions de coopération qui donnent lieu à des conventions avec les collectivités locales de pays étrangers ou des organismes internationaux publics ou privés de développement. »

Du côté du droit français métropolitain, celui-ci n'ayant pas encore intégré la préconisation du Conseil d'État tendant à conférer aux exécutifs locaux le pouvoir de négocier et de signer, au nom de l'État, des accords internationaux avec des

---

60. Ces actions portent sur l'aménagement des mares de Gao (Mali) et de Dori (Burkina), ainsi que du marché de Téra (Niger) ; Voir Commission de l'UEMOA, *Rapport 2011 sur le fonctionnement et l'évolution de l'Union*, Lomé, 2012.

61. G. LOMPO, *op. cit.*, p. 25.

62. Voir G. LOMPO, *op. cit.*, p. 29 et s. Cette posture « souverainiste » fut adoptée dès les débuts de l'OUA, lors de la conférence d'Addis-Abeba, qui consacra la victoire de la thèse de la coopération interétatique défendue par Félix Houphouët-Boigny, au détriment de la thèse fédéraliste défendue par Kwame Nkrumah (*ibid.*, p. 32-33).

États étrangers (et des organisations internationales)[63], des conventions passées par ces exécutifs avec une union régionale comme l'UEMOA ne peuvent valoir que comme déclarations d'intentions.

B. Les influences diffuses de la « coopération-intégration » : l'initiative locale stimulée par l'action d'organisations internationales et de l'UE

Un « partenariat entre les villes africaines »[64] a été vivifié dans le prolongement de la deuxième conférence des Nations Unies sur les établissements humains d'Istanbul (dite « Habitat II »). Au-delà d'une proclamation de principe en faveur d'un « logement convenable pour tous », cette conférence « marque la reconnaissance historique et officielle du gouvernement local dans un monde de plus en plus urbanisé »[65]. Il est nettement affirmé dans cette instance que « le partenariat dans le cadre d'Habitat II englobe des programmes d'aide internationale aussi bien que des programmes nationaux ou infranationaux », et qu'il nécessite « au profit des collectivités locales les plus proches et les plus représentatives de leur population, la décentralisation des responsabilités, de la gestion des politiques, de l'autorité décisionnelle ainsi que des ressources suffisantes ».

Des ambitions plus amples résultent de la Déclaration du millénaire des Nations Unies sur les Objectifs du Millénaire pour le Développement (OMD) adoptée en 2000 par l'ONU et engageant une vingtaine d'organisations internationales, dont l'OCDE, le FMI et la Banque mondiale, renvoyant à la fois à des politiques économiques, d'éducation, de santé publique et d'environnement[66]. En même temps,

---

63. Conseil d'État, *Le cadre juridique de l'action extérieure des collectivités locales*, LDf, 2006, p. 50.

64. E. H. Mbodj, « Un partenariat entre les villes africaines », *in* V. Hoffmann-Martinot, L. A. Kosinski (dir.), *op. cit.*, p. 117.

65. À côté des délégués nationaux, « 579 collectivités locales, 89 représentants d'agences spécialisées, 341 membres d'organisations internationales et 2400 d'ONG » ont assisté à cette conférence ; voir I. Elander, « Partenariats et gouvernance urbaine : un agenda pour la recherche comparative internationale », *in* V. Hoffmann-Martinot, L. A. Kosinski (dir.), *op. cit.*, p. 28.

66. Les objectifs mondiaux du développement sont :
- réduire de moitié entre 1990 et 2015 la proportion de la population vivant dans l'extrême pauvreté ;
- scolariser tous les enfants dans l'enseignement primaire d'ici 2015 ;
- promouvoir l'égalité des sexes et l'autonomie des femmes en éliminant les disparités entre les sexes dans l'enseignement primaire et secondaire d'ici 2015 ;
- séduire des deux tiers les taux de mortalité liée à la maternité entre 1990-2015 ;

ces institutions se sont entendues pour adopter un nouveau cadre de formulation des programmes de lutte contre la pauvreté, dénommé « Cadre stratégique de lutte contre la pauvreté », suivant une démarche de projet allant du diagnostic à l'évaluation *ex post*. Les États africains se sont ensuite coulés dans ce moule en concevant ces cadres stratégiques, dans lesquels le rôle des entités infra-étatiques est consacré. En effet, ces cadres stratégiques prévoient non seulement « d'accélérer la décentralisation », mais aussi plus profondément de « redéfinir le rôle des autorités décentralisées afin qu'elles puissent assurer la mise en œuvre au plan local d'un programme de développement économique et social, et de créer un partenariat fécond entre les autorités locales, les ONG, le secteur privé, la société civile et les pouvoirs publics »[67].

Dans le prolongement de la Déclaration du Millénaire (spécifiquement l'Objectif 7 et la Cible C, prévoyant l'obligation de « réduire de moitié, d'ici à 2015, le pourcentage de la population qui n'a pas accès à un approvisionnement en eau potable ni à des services d'assainissement de base) », le Programme des Nations Unies pour le développement (PNUD) a promu, avec le soutien financier complémentaire de plusieurs agences de développement nationales, « une coalition de gouvernements locaux, régionaux et nationaux, d'institutions publiques et privées et d'organisations de la société civile issus d'Europe, d'Asie et d'Afrique », afin d'atteindre l'objectif d'un accès universel à l'eau. Sont mis à leur disposition « des mécanismes de solidarité décentralisés (MSD) destinés à faciliter la coopération entre les gouvernements locaux et les institutions sous-nationales, sur une base volontaire et dans un esprit de solidarité »[68]. Outre l'avantage consistant à établir un lien direct avec les entités infra-étatiques des pays du Sud, pouvant postuler à un montage financier par voie d'inscription sur une plateforme internationale dénommée *Global Water Solidarity*, l'intérêt est de mieux armer la défense des intérêts des gouvernements locaux (à qui sont offerts une assistance technique et un appui financier leur permettant de mieux définir leurs cahiers des charges) face aux entreprises fournisseurs d'eau.

– assurer l'accès aux services de santé génésique entre 1990-2015 ;
– appliquer les stratégies nationales axées sur le développement durable d'ici à 2015, de manière à réparer les dommages causés aux ressources environnementales d'ici 2015.

67. G. LOMPO, *op. cit.*, p. 196.

68. PNUD, *Global Water Solidarity*, Plateforme internationale pour la promotion des mécanismes de solidarité décentralisés ; *www.undp.org/geneva/watersolidarity.*

Une puissante contribution est aussi apportée par l'Union européenne, à travers les orientations de sa politique de développement dégagées dans l'Accord de Cotonou signé en juin 2000 avec 77 pays d'Afrique, des Caraïbes et du Pacifique (ACP). Il « reconnaît le rôle complémentaire et la contribution potentielle des acteurs non étatiques dans le processus de développement »[69]. La réalisation de cet accord est conditionnée à la participation de la société civile suivant un processus de démocratie participative. Cette initiative a reçu le soutien de la Banque mondiale et du PNUD. Cette orientation est confirmée dans les orientations récentes de la politique européenne de développement, retenant « l'instauration, pour la programmation 2007-2014, d'un programme thématique de financement intitulé "les acteurs non étatiques et les autorités locales dans le développement" d'un montant de 1,6 milliard d'euros »[70].

C. Quelle place pour la « coopération-intégration » d'initiative locale ?

Des formes de coopération-intégration, que l'on qualifiera d'« ascendantes », se dévoilent suivant toute une gamme, allant de l'adhésion d'une collectivité territoriale d'un pays du Sud à une ONG de villes jusqu'à la constitution de réseaux de partenaires coordonnant des projets de coopération internationale décentralisée.

1. L'initiative des entités infra-étatiques des pays du Nord

Elle se matérialise par une poussée en faveur de la constitution d'organisations d'intégration sous-régionales *ad hoc*.

La coopération décentralisée dans ses développements récents a vu l'émergence de « consortiums » de collectivités territoriales régulant les actions de coopération engagées par plusieurs acteurs locaux. Tel est le cas du « Groupement des collectivités territoriales de l'Ouest de la France ». Au sein de cette structure, les collectivités concernées « se sont regroupées en fonction de leurs compétences propres, au sein d'une coordination animée par le conseil général des Côtes-d'Armor »[71].

---

69. A. M. ALLAOUI, « La décentralisation aux Comores », *Cahiers administratifs et politistes du Ponant*, n° 16/2009, p. 122.

70. Sénat, *Rapport sur la coopération décentralisée*, préc.

71. M. BERTHIAU, « Présentation de la coopération décentralisée nantaise », *Cahiers Administratifs et politistes du Ponant*, n° 20/2012, p. 18.

Dans le même sens, l'Union européenne favorise une intégration accrue des partenariats noués dans le cadre de la coopération décentralisée.

Ainsi en est-il de l'appel à proposition pour la « 2e facilité Eau ACP/UE ». Avec l'appui de ce fonds européen, une somme d'actions séparées de coopération liant des communes alsaciennes, d'une part, et camerounaises, de l'autre, s'est muée en un projet global GEMI (Gouvernance de l'Eau dans le Mbam-Inoubou) visant à « mettre en place une véritable maîtrise d'ouvrage pour la gestion de l'eau sur leur territoire »[72]. Tandis que l'aire du programme est élargie à tout un département, la coopération est ramenée à deux partenaires principaux, au Nord le Syndicat départemental de l'eau et de l'assainissement du Bas-Rhin et au Sud l'Association des communes du Mbam-Inoubou (transformée depuis 2010 en syndicat de communes), structure spécialement constituée à cet effet.

Une voie plus classique repose sur un accord passé entre l'UE et un État. Ainsi, « le Cameroun a signé un accord de coopération avec l'UE mettant en place une stratégie d'appui au développement décentralisé des communautés locales »[73], dont l'enveloppe globale, financée par le FED, a bénéficié durant la période 2001-2005 à cinq villes moyennes.

2. L'initiative des entités infra-étatiques des pays du Sud

a. La coopération promue par les Unions régionales intégrées

Dans le prolongement de l'adoption des « Objectifs du Millénaire pour le Développement » en 2000, le « New Economic Partnership for African Development » (NEPAD) a été lancé dans l'espace africain formé par l'ancienne Organisation de l'Unité Africaine (devenue Union africaine). Le risque de lourdeur institutionnelle pouvant en résulter semble atténué par la structuration de ce programme, les unions économiques régionales étant reconnues par l'Union africaine comme composantes de base des programmes et initiatives du NEPAD, en qualité de Communautés économiques régionales (CER).

Une piste de recherche serait à explorer, consistant à mesurer l'influence de ce « nouveau partenariat pour le développement de l'Afrique » de l'UA, au travers de ces institutions régionales (CDEAO, CEN-SAD, etc.), en évaluant l'accessibilité de celles-ci aux projets impliquant des collectivités infra-étatiques des pays du Sud.

---

72. *http://www.ircod.org/data/Rapport2007.pdf.*
73. Ch. NGO TONG, *op. cit.*, p. 222.

b. L'intégration via *les associations internationales de villes*

En théorie, une voie optimale d'intégration impliquant les procédés de la CID s'enclenche lorsqu'est adoptée une échelle que Franck Petiteville qualifie de « multilatérale » ou « en réseau ». Cette catégorie de CID rend compte d'un mouvement, initié par les régions en Europe, de constitution « d'un cadre institutionnel incitatif à la coopération économique et technologique entre plusieurs régions de différents pays »[74]. Les entités infra-étatiques d'Afrique de l'Ouest subsaharienne peuvent-elles connaître un tel processus vertueux ?

Sans forcément s'appuyer sur des cadres d'intégration existants, des actions de coopération tirent parti de la libre initiative des acteurs locaux, celle-ci conjuguant les ressources de la libre administration des collectivités territoriales et de la liberté d'association. Ainsi, se définissant comme « l'opérateur de la Francophonie pour la coopération décentralisée », l'Association internationale des maires francophones (AIMF) soutient des « projets communs aux villes d'un même État »[75], en mettant en lien des collectivités territoriales du Nord et du Sud, que les lois nationales autorisent à adhérer à des associations internationales promouvant la coopération au développement[76]. Dans nombre d'États africains, cette capacité d'initiative puise sa source dans une conception extensive de la coopération décentralisée, qui « ne se limite pas aux seules collectivités territoriales, mais implique également les organismes publics ou privés internationaux » (cas notamment de la Côte d'Ivoire et du Bénin)[77]. Ce mouvement tend à s'amplifier, notamment eu égard à l'essor des partenariats établis avec des collectivités d'autres pays du Nord. Ainsi, une analyse des rapports liant des municipalités canadiennes avec des communes africaines, fait ressortir une orientation « consistant à se passer de l'État dans la coopération décentralisée »[78].

---

74. F. PETITEVILLE, *op. cit.*, p. 144.

75. Cadre stratégique décennal de l'AIMF pour 2005-2015, p. 4.

76. Ainsi le décret camerounais du 26 avril 2011 (art. 21) prévoit que les collectivités territoriales de ce pays « peuvent aussi adhérer à des organisations internationales de villes jumelées ou à d'autres organisations internationales de villes, en vue de mener des actions de coopération dans des domaines bien déterminés ».

77. E. SOHOUENOU, « La coopération décentralisée au Bénin, au Cameroun et en Côte d'Ivoire : aspects comparés », *Cahiers Administratifs et politistes du Ponant*, n° 20/2012, p. 21.

78. Voir A. KOUAMÉ, *Clientélisme, aménagement urbain et décentralisation en Côte d'Ivoire*, thèse, Université de Montréal, juill. 1996, p. 215.

La voie associative se coule aussi dans « Cités et gouvernements locaux unis d'Afrique », branche d'une organisation qui « structure des réseaux internationaux de coopération décentralisée urbaine sur les trois continents du Sud »[79], en mobilisant des ressources financières issues de cofinancements des IFI.

La force d'initiative des acteurs locaux de la coopération internationale décentralisée a bénéficié aussi à partir de 1991 du puissant soutien des « Programmes pour le développement municipal »[80], mis en œuvre conjointement par la Banque mondiale et des agences nationales de coopération. Les collectivités territoriales africaines ont trouvé là « un espace de dialogue au niveau continental »[81]. Pour bénéficier de ces cofinancements, ces programmes s'insèrent dans un Programme-cadre de gestion urbaine (*Urban Management Program*), co-administré par la Banque mondiale et le PNUD, visant à « associer les collectivités volontaires du Nord au soutien des municipalités des pays en développement »[82]. Une coopération décentralisée portant sur la gestion de services urbains ou la mise en œuvre de plans de développement local est alors structurée en réseau par la CGLU. En aval, il s'est vérifié une forte implication de cette association internationale de villes et régions, « supervisant la contribution de la CID à ce programme »[83]. Non dotées de la compétence internationale, les entités infra-étatiques africaines ont pu néanmoins intégrer ce « Partenariat pour le développement municipal » grâce à un subterfuge, consistant dans la transformation de ce dernier à partir de 1994 en une « association de type ONG internationale »[84].

c. La coopération promue par les autres ONG internationales régionales

Dans les pays du Sud, on relève en outre une imbrication forte entre les entités infra-étatiques et diverses ONG internationales à vocation régionale, allant dans le sens d'une structuration en réseau des actions relevant de la coopération décentralisée. Ce mouvement contribue à élargir le domaine et les ressources de l'aide

79. F. PETITEVILLE, « La coopération décentralisée Nord-Sud : vieux vin, nouvelle bouteille ? », *Les Rencontres de Yaoundé* (magazine de la CID), 1996, p. 138.

80. F. PETITEVILLE, *op. cit.*, p. 115.

81. Formule employée lors du congrès « Africités 2003 », tenu à Yaoundé du 2 au 5 déc. 2003. Cette session, couplée avec une session spéciale « Villes africaines et patrimoine » organisée par le Centre du patrimoine mondial de l'UNESCO a marqué le lancement officiel d'une initiative de l'UNESCO pour les villes africaines.

82. F. BRIAL, *Décentralisation territoriale et coopération internationale – Le cas de l'Outre-mer français*, L'Harmattan, coll. « Logiques juridiques », 1998, p. 125.

83. F. PETITEVILLE, *op. cit.*, p. 69.

84. Ch. NGO TONG, *op. cit.*, p. 231.

au développement, à laquelle la CID fournit une contribution croissante. Les programmes de coopération au développement connaissent donc un renouvellement, à travers une implication croissante d'ONG et d'associations régionales, présentes à plusieurs stades du partenariat, notamment dans le cadre d'actions combinées avec le NEPAD, porté par l'Union africaine. Le NEPAD a ainsi fourni un soutien aux initiatives prises par différentes organisations inter-sahéliennes, visant à regrouper des entités infra-étatiques de plusieurs pays (Mali, Mauritanie, Sénégal) dans un projet de gestion transfrontalière d'une zone sylvopastorale[85].

L'actualité de notre sujet s'accuse davantage. Au Nord comme au Sud, des pressions s'exercent en faveur d'une adaptation des cadres institutionnels, permettant de mieux conjuguer l'action des entités infra-étatiques et des organisations de coopération-intégration.

En France, fin 2012, le rapport du Sénat consacré à la coopération décentralisée[86] souligne « l'intérêt croissant des institutions internationales pour la diplomatie des villes ainsi que de la prise de conscience du rôle que peuvent jouer les collectivités territoriales dans la lutte contre la pauvreté ». Allant plus loin, il plaide pour que « la spécificité de l'action des collectivités territoriales en matière d'aide au développement par rapport aux organisations non gouvernementales ainsi que leur savoir-faire soient pleinement pris en considération par les institutions internationales ». Des préconisations sont aussi faites dans le rapport Laignel sur « l'action extérieure des collectivités territoriales françaises »[87], remis en janvier 2013 au ministre des Affaires étrangères. Elles tendent à faire mieux reconnaître « auprès des Nations Unies, de ses agences et de ses organisations, le respect des pouvoirs locaux dans le concert mondial » (proposition n° 5), et à « permettre aux collectivités territoriales d'être cosignataires avec l'État français, de conventions avec des États étrangers et de conclure des conventions avec des organisations internationales » (proposition n° 14).

85. M. DAFFÉ, « Gestion transfrontalière de la zone sylvopastorale », *Les Cahiers de la coopération décentralisée*, Ministère sénégalais de la Micro-finance et de la Coopération décentralisée, Saint-Louis, 4e éd., 28-30 juin 2006.

86. Sénat, *Rapport sur la coopération décentralisée*, préc.

87. A. LAIGNEL, *Rapport sur l'action internationale des collectivités territoriales : Nouvelles approches... Nouvelles ambitions*, Ministère des Affaires étrangères, Direction générale de la mondialisation, du développement et des partenariats, janv. 2013.

En même temps, au terme du sommet « Africités 2012 » tenu du 4 au 8 décembre 2012 à Dakar, une « déclaration finale a proposé de renforcer la coopération décentralisée interafricaine, comme mise en œuvre concrète de la construction de l'unité africaine ». Il nous apparaît que la traduction de cette orientation politique devrait s'appuyer sur l'atteinte d'un objectif général consistant à donner pleine effectivité aux droits sociaux inscrits dans la Charte africaine des droits de l'homme et des peuples. On s'appuierait alors sur sa force juridique qui fait que, par son objet portant sur la protection de droits fondamentaux, cette convention internationale se place au sommet de la hiérarchie des normes dans les États africains. Par là, il serait donné une pleine traduction au concept de coopération-intégration.

Bibliographie

Approches théoriques

Ouvrages généraux et thèses

- JOUVE E., *Le tiers-monde*, PUF, « Que sais-je ? », 2e éd., 1990.
- LACOSTE Y., *Les pays sous-développés*, PUF, « Que sais-je ? », 8e éd., 1989.
- LAPOINTE B., *Mondialisation et collectivités territoriales*, Eds L'Epitoge/Lextenso, coll. « L'unité du droit », vol. III, 2012.
- PRATS Y., *Décentralisation et développement*, Eds Cujas, Bibl. de l'IIAP, 1973.
- SEDJARI A., *La mise à niveau de l'administration face à la mondialisation*, L'Harmattan, GRET, 1999.

Articles scientifiques

- DELPEUCH Th., « La coopération internationale au prisme du courant de recherche "droit et développement" », *Droit et société*, n° 62/2006, p. 119-175.
- JREISAT J., « L'administration publique comparée et l'Afrique », *RISA*, vol. 76, n° 4, déc. 2010, p. 645-664.
- KIM P. S., « L'énigme aide-bonne gouvernance : à la recherche d'un discours plus réaliste », *L'aide internationale et l'administration publique*, numéro spécial, *RISA*, vol. 75 n° 4, déc. 2009, p. 611-620.

Aide publique au développement et mécanismes de la coopération décentralisée : regards occidentaux

Ouvrages généraux et thèses

- DELCOURT L., « La Chine en Afrique : menace ou opportunité pour le développement ? », *Alternative Sud 2011, www.focac.org.*
- HOFFMAN-MARTINOT V., KOSINSKI L. A. (dir.), *Quels partenariats pour la ville ? Approches internationales*, Pedone, CERVL, nº 15, 1999.
- LOMPO G., *Coopération internationale et droits de l'homme : cas de l'Union économique et monétaire ouest-africaine et des États membres*, thèse de droit public, univ. de Nantes, 2012.
- MONDOU Ch., POTTEAU A., *L'action extérieure des collectivités territoriales : bilan et perspectives*, L'Harmattan, « Droit des collectivités territoriales », 2007.
- PETITEVILLE F., *La coopération décentralisée : les collectivités locales dans la coopération Nord-Sud*, L'Harmattan, coll. « Logiques politiques », 1995.

Article scientifique

- NGOUO L.-B., « La consultation en développement organisationnel dans le contexte de l'ajustement structurel en Afrique subsaharienne : rôle et responsabilité des consultants », *RISA*, Vol. 66/1, mars 2000, p. 123-137.

Rapports et études de terrain

- BERTHIAU M., « La coopération décentralisée nantaise », *Cahiers administratifs et politistes du Ponant*, nº 20/2012, p. 11-18.
- CHASSOT M., BEKKOUCHE A., « 10 ans de coopération décentralisée française au Sénégal : quelle contribution au processus de décentralisation ? » mémoire DESS, univ. Paris 1, 2004-2005.
- CITÉS UNIES France, *Coopération décentralisée et santé en Afrique de l'Ouest – L'appui des collectivités territoriales françaises à un développement sanitaire durable*, Repères, 1re éd., janv. 2012, *www.convergence2015.org.*
- CONSEIL ÉCONOMIQUE ET SOCIAL DE LA RÉGION CHAMPAGNE-ARDENNE, *Coopération internationale décentralisée : de nouveaux objectifs*, Rapport du 5 oct. 2007.

– MINISTÈRE DES AFFAIRES ÉTRANGÈRES, Direction générale de la Mondialisation, du Développement et des Partenariats, *L'action extérieure des collectivités territoriales : Nouvelles approches... Nouvelles ambitions*, Rapport présenté par André Laignel, LDf, janv. 2013.

– FMI, *Rapport sur les politiques communes des pays membres de l'UEMOA*, 2012.

– KUZAY V., « Partenariats entre collectivités territoriales et organisations internationales : Marseille et la Banque mondiale », *Pouvoirs locaux*, n° 77, II/2008, p. 99-106.

– RÉGION AQUITAINE, action de formation, *Cap coopération – La coopération décentralisée et ses dispositifs de cofinancement*, réunion du 10 déc. 2009.

Aide publique au développement et mécanismes de la coopération décentralisée : perspectives africaines

Ouvrages généraux et thèses

– AVOM ABEGA D., *L'administration face au développement*, L'Harmattan Cameroun, 2008.

– NABONNE E., *Droits de l'homme et lutte contre la pauvreté au Burkina-Faso*, thèse de droit international, univ. Nantes, 2007.

– NACH MBACK Ch., *Démocratisation et décentralisation – Genèse et dynamiques comparés des processus de décentralisation en Afrique subsaharienne*, thèse univ. Bordeaux-IV Montesquieu, Khartala-PDM, 2003.

– SARR A. Y., *L'intégration juridique dans l'Union économique et monétaire ouest-africaine (UEMOA) et dans l'Organisation pour l'harmonisation du droit des affaires en Afrique (OHADA)*, thèse univ. Aix-Marseille-III, PUAM, 2008.

Articles scientifiques

– CONSIGUI A., « Les enjeux de la coopération décentralisée au Burkina-Faso », *Cahiers administratifs et politistes du Ponant*, n° 20/2012, p. 63-68.

– DIOUF M., « Mondialisme et régionalisme : le "nouveau régionalisme" en Afrique », *IFAL*, univ. C.A.Diop, Dakar, 2002.

– IBIKOUNLE S., « La solidarité intercommunale, nouveau vecteur de l'aide au développement ? Analyse de cas de coopération décentralisée Nord-Sud : l'exemple du Bénin », *Cahiers administratifs et politistes du Ponant*, n° 20/2012, p. 39-47.

– KASSE M., « Le NEPAD dévoyé ou l'éclipse d'une grande espérance », *www.mkasse.com.*

- MAMBO P., « Intercommunalité et coopération décentralisée en droit ivoirien : quelques maux pour en parler », *Cahiers administratifs et politistes du Ponant*, n° 20/2012, p. 31-38.
- NGO TONG Ch., « L'intercommunalité dans la politique internationale de l'aide publique au développement : l'exemple du Cameroun », *Cahiers administratifs et politistes du Ponant*, n° 20/2012, p. 49-62.
- SOHOUENOU M.-E. et MAMBO P., « La coopération internationale décentralisée au Bénin, au Cameroun et en Côte d'Ivoire : aspects comparés », *Cahiers administratifs et politistes du Ponant*, n° 20/2012, p. 19-29.
- SOUARE I. K., « Regard critique sur l'intégration africaine : comment relever les défis ? », *ISS Paper* 140, juin 2007.

Rapports et études de terrain

- BANQUE AFRICAINE DE DÉVELOPPEMENT, *Revue sur l'efficacité du développement – gouvernance*, Revue thématique, 2012.
- BREHIMA K. et TOURE B., *Appropriation des instruments de gestion des ressources naturelles par les acteurs locaux de la commune de Madiama, cercle de Djenné*, Rapport de recherche du CODESRIA (*Consortium for Development Parnerships* – Décentralisation et gouvernance locale), n° 6, CODESRIA, Dakar, 2011.
- KESZLER C., *Les ONG dans la concurrence internationale*, Centre Tricontinental, 2003.
- MINISTÈRE DE LA MICRO-FINANCE ET DE LA COOPÉRATION DÉCENTRALISÉE (Sénégal), *Coopération décentralisée et lutte contre la pauvreté : quelles orientations pour des actions efficaces ?* Saint-Louis, 4e éd, 28-30 juin 2006.
- MONZALA W. S. C., *Les initiatives d'intégration régionale en Afrique de l'Ouest : analyse du cadre institutionnel de la CEDEAO*, Rapport de licence en droit public, Université africaine de technologie et de management UATM-GASA, 2009.
- MWAKA BWENGE A., *D'une CEPGL à une autre : quelles alternatives dans les stratégies actuelles d'intégration et de coopération pour le développement ?* Centre d'études politiques, Université de Kinshasa, 2005.
- TCHOUASSI G., *Repenser le développement Africain : au-delà de l'impasse, les alternatives – Argent de la diaspora et financement du développement des infrastructures urbaines de base en Afrique*, 11e Assemblée générale du CODESRIA, Maputo, Mozambique, 6-10 déc. 2005.
- UEMOA, *Rapport 2011 de la Commission sur le fonctionnement et l'évolution de l'Union*, 16e session ordinaire de la Conférence des chefs d'État et de gouvernement, Lomé, 2012.

Sites internet

- SOMMETS AFRICITÉS : *www.africites.org.*
- MINISTÈRE DES AFFAIRES ÉTRANGÈRES : *www.diplomatie.gouv.fr.*
- PFVT : *www.pfvt.org.*
- ATLAS FRANÇAIS DE LA COOPÉRATION DÉCENTRALISÉE (CNCD) : *www.cncd.fr/frontoffice/bdd-monde.asp.*
- CITÉS UNIES FRANCE : *www.cites-unies-france.org.*

Annexe I

Les organisations de coopération-intégration en Afrique

Union africaine			
CEN-SAD	**UMA**	**CEDEAO**	**IGAD**
Communauté des États Sahelo-Saharien	Union du Maghreb	Communauté économique des États de l'Afrique de l'Ouest	Autorité intergouvernementale pour le développement
CEEAC	**COMESA**	**SADC**	**EAC**
Communauté Économique des États de l'Afrique centrale	Marché Commun de l'Afrique Australe	Communauté de développement de l'Afrique Australe	Communauté Afrique de l'Est

Annexe II

Les unions régionales africaines
Les découpages de l'Afrique. Les unions économiques

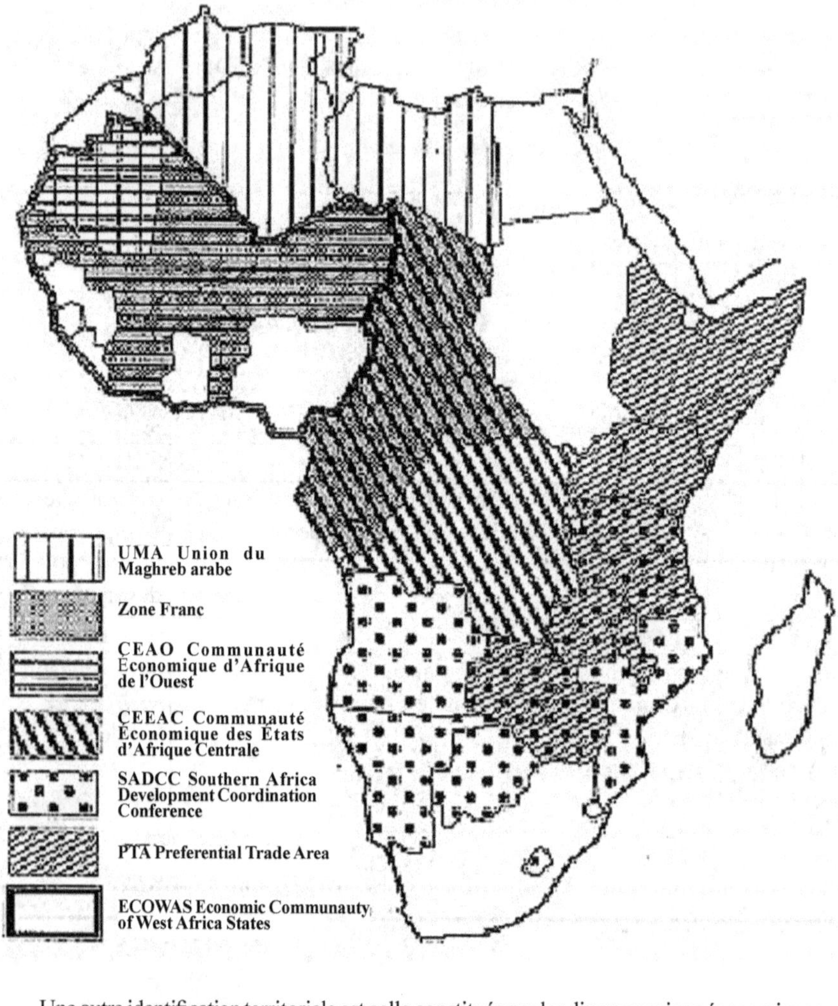

Une autre identification territoriale est celle constituée par les diverses unions économiques dont s'est dotée l'Afrique.
Ces dernières lectures du continent montrent les influences organisatrices des puissances extérieures dominantes tandis que s'affirment des pôles internes comme le Nigéria et l'Afrique du Sud.

Source : G. Lompo, Coopération internationale et droits de l'homme : cas de l'Union économique et monétaire ouest-africaine et des États membres, *thèse de droit public, univ. de Nantes, 2012.*

Partie III

Les collectivités ultramarines et les processus d'intégration et de coopération régionales

Problématique des territoires non indépendants

14. QUELLE PARTICIPATION DES COLLECTIVITÉS FRANÇAISES DE LA CARAÏBE DANS LES ORGANISATIONS RÉGIONALES ?

par

Emmanuel JOS

Professeur de droit public
Université des Antilles et de la Guyane
Centre de Recherche sur les Pouvoirs Locaux dans la Caraïbe (UMR CNRS 8053)

La Guadeloupe, la Guyane et la Martinique connaissent actuellement un tournant décisif concernant leur participation en tant que membres associés au sein des organisations régionales de coopération et d'intégration. Ainsi, par exemple, la Commission économique pour l'Amérique latine et les Caraïbes (CEPALC)[1] s'est prononcée le 31 août 2012 en faveur de l'admission, comme membre associé, de la Martinique. Au début de 2013, le processus est en cours concernant son adhésion

1. La CEPALC est un organe régional du Conseil économique et social des Nations Unies. Elle vise à renforcer la coopération entre ses membres dans les domaines économique, social, culturel et de respect des droits de l'homme. Elle dispose d'un bureau régional à Port of Spain, à Trinidad. Le Comité de développement et de coopération des Caraïbes (CDCC) est depuis 1975 un organe subsidiaire intergouvernemental de la CEPALC regroupant les membres de la Caraïbe. La CEPALC comprend 44 États, principalement d'Amérique latine, et 9 non régionaux : Allemagne, France, Royaume-Uni, Pays-Bas, États-Unis, Japon, Canada, Portugal, Corée du Sud. Elle inclura désormais treize territoires comme membres associés : Anguilla, Aruba, Îles Caïmans, Guadeloupe, Martinique, Montserrat, Porto Rico, Îles Turques-et-Caïques, Îles Caïmans, Îles Vierges britanniques, Îles Vierges étatsuniennes, Curaçao et Bermudes (mars 2013).

comme membre associé de l'Organisation des États de la Caraïbe orientale (OECO, ou OECS, en langue anglaise), de la Communauté des Caraïbes (CARICOM) et de l'Association des États de la Caraïbe (AEC). Il en va de même de la Guadeloupe et de la Guyane en fonction des intérêts géographiques propres à chacune de ces collectivités. Quelles sont les bases juridiques de ces adhésions ? En quoi représentent-elles un tournant important sur le plan historique ? Quel est l'intérêt de ces adhésions ? Nous tâcherons ci-après d'apporter quelques éclairages sur ces trois questions.

I. Les bases juridiques des adhésions des Régions de Guadeloupe, de Guyane et de Martinique comme membres associés des organisations régionales

La base juridique de ces adhésions est, à l'échelon interne, l'article 43 de la loi d'orientation pour l'outre-mer (dite LOOM) du 13 décembre 2000, (article L. 4433-4-5 du CGCT modifié par la loi n° 2010-1487 du 7 décembre 2010). Cet article est ainsi rédigé :

> « Les régions de Guadeloupe, de Martinique, de Mayotte, de Guyane et de La Réunion peuvent, avec l'accord des autorités de la République, être membres associés des organismes régionaux, mentionnés au premier alinéa de l'article L. 3441-3, ou observateurs auprès de ceux-ci.
> Les conseils régionaux de ces régions peuvent saisir le Gouvernement de toutes propositions tendant à l'adhésion de la France à de tels organismes. »

La procédure interne prévoit : une délibération de la collectivité régionale transmise au ministre des Affaires étrangères sollicitant l'adhésion ainsi que, éventuellement, les pouvoirs pour entreprendre la négociation en vue de l'adhésion. Une lettre d'accord du ministre est ensuite adressée au président de région et à l'autorité compétente de l'organisation. Des négociations sont entamées relatives aux conditions d'adhésion avec les instances compétentes de l'organisation régionale. L'article L. 4433-4-2 du CGCT ouvre la possibilité pour les autorités de la République de délivrer pouvoir au président du conseil régional pour négocier et signer des accords avec les États, territoires et organismes régionaux.

L'étendue du champ de participation des Régions de Guadeloupe, de Guyane et de Martinique dans les organisations régionales est limitée à leurs compétences. Cette participation doit se faire dans le respect des engagements internationaux de la France et dans le respect des compétences de l'Union européenne. À noter que, au sein de l'AEC, les membres associés ont dans certains cas la possibilité de voter, ce qui va au-delà des compétences généralement reconnues aux membres associés dans les organisations internationales.

S'agissant des bases juridiques internationales de ces admissions comme membres associés, on observe que toutes les organisations concernées prévoient dans leurs statuts (actes constitutifs) la possibilité de participation comme membres associés des territoires non indépendants de la région. En voici quelques exemples :

L'acte constitutif de la PAHO (Organisation panaméricaine de la santé qui fait fonction d'organisation régionale de l'Organisation mondiale de la santé) stipule dans son article 2/B que « des territoires ou groupes de territoires faisant partie de l'hémisphère ouest qui ne sont pas responsables de la conduite de leurs relations internationales auront le droit d'être représentés et de participer à l'Organisation. La nature et l'étendue des droits et obligations de ces territoires ou groupes de territoires au sein de l'Organisation seront déterminées dans chaque cas par le Conseil directeur après consultation du gouvernement ou autres autorités ayant la responsabilité de leurs relations internationales ». Ainsi, sont membres de la PAHO, la Guadeloupe, la Guyane française et la Martinique[2].

L'AEC présente un dispositif original[3]. Son acte constitutif prévoit que peuvent devenir membres les États dont la liste est dressée à l'annexe I, et comme membres associés les États, pays et territoires de la Caraïbe dont la liste figure à l'annexe II[4].

---

2. Membres de la PAHO : Anguilla, Antigua-et-Barbuda, l'Argentine, Aruba, les Bahamas, la Barbade, Belize, les Bermudes, la Bolivie, le Brésil, le Canada, les Îles Caïmans, le Chili, la Colombie, le Costa Rica, la Dominique, la République dominicaine, le Salvador, l'Équateur, les États-Unis, la Guyane française, Grenade, la Guadeloupe, Haïti, le Honduras, les Îles Turques-et-Caïques, les Îles Vierges britanniques, la Jamaïque, la Martinique, le Mexique, Montserrat, les Antilles néerlandaises, le Nicaragua, Panama, le Paraguay, le Pérou, Porto Rico, Saint-Kitts-et-Nevis, Sainte-Lucie, Saint-Vincent-et-les-Grenadines, le Suriname, Trinité-et-Tobago, l'Uruguay, le Venezuela (mars 2013).

3. L'AEC est une organisation de consultation, de concertation et de coopération à l'échelon de la Grande Caraïbe (élargie à plusieurs territoires continentaux). Elle a pour objectif en particulier de favoriser le développement durable dans les domaines culturel, économique, social, scientifique et technologique, la prise en compte du potentiel de la mer Caraïbe, le développement d'un espace élargi favorable au commerce et aux investissements.

4. À l'origine, l'acte constitutif prévoyait :

– Annexe I : États pour lesquels est ouverte la participation au sein de l'Association comme États membres : Antigua-et-Barbuda, les Bahamas, la Barbade, Belize, Colombie, Costa Rica, Cuba, la Dominique, la République dominicaine, le Salvador, Grenade, le Guatemala, le Guyana, Haïti, le Honduras, la Jamaïque, le Mexique, le Nicaragua, le Panama, Saint-Kitts-et-Nevis, Sainte-Lucie, Saint-Vincent-et-les-Grenadines, le Suriname, Trinité-et-Tobago et le Venezuela.

Le traité de Chaguaramas créant la CARICOM en 1973 et révisé en 2001, dans son article 3 dresse la liste des États membres[5] en y incluant Montserrat, territoire non indépendant, et stipule que peuvent devenir membres de la Communauté tout autre État ou territoire de la région Caraïbes qui, de l'avis de la Conférence des chefs de gouvernements, sont aptes et veulent exercer les droits et assumer les obligations de membres. L'article 231 précise pour sa part que la Conférence peut admettre comme membre associé de la Communauté tout État ou territoire de la Caraïbe selon les termes et dans les conditions qu'elle décide.

En ce qui concerne l'OECO[6], l'article 2 de son acte constitutif indique que tout État ou territoire de la région Caraïbes peut avoir la possibilité de devenir membre à part entière ou membre associé et pourra être admis comme tel par une décision unanime de l'Autorité.

– Annexe II : États, pays et territoires pour lesquels est ouverte la participation comme membres associés : Anguilla, les Bermudes, les Îles Vierges britanniques, les Îles Caïmans, Montserrat, Porto Rico, les Îles Turques-et-Caïques, les Îles Vierges américaines.

La République française au titre de : Guadeloupe, Guyane, Martinique.

Le Royaume des Pays-Bas (Aruba et les Antilles néerlandaises).

En mars 2013, les États membres sont au nombre de 25. Les membres associés sont : Aruba (territoire d'outre-mer des Pays-Bas) Curaçao (territoire d'outre-mer des Pays-Bas), Saint-Martin (territoire d'outre-mer des Pays-Bas), les Pays-Bas représentant Bonaire, Saba et Saint-Eustache (communes à statut particulier des Pays-Bas), les Îles Turques-et-Caïques (territoires d'outre-mer du Royaume-Uni), la République française au titre de la Guadeloupe, la Guyane, la Martinique, Saint-Martin et Saint-Barthélemy. Compte tenu des compétences de l'Union européenne et de son implication dans la coopération régionale, elle bénéficie depuis décembre 2008 du statut d'observateur.

5. La CARICOM, vise à construire une économie et un marché intégrés entre ses membres et à développer la réalisation d'actions communes dans une diversité de secteurs. Les membres de la CARICOM sont : Antigua-et-Barbuda, les Bahamas, la Barbade, Belize, la Dominique, Grenade, le Guyana, Haïti, la Jamaïque, Montserrat, Saint-Christophe-et-Niévès, Sainte-Lucie, Saint-Vincent-et-Grenadines, le Suriname, Trinité-et-Tobago. Sont membres associés : Anguilla, les Bermudes, les Îles Vierges britanniques, les Îles Caïmans, les Îles Turques-et-Caïques (mars 2013).

6. L'OECO permet de renforcer la coopération entre les petits États et territoires de l'Est de la Caraïbe dans divers domaines économiques et sociaux ainsi que de la défense et de la sécurité, d'organiser un marché commun et de se concerter en matière de relations extérieures. Les membres à part entière sont Antigua-et-Barbuda, la Dominique, Grenade, Montserrat, Saint-Kitts-et-Nevis, Sainte-Lucie, et Saint-Vincent-et-les-Grenadines. Les membres associés sont : Anguilla et les Îles Vierges britanniques (mars 2013).

Il s'avère donc que les organisations régionales de la Caraïbe admettent la possibilité d'une participation comme membres associés des territoires non indépendants. En conséquence, l'adhésion à ce titre des régions de Guadeloupe, de Guyane et de Martinique est susceptible de renforcer leur insertion régionale et de faciliter la coopération avec les États et territoires de la zone.

II. La traduction d'une évolution majeure

Après la Seconde Guerre mondiale, les puissances administrantes (selon la terminologie de la Charte des Nations Unies) des territoires non indépendants des Caraïbes poursuivaient un objectif majeur à savoir, dans le contexte de la guerre froide, le contrôle géostratégique de la région, assorti de quelques aides parcimonieuses au développement. Dans cette perspective, ont été mis en place successivement la Commission anglo-américaine le 9 mars 1942 (États-Unis et Royaume-Uni), la Commission des Caraïbes le 30 octobre 1946, l'Organisation des Caraïbes le 21 juin 1960, transformé en 1965 en *Caribbean Economic Development Corporation* qui a été dissoute en 1971. Pendant cette période, quelques ressortissants des territoires non indépendants de la région ont pu nouer des contacts au cours des diverses conférences et réunions et même exercer des responsabilités administratives. Ce fut le cas notamment du Martiniquais Clovis Beauregard qui exerça les fonctions de secrétaire général de l'Organisation des Caraïbes de 1961 à 1965 à Porto Rico.

En fait, l'isolement des outre-mer français par rapport à leur environnement régional a prévalu largement jusqu'au début des années 1980. Les relations se limitaient à quelques actions de coopérations fonctionnelles dans le cadre des organismes régionaux des institutions spécialisées du système des Nations Unies tels que la PAHO en matière de santé.

Sur le plan politique, l'isolement était dû premièrement à la politique d'assimilation et au contexte géopolitique de la guerre froide. Il s'agissait, notamment, de tenir les dépendances ultramarines à l'abri de l'influence des idéologies marxistes, anticolonialistes, anti-impérialistes et révolutionnaires qui se répandaient dans certains États voisins tels que Cuba.

Par ailleurs, jusqu'au début des années 1970, l'intérêt économique des relations avec les territoires voisins n'apparaissait pas suffisant pour justifier la sortie de l'isolement. C'est, en effet, à partir du début des années 1970 que les milieux économiques, notamment de l'import-export, se sont approprié la revendication d'une plus grande ouverture vers l'environnement régional. La signature, en

1975, de la première convention de Lomé instituant un système de préférences commerciales non réciproques en faveur d'un ensemble d'États d'Afrique, des Caraïbes et du Pacifique, fut un élément déclencheur. Si, dans un premier temps, ces milieux demandaient à l'État et à la Communauté européenne des protections et des compensations, ils ont été progressivement demandeurs de coopération, ce qui fut inscrit dans les programmes mis en place par la Communauté concernant tant les DOM intégrés que les PTOM associés. Dans cette perspective, à l'initiative de Clovis Beauregard, se sont tenus en février 1981 à Pointe-à-Pitre les premiers contacts Europe-Caraïbes visant à renforcer la coopération.

Parmi les facteurs politiques de changement, il convient de mentionner tout d'abord le mouvement de décentralisation de droit commun à partir de 1982 et, dans ce cadre, la prise en compte de dispositions spéciales en faveur des régions d'outre-mer. Ainsi, à la demande d'élus locaux, quelques compétences consultatives spécifiques aux ROM en matière extérieure ont été conférées par l'article 9 de la loi du 31 décembre 1982 relative à l'organisation des régions de Guadeloupe, Guyane, Martinique et La Réunion.

Une impulsion importante de la part de l'État a été donnée en 1990 par la réunion qui s'est tenue à Cayenne (Guyane) sous la présidence du Premier ministre, Michel Rocard.

En vue d'une meilleure prise en compte des spécificités des départements et régions d'outre-mer, le Premier ministre Lionel Jospin a commandé par une lettre du 10 décembre 1998 au député de La Réunion, Michel Tamaya, et au sénateur de la Martinique, Claude Lise, un rapport destiné à préparer l'élaboration d'un projet de loi pour l'outre-mer relevant de l'article 73 de la Constitution et de l'article 229 § 2 du traité CE. Ce rapport rendu en janvier 1999 sous le titre *Les départements d'outre-mer aujourd'hui : la voie de la responsabilité* a préconisé une série de nouvelles capacités d'actions pour les départements et régions d'outre-mer en matière extérieure. Bien des préconisations du rapport furent incluses dans la loi d'orientation pour l'outre-mer du 13 décembre 2000, marquant ainsi un tournant important pour les collectivités concernées quant à leur possibilité de renforcer leur coopération avec les États, territoires non indépendants et organismes de leurs régions respectives, notamment, comme indiqué *supra*, la possibilité de devenir membres associés des organismes régionaux.

Fort de ces nouvelles dispositions, le président du conseil régional de la Martinique a officiellement saisi le Premier ministre Lionel Jospin, le 1er juillet 2001, d'une demande d'adhésion de la Région Martinique à l'AEC comme membre associé, avec copie au ministre des Affaires étrangères, au ministre délégué à la Coopération et à la Francophonie, au secrétaire d'État à l'Outre-mer et au secrétaire général de l'AEC. Une demande en vue de l'obtention du statut de membre associé a été également déposée auprès du gouvernement français par le président du conseil régional de la Guyane. Alors que la demande devait être examinée à la session du Conseil des ministres de l'AEC des 12 et 13 juillet 2001, l'opposition du Président de la République, signifiée en dernière minute, n'a pas permis à la démarche d'aboutir.

Un changement de position des autorités de la République s'est manifesté suite aux élections de 2007. Au cours des États généraux de l'outre-mer (EGOM) qui ont été organisés en réponse aux événements sociaux de février-mars 2009, un atelier d'analyse et de proposition a été mis en place avec pour thème l'insertion des départements et régions d'outre-mer dans leur environnement régional, traduisant ainsi un positionnement plus favorable à la prise en compte de la volonté des collectivités concernées de renforcer leur coopération avec leurs voisins.

Le nouveau pouvoir, issu des élections de 2012, se montre lui aussi très favorable à cette insertion, ce qui explique les réponses positives données aux demandes d'adhésion qui lui ont été jusque-là adressées en vue d'une participation comme membres associés à diverses organisations régionales.

III. Des adhésions pour quoi faire ?

Ces adhésions permettront de renforcer les liens de solidarité des régions concernées avec leurs voisins et de mener plus facilement des actions communes dans divers domaines où il existe des intérêts communs.

Nombreux sont les domaines dans lesquels les relations avec les divers acteurs régionaux peuvent être renforcées favorablement : l'amélioration des échanges commerciaux ; la réalisation d'investissements créateurs d'emplois ; la conclusion de conventions fiscales ; la recherche des réglementations douanières mutuellement profitables ; l'harmonisation des normes applicables en matière de biens et de services ; le développement du tourisme vert ; la préservation de l'environnement terrestre et marin ainsi que de la biodiversité ; le développement des énergies nouvelles ; la gestion durable des ressources de la mer, la conclusion d'accords de pêche permettant de répondre aux besoins des professionnels et des consommateurs tout en préservant la ressource[7] ; l'amélioration de la santé des populations par la lutte commune contre des maladies comme la dengue, le VIH/Sida ; l'amélioration des services de santé, la lutte contre la pauvreté, les exclusions et les discriminations ; la prévention des catastrophes naturelles et l'organisation des secours ; l'efficacité dans la lutte contre les trafics illicites de stupéfiants, d'armes ou de migrants ; l'amélioration de la coopération en matière judiciaire et pénale notamment par la conclusion de conventions d'extradition ; l'organisation de manifestations culturelles ou sportives, etc.

Il s'agit donc d'un champ très vaste d'actions, relevant des compétences respectives de l'État, de l'Union européenne, des collectivités territoriales, des entreprises privées, des associations, qui peuvent contribuer à améliorer les conditions de vie des populations.

***

*

On soulignera en conclusion que l'efficience des partenariats qui peuvent ainsi se tisser au sein des organisations régionales peut être accrue, d'une part, grâce à l'élaboration de stratégies communes permettant de mettre en cohérence l'action des divers acteurs. Il s'agit de stratégies élaborées à la fois de façon ascendante et descendante. Ascendantes, c'est-à-dire élaborées au sein des organisations à partir de propositions formulées par les membres, reprises et incluses dans des documents communs d'orientation. Descendantes, c'est-à-dire élaborées à l'échelon national en déclinaison des orientations adoptées à l'échelon régional.

Cette efficience peut être accrue, d'autre part, grâce à une plus grande implication de la société dite civile dans le partenariat. Ceci pose la question du rôle des ONG auprès des institutions régionales, de l'institution de comités consultatifs auprès des organisations régionales, de la prise en compte de la participation de « partenaires sociaux » dans les travaux comme au sein de l'AEC, de la constitution d'assemblées auprès des institutions régionales comme l'Assemblée des parlementaires de la CARICOM au sein de laquelle les membres associés peuvent disposer de représentants.

7. Il s'agit d'une compétence de l'UE, la délimitation des espaces sous juridiction nationale étant de la compétence de l'État.

15. RESPONSES TO THE SOVEREIGNTY/ VULNERABILITY/DEVELOPMENT DILEMMAS

Small Territories and Regional Organizations in the Caribbean

par

Jessica BYRON

Senior Lecturer in International Relations

Patsy LEWIS

Senior Fellow
Sir Arthur Lewis Institute of Social and Economic Studies (SALISES)
University of the West Indies, Mona (Jamaica)

History and geography in the Caribbean have created a region with many small territories, varied types of juridical status and relationships with several major powers. Diverse colonial legacies have left at least four official languages, different legal and political systems and considerable diversity in economic linkages and social arrangements. Nonetheless, these manifestations of difference are accompanied by a general sense of Caribbean identity, common experiences and shared challenges to be overcome, and the imperative of cross-border exchanges and cooperation. Given the small State/microstate characteristics of most Caribbean territories, regionalism has been perceived by the smallest as a "problem-solving device".[1]

The Americas have a rich history of regional cooperation, dating back to the establishment of the Pan-American Union in 1889. Yet, with the exception of regional organizations in the Caribbean zone and the Economic Commission for Latin America and the Caribbean, few of the regional groupings provide for the membership of non-independent territories. In the Caribbean Basin mechanisms for regional cooperation and/or integration have emerged which have sought to transcend the issue of sovereign status and to address common questions of socio-economic development and the construction and consolidation of democratic systems of governance.

Three regional groupings fall into this category: the Caribbean Community (CARICOM) established in 1973, the Organization of Eastern Caribbean States (OECS) formed in 1981 and the Association of Caribbean States (ACS) formed in 1994. CARICOM and the OECS emerged, driven by the logic of decolonization in the British Caribbean and the search for regional institutional frameworks that would reinforce Member States' political and economic viability as sovereign entities and support their engagement with the international community. The ACS appeared later in a changed international environment. It was an initiative by the Group of Three[2] and CARICOM to construct a regional forum that could bridge the dividing lines in the Greater Caribbean and build new forms of regional cooperation.

This paper will do a comparative survey and analysis of the three regional organizations. It will review the historical context in which each grouping emerged, its objectives and membership composition, the constitutive texts and mandate of each organization. It will examine the different ways in which each organization has incorporated its non-independent members and the evolution of the latters' participation over time.

1. UNDP, *Caribbean Human Development Report 2012*, 8 Feb. 2012, p. 3 : *www.undp.org/* (accessed 5 May 2013).

2. The Group of Three consisted of Colombia, Venezuela and Mexico. Their grouping evolved in the early 1990s out of their role in the Contadora Group's diplomatic interventions in Central America in the 1980s and their subsequent desire to strengthen political and economic cooperation among themselves and with the other actors in the Caribbean Basin.

The paper highlights the areas of greatest participation by the non-independent members, examining their contributions and the specific development benefits that they may have derived. These include cooperation in the spheres of education, health, disaster and management in the case of CARICOM and judicial and monetary integration in the case of the OECS. The paper examines the significance of this constituency for the evolution, consolidation and *raison d'être* of the regional organizations.

The paper discusses contemporary issues concerning the membership of non-independent territories in the organizations. There are dynamic processes of political and constitutional evolution and contestation taking place in the British and Dutch Caribbean territories while the French departments and collectivities explore the limits of their decentralized powers and Puerto Rico and the USVI continue their own constitutional debates and struggles with the US. Regional organizations are facing watersheds, sometimes crisis points in their own development and are struggling to overcome these challenges. We argue that this context offers new possibilities for the continued role of regional organizations in the Caribbean as arenas in which the actors formulate responses to common development challenges and seek to pool collective resources.

I. The Caribbean Community (CARICOM)

A. An Exploration of Small Size, Decolonization and Governance in the 20th Century Caribbean: CARICOM and its Associate States

The Caribbean has very large numbers of independent small and micro States. They range in population terms from St. Kitts/Nevis with 40,000 people to Jamaica with 2.7 million. They are characterized by the following features which constrain their competitiveness: economic openness which increases their vulnerability to external developments in the economies of their major trading partners; high cost of borrowing to fund development projects; high cost of administration and infrastructure; high frequencies of tropical storms and hurricanes; and vulnerability to climate change arising from global warming which threatens low-lying coastal areas.

The region also has the largest numbers of States with relationships with former colonial powers – the UK, France, Netherlands, US – that reflect various degrees of autonomy. Colonial rivalry has resulted in a region fragmented by language, administration and legal systems. These features, aggravated by their separation by sea, have encouraged distinct island personalities that have made political and economic integration difficult. This reality complicated the process of decolonization. The British sought to overcome concerns about the viability of their territories as independent units by bringing separate constitutional units together in a federation in 1958. The West Indies Federation's collapse five years after it began left in its wake a large number of small units deemed unviable as independent States. These entered into an Associated Statehood (AS) relationship with Britain, which allowed them internal self-government while Britain controlled foreign policy and defence. Between 1974 and 1983 six of the Associated States progressed toward independence,[3] leaving the rest in various stages of constitutional dependence.

The relationship between Britain and its dependent territories has evolved, with a process of constitutional review between 2006 and 2011. They are now referred to as Overseas Territories (OTs) and have access to British citizenship. New constitutions resulting from this exercise extended Britain's reach in the economy, giving it control over the off-shore financial sector. The UK Parliament also has "unlimited power to legislate".[4] It also introduced European Human Rights norms abolishing the death penalty and repealing anti-homosexual laws and judicial corporal punishment.[5] The various constitutional models that exist among the British OTs share common features. Britain maintains control over external relations and security, leaving them with control over internal affairs. The Governor or Commissioner, who represents the Queen, exercises control over external affairs, defence, internal security (including the police) and the appointment, discipline and removal of public officers.[6]

Independence failed to resolve the question of viability. Within five years of Jamaica's and Trinidad and Tobago's independence, a proposal was made for the establishment of the Caribbean Free Trade Area (CARIFTA) among the former members of the WIF. The initiators included Antigua, an AS State of Britain, and Guyana, which had only just become independent in 1966 and had not been

3. Grenada was the first to gain independence in 1974; followed by Dominica in 1978; St. Lucia and St. Vincent and the Grenadines in 1979; Antigua and Barbuda in 1981; and St. Kitts/Nevis in 1983.

4. Foreign and Commonwealth Office, *The Overseas Territories: Security, Success and Sustainability*, 2012, p. 12, *[www.fco.gov.uk]*.

5. P. CLEGG, "Governing the UK Caribbean Overseas Territories: A Two-Way Perspective", *in* P. CLEGG and E. PANTOJAS-GARCIA, *Governance in the Non-Independent Caribbean: Challenges and Opportunities in the Twenty-First Century*, Kingston, Miami, IRP, 2009, p. 13.

6. Foreign and Commonwealth Office, *op. cit.*, p. 12.

a member of the WIF. Interest in CARIFTA by both the newly independent and non-independent States suggests some appreciation of the common challenges which independence could not resolve. By 1973, CARIFTA had evolved into the Caribbean Community, which added functional cooperation and foreign policy coordination within its ambit.

CARICOM States[7] have found their existence as independent States increasingly challenging. The early years brought access to concessionary financing from the international community and non-reciprocal preferential trading arrangements. Specifically, they benefitted from access to the EU market and grants from successive Lome Conventions (later Cotonou Partnership Agreement). They also received preferential access to the US and Canadian markets under the Caribbean Basin Initiative and CARIBCAN, respectively. Their difficulties increased with the shift toward trade liberalization in the 1990s under the auspices of the newly formed World Trade Organisation (WTO), which undermined the legitimacy of such arrangements and precipitated the collapse of their banana and sugar industries. Thus, their diplomatic thrust has been to focus attention on the particular constraints to their development, contingent on their small size, and environmental vulnerability. Their development challenges have been such that they are increasingly held up to non-independent Territories as examples of the failings of independence. Many CARICOM States experience high levels of unemployment, poverty, government debt and variable economic growth.

The economic performance of the British dependencies, up to 2008 appeared stronger than that of CARICOM States. Before the start of the recession all, with the exception of St. Helena and Montserrat, were independent of British aid. Montserrat became a recipient of British aid in the wake of the 1995 eruption of the Soufriere volcano, which made most of the island uninhabitable and displaced economic activity and much of the population. Generally, Caribbean OTs have done well off their services sectors, primarily the tourism and the financial sectors. Their reluctance to proceed to full independence, despite dissatisfaction with aspects of their constitutional relationship with Britain, is partly attributed to the sentiment that their close relationship with Britain, associated with which are stability and financial probity, underpins the success of their service economies. Despite attempts to establish a positive correlation between colonialism and income

7. CARICOM members are Antigua and Barbuda, the Bahamas, Barbados, Belize, Dominica, Grenada, Guyana, Haiti, Jamaica, Montserrat, St. Kitts/Nevis, St. Lucia, St. Vincent and the Grenadines, Suriname and Trinidad and Tobago.

levels of OTs[8] the global recession has undermined their economic base showing up the same structural weakness of small Windward Islands (Dominica, St. Lucia and St. Vincent and the Grenadines), banana producers whose economies were among the most prosperous in CARICOM. For instance, in the early 2000s, well before the recession, poverty rates in the Turks and Caicos Islands (TCI) and the British Virgin Islands (BVI) were 26 % and 22 %, respectively, of the population.[9] They are now being presented with similar prescriptions to address revenue loss: increase taxes on consumption and income.[10]

Even before the recession, OTs were sensitive to the constraints their small size presented despite their apparent success. Their case for special consideration in response to the EC's 1999 Green Paper revising the association arrangements followed much the same line as that of their independent counterparts. They drew attention to their small size (Anguilla) and environmental concerns and proneness to disasters (BVI) and sought special consideration in trade and resources to mitigate vulnerabilities (BVI).[11] Thus, it is important to note that despite their constitutional relations with Britain, the recession has shown up the fragility of their economic base, proving it to be no more diversified than their independent counterparts'.

Meanwhile, the quest for viability combined with some measure of autonomy took different paths in the rest of the Caribbean. Puerto Rico became the Commonwealth of Puerto Rico in 1952, enjoying some self-government but remaining a U.S. territory under Congressional authority.[12] A 1954 *Statuut* made the Dutch Caribbean territories autonomous entities within the Kingdom of the Netherlands. Following further constitutional developments, by 2010 Curacao, Aruba and Sint Maarten had become separate countries within the Kingdom while

8. J. Feyrer and B. Sacerdote, cited by P. Sutton "The European Union and its Overseas Countries and Territories : the Search for a New Relationship", *in* P. Clegg and D. Killingray, eds., *The non-independent territories of the Caribbean and Pacific, Continuity or Change?*, University of London, Institute of Commonwealth Studies, School of Advanced Studies, 2012.

9. Kairi, *Turks and Caicos Islands Poverty Assessment Report*, Vol. 1 of 2, 2000, *[http://www.caribank.org/uploads/publications-reports/economics-statistics/country-poverty-assessment-reports/TCI_Main_CPA_Report2000.pdf]*; Caribbean Development Bank, and the Government of the British Virgin Islands, *Country Poverty Assessment Report*, Vol. 1 of 2, 2003, *[http://www.caribank.org/uploads/publications-reports/economics-statistics/country-poverty-assessment-reports/BVI.vol1.pdf]*.

10. D. Mathiason, *in* P. Clegg and D. Killingray, *op. cit.*

11. P. Sutton, *in* P. Clegg and D. Killingray, *op. cit.*, p. 115.

12. A. Ramos-Gamaliel, A. Israel-Rivera., eds, *Islands at the Crossroads: Politics in the Non-Independent Caribbean*, IRP, Kingston, 2001, p. 1.

Bonaire, Saba and Sint Eustatius became Dutch municipalities.[13] The French territories opted to become Overseas Departments of France in 1946. There were decentralization measures in 1982, 2000 and 2003. Of specific significance for this discussion, the *Loi d'orientation pour l'outre-mer* (2000) empowered their local authorities to participate in regional organizations within the limits of their constitutional competences as long as permission had been granted by the French State.[14] In all cases, there remain many self government deficits[15] and the relationships between the Territories and their Metropolitan State have continued to evolve within a dynamic of contestation, negotiation and the quest for economic well-being, greater autonomy and a stronger sense of identity.

B. CARICOM Institutions

CARICOM embraces four pillars of cooperation: economic, under the Caribbean Single Market and Economy (CSME); foreign policy coordination; functional cooperation; and security. The Community Organs are the following: the Conference of Heads of Governments, comprising the Heads of Government (HOG) of all full Member States, which is the supreme decision making organ; and the Community Council of Ministers, which is responsible for the strategic direction of all the pillars of cooperation. The following organs were developed to advance work in these areas: the Council for Finance and Planning (COFAP) oversees economic policy coordination, financial and monetary integration; the Council for Foreign and Community Relations (COFCOR) addresses relations with third States and organizations; the Council for Human and Social Development (COHSOD) is responsible for functional cooperation; and the Council for Trade and Economic Development (COTED) directs trade relationships with third countries and the CSME. Additional bodies and institutions include the CARICOM Secretariat and

13. R. GIACALONE, "The Recolonization of Aruba", *in* A. RAMOS-GAMALIEL, A. ISRAEL-RIVERA, *op. cit.*; L. DE JONG, R. VAN DER VEER, "Reformation of the Kingdom of the Netherlands: what are the Stakes?", *in* P. CLEGG and D. KILLINGRAY, *op. cit.*, p. 61.

14. M. BISHOP, The French Caribbean and the Challenge of Neoliberal Globalisation: The Silent Death of Tricolore Development?", *in* P. CLEGG and E. PANTOJAS-GARCIA, *op. cit.*; J. DANIEL, "Recent developments in the French Antilles: Politico-institutional debate and ambivalent behaviors. The difficult reconciliation of conflicting aspirations", *in* P. CLEGG and E. PANTOJAS-GARCIA, *op. cit.*; N. MRGUDOVIC, "The French Overseas Territories in Transition", *in* P. CLEGG and D. KILLINGRAY, *op. cit.*

15. C. CORBIN, "Self-Governance Deficits in Caribbean Non-Independent Countries", *in* P. CLEGG and D. KILLINGRAY, *op. cit.*

the Legal Affairs Committee, Budget Committee, Committee of Central Bank Governors and the Caribbean Court of Justice (CCJ). The CCJ is the prime mechanism for interpreting the laws of the CSME and is expected to eventually function as the final court of appeal in civil matters. Currently, only Barbados, Belize and Guyana have the court functioning in both capacities.[16]

The CSME, a significant new element in the Revised Treaty, provides for Rights of establishment, especially in respect of services; the liberalization of capital flows and relaxation on movement of people in specified categories. These are university graduates; sports, artistes and media personnel; nurses; teachers; musicians, holders of a Caribbean Vocational Qualification certificate and associate degree or equivalent qualification. Free movement was to be extended to all categories of skills by the end of 2009. Governments have faced challenges in implementing the CSME, which have been aggravated by the global recession. This has resulted in the slowing down of Single Market implementation, including the removal of capital controls, movement of people and contingent rights; postponement of single economy objectives that speak to political, administrative and legal harmonization across a wide range of areas; the virtual abandonment of single currency ambitions; and reduced funding of the Secretariat. Nevertheless, CARICOM engages in a wide range of functional activities in areas which its Members consider to be best treated at the regional level. These include education (University of the West Indies [UWI] and the Caribbean Examinations Council [CXC]); health (the Caribbean Cooperation in Health Initiative [CCHI] and the Pan Caribbean Partnership against HIV/AIDS); crime and security (Council for National Security and Law Enforcement [CONSLE] and the Implementation Agency for Crime and Security [IMPACS]); and climate change (the Caribbean Community Climate Change Centre [CCCCC]).

16. CARICOM, *Revised Treaty of Chaguaramas (2001) establishing the Caribbean Community including the Caribbean Single Market and Economy, [www.caricom.org/jsp/community/revised_treaty-text.pdf,* accessed 14 May 2013*]*.

C. Non-Independent Territories and CARICOM

1. Association Status in CARICOM

CARICOM provides for two types of membership: Full membership and Associate membership. There is further differentiation among the full Members as they are allowed to reserve their participation in certain specified aspects of the arrangement. Thus, the Bahamas, while fully engaging in CARICOM's functional arrangements and foreign policy coordination, does not participate in the economic elements of the Treaty. Haiti has also been exempted, for a period, from participating in the CSME, given its economic challenges, aggravated by the 2010 earthquake. In addition, Montserrat, a British OT, was a full member of the integration process from its origins in CARIFTA, although it has not signed on to the CSME. Its membership is constrained, however, in areas of foreign affairs and security, which remain within the purview of the British government. CARICOM also allows for States and organizations to have observer status in some of its organs, although there is no specific provision for Observer status in its Charter. CARICOM currently has five Associated Members – Anguilla, BVI, CI, Montserrat, TCI, all British OCTs. It has recently received expressions of interest in associate membership from the French Departments in the Americas of Martinique, Guadeloupe and French Guiana and the Dutch autonomous countries of Sint Maarten and Curacao.

The legal basis for AS is provided in article 231 of the Revised Treaty of Chaguaramas, which states that the "Conference (of Heads of Government) may admit any Caribbean State or Territory to associate membership of the Community on such terms and conditions as Conference thinks fit." The engagement of OTs is based on specific permission from the UK government, expressed in the form of a letter of entrustment signed by the Minister for Overseas Territories at the Foreign and Commonwealth Office. Participation in CARICOM is restricted to areas outside of foreign affairs and security, which, under their constitutions, are the responsibility of the UK government. They also require permission from the UK government to engage in the economic elements of the arrangement. Full members enjoy full representation and voting rights in decisions of the Heads of Government and Community Council. The only exception is Montserrat, which must refrain from voting on matters relating to foreign policy and security. Thus, while it can participate in COFAP, it is constrained from exercising a vote. Associate Members can participate in Organs of the Community, except COFAP, but have no voting rights. However, they can propose and/or modify programmes and measures falling within the purview of these bodies, once these are not related to foreign policy issues. They may also share in benefits of all CARICOM regional programmes and measures, whether or not proposed by them. They do not constitute the quorum for meetings of Community Organs and Subsidiary bodies and are excluded from the decision-making of Organs and Subsidiary bodies. On occasion, they attend meetings of CARICOM's HOG. They are required to accede to the Protocol on Privileges and Immunities of CARICOM, accept CARICOM's travel document and contribute to 3 % of the Secretariat's budget. The main Council of interest to Associate members is the Council for Human and Social Development (COHSOD) which coordinates functional cooperation.

2. Benefits to OCTs of Associate Membership

The benefits of Associated membership are best expressed in a Discussion Paper by the Government of Bermuda in putting the case for Associate Membership (*Strengthening Bermuda's Links to the Caribbean*, July 2002). These include: strengthening international links to balance the strong relations with Britain, US and Canada, in geographical and cultural terms; providing access to resources of international donors through engagement in regional programmes;[17] easier access to technical assistance; greater access to Bermudan companies; and access to universities on a preferential basis (in respect of fees). Justification for a closer relationship with CARICOM was also expressed in terms of cultural similarity and familiarity; historical ties, manifested in common political and constitutional roots in the British system of government; common education system; a history of migration with other Caribbean countries in both directions; and common trade links.[18] Bermudian civil groupings already enjoyed association with a number of regional institutions,[19] despite not being associated with CARICOM. The paper also reported justification for membership from other OCTs. Anguilla argues that engaging with CARICOM gives them a stronger voice in international affairs and greater international influence. The TCI views CARICOM as an avenue for

17. Bermuda Government, *Strengthening Bermuda's Links to the Caribbean: Associate Membership of the Caribbean Community*, A Discussion Paper, July 2002, p. 7 and 16 : *[http://www.cpu.gov.bm/portal/server.pt/gateway/PTARGS_0_2_2043_223_990_43/http%3B/ptpublisher.gov.bm%3B7087/publishedcontent/publish/cabinet_office/central_policy_unit/dept___cpu___reports/articles/caricom_discussion_paper_3.pdf]*.

18. Bermuda Government, *Strengthening Bermuda's Links…*, *op. cit.*, p. 6-7.

19. These include the Caribbean Employers Association, the Caribbean Congress of Labour, the Caribbean Hotel Association, Caribbean Tourism Organisation, the West Indies Cricket Board of Control, *inter alia*.

expressing national concerns in the international arena. Thus, it affords TCI "an opportunity to enjoy participation at a high level in political discussion, trade debates, health and education".[20]

The OTs' case for closer association with CARICOM reveals some frustration with constitutional restrictions in engaging with the international community. Frustrations can be related to the distinct interest of OCTs, all of which had thriving off-shore financial sectors, which may not have accorded with the OECD's efforts at curtailing the activities of off-shore centres. Within the terms of their constitutional relationship with the UK, their voices were muted. CARICOM thus offered a means of circumventing these restrictions and giving voice to their concerns. CARICOM's open criticism of the UK's handling of the TCI political crisis in 2009, which included suspending aspects of the existing constitution and imposing direct rule by the Governor, is an illustration of this. CARICOM objected to the UK's handling of the situation in statements made at the 30th HOG meeting in Guyana[21] and the 24th Inter-sessional HOG meeting in Haiti.[22] The latter was addressed by TCI Premier Rufus Ewing. The tightening of Britain's constitutional reins on the OTs, which extends its control to sections of the economy and its more direct involvement through the Governor, as evidenced in the TCI, is likely to enhance the region's role as an avenue to air their concerns. Anguilla's appeal to CARICOM, in response to its latest impasse with the British government over budgetary allocations, elicited a statement of support from CARICOM with an offer to assist in "abating ongoing tensions".[23]

Another impetus for a deepened relationship is the attractiveness of regional cooperation as a means of addressing some of the common challenges these small States experience, despite their constitutional connections with Britain

---

20. Bermuda Government, *Strengthening Bermuda's Links…*, *op. cit.*, p. 16.

21. CARICOM, Communiqué Issued at The Conclusion of The Thirtieth Regular Meeting of The Conference of Heads of Government of The Caribbean Community, 2-5 July 2009, Georgetown, Guyana, Press Release 270/2009, *[http://www.caricom.org/jsp/pressreleases/pres270_09.jsp]*.

22. CARICOM, Communiqué Issued at The Conclusion Of The Twenty-Fourth Inter-Sessional Meeting of The Conference of Heads of Government of The Caribbean Community (CARICOM), 18-19 Feb. 2013, Port-au-Prince, Republic of Haiti, Press Release 35/2013, *[http://www.caricom.org/jsp/pressreleases/press_releases_2013/pres35_13.jsp]*.

23. CARICOM, Communiqué Issued at The Conclusion of The Twenty-Third Inter-Sessional Meeting of The Conference of Heads of Government of The Caribbean Community (CARICOM), Paramaribo, Suriname, 8-9 March 2012, Press Release 67/2012: *[http://Www.Caricom.Org/Jsp/Pressreleases/Press_Releases_2012/Pres67_11.Jsp.]*

and Europe. The most obvious of these are hurricanes and other natural disasters and the drug trade to which small islands are susceptible. They benefit from their participation in the Caribbean Disaster Emergency Management Agency (CDEMA) (Anguilla, BVI, TCI) and the Caribbean Catastrophe Risk Insurance Facility (CCRIF),[24] which provides insurance to offset the effects of natural disasters. They also participate in the regional University of the West Indies and its associated University Hospital of the West Indies, which provide access to higher education for students, and the Caribbean Examinations Council (CXC), which sets standardized regional exams at the high school level. They contribute to the budgets of these institutions. Their relationship with CARICOM also allows them to access financial support from the Caribbean Development Bank (CDB). One instance of this is the CDB's refinancing, in 2010, of Anguilla's higher cost domestic debt with a policy based loan, which lowered interest rate costs.[25] Another is the Caribbean Catastrophe Risk Insurance Facility's financial outlay to Anguilla in 2010 (US $ 4,282,735) and TCI in 2008 (US $ 6,303,913) to offset damages caused by cyclones. Together, they received nearly 33 % of funds disbursed for the period 2007-2011 (US $ 32,179,470).[26]

Britain has generally supported its OTs participation in regional organizations. The Foreign and Commonwealth Office's report on the Overseas Territories asserts its "commit[ment] to supporting Territories which aim to strengthen their societies and economies by forming links with international and regional organisations or other countries".[27] The limits of the UK's tolerance for their engagement was reached, however, when CARICOM made public its dissatisfaction with Britain's handling of the political crisis in the TCI. This incident also points to the success that OTs have had in influencing CARICOM's foreign policy, notwithstanding their exclusion from its foreign policy deliberations. It would appear that the limits that the UK places on their engagement in foreign policy did not accord with CARICOM's view of its own obligations to its Associate Members. This was

24. CCRIF was established in 2007 on the initiative of CARICOM governments. It is funded by a number of governments – UK, Japan, France, Canada, Ireland, Bermuda – and institutions – WB, EU, CDB. It is headquartered in Cayman.

25. Eastern Caribbean Central Bank, 2011, *Annual Economic and Financial Review*, p. 17, *[http://www.eccb-centralbank.org/]*.

26. CCRIF, *Semiannual Report*, 1 June-30 Nov., 2012, p. 4, *[http://www.ccrif.org/]*.

27. Foreign and Commonwealth Office, *The Overseas Territories: Security, Success and Sustainability*, 2012, p. 9, *[www.fco.gov.uk]*.

probably not a challenge that Britain foresaw. CARICOM, thus, has become an avenue for giving voice to a group of territories muzzled by their constitutional relationship with Britain.

3. Whither CARICOM OCT Relations?

CARICOM's interest in the OCTs was expressed in the influential *Time for Action: Report of the West Indian Commission*, published in 1992. The Report's argument for widening CARICOM spoke to the OTs, including Puerto Rico, the US Virgin Islands and the French DOMs. Justification was based on movements of CARICOM nationals to these jurisdictions as well as the OECS's move toward deepening its relationship with the French DOMs and Puerto Rico.[28] Unlike the OECS which has close relations with the French DOMs, CARICOM's engagement is primarily with the British OTs, despite the admission of Suriname and Haiti. This may well be about to change, as CARICOM considers the implications of admitting as Associate Members entities with constitutional arrangements with France and Holland. Curacao, Martinique, Guadeloupe and French Guina have made formal requests for Associate Membership of CARICOM as some have to the OECS. Sint Maarten has indicated its interest informally. Curacao and Sint Maarten's interest is influenced by their recently changed status within the Kingdom of the Netherlands, where they now have more control over foreign relations. Both States currently have observer status in COHSOD. They already participate in initiatives in health through the Caribbean Public Health Agency (CARPHA), the coordinating agency for the five organizations addressing health related issues;[29] education, through the Caribbean Examinations Council (CXC); and their private sector in the Caribbean Association of Industry and Commerce (CAIC). In response to Curacao's request for consideration for Associate membership, the CARICOM Council of Ministers, at their Twenty-ninth meeting,[30] established a Technical Working Group on Associate Membership of the Community. The Terms of Reference for the Group included reviewing the existing terms and conditions for Associate membership and establishing criteria and terms and conditions of Associated membership as

28. West Indian Commission, *Time for Action: Report of the West Indian Commission*, Black Rock, Barbados, 1992, p. 431.

29. These are the Caribbean Epidemiology Centre (CAREC), the Caribbean Food and Nutrition Institute (CFNI), the Caribbean Environmental Health Institute (CEHI), the Caribbean Regional Drug Testing Laboratory (CRDTL) and the Caribbean Health Research Council (CHRC).

30. The meeting was held on Feb. 7, 2012, in Georgetown, Guyana.

well as specific requests for membership. The slate of issues to be considered includes the place of Observer membership and the relationship between Associate and Full membership; the cost implications for an expansion of CARICOM's role which may result; challenges of compatibility in respect of language, political and legal systems and the relationship with European administrations of which States are constitutionally a part; and Curacao's interest in trade.[31] In 2014, the Heads of Government accepted the Group's report and endorsed the process established for the consideration of applications for Associate membership.[32]

4. Conclusions on CARICOM's Role in Respect of Non-independent Territories

The interest of the OTs, Curacao, Sint Maarten, Martinique and Guadeloupe in a relationship with CARICOM suggests the existence of a need which they see CARICOM as meeting. Despite their relatively successful economic performance before the recession, marked by high *per capita* income, they face resource limitations aggravated by their small size, which collaboration with neighbours in CARICOM will help to mitigate. CARICOM provides them with the opportunity to lessen their alienation from the broader region and the developments that are taking place there, particularly in the context of the increasing consolidation of regional schemes, especially the emergence of the Community of Caribbean and Latin American States (CELAC). Given the refusal of Latin American groups to recognize them, CARICOM's openness provides them with a concrete platform for engagement with the wider region. Thus, CARICOM could be seen as having a responsibility to the region's small States and Territories that other relationships are unable to fulfill. CARICOM offers the OTs, DOMs, Curacao and Sint Maarten a cultural affinity which their relationship with respective EU States is unable to satisfy.

The widening interest in Associate membership comes at a time when CARICOM is arguably at its weakest, with an apparent waning of commitment from its Members States evidenced in a slowing down in the implementation of the CSME, and general pessimism as to its role and future direction. The recession has weakened CARICOM by reducing its members' ability to meet their financial

---

31. CARICOM, Communiqué Issued at the Conclusion of the Sixteenth Meeting of COFCOR, Port-of-Spain, Trinidad and Tobago, 15 May 2013, Press Release 99/2013.

32. CARICOM, Communiqué Issued at the Conclusion of the Twenty-fifth Intersessional Meeting of the Conference of Heads of Government, Buccament Bay, St Vincent, 10-11 March 2014, Press Release 51/2014.

contributions. Its inability to play a lead role in developing strategies to address the recession has diminished its Members' confidence in the organization. The OTs, DOMs and Autonomous states' interest in participating in CARICOM draws attention to CARICOM's importance in other areas outside of the economic, which has tended to dominate thinking about CARICOM: that is, its functional arrangements and its role in foreign affairs. It is also a reminder that the challenges of the region's small States go beyond economic survival and that the political and constitutional relationship between the region and Europe is still unresolved. This widening of interest in CARICOM suggests an obligation on its part in respect of these Territories which it cannot afford to ignore and may well be one of the impetuses for its renewal.

II. The Organization of Eastern Caribbean States (OECS)

A. General Presentation

The OECS was established in 1981.[33] It has seven founding Members which include six independent States and one non-independent Territory (Montserrat). The BVI and Anguilla became Associate members in 1984 and 1995 respectively. Its formation is attributed to several factors.[34] Notably, the seven West Indies Associated States of the Eastern Caribbean had consultative and cooperative bodies that dated back to the mid-1960s or earlier. These included the Eastern Caribbean Supreme Court, joint consular representation in London and Ottawa and shared monetary arrangements in the East Caribbean Currency Authority, upgraded in 1983 to the Eastern Caribbean Central Bank.[35] Finally, there were growing perceptions of vulnerability sparked by the economic challenges of independent statehood,

33. Treaty of Basseterre establishing the OECS, 18 June 1981, [*http://www.cris.unu.edu/riks/web/treaties/constituent_treaties/*, accessed 4 Apr. 2013].

34. P. LEWIS, *Surviving Small Size: Regional Integration in Caribbean Ministates*, Kingston, UWI Press, 2002, 278 p.; C. MULLERLEILE, *CARICOM Integration, Progress and Hurdles: A European View*, Kingston, Kingston Publishers Ltd., 1996, 374 p.; V. LEWIS, S. LESTRADE, B. MARSHALL, D. VENNER, "Essays on Caribbean Unity: The case for Integration of the Windward and Leeward Islands", *Caribbean Quarterly*, Vol. 18, nº 2, 1972.

35. V. LEWIS, "The Eastern Caribbean States: Fledgling Sovereignties in the Global Environment", *in* J. DOMINGUEZ, R. PASTOR, D. WORRELL, eds, *Democracy in the Caribbean: Political, Economic and Social Perspectives*, Baltimore, Johns Hopkins Press, 1993, p. 99-121; W. SAMUELS, *in* N. DUNCAN, ed., *Caribbean Integration: The OECS Experience Revisited*, FES, Kingston, 1995.

uprisings in Dominica and St. Vincent in 1978 and 1979 and Grenada's troubled independence experience during the years of the Gairy regime which culminated with the revolution led by the New Jewel Movement in 1979. Vaughan Lewis concludes that "the existence of the OECS [...] can be seen as indicating the use of integration and cooperation institutions by these individual, very small entities in their search for economic development and for economic and political security".[36]

Most regional organizations in the Caribbean have emphasized intergovernmental cooperation rather than supranational integration. Due to the characteristics and constraints of its members, the OECS grouping has explored more profound forms of integration than other Caribbean groupings. This is reflected in the statement by the current Director-General that "at the heart of the OECS model of integration is the pooling of resources [...] in a bid to provide for the delivery of critical services to [...] members which they would be hard pressed to provide for themselves as individual countries".[37] The organization's initial objectives included strengthening cooperation among its members and with the international community; building solidarity and defending members' sovereignty, territorial integrity and independence; supporting one another in meeting their international commitments; foreign policy harmonization and joint overseas representation where possible; economic integration and the formulation and implementation of common policies in areas of common concern.[38]

The OECS is a curious blend of integration and cooperation programmes which includes a common judicial system, fiscal and monetary integration, joint overseas representation and common services where possible. Article 8 of the Treaty of Basseterre provided for collective security arrangements among the independent Member States in the event of a threat to any one of them.[39] Article 3 (2) provided for a wide range of coordinated economic activities, including agricultural and infrastructural development, the collection and management of national statistics,

---

36. V. LEWIS, *in* N. DUNCAN, ed., *op. cit.*, p. 102.

37. L. ISHMAEL, "The OECS Model of Integration in the Context of Caribbean Regionalism", *Pensamiento Propio*, Vol. 23, enero-junio 2006, p. 45.

38. Treaty of Basseterre establishing the OECS, 18 June 1981, Art. 3. See C. MULLERLEILE, *op. cit.*, p. 45.

39. In addition to Article 8 of the Treaty of Basseterre (1981), the OECS countries signed a 1982 Memorandum of Understanding with Barbados on mutual security assistance. This MOU would evolve into the Regional Security System headquartered in Barbados which encompasses the main security arrangements for its participant territories and is anchored in the Treaty Establishing the Regional Security System signed at St. Georges (Grenada) in March 1996.

international trade and development cooperation, transportation and communications management, maritime policies and marine resources, tertiary education, scientific, cultural and technical cooperation.[40]

The fortunes of the OECS waxed and waned during the subsequent three decades. In its first phase, there were two significant initiatives towards deeper integration. The first involved the establishment of the Regional Security System in 1982. Prime Minister Mitchell of St. Vincent and the Grenadines then launched a proposal for deeper political and economic union in 1987. The initiative began with OECS-wide consultations which ended up with the Windward Islands proposal for political union prepared by a Regional Constituent Assembly (RCA). Despite the investment of substantial political and financial capital, the move towards political union fizzled out in 1993.[41]

For a time, subregional integration lost its momentum after the collapse of the political union project. The organization went through much restructuring and reduced the scale of its activities. But by the early 2000s, the Secretariat and Member States began to formulate a new work agenda focusing even more on functional cooperation and common services, and on constructing external partnerships that corresponded to their particular needs and interests.[42] As the OECS neared its 25th anniversary in 2006, the governments prioritized the establishment of an economic union.[43] The Revised Treaty of Basseterre which established this union was adopted in June 2010.[44]

B. The Revised Treaty of Basseterre and the Protocol of Economic Union

Many provisions in the Revised Treaty remain true to the earlier text while some enlarge the scope of the original provisions and commitments. Arts. 3 (iii) and 27 provide for expanded membership, stating that a State or Territory in the Caribbean region that is not party to the Treaty of Basseterre (1981) may accede as a Member

40. P. LEWIS, *op. cit.*, p. 40-43.

41. J. BYRON, "Microstates in a Macro-World: Federalism, Governance and Viability in the Eastern Caribbean", *Social and Economic Studies*, vol. 48 (4), 1999, p. 251-285 ; P. LEWIS, *op. cit.*

42. L. ISHMAEL, "The OECS Model of Integration in the Context of Caribbean Regionalism", *op. cit.*

43. Once again the Prime Minister of St. Vincent and the Grenadines, now Dr. Ralph Gonsalves played a catalytic role in the process of decision-making on economic union for the OECS.

44. Revised Treaty of Basseterre establishing the OECS Economic Union, 18 June 2010, *[www.oecs.org/]*.

or Associate Member of the organization with the approval of the OECS Authority, that will decide on the nature and the extent of Associate Members' rights and obligations. Art. 4.2 increases the areas for joint action. New areas include harmonized policies on intellectual property rights, regulatory and competitive authorities, social protection and social policy, public administration, taxation and audit procedures, economic integration and cultural and artistic cooperation.

The Revised Treaty changes the institutional structure of the organization, increasing the organs to five: the Authority, the Council of Ministers, the Economic Affairs Council, the OECS Assembly, the OECS Commission. The Authority is the highest policy-making organ, the final legislative authority of the organization, comprising all the Heads of Government of the Member and Associate Member territories. The chairmanship of the Authority rotates annually on an alphabetical basis among all categories of members. However, its deliberations may at times include only the Member States possessing competence in the specific areas under consideration.[45] The Authority takes decisions aimed at achieving the purposes of the organization and maintaining the functioning of its organs. It can establish organs, if deemed necessary reverse the decisions of organs or ignore their consultative recommendations, and make financial decisions for the organization. It decides on the conclusion of treaties and other international agreements and the establishment of new international relationships for the grouping.[46] Decisions on procedural matters require a majority of full Member States present and voting. The adoption of decisions on non-procedural matters requires unanimous agreement from full Member States who are either present and voting or who give their consent within thirty days after the event. In the case of decisions relating to the Economic Union Protocol, this concerns only the full Member States who have signed on to that Protocol. Finally, any State which has accumulated one year or more of arrears in its contributions to the OECS is obliged to abstain from voting unless it is granted special permission to vote by the other Member States.[47]

The Council of Ministers works on any matters referred to it by the Authority and makes recommendations to the Authority. It enacts regulations and formulates directives that will bring into effect legislative Acts that have been passed by the

45. This would include, for example, certain multilateral or bilateral foreign policy matters and some security cooperation areas in which Montserrat or the Associate Member States may not be involved, or Economic Union Protocol matters for States which are not parties to the Protocol.

46. Revised Treaty of Basseterre, 18 June 2010, Arts. 8.4, 8.10 and 14.

47. Revised Treaty of Basseterre, Art. 8.9 a) and b).

Authority. It can also undertake policy consultations with the OECS Assembly. It operates in accordance with the same decision-making and chairmanship rotation rules outlined above. The Economic Affairs Council consists of ministers designated by their Heads of Government from the Member States which possess competence in the areas under consideration. The Council's functions are set out in the Economic Union Protocol. Its decisions are binding based on the Revised Treaty and the provisions of the Economic Union but they can be subject to judicial review.

The OECS Assembly is a completely new organ established under the Revised Treaty with quite restricted deliberative and consultative functions. Its representatives are drawn from the elected members of parliament or members of the legislatures of Member States. Full Member States have five representatives each while associate Member States have three representatives each. The composition of each delegation should reflect the national parliament's distribution of elected representation between the government and the opposition and in all cases, at least one member of each delegation must be appointed by the opposition parties in the Member State. In general, members of the Assembly have a term of two years from the date of their national elections, or up until the next scheduled general election in their country.[48] The Treaty provisions give the Authority considerable control over the convening of the Assembly and the scope of its activities. Unlike other organs, there is no Treaty provision for the regular scheduling of meetings of the Assembly. Its functions include considering and reporting to the Authority on proposed legislative Acts or on any other matters which the Authority may refer to it. However, the Authority is not obliged to take its reports into consideration. The Assembly also considers and reports to the Council of Ministers on matters which the Council has referred to it.

Despite its limited mandate, the Assembly has stirred up interest and debate in OECS societies. It was inaugurated in August 2012 in Antigua with the Chief Minister of Montserrat speaking on behalf of the Non-independent Territories. Its first full business sitting was in March 2013. For the Non-independent Members who have local legislatures but no direct representation in the United Kingdom or European Parliaments, it affords the opportunity of a new regional political space and voice. While its powers appear limited and controlled by the OECS Authority, it has provoked questions about its functions and the possible infringement of the

48. There is nothing in the Treaty provisions on the possibility of successive terms of office once the two year term has been completed.

sovereignty of national parliaments. The Eastern Caribbean Supreme Court has been asked to give an advisory opinion on the constitutionality of the legislative powers of the OECS organs.[49] At present, OECS decisions and regulations are passed on to national parliaments to be ratified within a period of three months.[50]

Another innovation is the OECS Commission, composed of one Commissioner from each Member State and the Director-General of the OECS.[51] By extension, this includes the Secretariat staff who report to the Director-General and service the work of the OECS organs. The Commissioners have ambassadorial status and represent the Commission within their Member States. The Commission is based at the OECS headquarters in St. Lucia and is responsible for the general administration of the OECS. Article 13 designates the Director-General as the Chief Executive Officer for the OECS, appointed for a four-year term which can be renewed. Staffing provisions allow for consideration to be given where possible to the equitable distribution of posts among the different Member States.

In conclusion, the restructured OECS contains several innovations. However, the Authority retains most of the decision-making power. Moreover, within the Authority, the weight of that power rests with the full Member States. The participation of the associate and non-independent Members remains restricted in certain areas and the wording of the Treaty provides for flexibility in their commitments.

A primary characteristic of the Revised Treaty is its greater scope, and the binding nature of the parties' commitments. Article 14 states that the OECS has legislative competence over matters pertaining to the common market and the customs union, over monetary and trade policy, over maritime jurisdiction and maritime boundaries of the OECS region, over civil aviation, common commercial

---

49. See *The Anguillian*, "OECS Celebrates Regional Assembly, Anguilla Represented", 17 Aug. 2012; *Caribbean News* "OECS Assembly gets down to business, meeting in Antigua", 26 March 2013, [*http://www.caribbeananalysis.com/*, accessed 28 Apr. 2013]; See comments by Antiguan government official suggesting that "constitutionality concerns may have contributed to countries" delays in enacting legislation to give effect to OECS decisions and directives, in *Antigua Observer, "OECS A*ssembly's Power to Make Laws challenged in Court", 25 March 2013, [*http://www.antiguaobserver.com/*, accessed 4 May 2013].

50. Telephone interview with Head of Economic Union division at the OECS Secretariat, 7 May 2013.

51. Revised Treaty of Basseterre, Art. 12.

policy, immigration policy and environmental policy. However, Article 14 (3) goes on to state that non-independent Full or Associate Members may, when ratifying or acceding to the Treaty, make reservations with respect to this article.

Article 5 (3) requires independent Full Member States to enact legislation that will delegate to the Organization the authority to legislate on their behalf in the areas of competence listed in Article 14. An alternative course of action laid down in Article 5 is that they should enact legislation to receive acts, regulations and orders of the OECS Authority and give them direct effect in their domestic laws. However, Article 5 (4) also goes on to state that nothing in the Treaty should require Member States to undertake amendments to their Constitutions.[52]

Montserrat's accession to the Revised Treaty depended first upon the completion of negotiations with the British Government towards the conclusion of a new constitution and then upon the successful conclusion of an Entrustment process, initiated in December 2009. The September 2011 Constitution delegated responsibility to the Chief Minister, under prescribed conditions, for Montserrat's participation within Caribbean regional organizations in regional and external affairs that are of interest to Montserrat. There were long drawn-out consultations on Entrustment with the Foreign and Commonwealth Office focusing on the potential for added value from regional cooperation. British Government scrutiny focused on possible increased costs to the Montserrat budget derived from membership contributions, loss of revenue from eliminating work permit fees for OECS nationals, the possibility of increased immigration into Montserrat, revenue effects of the Common External tariff and possibility of derogation, and the prospect of expanded access to international development assistance through participation in the OECS Economic Union. Entrustment was ultimately granted in December 2011 and the Legislative Assembly had the first reading of its OECS Act in March 2013. Montserrat has named representatives to the various OECS organs, including the Economic Affairs Council.[53]

---

52. The Revised Treaty has now been enacted into domestic legislation by all the independent Member States. Except for St. Kitts and Nevis, all have delegated to the OECS legislative powers as per Art. 14. St. Kitts and Nevis have suspended the application of Art. 5(3) expressing doubts about the constitutionality of delegating legislative competence to the OECS in this manner (telephone interview with OECS official, 7 May 2013).

53. For information on Montserrat's legal and diplomatic accession campaign, see "Montserrat Chief Minister explains territory's status in the OECS", 28 July 2011, [*http://OverseasReviewBlogspot.com/*, accessed 23 March 2013]; "OECS Director-General Congratulates Government and People of Montserrat on Adoption of new Constitution", 30 Sept. 2011, [*http://www.oecs.org/media-center/*

The government of the British Virgin Islands has similar responsibility for matters pertaining to regional organizations under its Constitution Order of 2007. However, it has not elected to seek Entrustment and remains an Associate member under the 1981 Treaty, like Anguilla. Press reports highlight BVI concerns about the OECS freedom of movement regime in the Revised Treaty.[54] In the non-independent territories, and to some extent in the wider OECS, there has been some debate involving governments and the wider society about the costs and benefits of deeper OECS integration as it pertains to business interests and to immigration matters.[55] Media reports indicate that OECS officials have engaged since 2011 in increased diplomacy and public education to advance the legal consolidation of the new institutions and commitments.[56]

C. The Non-Independent Members: Areas of Major Participation

The Revised Treaty lists three OECS institutions, namely the Eastern Caribbean Supreme Court (ECSC), the Eastern Caribbean Central Bank (ECCB) and the Eastern Caribbean Civil Aviation Authority. Indeed, the non-independent Territories have concentrated their OECS engagement in the area of functional cooperation and particularly in their involvement with the first two institutions. All three belong to the ECSC which has been in existence for 46 years. In addition to being the Supreme Court, it oversees the High Court system in OECS jurisdictions and is

press-releases/secretariat/, accessed 26 Apr. 2013]; "OECS Director-General to visit Montserrat", 30 Nov. 2012, [*http://www.MNIalive.com/caribbean/montserrat/* accessed 26 Apr. 2013]; Government of Montserrat Office of the Chief Minister, *The Case for Entrustment: Montserrat as a Member of the OECS within the Caribbean Regional Architecture*, Annex I, 28 Feb. 2010; Government of Montserrat Office of the Chief Minister, *Montserrat Entrustment*, Annex II, Add. 1: FCO and DFID Request for Further Information on New Treaty of Basseterre, 26 Apr. 2010; Government of Montserrat Office of the Chief Minister, *Montserrat Entrustment*, Annex II, Add. 1: FCO and DFID Request for Further Information on new Treaty of Basseterre, 13 May 2010.

54. See "BVI weighing options on OECS Economic Union", [*http://www.caribjournal.com/2012/04/02/*, accessed 28 Apr. 2013]; "OECS Freedom of Movement not a must for BVI", [*http://www.bvihotpress.com/community/item/*, accessed 28 Apr. 2013].

55. The OECS legislation on freedom of movement has currently been adopted by all the independent Member States except for St. Lucia and Antigua. Montserrat has also agreed to granting indefinite stay for all OECS visitors (telephone interview with OECS Secretariat official, 7 May 2013).

56. In addition to the OECS discussions with the BVI and Montserrat, see, for example, "PM Gonsalves cautions against reversal in OECS", July 2012, *[http://www.caribbeanelections.com/blog/?p=1616*, accessed 26 Apr. 2013]; "Grenada PM meets with OECS Director-General and Delegation", 6 Apr. 2013, *[http://www.caribbeannewsnow.com/]*.

integrating territories' Magistrates' Courts into the ECSC system. The BVI is a prominent member of the ECSC as it has both a civil court division and the only commercial court division in the OECS, established in May 2009.[57] The ECSC drives the development and management of the OECS judicial system. It has been responsible for technological and operational modernization, upgrading the physical infrastructure, continuous training of judicial officers, accessing financial and technical assistance through its partnerships with bilateral and multilateral donors and increasing the pool of legal expertise available to its Member Territories.[58] Its budgets and the budgetary quotas allocated to its Member Territories have remained largely stable since 2008, due in part to cost reductions occasioned by new technology and procedures. Undoubtedly the regional arrangements have provided a more efficient and cost-effective judiciary than the individual administrations could have achieved.[59]

Montserrat and Anguilla are members of the ECCB and the East Caribbean Currency Union, while the BVI, due to its geographical location, uses the US dollar like the United States Virgin Islands. The ECCB, established in 1983, serves eight economies. Its functions are to maintain the stability of the EC dollar, to maintain the integrity of the banking system by supervising the commercial banks and providing oversight for the offshore banking sectors, to manage a common pool of foreign reserves, to provide research assistance and policy advice. The central Monetary Authority decides on monetary policy and contributes to the growth and development of the member economies, most recently by the adoption of an *Eight Point Stabilization and Growth Programme* which is the OECS response to the economic crisis period since 2009.[60]

In addition to its normal operations, the Central Bank is empowered to make advances to participating governments for payments that relate to their membership in international financial institutions. It may also make temporary advances to

57. The BVI contributes 13 % of the ECSC annual budget, on par with most independent Members, while Anguilla pays 8 %, Montserrat 5 %. Together they would seem to account for approximately 20-25 % of the judgements delivered annually. See *ECSC Annual Report* 2008-2009, 2010-11, 2011-2012, [*http://www.eccourts.org/static/publications/*, accessed 28 Apr. 2013].

58. For example, from Nov. 2011 to April 2012 the ECSC Deputy Chief Registrar was assigned as the Registrar of the High Court in Montserrat to assist with the Criminal Assizes (*ECSC Annual Report* 2011-2012).

59. *Ibid.*

60. Eastern Caribbean Central Bank, "The Role and Functions of the ECCB", 2013, *[http://www.eccb-centralbank.org/About/index.asp]*.

participating governments to meet their seasonal needs of amounts of up to 5 % of their average annual recurrent revenue during the past three years.[61] The ECCB is an essential development partner for all its participating countries, enabling them to maintain conservative and sound monetary policies and a stable exchange rate for three decades and providing them with invaluable technical expertise. Anguilla's economic recession and budgetary difficulties 2009-2012 offer a case study of the ECCB's value for its Non-independent Members. Not only did Anguilla benefit from an ECCB advance in 2010, the Central Bank also provided technical support in its first ever Art. IV Consultations with the IMF in 2011 and it continues to provide support in fiscal management, economic restructuring and the regulation of the banking sector.[62]

The final functional cooperation entity highlighted is the OECS Pharmaceutical Procurement Scheme (PPS), initiated in 1986 and in which all nine Member Territories participate. The entity collectively purchases pharmaceuticals and some medical supplies for the group. The scheme has been financially self-sufficient since 1989. In 2002, it was reported that this mechanism enabled them to procure pharmaceuticals at 44% less than the market prices and in 2011, it reduced the cost of medicines by over 20 %, resulting in collective savings for the group of approximately EC $ 4 million. The OECS PPS has been cited by the WHO as a good practice example and was adopted as a model by Fiji in 2001.[63]

Since the 1990s, the external relations of the OECS have encompassed other non-independent Caribbean territories.[64] In 2004, a Memorandum of Understanding was signed with Puerto Rico, one of the two largest economies in the island Caribbean, which led to the establishment of an OECS office in San Juan in 2006 to facilitate trade, tourism and investment among the parties. This was expanded with an agreement in 2008 between the University of Puerto Rico (UPR) and the OECS to

61. See Government of Montserrat, *Central Bank Act*, Jan. 2002, revd. 2005, Art. 40 (1), (2), [*http://acg.goc.ms/wp-content/uploads/2011/10/Eastern-Caribbean-Central-Bank-Act.pdf*, accessed 8 May 2013].

62. See International Monetary Fund, *IMF Country Report*, nº 12/8, January 2012.

63. See "About PPS" *http://www.oecs.org/*, accessed 15 Apr. 2013; *http://www.themontserratreporter.com.montserrat-hosts-oecspps-meet-for-the-third-time/*, 28 Oct. 2011, accessed 15 Apr. 2013.

64. V. Lewis, "The Eastern Caribbean States: Fledgling Sovereignties in the Global Environment", *op. cit.*

facilitate access of OECS students to academic programmes at the UPR.[65] There have been wide-ranging multilateral and bilateral cooperation programmes with neighbouring French Caribbean territories Guadeloupe and Martinique. These programmes have included trade and investment, tourism development, security, alternative energy, health and education, cultural exchanges and infrastructural development.[66] A major step was taken to deepen this relationship in December 2011 when Guadeloupe and Martinique applied for associate membership in the OECS. Their application was welcomed by the OECS group, preparatory studies and talks took place in 2012 and formal negotiations on the modalities of their membership began in 2013.[67] This represents a new phase in the expansion of the OECS, one which will widen its membership beyond English-speaking communities with a British institutional legacy.

III. The Association of Caribbean States (ACS)

The ACS was formed in 1994 with its Convention entering into force in August 1995. It has 25 Member States, consisting mostly of countries located in or bordering on the Caribbean Sea.[68] Article IV (2) of the ACS Convention also allows for Associate membership for non-independent territories in the Caribbean region, specifying that such members would have the right to intervene in discussions and vote at meetings of the Ministerial Council and Special Committees on matters which affect them directly and which fall within their constitutional competence. Their participation is governed by relationship agreements with the ACS which set out the terms and conditions, manner of participation and voting for them.[69] France joined on behalf of Guadeloupe, Martinique and French Guiana in 1996

65. See "Caribbean-Puerto Rico Cooperation Expanded", *Overseas Territories Review*, 15 Dec. 2008, [*http://overseasreview.blogspot.com/2008/12/caribbean-puerto-rico-cooperation-html*, accessed 15 Apr. 2013].

66. OECS Secretariat, OECS Relations with the French Departments of the Americas 1990-2009, Briefing Document March 2009.

67. See Communiques of 54th meeting of OECS Authority, Rodney Bay, St. Lucia, 23-24 Jan. 2012; 55th Meeting of OECS Authority, Buccament Bay Resort, St. Vincent 10-12 June 2012. "OECS Authority meets in Dominica", *Caribbean News Now*, 28 Nov. 2012, [*http://www.caribbeannewsnow.com/*, accessed 8 May 2013].

68. These countries include the CARICOM group, Cuba, the Dominican Republic, the Central American countries and Mexico, Colombia and Venezuela.

69. FLACSO, Dossier: The Association of Caribbean States (ACS), FLACSO, San Jose, 2008, 149 p.

and their initial, quite limited scope for participation gradually evolved over time, driven by internal constitutional discussions and decentralization arrangements within the French State.[70] The Netherlands Antilles and Aruba became Associate members in 2003. In 2010, the Netherlands Antilles entity fragmented. Curacao has since signed agreements which renew its membership of the organization and Aruba remains an Associate member.[71] Likewise, based on new areas of constitutional competence, Guadeloupe, Martinique and French Guiana have applied for Associate membership in their own right. This was granted during the Nineteenth Ordinary Meeting of the ACS Ministerial Council on February 17th 2014 in Trinidad.[72] Ultimately however, questions may still arise from time to time concerning the competence of the French Caribbean territories to endorse certain ACS initiatives.[73]

The ACS is a less structured grouping than CARICOM and the OECS. Its chief organ is the Ministerial Council which provides political direction and meets at least once a year. There have also been five ACS Summits, convened between 1995 and 2013. It has a Secretary-General and a small Secretariat, based in Trinidad which provides administrative direction. There are four Special Committees which coordinate its focal areas of work. These are Sustainable Tourism Development, Air and Sea Transport, Disaster Management Cooperation and Trade and Economic Cooperation. The ACS also emphasizes cooperation aimed at preserving the Caribbean Sea and has been engaged since 2008, together with the United Nations, in seeking to consolidate the establishment of a Commission that would be responsible for the sustainable use and governance of the Caribbean Sea. Finally,

70. M. Lesales, F. Réno, « Les limites de la coopération régionale des territoires non indépendants : Les cas de la Guyane, de la Martinique et de la Guadeloupe au sein de l'Association des États de la Caraïbe », *in* É. Jos, K. Galy, F. Réno, Ch. Macdissi (dir.), *Les Nouvelles tendances de la coopération et de l'intégration régionales dans l'espace Amérique-Caraïbes*, coll. « Actes et Études », Paris, Cujas, 2011, p. 265-282.

71. ACS Agreement, Amendment to Annex II of Convention establishing the ACS in relation to the Dissolution of the Netherlands Antilles, 15th April 2012, [*www.acs-aec.org*, accessed 14 May 2013].

72. See "Declaration of Petionville revitalizing the vision of the ACS for a stronger, more united Greater Caribbean", 26 Apr. 2013, [*www.acs-aec.org*, accessed 14 May 2013]; "Guadeloupe committed to Caribbean Cooperation", *Caribbean News Now*, 26 Apr. 2013, [*http://www.caribbeannewsnow.com/*, accessed 14 May 2013]. See: Accord approuvant l'octroi à la Guadeloupe et à la Martinique du statut de Membre Associé de l'AEC en leur nom propre [*http://www.acs-aec.org/sites/default/files/accord_9_14...._martinique_and_guadeloupe.pdf*, consulté le 18 fév. 2014].

73. This might arise if the ACS were to adopt a political position in response to a specific event, or were to urge the adoption of certain norms in relation to the governance of the Caribbean Sea.

there is a Special Fund for Technical Cooperation which receives donations from Member States and other parties and which is governed by a Council of National Representatives.

The ACS introduced many innovations to Caribbean models of cooperation in its conceptualization of the regional space, its membership criteria and interest in other partnerships including civil society and its more flexible staffing and administrative arrangements.[74] It has focused on constructing a Greater Caribbean Zone of Cooperation in which it stimulates consultation and concerted action.[75] Past Secretary-General Ruben Sillie contends that its members have progressed from being indifferent neighbours to mutual awareness and closer cooperation.[76] However, the ACS has also been plagued periodically by the divergent or conflicting economic and political interests of its Members, by difficulties experienced in carving out its exclusive institutional space, by a lack of resources and by its Member States' failure to ratify and implement signed agreements. Many analysts would agree that it has failed to realize its potential and that the interest of some Members has waned.

Nonetheless, the ACS is currently witnessing a resurgence with new leadership and new applications for associate membership. Moreover, it has always been perceived by its associate members as a valuable strategic grouping which offered them greater regional visibility and voice, and the means to build development partnerships and deepen their integration into the Greater Caribbean. Martinique currently chairs one Special Committee and is Vice-Chair for the Council of the Special Fund, while Guadeloupe is Vice-Chair for two Special Committees. France is the fourth largest contributor to the regular budget, paying 10%, while the Dutch associate members, up until 2010, collectively paid approximately 4 %.[77]

---

74. H. GILL, "Widening the Relationship? The ACS", *in* A. BRYAN, A. SERBIN, eds, *Distant Cousins: The Caribbean-Latin American Relationship*, North-South Center, University of Miami, 1996, p. 97-118; A. SERBIN, *Sunset over the Islands: The Caribbean in an Age of Global and Regional Challenges*, London, Macmillan, 1998,136 p.; J. BYRON, "The ACS: Growing Pains of a New Regionalism?", *Pensamiento Propio*, n° 7, May-Aug 1998, p. 33-63.

75. "About the ACS" [*www.acs-aec.org*, accessed 12 May 2013]; FLACSO, *Dossier: The Association of Caribbean States*, *op. cit.*; N. GIRVAN, *The Role of the ACS: Cooperation in the Greater Caribbean*, IRP, Kingston, 2006, 214 p.

76. FLACSO, Dossier: The Association of Caribbean States, *op. cit.*

77. ACS Agreement 8/13, Agreement approving the Contribution to be paid by Curacao to the ACS, ACS/2013/CMXVIII/WP.012, Feb. 2013.

The engagement of the French Associate members has mainly been in sustainable tourism projects, language training, natural disaster management and in regional transport. Their regional councils in 2000 supported the financing of project management and resource mobilization posts at the ACS. The organization has been viewed by the European Commission as a means of integrating EU Caribbean territories more deeply into their regional and hemispheric setting. Between 2002 and 2006, in the implementation of the EU Interreg III B Caribbean Space programme, 12 projects valued at US $ 2.3 mn. were developed involving the French Associate members and ACS partners. This practice continues with the implementation of Interreg IV 2007-2013 and has provided the means for both French and Dutch Associate members to engage more energetically with ACS cooperation programmes.[78]

***
*

The discussion shows a trend of greater interest in participation in regional organizations by the British OTs, French Territories and Dutch small States. This is occurring at a time when all the organizations, with the exception of the OECS, have been experiencing a crisis of identity. This is a positive development as it underscores the value of functional cooperation in mediating the challenges of scope and scale which small states experience, thus strengthening the *raison d'être* of these organizations. From the perspective of the territories, their growing interest in regional engagement speaks to their desire to be more closely integrated with the countries with which they share a common sea, culture and history. More importantly, it speaks to their common vulnerabilities and limitations as small States which make such cooperation essential. The more fulsome engagement of these territories will undoubtedly shape the ways in which the organizations operate, not just in terms of their functional agenda, but in respect of the more central engagement of their Associate members. From the territories' perspective, their engagement is likely to strengthen areas of autonomy vis-à-vis the European States with which they have a constitutional relationship.

78. M. LESALES, *Step by Step... Strengthening EU-ACS Partnership*, ACS archives online [*Murielle Lesales [1].pdf*, accessed 10 May 2013].

The discussion has also highlighted interesting differences across the three groupings in defining the terms and conditions of associate membership, in the associates that they have attracted and in the areas of cooperation in which they specialize. Overall, their experience suggests the importance of regional organizations in expanding the ambit available to the non-independent territories for exerting autonomy in political and international spheres, despite constitutional limitations. The 2012 organization of these territories into the Caribbean Overseas Countries and Territories Council with a joint agenda for sustainable development, and better coordination in negotiating their agenda with the EU[79] also shows their sense of growing need for coordination among themselves vis-à-vis the global community.[80] It suggests a deeper awareness of themselves as political agents needing more vocal engagement, not just with Europe, but with the Caribbean region. Their deeper integration with the region is likely to strengthen as the recession weakens the cohesion of the European Union. Their involvement is positive not only because it integrates them more fully in the region in which they are physically located, but also because it serves to infuse new life and a new sense of purpose to these organizations.

79. See *www.caribbean360.com.*

80. P. SUTTON, "The EU and the Caribbean Region: Situating the Caribbean Overseas Countries and Territories", *European Review of Latin American and Caribbean Studies*, nº 93, Oct. 2012, p. 79-94.

16. QUELLE PLACE POUR LES OUTRE-MER FRANÇAIS DANS LES ORGANISATIONS DE COOPÉRATION ET D'INTÉGRATION RÉGIONALES ?

par

Rémy-Louis BUDOC

Conseiller économique, social et environnemental
Conseiller régional (Guyane), Membre associé du CEREGMIA
Université des Antilles et de la Guyane
Membre correspondant de l'Académie des Sciences d'Outre-mer

Les relations de pouvoir ou d'influence des Outre-mer français sur l'échiquier international mettent en jeu des acteurs (État, collectivités territoriales, société civile) et leurs rapports de force dans leurs zones respectives, ainsi que leurs objectifs et les moyens mis en œuvre pour y parvenir. Les collectivités ont, avec l'aval de l'État, la possibilité de participer au travail des organisations internationales de coopération qui influencent la décision politique et la mise en place de projets de développement à l'échelle d'une zone régionale. Les territoires ultramarins jouent ainsi un rôle croissant dans la gouvernance internationale, fût-ce à l'échelle régionale. Ainsi, ils ont, d'une part, l'opportunité de propager au-delà de leur propre territoire, auprès des pays et États tiers voisins, une vision politique singulière et des projets de développement innovants. D'autre part, une pleine participation de ces collectivités aux organisations régionales doit permettre, par un partage d'expériences et des discussions approfondies, une approche concertée des défis interrégionaux et des solutions à mettre en œuvre. Enfin, leur participation aux instances régionales permet aux Outre-mer de se projeter comme protagonistes susceptibles de contribuer à la résolution de questions jusque-là mal prises en compte par la communauté internationale.

I. La dimension internationale économique et politique ultramarine

Une meilleure représentation des Outre-mer, reconnus et respectés dans leurs domaines de compétence, au sein des différentes organisations internationales constitue un moyen de les ancrer dans leur environnement et de renforcer leur influence politique et économique.

Dans le domaine économique, au-delà de la pratique régulatrice et de la formulation de règles qui restent l'apanage de ces organisations, les entités ultramarines peuvent par exemple contribuer à minimiser les tensions avec les pays ACP (Afrique, Caraïbes, Pacifique) ou d'autres pays tiers, sur des points relatifs à la protection des productions locales (banane, rhum, riz, matières premières…) et à la recherche de débouchés extérieurs. Ces organisations sont aussi des forums de discussion, notamment sur les questions liées à la pérennité des aides financières européennes (FED[1], FEDER[2]…) et leur niveau de dotation, à l'exploitation des économies d'échelle pour des territoires voisins et/ou complémentaires, à l'opportunité de se spécialiser, ainsi qu'à toutes sortes de problématiques relatives aux investissements et au dialogue Nord-Sud. Ce renforcement de la participation des Outre-mer français aux organisations régionales peut contribuer au renforcement de leur pouvoir de négociation, en jouant sur les leviers locaux, nationaux, internationaux et transnationaux pour canaliser et agréger leurs demandes en se présentant unis sur la scène internationale aux côtés des pays partenaires dans une coopération de type Sud-Sud. Enfin, ils pourraient définir en commun avec les pays membres et territoires associés voisins des stratégies de développement et participer conjointement à la définition des priorités économiques, sociales et environnementales à caractère international telles que la prospection commerciale, l'amélioration de la desserte aérienne, l'immersion linguistique et éducative des jeunes dans les pays étrangers, le développement d'échanges et de bonnes pratiques dans des domaines très variés tels que, par exemple, l'agriculture, les énergies renouvelables, le développement durable.

Au plan politique, cette projection sur la scène internationale ressortit en partie à la notion de *coopération régionale déconcentrée* permettant à l'État d'organiser l'offre de coopération lorsqu'il est question de relations, de négociations et

1. Fonds européen de développement dont bénéficient notamment les Pays et territoires d'outre-mer (PTOM).

2. Fonds européen de développement régional dont bénéficient notamment les Régions ultrapériphériques.

de diplomatie entre États. Or, cela ne répond pas toujours convenablement à la demande politique des collectivités ultramarines. Dans ces négociations, les différents acteurs défendent les intérêts de leur pays et les traduisent effectivement en décisions politiques, bien qu'ils aient souvent une approche des enjeux différente selon qu'ils sont élus locaux ou fonctionnaires d'État ou en fonction de l'objet même de la négociation.

Les élus ultramarins qui représentent l'État au sein des organisations régionales peuvent ainsi être soumis à des pressions contradictoires. Les directives qu'ils reçoivent du ministère des Affaires étrangères et européennes peuvent heurter leur sentiment d'appartenance à leur environnement géopolitique proche, lequel est composé le plus souvent de pays en développement confrontés eux aussi aux difficultés du dialogue Nord-Sud. Dans ces situations, quelles directives priment ? Partant du principe que la structure formelle et les procédures constituent des contraintes institutionnelles dans lesquelles les stratégies des acteurs se développent dans l'absolu, une autre question essentielle réside dans la façon de considérer les participants dans ces négociations internationales. Ces élus représentant l'État sont-ils de simples relais chargés d'appliquer les instructions gouvernementales ou peuvent-ils affecter celles-ci en fonction de leurs mandats, responsabilités politiques locales et convictions personnelles ?

II. La recherche d'un équilibre des compétences internationales

L'article 9 de la loi du 31 décembre 1982[3] prévoyait, pour les collectivités ultramarines régies par l'article 73 de la Constitution, qu'un pouvoir de consultation pour avis simple, et donc dénué de véritable portée juridique dans le cadre de l'action internationale, était octroyé aux conseils régionaux. Cet avis consultatif était sollicité pour « tous les projets d'accords concernant la coopération régionale en matière économique, sociale, technique, scientifique, culturelle, de sécurité civile ou d'environnement » entre la République française et les États de la mer des Caraïbes, les États voisins de la Guyane et ceux de l'Océan Indien. Cette consultation obligatoire fut ensuite prévue sur les projets d'accords internationaux

3. La régionalisation initiée par la loi du 31 décembre 1982 a créé des Régions d'outre-mer (ROM) gérant les mêmes territoires que les DOM, mais avec des institutions séparées et en quelque sorte superposées ; voir loi n° 82-1171 du 31 décembre 1982 portant organisation des Régions de Guadeloupe, de Guyane, de Martinique et de La Réunion, *JORF*, 1er janv. 1983, p. 13.

concernant l'exploration, l'exploitation, la conservation ou la gestion des ressources naturelles biologiques et non biologiques dans la zone économique exclusive (ZEE) au large des côtes des territoires ultramarins concernés[4].

La participation des élus à la préparation des négociations et à la mise en œuvre des projets de coopération avec des partenaires étrangers doit se faire en cohérence avec les actions extérieures menées par l'État : un respect strict de sa compétence exclusive doit donc être observé en ce qui concerne les relations avec les États étrangers et, bien sûr, avec les organismes internationaux interétatiques.

En outre, deux décrets limitent le pouvoir de consultation des élus locaux en matière de conclusion des accords internationaux dans leur immédiat voisinage. L'un, du 18 juillet 1990, instaure un Comité interministériel de la coopération régionale Guyanes-Caraïbes et un délégué interministériel à la coopération régionale[5]. Or, les termes « conseil général » et « conseil régional » n'y apparaissent pas. Dans un second décret du 23 mai 1996, la coopération régionale ultramarine se déconcentre fortement puisqu'il revient au préfet de la Région de Guadeloupe d'animer et de coordonner les actions de l'État menées au titre de la coopération dans la région géographique des Caraïbes et des Guyanes intéressant les départements français d'Amérique (DFA)[6].

Plus tard, en 2000, dans un contexte politique local de revendications identitaires et statutaires, la Loi d'orientation pour l'outre-mer[7] – et en particulier son titre V relatif à l'action internationale de la Guadeloupe, de la Guyane, de la Martinique et de La Réunion dans leur environnement régional – a permis aux élus d'adresser au gouvernement des propositions pour la conclusion d'engagements internationaux de coopération régionale entre la République française et les États de leur immédiat voisinage.

---

4. Loi n° 84-747 du 2 août 1984 relative aux compétences des régions de Guadeloupe, de Guyane, de Martinique et de La Réunion, *JORF*, 3 août 1984, p. 2559.

5. Décret n° 90-655 du 18 juillet 1990 relatif à la coopération régionale Caraïbes-Guyanes, *JORF,* n° 171, 26 juill. 1990, p. 8964.

6. Décret n° 96-449 du 23 mai 1996 modifiant le décret n° 90-655 du 18 juillet 1990 relatif à la coopération régionale Caraïbes-Guyanes, *JORF,* n° 122, 26 mai 1996, p. 7853.

7. Loi n° 2000-1207 du 13 décembre 2000 d'orientation pour l'outre-mer, *JORF,* n° 289, 14 déc. 2000, p. 19760.

La faculté donnée aux régions de se constituer « membre associé » ou « observateur » auprès des organismes régionaux, après accord des autorités de la République complète ce pouvoir de représentation[8]. La loi n'a pas prévu cette prérogative pour les départements.

Dans la même intention de favoriser l'insertion régionale des Régions d'outre-mer, des dispositions de la loi octroient non seulement un pouvoir de participation, mais également un pouvoir de « demande à l'État », de prise d'initiative des exécutifs locaux, quant aux négociations avec l'Union européenne et à l'adaptation du droit communautaire.

Cette loi s'adapte ainsi à la dimension particulière des relations de coopération et complète le pouvoir de consultation des régions dévolu par la circulaire du 12 mai 1987[9], d'un pouvoir de proposition. Cette circulaire a été actualisée en 2012 pour rappeler et moderniser les règles fixées par le Code général des collectivités territoriales en matière d'action internationale des collectivités territoriales d'outre-mer[10].

La nouvelle circulaire des ministres des Affaires étrangères et européennes et de l'Outre-mer concerne un champ géographique plus étendu que celle de 1987[11]. Elle précise que les accords et arrangements administratifs doivent être conformes aux règles fixées par la circulaire du Premier ministre du 30 mai 1997 sur ces questions. Dans la continuité, les Régions d'outre-mer obtiennent la possibilité de négocier et signer des accords de coopération.

8. CGCT, art. L.4433-4-5.

9. Circulaire du 12 mai 1987 relative aux relations internationales de la France et à l'action extérieure des régions et départements d'outre-mer, *JORF*, 16 mai 1987, p. 5393.

10. Circulaire du 19 mars 2012, *Compétences exercées par les collectivités territoriales d'outre-mer en matière internationale*, NOR OMEO1209015C : *http://circulaires.legifrance.gouv.fr/pdf/2012/03/cir_34914.pdf* ou *http://circulaires.legifrance.gouv.fr/index.php?action=afficherCirculaire&hit=14&retourAccueil=1.*

11. Les collectivités visées par cette circulaire sont les suivantes :

– celles relevant de l'article 73 de la Constitution qui exercent les compétences d'un département ou d'une région : Guadeloupe, Guyane, Martinique, La Réunion, Mayotte ; par la suite, la loi du 27 juillet 2011 dispose que la Guyane et la Martinique deviendront à partir de 2015 des collectivités uniques qui exerceront les compétences antérieurement dévolues au département et à la région, sans impact majeur sur les compétences en matière internationale : loi n° 2011-884 du 27 juillet 2011 relative aux collectivités territoriales de Guyane et de Martinique, *JORF,* n° 173, 28 juill. 2011, p. 12821 ; Voir loi organique n° 2011-883 du 27 juillet 2011 relative aux collectivités régies par l'article 73 de la Constitution, *JORF,* n° 173, 28 juill. 2011, p. 12818.

– certaines collectivités relevant de l'article 74 de la Constitution : Saint-Barthélemy, Saint-Martin et Saint-Pierre-et-Miquelon ; sont exclues les collectivités d'outre-mer du Pacifique.

Dans les domaines de compétence de l'État, les autorités de la République peuvent délivrer un pouvoir de négociation ou de signature au président de l'Assemblée délibérante, pour des accords avec un ou plusieurs États environnants ou des organismes régionaux, y compris des organismes régionaux dépendant des institutions spécialisées des Nations unies. Ces règles sont également applicables aux territoires de Saint-Barthélemy, Saint-Martin et Saint-Pierre-et-Miquelon. À défaut, ceux-ci disposent dc la possibilité d'être associés ou de participer aux négociations au sein de la délégation française.

En ce qui concerne les accords relevant des domaines de compétence territoriaux, les collectivités peuvent obtenir que leur président négocie des accords internationaux. Dans ce cas, les autorités de la République peuvent assister aux négociations, mais à l'issue de celles-ci le projet est soumis à l'avis ou à l'acception de l'Assemblée délibérante. Le président de chaque collectivité peut ensuite être investi d'un pouvoir de signature.

Les accords de coopération relevant à la fois de la compétence de l'État et des collectivités territoriales sont négociés et signés par les autorités de la République, sauf dans l'hypothèse où l'exécutif local a sollicité et obtenu un pouvoir de négociation et de signature.

Néanmoins, sur cette répartition des compétences, la circulaire de mars 2012 se situe dans la ligne rappelée par le Conseil constitutionnel dans sa décision du 7 décembre 2000[12] : la signature des représentants de la collectivité d'outre-mer est toujours apposée au nom du gouvernement de la République française, et en aucun cas pour la collectivité territoriale. Lorsqu'il négocie et signe des accords avec des États étrangers, le président de l'Assemblée délibérante agit comme représentant de l'État et non comme représentant de l'Assemblée qu'il préside. L'État est donc bien réticent à octroyer aux collectivités ultramarines un véritable pouvoir d'association et de participation à la conclusion d'accords de coopération.

Les collectivités du Pacifique se trouvent dans une situation différente. Régies par l'article 74 de la Constitution, ou par le titre XIII de la Constitution dans le cas de la Nouvelle-Calédonie, elles jouissent de compétences beaucoup plus larges en

12. Cons. const., 7 déc. 2000, n° 2000-435 DC, *Loi d'orientation pour l'outre-mer*, *JORF*, 14 déc. 2000, p. 19830.

matière d'association et de participation dans la coopération régionale. L'article 39 de la loi de septembre 1984[13] portant statut du territoire de la Polynésie française modifié par l'article 4 de loi de juillet 1990[14] précise ainsi que

> « dans la région du Pacifique, les autorités de la République peuvent désigner le président du gouvernement du territoire pour les représenter afin de négocier des accords dans les domaines intéressant le territoire ou l'État. Les accords négociés sont soumis à ratification ou approbation dans les conditions prévues aux articles 52 et 53 de la Constitution ».

Par ailleurs, la loi organique d'avril 1996[15] a accentué l'association de la Polynésie française au processus de conclusion des accords de coopération : elle constitua la base normative des dispositions législatives futures au bénéfice des collectivités ultramarines et laissait déjà apparaître une gradation de l'association selon le domaine de compétence de l'accord, mais aussi selon le niveau d'autonomie de la collectivité. L'article 40 de ce texte fait état de la délivrance de pouvoirs par les autorités de la République au président du gouvernement pour négocier et signer des accords internationaux avec des États, territoires ou organismes régionaux du Pacifique. À défaut de délivrance de pouvoirs, le président est associé à la délégation française et participe aux négociations des accords. Mais ce dispositif législatif ne doit porter atteinte ni à l'exercice de la souveraineté nationale ni aux prérogatives de l'État.

L'approche déconcentrée de l'action extérieure de la Polynésie française dans son environnement régional sera ensuite formulée dans sa globalité par la loi organique de février 2004[16], qui revoit le dispositif d'association de la Polynésie française au processus de conclusion des accords de coopération régionale.

Dans les domaines de compétence de la collectivité polynésienne, l'article 39 de la loi organique prévoit que le président de la Polynésie française peut négocier tout accord avec des États ou des organisations internationales et que des pouvoirs peuvent lui être confiés pour les signer. Enfin, le territoire doit être consulté préalablement à l'adoption de la loi autorisant la ratification de ces engagements

13. Loi n° 84-820 du 6 sept. 1984, *JORF*, 7 sept. 1984, p. 2831.

14. Loi n° 90-612 du 12 juill. 1990 modifiant la loi n° 84-820 du 6 sept. 1984 portant statut du territoire de la Polynésie française, *JORF*, n° 162, 14 juill. 1990, p. 8319.

15. Loi organique n° 96-312 du 12 avr. 1996 portant statut d'autonomie de la Polynésie française, *JORF,* n° 88, 13 avr. 1996, p. 5695.

16. Loi organique n° 2004-192 du 27 févr. 2004 portant statut d'autonomie de la Polynésie française, *JORF,* n° 52, 2 mars 2004, p. 4183.

internationaux. L'article 17 précise la faculté pour le président de négocier et signer des conventions de coopération, même si le Conseil constitutionnel a décidé que ces conventions ne pourraient pas intervenir dans les domaines de compétence du conseil des ministres de la Polynésie française à moins d'un vote conforme de l'Assemblée délibérante.

En Nouvelle-Calédonie, l'article 2.1-II de la loi organique du 19 mars 1999[17] et le point 3.2.1 de l'Accord de Nouméa[18] ont fixé le cadre de son association au processus de conclusion des accords de coopération régionale et prévoient une très forte implication du territoire. Son autonomie plus poussée s'est retrouvée dans le contenu des compétences octroyées. En vertu de l'article 28 de la loi organique n° 99-209 de 1999, et dans les domaines de compétence de l'État, le président du gouvernement acquiert les pouvoirs de négociation et de signature des accords. À défaut d'application, il dispose d'un pouvoir d'association ou de participation au sein de la délégation française aux négociations et à la signature.

On observera que la Polynésie française n'avait pas obtenu en 1996 ce pouvoir d'association ou de participation à la signature. Une avancée dans la gradation de l'association est effectuée lorsque le législateur prescrit les conditions de cette association pour les accords relevant des domaines de compétence de la Nouvelle-Calédonie. L'article 29 de la loi précitée dispose que le Congrès (et non le Conseil des ministres) peut autoriser par délibération le président du gouvernement à négocier des accords.

Une distinction s'opère donc avec les dispositions relatives à la Polynésie française. Cette dernière est, dans ce domaine de compétence, toujours soumise à la délivrance de pouvoirs déconcentrés, alors que la Nouvelle-Calédonie produit une simple autorisation par voie délibérative du Congrès. Cette attribution est conditionnée à une information des autorités de la République de l'autorisation de négociation et à leur représentation à la négociation au sein de la délégation de la Nouvelle-Calédonie, à leur demande. Des pouvoirs sont, en revanche, exigés pour la phase finale de signature de l'accord. Ce dernier est, en cas d'accord du Congrès, soumis à un contrôle de constitutionnalité.

---

17. Loi organique n° 99-209 du 19 mars 1999 relative à la Nouvelle-Calédonie, *JORF,* n° 68, 21 mars 1999, p. 4197.

18. L'Accord de Nouméa est un accord qui prévoit le transfert de certaines compétences de la France vers la Nouvelle-Calédonie dans de nombreux domaines à l'exception de ceux de la défense, de la sécurité, de la justice et de la monnaie, *JORF,* n° 121 du 27 mai 1998, p. 8039.

Pour la Polynésie française, une variation par rapport au dispositif relatif à la Nouvelle-Calédonie est avérée par une intrusion, à leur demande, des autorités de la République au sein de la délégation polynésienne dès l'intention de négocier. S'y ajoute également une possibilité d'opposition à la négociation des accords des autorités de la République dans un délai d'un mois à compter de la notification de l'intention de négocier. Au contraire, pour la Nouvelle-Calédonie, l'obligation déclaratoire ne pourra être suivie d'une opposition de l'État.

Globalement, la Polynésie française jouit donc d'une marge de manœuvre plus faible que la Nouvelle-Calédonie, qui bénéficie d'une décentralisation totale de la compétence de négociation. L'histoire récente de la Nouvelle-Calédonie, les événements tragiques qu'elle a connus dans les années 1980 ont conduit à la mise en œuvre d'un processus – à travers les accords de Matignon-Oudinot en 1988, puis les accords de Nouméa en 1998 – original et inédit de transfert permanent de compétences, afin de conduire à bien le processus d'autodétermination dont la date butoir est actuellement fixée à 2018.

Pour Wallis-et-Futuna, le dispositif est très spécifique : la loi de juillet 1961[19] s'applique et aucun autre texte n'accorde expressément de compétences à la collectivité en matière internationale. En réalité, le mouvement de la décentralisation n'a à ce jour pas atteint ce territoire où l'ensemble des pouvoirs est concentré dans les mains du haut fonctionnaire Administrateur supérieur du territoire, à la fois chef de l'exécutif de la collectivité et représentant de l'État. Mises à part les Terres australes et antarctiques françaises (TAAF)[20], cette situation est inédite sur le territoire de la République. Pour autant, sur la base de l'alinéa 6 de l'article 74 de la Constitution, l'Assemblée territoriale est fréquemment consultée préalablement à l'adoption de lois autorisant la ratification d'engagements internationaux dans les domaines de compétence de la collectivité ou dont l'enjeu le justifie.

Au total, les paramètres internes du dispositif juridique relatif à l'association des entités ultramarines au processus de conclusion des accords internationaux révèlent que l'action internationale de l'État ne s'en trouve pas fortement perturbée. L'évolution législative en la matière, les réserves d'interprétation du Conseil

19. Loi n° 61-814 du 29 juill. 1961 conférant aux îles Wallis-et-Futuna le statut de territoire d'outre-mer, *JORF*, 30 juill. 1961, p. 7019.

20. Les Terres australes et antarctiques françaises constituent un territoire d'outre-mer de la France ; Voir loi n° 55-1052 du 6 août 1955 conférant l'autonomie administrative et financière aux Terres australes et antarctiques françaises, *JORF*, 9 août 1955, p. 7979.

constitutionnel, le recours à la déconcentration dans la majorité des dispositions ne font que renforcer le rôle prépondérant de l'État dans l'exercice des relations internationales. Ainsi, sous couvert de l'attribution de compétences, l'État entretient son action internationale tout en satisfaisant l'insertion régionale de ses entités ultramarines.

III. Géopolitique des organisations internationales dans les trois océans

Les organisations internationales constituent aujourd'hui un véritable système politique. Elles sont présentes partout et interviennent dans tous les domaines, de la sécurité internationale aux relations économiques et politiques, ou encore de l'environnement et des droits de l'homme. En ce sens, elles sont à la fois un instrument de politique des États et territoires, un échiquier (l'espace politique pluriel où se définit la politique internationale de l'organisation) et un acteur politique, employant la diplomatie dans les relations internationales pour faire aboutir les objectifs fondamentaux et les mandats définis par l'organisation. Que ce soit la Commission de l'Océan Indien (COI), le Forum des îles du Pacifique (FIP), l'Union européenne ou l'Association des États de la Caraïbe (AEC), elles répondent presque toutes à ce rôle et à ces caractéristiques. La politique d'insertion régionale des territoires ultramarins avait tout naturellement vocation à se développer au sein des principales organisations internationales de leur zone stratégique. En effet, ils sont situés au voisinage de nombreux États, États insulaires et micro-États, avec lesquels existent des relations de tous ordres : échanges commerciaux, touristiques, artistiques et culturels, etc.

Cette coopération régionale longtemps caractérisée par la seule adhésion de la France au titre de ses collectivités s'oriente davantage vers la participation des collectivités elles-mêmes en leur propre nom, à condition que les statuts des organismes prévoient cette participation pour des entités ou territoires non-étatiques. Cette opportunité résulte de la loi d'orientation de 2000 pour l'outre-mer, et des textes qui régissent les statuts spécifiques de la Nouvelle-Calédonie et de la Polynésie française.

Ces deux dernières collectivités disposent d'une plus grande latitude d'action internationale. Pour autant, seule la Nouvelle-Calédonie peut avoir le statut de membre, membre associé ou observateur d'une organisation internationale quelle qu'elle soit. Par ailleurs, en vertu de l'article 42 de la loi organique de février

2004[21], la Polynésie française peut avoir le même statut, mais uniquement dans les organisations internationales du Pacifique. En revanche, les Régions d'outre-mer n'ont pas – ou pas encore ? – la possibilité de siéger dans une organisation internationale comme membre à part entière. Elles ne peuvent accéder qu'au statut de membre associé ou d'observateur.

L'espace Caraïbes-Plateau des Guyanes est peu ouvert à l'action extérieure des collectivités territoriales : seule la Colombie reconnaît à ses collectivités un minimum de compétences externes, limitées aux collectivités territoriales limitrophes et de niveau égal. Dans ce contexte, les Antilles ont connu plusieurs expériences d'intégration régionale par le passé, à l'image des dix territoires anglophones qui se fédérèrent en 1958 à l'initiative du Royaume-Uni sous le nom de *West Indies Federation* (disparue en 1962 après le retrait de la Jamaïque et de Trinité-et-Tobago). Malgré cet échec, la nécessité d'une coopération économique régionale donna naissance en 1965 à un premier accord de libre-échange entre trois États (Antigua-et-Barbuda, la Barbade et le Guyana), puis à la création en 1973 de la Communauté et du Marché commun de la Caraïbe, *The Caribbean Community and Common Market* (CARICOM). De par son origine, la CARICOM a ainsi conservé une spécificité anglophone et insulaire. Ses missions visent principalement à favoriser la croissance durable de ses membres, encourager la coordination et la convergence des politiques de développement et renforcer la compétitivité des économies.

À côté des relations bilatérales que la France entretient avec ces pays, son ambassadeur au Suriname est également accrédité auprès de la CARICOM. Le 24e Sommet des chefs d'État et de gouvernement s'est tenu en Haïti les 18 et 19 février 2013 à Port-au-Prince en présence d'une quinzaine de chefs d'État et de gouvernement ainsi que de représentants de la Caraïbe[22]. Et si la Guadeloupe, la Guyane et la Martinique ont décidé le 5 décembre 2011, lors de la 3e Conférence de l'Union des régions Antilles-Guyane (URAG), de formaliser leur demande de participation à la CARICOM et au CARIFORUM[23], ce n'est là aussi qu'avec l'accord du gouvernement français.

---

21. Loi organique no 2004-192 du 27 févr. 2004, préc.
22. Haïti en assurait la présidence depuis le 1er janvier 2013.
23. Forum caribéen des États de l'Afrique, des Caraïbes et du Pacifique.

Officiellement établi en 1992, le CARIFORUM est le groupement des États des Caraïbes signataires de la Convention de Lomé IV. Dans le cadre de cette convention, il contrôle et coordonne l'attribution des ressources du Fonds européen de développement (FED) pour financer les projets régionaux dans la région caribéenne. On mesure dès lors l'importance pour les Outre-mer français d'être directement et systématiquement associés aux discussions au sein du CARIFORUM qui est le lieu de négociation sur toutes ces questions. La réponse de l'État concernant cette dernière demande n'a pas encore été formalisée de manière officielle et ne peut évidemment être considérée comme positive.

L'Organisation des États de la Caraïbe orientale (OECO) a été créée en 1981 pour succéder au Marché commun des Antilles Orientales (MCAO/ECCM) mis en place en 1968. Cette organisation se compose de neuf membres, dont six États (Sainte-Lucie, Grenade, la Dominique, Saint-Vincent-et-les-Grenadines, Saint-Kitts-et-Nevis, Antigua-et-Barbuda) et trois territoires britanniques associés (Montserrat, Anguilla et les îles Vierges britanniques). L'OECO a pour objectif de développer la croissance de la région et de mettre en œuvre des politiques cohérentes en vue de favoriser l'insertion des États dans l'économie régionale et mondiale. Le 26 janvier 2012, la Haute Autorité de cette organisation a donné son accord de principe aux demandes formulées par la Guadeloupe et la Martinique de participer à cette organisation régionale en qualité de membres associés, ce qui ne pose pas de difficulté majeure au regard de leur statut et de leur positionnement géopolitique. Pour autant, les procédures en ce sens semblent longues et fastidieuses.

L'Association des États de la Caraïbe (AEC) a été créée le 24 juillet 1994 à Carthagène (Colombie) pour renforcer le processus régional de coopération et d'intégration afin de créer un espace économique élargi dans la région, de préserver l'intégrité environnementale de la mer des Caraïbes et de promouvoir le développement durable de la Grande Caraïbe. Elle compte vingt-cinq États membres[24] et trois membres associés, dont la France[25]. À ce titre, la France intervenait dans les débats et votait aux réunions du Conseil des ministres et des comités spéciaux. Et c'est par son intermédiaire que la Guyane, la Guadeloupe, la Martinique, Saint-Barthélemy et Saint-Martin y étaient représentés. Cela peut

---

24. Antigua-et-Barbuda, Barbade, Belize, Colombie, Costa Rica, Cuba, Dominique, El Salvador, Grenade, Guatemala, Guyana, Haïti, Honduras, Jamaïque, Les Bahamas, Mexique, Nicaragua, Panama, République dominicaine, Saint-Christophe-et-Niévès, Sainte-Lucie, Saint-Vincent-et-les-Grenadines, Suriname, Trinité-et-Tobago, Venezuela.

25. Les autres sont les Pays-Bas et le Royaume-Uni.

expliquer que le ministre des Outre-mer ait eu le rang de chef de délégation lors du Ve Sommet des chefs d'État et de gouvernement de l'AEC en avril 2013, même si une telle situation pourrait être considérée comme un recul dans la mesure où, habituellement, c'est le président d'une des régions ultramarines de la zone qui conduisait la délégation française. Quoi qu'il en soit, les trois régions ont décidé d'adopter une démarche concertée pour accéder, enfin, aux postes électifs des comités spéciaux de l'AEC et pour être membres associés en leur propre nom, la France devenant alors membre observateur. Saint-Martin et Saint-Barthélemy en feront probablement de même très rapidement, la France deviendra alors observateur, ce qui demandera la renégociation de la convention liant depuis 1996 la France et l'AEC.

C'est un énorme progrès, mais pas un aboutissement, car d'aucuns se souviendront de l'incident diplomatique au sommet de l'AEC en 1999[26] et retiendront que le législateur et le Conseil constitutionnel s'en tiennent à une application stricte de la Constitution concernant les pouvoirs du Président de la République en matière internationale.

À cet égard, le 18 avril 2013, le secrétariat de l'AEC a signalé à ses membres la note d'information du ministère des Affaires étrangères et européennes de la France sur les dispositions de la loi française qui permettent à la Guadeloupe, la Martinique et la Guyane, ainsi qu'à Saint-Barthélemy et Saint-Martin d'être, avec l'accord des autorités de la République, membres associés des organisations régionales ou observateurs auprès de celles-ci. La déclaration finale de Pétion-Ville (Haïti), à l'issue du Ve Sommet de l'AEC, reprend clairement ce point :

> « Nous accueillons avec satisfaction la volonté des régions françaises de la Caraïbe de devenir membres associés en leur nom propre, et nous nous félicitons de leur participation active aux différents comités de l'Association. »

Néanmoins, il convient de poursuivre un travail de contact à haut niveau pour aboutir à cet objectif à l'issue d'un processus assez long. La Guadeloupe et la Martinique ont déjà manifesté leur intention auprès de l'AEC. La Guyane, Saint-Barthélemy et Saint-Martin devront en faire de même rapidement afin d'éviter le cocasse d'une double représentation : d'une part, la Guadeloupe et la Martinique

26. Au niveau gouvernemental, la France était en désaccord sur les termes d'une déclaration, alors que la délégation française, conduite par la Région Guyane, ne s'y opposait pas.

comme « membres associés » en leur nom propre[27] et d'autre part, les trois autres territoires toujours accompagnés par le représentant de la France, membre associé siégeant en leur nom.

La Commission économique pour l'Amérique latine et les Caraïbes (CEPALC) est une commission régionale de l'ONU fondée en 1948 par résolution du Conseil économique et social[28]. Elle publie des statistiques économiques de référence sur l'Amérique latine. Son siège se trouve à Santiago (Chili). Deux sièges sous-régionaux se trouvent à Mexico pour l'Amérique centrale et à Port-d'Espagne pour les Caraïbes. Des bureaux nationaux sont présents à Buenos Aires, Brasilia, Montevideo et Bogota, avec un bureau de liaison à Washington. Le ministère des Affaires étrangères et européennes a accepté l'entrée de la Martinique et de la Guadeloupe comme membres associés[29] au sein de cet organisme onusien et de son organe subsidiaire, le Comité de développement et de coopération de la Caraïbe (CDCC), ce qui doit leur permettre d'avoir un lien direct avec les responsables politiques et économiques des pays et territoires voisins. La Guyane devrait également solliciter très prochainement sa participation à cette Commission onusienne.

En Amazonie, la Guyane pourrait rejoindre l'Organisation du traité de coopération amazonienne (OTCA) qui regroupe huit États américains ayant en commun la forêt amazonienne[30]. Pour autant, la Guyane pourrait rencontrer des difficultés à réaliser cette ambition dans des délais brefs – le Venezuela étant très « tatillon »

---

27. Résultat acquis le 17 février 2014 : Accord approuvant l'octroi à la Guadeloupe et à la Martinique du statut de membre associé de l'AEC en leur nom propre : *http://www.acs-aec.org/sites/default/files/accord_9_14...._martinique_and_guadeloupe.pdf,* (consulté le 18 février 2014).

28. Les membres de plein exercice comprennent en effet, outre des États non américains, les États du continent : Allemagne, Antigua-et-Barbuda, Argentine, Bahamas, Barbade, Belize, Bolivie, Brésil, Canada, Chili, Colombie, Corée du Sud, Costa Rica, Cuba, Dominique, El Salvador, Équateur, Espagne, États-Unis d'Amérique, France, Grenade, Guatemala, Guyana, Haïti, Honduras, Italie, Jamaïque, Japon, Mexique, Nicaragua, Panama, Paraguay, Pays-Bas, Pérou, Portugal, République dominicaine, Royaume-Uni, Saint-Christophe-et-Niévès, Sainte-Lucie, Saint-Vincent-et-les-Grenadines, Suriname, Trinité-et-Tobago, Uruguay, Venezuela. Au nombre des membres associés siègent des entités non étatiques caribéennes : Anguilla, Aruba, Îles Caïmans, Guadeloupe, Martinique, Montserrat, Porto Rico, Îles Turques-et-Caïques, Îles Vierges britanniques, Îles Vierges des États-Unis.

29. Demande d'adhésion à la CEPALC ratifiée le 31 août 2012.

30. À la suite d'un traité du 3 juillet 1978, ses parties contractantes ont voulu mieux mettre en œuvre ses objectifs de préservation et de gestion rationnelle de cette forêt grâce à l'institutionnalisation de l'OTCA en 1995. Les huit États membres sont : Bolivie, Brésil, Colombie, Équateur, Guyana, Pérou, Suriname et Venezuela.

– si la France ne lui permet pas d'y participer en son nom propre, avec un statut de membre associé. De même, la Guyane pourrait participer à l'Union des nations sud-américaines (UNASUR)[31], qui regroupe douze États d'Amérique du Sud[32], dont la population totale est estimée à 396,3 millions d'habitants. Son objectif est de construire une identité et une citoyenneté sud-américaine et de développer un espace régional intégré.

Dans *l'Océan Indien*, bien que situés aux confluences des trois puissances mondiales membres du G20 (l'Inde, la Chine et l'Afrique du Sud), les territoires ultramarins de la zone ne participent – en tant que membres associés – à aucune organisation régionale autre que la Commission de l'Océan Indien[33]. L'insertion régionale de La Réunion est cependant bien réelle et la coopération avec les organisations régionales se diversifie. Sur le plan bilatéral, la zone de coopération régionale de La Réunion et de Mayotte concerne pour l'essentiel, Madagascar, les Seychelles, Maurice, l'Afrique du Sud, l'Union des Comores, le Mozambique. Dans une moindre mesure, des liens de coopération existent aussi avec certains pays proches de l'Afrique australe (Mozambique, Kenya, Tanzanie), des pays d'Asie (Inde, Sri Lanka, Maldives…) ou encore l'Australie. Ainsi, depuis quelques années, La Réunion est passée d'une coopération insulaire de proximité à une coopération active avec des pays plus lointains.

Le 22 décembre 1982, Madagascar, Maurice et les Seychelles posaient les fondations de la Commission de l'Océan Indien (COI) par la signature d'un accord de principe entre les trois États. L'institutionnalisation est opérée en application de l'accord de coopération de Victoria (Seychelles) de janvier 1984. Il fallut attendre deux ans encore pour voir l'Union des Comores et la France/La Réunion y participer en janvier 1986. La COI avait à l'origine une vocation politique, que les orientations stratégiques définies en 1989 à l'occasion du colloque de Mahé (Seychelles), puis la mise en place du Programme régional intégré de développement des échanges (PRIDE), ont réorientée vers l'économie. Son but est aujourd'hui de favoriser les échanges intrarégionaux et de défendre les intérêts insulaires de ses membres, qui ont en commun l'isolement, l'étroitesse de leur marché intérieur, la fragilité environnementale et l'exposition aux catastrophes

31. En espagnol : *Unión de Naciones Suramericanas*.

32. Argentine, Bolivie, Brésil, Chili, Colombie, Équateur, Guyana, Paraguay, Pérou, Suriname, Uruguay, Venezuela.

33. Voir à ce propos la contribution du professeur Laurent Sermet au présent ouvrage, p. 55.

naturelles. La France/La Réunion se retrouve aux côtés de deux pays dits à revenus intermédiaires (Maurice, Seychelles) et deux pays parmi les moins avancés (Madagascar, Comores). Cependant, ses contraintes structurelles, les différents niveaux de développement et les crises politiques, notamment à Madagascar et aux Comores, compliquent le fonctionnement de cette organisation. En outre, au sein de la COI, La Réunion est handicapée non seulement par son statut de région ultrapériphérique, mais surtout par le fait qu'elle n'est qu'une région disposant d'une capacité de proposition moins offensive que certains États. De toute évidence, il est nécessaire que La Réunion, de même que Mayotte prennent toute leur dimension au sein de cette organisation régionale.

D'autres ensembles régionaux majeurs font partie de l'environnement économique immédiat de La Réunion et de Mayotte et en deviendront les interlocuteurs privilégiés dans le cadre de la coopération régionale. Ils ont vocation à développer les échanges entre leurs membres, comme le prévoit le traité du Marché commun d'Afrique orientale et australe (COMESA) qui réunit vingt pays d'Afrique orientale et australe. Créé en novembre 1993, ce dernier a pour objectif principal la promotion de l'intégration économique régionale à travers le développement du commerce et l'investissement. Ce marché représente un débouché commercial de près de 400 millions d'habitants. La France, qui a joué un rôle important dans l'établissement de cette union douanière, n'y a pour le moment qu'un statut d'observateur, mais souhaite obtenir celui de membre associé au titre de La Réunion.

L'Association des États riverains de l'Océan Indien pour une coopération régionale (IOR-ARC) a été créée en 1997 et regroupe vingt États[34]. Elle se propose de fonder autour du bassin de l'Océan Indien un vaste regroupement économique d'États appartenant à des espaces géopolitiques différents afin d'y intensifier les échanges dans les domaines du commerce, des investissements, du développement des ressources humaines. La France a sollicité son adhésion au titre de La Réunion, mais n'a été admise à participer aux travaux de cette organisation régionale qu'en qualité de « partenaire de dialogue »[35]. La Réunion espère obtenir un statut au sein de l'organisation régionale qui représente 1,7 milliard d'habitants. En outre, le rehaussement de la représentation française au sein du COMESA et de l'Association

34. États membres : Afrique du Sud, Australie, Bangladesh, Comores (depuis 2012), Émirats arabes unis, Inde, Indonésie, Iran, Kenya, Madagascar, Malaisie, Maurice, Mozambique, Oman, Seychelles (depuis 2011), Singapour, Sri Lanka, Tanzanie, Thaïlande, Yémen.

35. Partenaires du dialogue : Chine, Égypte, États-Unis d'Amérique (depuis 2012), France, Japon, Royaume-Uni.

IOR-ARC devrait avoir des conséquences positives pour La Réunion et Mayotte : une avancée importante serait d'obtenir un statut de membre associé au sein de ces ensembles régionaux qui rassemblent 30 % de la population mondiale et ont pour dénominateur commun le partage de l'Océan Indien, une zone stratégique qui accueille 30 % du trafic mondial de porte-conteneurs et 75 % des flux pétroliers.

Malheureusement, pour des raisons politiques, Mayotte est à ce jour exclue des discussions majeures sur l'avenir des peuples de l'Océan Indien et n'est toujours pas représentée à la COI. Cette situation renvoie au contentieux diplomatique entre la France et les Comores au sujet du rattachement de Mayotte au territoire de la République française, Anjouan n'ayant à ce jour jamais reconnu cet état de fait. Le dialogue est indispensable dans les relations franco-comoriennes, avec la reprise du Groupe de travail de haut niveau (GTHN) sur les Comores[36], pour permettre à Mayotte de jouer un rôle dans la zone, et ce, dans l'intérêt de tous. Un signal encourageant est toutefois le mandat reçu du ministre des Outre-mer en 2012 par l'ambassadeur chargé de la coopération régionale dans l'Océan Indien, de relancer les travaux du GTHN. C'est une avancée significative dans le sens de la reprise du dialogue[37].

Créée en 1979, la Conférence de coordination du développement d'Afrique australe a pour objet la constitution d'une zone économique intégrée. Elle est devenue la Communauté de développement d'Afrique australe (SADC) en 1992 et regroupe aujourd'hui quinze États. La Réunion n'en fait pas partie, mais la question de sa participation avait été posée dès 1998 par des parlementaires locaux, lors de l'Assemblée paritaire Union européenne/SADC. La SADC est dotée depuis 2001 d'institutions calquées sur le modèle de l'Union européenne. Elle possède également un organe de défense et de sécurité. La France soutient ce processus d'intégration régionale et coopère avec cette organisation en mettant à disposition des assistants techniques auxquels s'ajoute un conseiller santé à l'ONUSIDA[38] en

---

36. Depuis 2008, un groupe de travail de haut niveau créé à l'initiative des présidents comorien et français (GTHN) a pour mission de favoriser le développement économique conjoint de Mayotte et des Comores et d'encourager la coopération régionale. Les résultats obtenus par le GHTN se sont rapidement révélés encourageants. Le GTHN a été mis en sommeil dès 2009, en raison d'un contexte politique peu favorable aux Comores et de l'émotion suscitée à Moroni par la consultation mahoraise du 29 mars 2009. Depuis, il n'a pas véritablement repris son activité.

37. Note du secrétariat général du gouvernement, Premier ministre, relative à la suite donnée à l'avis du CESE intitulé « *Pour un renforcement de la coopération* régionale *des Outre-mer* », Paris, 13 juill. 2012.

38. Programme commun des Nations Unies sur le VIH/Sida.

poste à Pretoria (Afrique du Sud), qui a compétence sur la zone couverte par la SADC. Pour autant, les élus locaux réunionnais ne se satisfont pas de la situation actuelle de leur île concernant la SADC. Ils souhaitent ardemment rejoindre cette organisation qui représente 60 % du PIB africain et constituera à terme le plus vaste marché régional du continent avec plus de 600 millions d'habitants. Son poids économique et diplomatique est réel. Deux autres regroupements, l'EAC *(East African Community)* et le COMESA, souhaitent d'ailleurs s'associer à la SADC pour créer, à l'horizon 2015, la plus grande organisation régionale africaine, du Caire (Égypte) à Capetown (Afrique du Sud).

Dans la zone Océanie, la France est le seul État de l'Union européenne à être présent dans le Pacifique[39] et à y avoir des intérêts au travers de trois collectivités qui participent à la Communauté du Pacifique Sud (CPS) et au Forum des îles du Pacifique (FIP). Deux processus de coopération régionale ont été mis en place dans le cadre du FIP, auquel la Nouvelle-Calédonie et la Polynésie française sont associées : l'Accord sur le commerce du Forum des îles du Pacifique (PICTA) d'une part, et l'Accord du Pacifique pour des relations économiques plus étroites (PACER), d'autre part. La France n'est pas membre du FIP. En revanche, elle participe au « Post Forum », enceinte de dialogue avec les principaux partenaires non membres de l'organisation.

Le FIP est une organisation de coopération régionale qui réunit seize membres[40] ; elle compte deux associés (Nouvelle-Calédonie, Polynésie française) et des observateurs (dont Wallis-et-Futuna). Il a été créé en 1971 sous le nom de Forum du Pacifique Sud. Ses domaines d'intervention privilégiés sont l'environnement, les télécommunications, la pêche et les communications maritimes.

La participation des collectivités françaises à cette organisation mérite d'être plus active. En effet, la Nouvelle-Calédonie a entrepris en 2010 une mission pour convaincre les membres du FIP de l'accepter comme membre à part entière. Malgré un refus[41], elle s'est considérablement rapprochée de ces États et il est probable qu'elle y soit admise très prochainement. À ce jour, elle peut participer à toutes

39. Sous réserve du rattachement de Pitcairn au Royaume-Uni ; cette dépendance figure parmi les Pays et territoires d'outre-mer associés à l'Union européenne.

40. Australie, Îles Cook, États fédérés de Micronésie, Fidji (Îles), Kiribati, Nauru, Nouvelle-Zélande, Niue, Palau, Papouasie Nouvelle-Guinée, République des Îles Marshall, Samoa, Îles Salomon, Tonga, Tuvalu et Vanuatu.

41. P.-C. PANTZ, « Géopolitique des mers et des océans », *Diplomatie*, « Les grands dossiers », n° 10, août-sept. 2012, p. 58-59.

les activités du Forum, à l'exception de la « retraite » des dirigeants au cours de laquelle sont adoptées les grandes décisions politiques et administratives de l'organisation, réservée aux seuls membres de plein exercice. Son statut de territoire, qui jouit d'une large autonomie – mais non l'indépendance ni la libre association à un État – constitue pour certains États membres un obstacle à son éligibilité; en effet, les statuts du FIP ne prévoient la qualité de membre à part entière que pour les États. De plus, le litige de souveraineté sur les îles Matthew et Hunter, qui sont revendiquées par le Vanuatu, est probablement de nature à freiner l'ancrage des territoires français[42] au sein des organisations régionales de coopération de cette zone.

Il revient à l'ensemble des membres du FIP d'approuver par consensus le bien-fondé de la demande des territoires français, qui doit être soutenue, afin que la Nouvelle-Calédonie et la Polynésie française y accèdent en qualité de membres de plein exercice[43] et que Wallis-et-Futuna y accède en tant qu'associé.

Pour sa part, la Commission du Pacifique Sud (CPS) créée en 1947 en Australie regroupait dans un premier temps les six États qui administraient alors des territoires dans la région : l'Australie, la France, la Nouvelle-Zélande, les Pays-Bas, le Royaume-Uni et les États-Unis d'Amérique. Rebaptisée « Communauté du Pacifique » en 1997, elle compte vingt-six membres, dont vingt-deux États et territoires océaniens[44], outre des États fondateurs extérieurs[45]. La Nouvelle-Calédonie, la Polynésie française, Wallis-et-Futuna sont membres à part entière au même titre que la France. Cette organisation de coopération a pour vocation le financement et la gestion des programmes de développement au bénéfice du Pacifique insulaire. Elle regroupe sur un pied d'égalité quatre contributeurs dont la contribution représente plus de 90 % des financements – Australie, France, États-Unis, Nouvelle-Zélande – et toutes les entités du Pacifique, de statuts politiques

42. P.-C. PANTZ, « Géopolitique des mers et des océans », *op. cit.*

43. Des démarches ont été entamées lors des sommets du FIP de Port-Vila en août 2010 et d'Auckland en septembre 2011.

44. Îles Cook, États fédérés de Micronésie, Îles Fidji, Guam, Kiribati, Îles Mariannes du Nord, Îles Marshall, Nauru, Niue, Nouvelle-Calédonie, Palau, Papouasie-Nouvelle-Guinée, Pitcairn, Polynésie française, Îles Salomon, Samoa, Samoa américaines, Tokelau, Tonga, Tuvalu, Vanuatu et Wallis et Futuna.

45. Les Pays-Bas s'étaient retirés en 1962 et le Royaume-Uni s'est retiré en 2005.

variables, dont les trois collectivités françaises. C'est également une organisation internationale de conseil technique, scientifique et stratégique, d'assistance, de formation et de recherche au service de ses membres insulaires océaniens.

Des démarches doivent également être engagées par le gouvernement français et les élus locaux afin que la Nouvelle-Calédonie puisse consolider le siège de la Communauté du Pacifique à Nouméa.

Parmi les autres organisations régionales importantes de la zone, se trouve le Réseau océanien de surveillance de la santé publique. Créé en 1996, il résulte de la volonté conjointe de la CPS et de l'Organisation mondiale de la santé de mettre en place un organe de surveillance de la santé publique dans le Pacifique. Wallis-et-Futuna, la Nouvelle-Calédonie et la Polynésie française en sont membres statutaires. Notons l'existence de la Commission du Pacifique Sud pour les Géosciences appliquées – la Nouvelle-Calédonie et la Polynésie française en sont membres associés ; la France n'en est pas membre ; ou encore, l'Organisation océanienne des douanes, l'Organisation du tourisme du Pacifique Sud (seule la Polynésie française en est membre), le Programme de développement des îles du Pacifique, le Programme régional océanien de l'environnement (PROE) – dont les trois collectivités sont membres au même titre que la France –, le Conseil de coopération économique du Pacifique ou l'Agence des pêches du Forum.

Retenons aussi que la Nouvelle-Calédonie et la Polynésie française siègent en qualité des membres associés au sein de la Commission économique et sociale pour l'Asie et le Pacifique, organisation internationale dont la France est membre fondateur. Les deux territoires ultramarins français sont membres de l'Organisation mondiale de la météorologie, organisme de l'ONU depuis 1949. Seule la Nouvelle-Calédonie participe à l'Office international des épizooties, organisation intergouvernementale créée par l'Arrangement international du 25 janvier 1924.

Enfin, la coopération régionale dans la zone Pacifique est aussi encouragée par l'Union européenne *via* les Accords de partenariat économique (APE) en cours de négociation depuis 2002. Ces accords visent de façon générale à favoriser le libre-échange entre l'Union européenne et les pays ACP, regroupés au sein de blocs régionaux. Plusieurs éléments sont toutefois venus freiner ces négociations et, en 2009, seul un APE intérimaire avec la Papouasie-Nouvelle-Guinée et Fidji a pu être conclu. Il porte notamment sur l'industrie de la pêche et les industries de conserverie et de transformation et pourrait mettre en difficulté la Polynésie française sur ce secteur d'activité. La Nouvelle-Calédonie et la Polynésie française, qui se situent largement en dehors de ces initiatives, marquent toutefois un intérêt accru pour l'évolution de cette situation. En outre, dans le cadre de l'autonomisation croissante des deux territoires, les gouvernements locaux habilités à négocier directement des accords régionaux ont ainsi engagé en 2005 des négociations pour une éventuelle adhésion au PICTA.

Globalement, le rôle de la France dans le Pacifique est reconnu depuis l'arrêt relatif aux essais nucléaires[46] et l'adoption de nouveaux statuts tant en Nouvelle-Calédonie qu'en Polynésie. De plus, depuis le départ du Royaume-Uni, l'Australie prend conscience de l'intérêt d'avoir un partenaire européen prêt à l'épauler : face aux risques de déstabilisation de micro-États aux ressources limitées et confrontés aux catastrophes naturelles et compte tenu des ambitions chinoises dans la région, l'Australie ne veut plus être seule à porter les problématiques géopolitiques régionales. L'ennemi héréditaire français d'antan est devenu un allié indispensable. Le secrétariat d'État australien pour les îles du Pacifique souhaite donc maintenir avec la France une politique d'étroite coopération politique et militaire.

Par ailleurs, l'adoption par l'Assemblée générale de l'ONU le 17 mai 2013 d'une résolution plaçant la Polynésie française sur la liste des territoires à décoloniser[47], reste une affaire franco-polynésienne, même si l'île-continent soutient le principe universel d'autodétermination. L'Australie reconnaît aussi le rôle croissant joué dans l'environnement régional par le gouvernement local de la Nouvelle-Calédonie, collectivité la plus active et qui se projette le plus dans son environnement interrégional. Ce pays estime plus généralement que les territoires français sont bien plus actifs que les petits États environnants.

Dans l'Atlantique Nord, l'archipel de Saint-Pierre-et-Miquelon représente la France au sein de deux organisations : la Commission internationale pour la conservation des thonidés et l'Organisation des pêches de l'Atlantique Nord-Ouest.

---

46. Cour internationale de justice, 20 déc. 1974, *Essais nucléaires (Australie c/France)*, *Rec.*, 1974, p. 253.

47. Voir Assemblée générale, résolution A/RES/67/265, *L'autodétermination de la Polynésie française*, 82e séance plénière ; disponible :
http://daccess-dds-ny.un.org/doc/UNDOC/GEN/N12/494/51/PDF/N1249451.pdf?OpenElement. Ce texte présenté par plusieurs petits États du Pacifique (îles Salomon, Nauru, Tuvalu, Samoa) ainsi que le Timor oriental, a été adopté par consensus et a une portée largement symbolique. La France n'a pas participé à la séance. Le texte « affirme le droit inaliénable de la population de la Polynésie française à l'autodétermination et à l'indépendance », conformément à la Charte de l'ONU (article 73 sur les territoires non autonomes). La Nouvelle-Calédonie figure déjà sur cette liste de l'ONU qui comprend désormais 17 territoires, dépendant pour la plupart du Royaume-Uni (notamment Gibraltar, Malouines, Îles Caïmans, Sainte-Hélène) ou des États-Unis (Îles Vierges, Guam, Samoa américaine).

La Commission internationale pour la conservation des thonidés de l'Atlantique est une organisation internationale dont le traité fondateur est entré en vigueur en 1969, compétente pour les ressources vivantes de l'Atlantique, la Méditerranée, le Golfe du Mexique et la mer des Caraïbes. La France y participe à double titre : en tant que membre de l'Union européenne et au titre de Saint-Pierre-et-Miquelon, dont la délégation est présidée par le président du Conseil territorial.

L'Organisation des pêches de l'Atlantique Nord-Ouest a quant à elle été créée en 1979, avec pour mandat de contribuer, par la consultation et la coopération, à l'utilisation optimale, à la gestion rationnelle et à la conservation des ressources d'une douzaine d'espèces halieutiques. La France, participant par l'intermédiaire de l'Union européenne, y dispose d'une voix au titre de Saint-Pierre-et-Miquelon.

Toutefois, on peut regretter que Saint-Pierre-et-Miquelon n'ait même pas la capacité de négocier et signer des arrangements administratifs pour l'application des traités conclus avec le Canada en matière de pêche et d'hydrocarbures. Seuls Saint-Barthélemy et Saint-Martin ont la possibilité de négocier[48] de leur propre initiative des arrangements administratifs avec les administrations de tout État ou territoire voisin en vue de favoriser le développement économique, social et culturel de la collectivité concernée.

IV. Repenser le rôle des Outre-mer dans la gouvernance des organisations internationales

Une grande ambiguïté domine le système, sur le rôle que doivent et devront jouer les élus ultramarins dans l'avenir et sur leur capacité à négocier dans un cadre défini en fonction de compétences à préciser, car des désillusions existent quant au modèle de coopération régionale actuellement proposé par les lois et règlements.

La question de leur intégration politique est posée de manière brutale, dans la mesure où une divergence d'intérêts avec la métropole peut conduire à les exclure de signature dans des processus pourtant jugés par eux essentiels pour l'affirmation de leur identité interrégionale et l'établissement de liens de solidarité avec leurs voisins.

48. Circulaire interministérielle préc. du 19 mars 2012 ; CGCT, art. LO. 6252-19 et LO 6352-19.

Dès lors que, sur des sujets d'importance politique majeure, les priorités de la République française divergent de celles des Outre-mer (à l'exemple de l'usage continu de la mer des Caraïbes pour le transport de déchets nucléaires et toxiques), il est évident que le pouvoir de représentation de ces derniers ne peut être que fictif. Il s'agit là d'une véritable situation de dissonance cognitive mettant « mal à l'aise » les élus ultramarins, qui peuvent être sommés de porter des projets en contradiction avec leur propre vision des priorités et des enjeux. Ces autorités décentralisées élues au suffrage universel n'entendent cependant pas agir en simples mandataires des autorités de la République.

En outre, les Outre-mer sont entourés d'entités nationales et infranationales dont l'articulation ou l'intégration à leur espace national n'obéit pas au schéma décentralisé français. Il faut tenir compte de ces disparités de fonctionnement administratif. Mais au-delà, il faut envisager cette question sous l'angle plus politique de la liberté d'action de ces territoires en matière de coopération régionale : ils doivent pouvoir être de véritables partenaires politiques sans que l'État soit considéré comme une contrainte, en tenant compte de l'atout que représente leur appartenance française et européenne. Ils doivent être des acteurs authentiques qui participent directement aux décisions des instances régionales de coopération, en représentant la France et leurs peuples respectifs à des positions élevées qui forcent le respect des partenaires qui, pour la plupart, sont des pays indépendants ou des régions fortement autonomes.

D'ailleurs, ce sont parfois les entités étrangères partenaires qui souhaitent privilégier les relations directes avec des interlocuteurs de la diplomatie « d'en haut », c'est-à-dire du ministère des Affaires étrangères et européennes. Toutes ces entités fédérées ou décentralisées n'ont pas nécessairement besoin de recourir à leur État central pour exister sur la scène internationale (c'est particulièrement vrai pour les États fédérés du Brésil), mais elles savent que rien ne se décide en France sans arbitrage au niveau national. Elles n'envisagent dès lors de traiter qu'avec des interlocuteurs disposant d'un réel pouvoir de décision et d'intervention.

L'État ne doit pas traiter l'action internationale des Outre-mer comme une menace pour l'intégrité de sa politique étrangère, mais, bien au contraire, chercher à créer de nouveaux modes de collaboration, de nouveaux partenariats et un meilleur partage des rôles avec ces collectivités.

Exposer clairement les responsabilités de chacun constitue une bonne façon de limiter les litiges ou incompréhensions, tout en accordant un rôle suffisamment important aux collectivités ultramarines pour qu'elles puissent profiter de la mondialisation. Il est donc important de repenser les relations centre-périphérie en matière de relations internationales, afin de favoriser la coopération et la coordination des actions dans ce domaine. Un véritable engagement diplomatique du ministère des Affaires étrangères et européennes est indispensable pour identifier et éliminer les points de blocage en vue d'améliorer l'insertion des Outre-mer au sein de toutes les organisations pertinentes de leur environnement géographique proche. Il s'agit d'apporter une clarification globale, notamment quant au statut international le mieux adapté à l'envergure, aux missions, aux objectifs et à l'impact de ces organisations sur la croissance et le développement, afin que la parole des Outre-mer et de la France y soit entendue, respectée et efficace.

Il convient, par exemple, de s'interroger sur la capacité d'insertion des collectivités ultramarines, avec le statut de membre à part entière dans les organisations internationales. Il serait également utile de connaître les raisons pour lesquelles certaines compétences dévolues aux Outre-mer dans le domaine de la coopération régionale restent peu utilisées (pouvoir de proposition en matière de négociation d'accords internationaux, pouvoir de négociation et de signature d'accords internationaux qui suppose l'autorisation de l'État et la délivrance de pouvoirs). On sait en revanche que d'autres compétences sont mises en pratique : la signature de déclarations d'intention de coopération avec des pays tiers de l'environnement régional, la représentation de la France par des élus locaux lors de conférences internationales, la possibilité de participer à des organisations régionales, l'affectation d'agents territoriaux dans les missions diplomatiques et consulaires…

L'État n'a pas d'autre solution que de rester un allié déterminé de ses collectivités ultramarines, qui exercent une attraction sur les pays environnants en raison de leur statut politique, économique et social de région européenne. Par maints aspects, la coopération régionale réussie avec des pays tiers requiert une volonté politique clairement affichée. À plus d'un titre, il apparaît nécessaire de mieux cibler les actions, d'associer les forces de plusieurs collectivités pour créer des synergies et de veiller davantage aux retombées économiques endogènes et productives des projets envisagés.

17. COOPÉRATION, FORMATION ET ACCOMPAGNEMENT DES COLLECTIVITÉS ULTRAMARINES

par

Arlette CONSTANT-PUJAR

Directrice régionale du CNFPT Martinique – Docteur en droit public

La coopération régionale des collectivités ultramarines[1] a débuté il y a plus d'une cinquantaine d'années par des opérations répétées de jumelage ou de simples relations d'amitié entre collectivités françaises, hexagonales et caribéennes, qu'il s'agisse de relations avec les Petites Antilles et les Grandes Antilles. La matérialisation de ces jumelages s'opérait par la pose de panneaux de signalisation portant la dénomination des collectivités jumelées et par des cérémonies médiatisées à caractère culturel ou sportif (groupes de danse, théâtre, musique, équipes sportives, etc.).

Aujourd'hui, nous sommes passés à une autre dimension à l'aune des évolutions législatives. Le niveau culturel et sportif s'est élargi aux niveaux économique (marchés européens et caribéens), social, maritime, touristique, de la santé et de la protection de l'environnement. Nous sortons des interventions purement

1. Ou régions ultrapériphériques (RUP).

humanitaires pour nous hisser vers des secteurs pointus comme les technologies, les expertises sur les réseaux routiers, les réseaux d'eau et d'assainissement, l'énergie, l'échange de savoir-faire, etc.

L'analyse de l'environnement de la coopération régionale révèle, d'une part, une abondance des acteurs de la coopération régionale : ministère de l'Outre-mer, ministère des Affaires étrangères et européennes, ministère de l'Intérieur, Commission européenne, représentations de l'État dans les territoires ultramarins, ambassadeurs de France dans les États voisins, ambassadeurs de la coopération régionale, commissaires au développement endogène, délégation pour l'action extérieure des collectivités territoriales, représentants et services des collectivités ultramarines, différents organismes de coopération régionale, collectivités, etc. ; et, d'autre part, une variété des fonds dédiés à la coopération régionale ainsi qu'une abondance d'intervenants (organisations non gouvernementales [ONG], entreprises privées, associations caritatives, structures religieuses, etc.). Cependant, une stratégie de globalisation et de cohérence des actions fait cruellement défaut et se traduit par une absence de « fil rouge ».

Cela étant dit, pour accompagner cette nouvelle gouvernance de coopération régionale, il est indispensable que les hommes et les femmes à l'origine de ces actions soient formés et maîtrisent les outils de la coopération régionale et le montage et le suivi des projets de coopération. La diplomatie est un véritable métier. Pour ce faire, dans un premier temps, le rôle du Centre national de la fonction publique territoriale (CNFPT)[2] et la coopération internationale et décentralisée des collectivités territoriales seront abordés (I) ; puis dans un second temps, l'accompagnement des personnels des collectivités territoriales aux problématiques des territoires non indépendants sera analysé (II).

2. Le CNFPT est un établissement public national entièrement dédié à la formation des agents du service public territorial dont les délégations régionales sont dotées d'une double compétence : une expertise pédagogique, enrichie constamment des meilleures pratiques et connaissances extérieures et une forte expérience professionnelle au sein des collectivités territoriales, garante de la pertinence des formations.

I. Le rôle du CNFPT et la coopération internationale et décentralisée

Établissement public, national, unique, déconcentré et paritaire au service des collectivités territoriales et de leurs agents, il est chargé de la formation et de la professionnalisation des personnels de la fonction publique territoriale ainsi que de l'organisation des concours A + (administrateur territorial, ingénieur en chef, conservateur en chef).

Le CNFPT, grâce à son expérience de plus de quarante ans, dispose d'une connaissance approfondie des problématiques des services publics locaux, des politiques publiques locales et des métiers territoriaux. Cette expérience et cette expertise dans le domaine de l'ingénierie de formation sont souvent sollicitées dans les programmes de coopération.

Préalablement à la présentation de l'implication du CNFPT dans ce domaine, il convient de procéder à un rappel de l'évolution législative de l'action internationale des collectivités territoriales (A) et des objectifs visés par le CNFPT (B) ; enfin seront donnés des exemples de projets menés à l'international (C).

A. Le rappel de l'évolution législative

Il convient de rappeler que la France est considérée comme pionnière dans l'action internationale des collectivités territoriales à travers l'évolution législative :

- la loi d'orientation nº 92-125 du 6 février 1992 relative à l'administration territoriale de la République[3] prévoit à son article 131 : « Les collectivités territoriales et leurs groupements peuvent conclure des conventions avec des collectivités territoriales étrangères et leurs groupements, dans les limites de leurs compétences et dans le respect des engagements internationaux de la France » ;
- la loi nº 2077-147 du 2 février 2007 relative à l'action extérieure des collectivités locales, dite « loi Thiollière »[4], a été votée afin de monter des actions d'aides d'urgence et de sécuriser les actions de coopération décentralisée des collectivités territoriales en autorisant explicitement ces dernières à mener des actions d'aide au développement sans être limitées par leur domaine de compétences ;

3. *JORF* nº 33 du 8 févr. 1992.
4. *JORF* nº 31 du 6 févr. 2007.

– la loi n° 2008-352 du 16 avril 2008 visant à renforcer la coopération transfrontalière transnationale et interrégionale[5] a mis en œuvre dans le droit français le groupement européen de coopération territoriale (GECT)[6]. Instrument unique de gouvernance territoriale, organisme ayant la personnalité morale de droit public et l'autonomie financière, sa création est autorisée, pour la France, par arrêté du représentant de l'État dans la région où le GECT a son siège.

En outre, elle s'associe à la volonté de renforcer les relations amicales et la coopération entre les États d'Europe, les États-Unis d'Amérique et le Canada et de promouvoir l'amitié entre les peuples, qui se manifeste à travers la Charte de Paris pour une nouvelle Europe du 21 novembre 1990[7], visant à promouvoir la démocratie, la paix et l'unité en Europe et s'abstenir de recourir à la menace ou à l'emploi de la force contre l'intégrité territoriale ou l'indépendance politique de tout État.

B. Les objectifs visés par le CNFPT

Dans le cadre de ses missions dévolues par la loi n° 84-594 du 12 juillet 1984 modifiée relative à la formation des agents de la fonction publique territoriale[8], le CNFPT assure la formation à l'expertise internationale des agents des collectivités territoriales, conçoit et met en œuvre des actions et des dispositifs de formation préparant les agents territoriaux à une mobilité en Europe et à l'international (départ en poste à l'étranger et retour) et facilite la réflexion et l'échange de bonnes pratiques.

---

5. *JORF* n° 93 du 19 avr. 2008.

6. Règlement (CE) n° 1082/2006 du Parlement européen et du Conseil du 5 juillet 2006 relatif à un groupement européen de coopération territoriale (GECT), *JOUE* L210, 31 juill. 2006, p. 19 ; modifié par réglement (UE) n° 1302/2013, *JOUE* L347, 20 déc. 2013, p. 303.

7. Liste des États signataires : Allemagne, États-Unis d'Amérique, Autriche, Belgique, Bulgarie, Canada, Chypre, Danemark, Espagne, Finlande, France, Grèce, Hongrie, Irlande, Islande, Italie, Liechtenstein, Luxembourg, Malte, Monaco, Norvège, Pays-Bas, Pologne, Portugal, Roumanie, Royaume-Uni, Saint-Marin, Saint-Siège, Suède, Suisse, République fédérative tchèque et slovaque, Turquie, Union des républiques socialistes soviétiques, Yougoslavie et Communauté européenne. Source : Sommet de Paris – Conférence sur la sécurité et la coopération en Europe (CSCE) [disponible : *http://www.osce.org/fr/mc/39517*].

8. *JORF* n° 176 du 31 juill. 1984.

Le CNFPT accompagne les projets de coopération décentralisée des collectivités territoriales lorsqu'elles en font la demande et si les besoins concernent l'ingénierie de formation et l'ingénierie pédagogique, les politiques publiques. Il intervient dans un cadre contractuel, son expertise doit être mobilisée sur financement de l'État français ou sur financements multilatéraux.

Il peut contribuer à la réflexion et à l'élaboration d'outils méthodologiques pour la formation au développement local et à la bonne gouvernance territoriale; à l'organisation ponctuelle ou régulière de sessions de formations de fonctionnaires locaux étrangers en France ou dans des pays partenaires; à l'organisation de dispositifs nationaux de formation des fonctionnaires locaux; au renforcement des capacités de gestion des collectivités ou gouvernements locaux et au développement des compétences professionnelles des agents.

À travers ses missions, le CNFPT utilise l'expertise et le savoir-faire des collectivités territoriales, des élus et des personnels territoriaux sur les thèmes comme la gouvernance et le développement territorial, le renforcement institutionnel, les finances publiques locales, la formation et les services aux citoyens et la promotion des solutions d'inspirations françaises, mais adaptées aux situations des partenaires.

Il existe dans son organigramme une mission des coopérations internationales qui est rattachée à la direction générale et qui a pour but également d'assurer une représentation du CNFPT en France et à l'étranger, en relation avec les partenaires et acteurs (ministères et cabinets).

Cette mission est composée de cadres territoriaux spécialistes de la coopération internationale chargés de décliner en interne la politique du CNFPT auprès de ses structures régionales – directions régionales du CNFPT, écoles (INSET, INET)[9]. C'est en quelque sorte la porte d'entrée des projets facilitant l'élaboration des programmes nationaux, des conventions jusqu'au suivi, à l'évaluation, à la veille du domaine international, à l'animation du réseau national en appui et conseils auprès des structures. Pour ce faire, le CNFPT a créé le Wiki Territorial[10] et une revue de presse mensuelle qui présente l'actualité des régions et des territoires en lien avec la mission des coopérations internationales.

9. INSET : Institut national spécialisé d'études territoriales, INET : Institut national des études territoriales de Strasbourg.

10. Espace d'échanges et de partage d'informations autour des collectivités territoriales.

C. Des exemples de projets de coopération

Le CNFPT a mis en place de nombreux projets à la demande de pays francophones en lien avec le ministère des Affaires étrangères. Au titre de ces projets en cours de réalisation à la fin mars 2013, on peut citer :

- en Tunisie, appui au centre de formation et appui à la décentralisation ;
- en Algérie, appui à la création de centres de formation ;
- pour la rive sud Méditerranée, organisation d'une conférence euro-méditerranée dans le cadre du RESP[11] à Marseille ;
- au Congo, appui à la réforme de la fonction publique et à la mise en place de la décentralisation ;
- au Sénégal, renforcement du centre de formation des collectivités territoriales ;
- en Haïti, accompagnement de la décentralisation à la demande du ministère de l'Intérieur haïtien et en lien avec le ministère des Affaires étrangères français.

Par ailleurs, certaines collectivités territoriales ultramarines sont engagées dans des actions de coopération, à titre d'exemples :

- la Communauté d'agglomération du centre de la Martinique (CACEM) mène des actions de coopération avec Haïti depuis de nombreuses années. Elle accompagne plusieurs communes de la région des Palmes (Gressier, Léogane, Petit Goave et Grand Goave) à se fédérer en Agence technique intercommunale avec l'appui d'une intercommunalité de Cergy-Pontoise et d'une fédération canadienne des municipalités (FCM) ;
- le conseil général et le conseil régional de la Martinique ont des programmes lourds de coopération avec les îles anglophones (Sainte-Lucie, Saint-Vincent-et-les-Grenadines, Dominique, Haïti, Cuba…) dans le domaine de la santé, des technologies, des énergies renouvelables, de l'eau et de l'assainissement, de l'éducation, de la culture… ;
- la ville du Lamentin (Martinique) a une longue expérience de coopération avec Cuba. Elle a été en 2013 l'invitée d'honneur d'un festival culturel à Cuba. Une délégation de plus de 300 personnes a effectué le déplacement (artistes, élus, sportifs, chefs d'entreprises…). Des projets de reconstruction de logements ont été opérés par des techniciens cubains qui ont formé de jeunes Lamentinois aux nouvelles techniques de construction, des immersions de personnels médicaux au sein de l'hôpital du Lamentin dans le but d'un transfert de savoir-faire dans des domaines en pointe ;

---

11. Réseau des écoles de service public.

- les villes de Sainte-Anne et de Sainte-Luce (Martinique) ont également des expériences de coopération dans le domaine de la culture, de la pêche et de la formation ;
- l'Association des Maires de la Martinique, association régie par la loi de 1901, a signé un engagement avec la Confédération des municipalités ultrapériphériques (CMU) constituée de collectivités des RUP[12] dont la présidence est tournante. Des actions de coopération et d'entraide sont mises en œuvre dans des secteurs variés (énergies renouvelables, système d'information, décentralisation, etc.).

Pour sa part, le CNFPT a conduit plusieurs missions en Haïti dans le cadre de la signature d'une convention entre le CNFPT, le MICT[13] et l'ambassade de France en Haïti. Une mission exploratoire réalisée en 2010 a été menée par des experts du CNFPT visant à répertorier les métiers prioritaires et à présenter les bases d'une Maison de la fonction publique territoriale et du statut de la fonction publique territoriale. Un déplacement à l'INSET[14] d'Angers d'une délégation de cadres et d'élus haïtiens en immersion a suivi cette mission. Puis après le séisme de janvier 2010, deux missions ont été confiées à la délégation régionale de la Martinique et à celle du Nord-Pas-de-Calais. L'une concernait la participation à un forum de la décentralisation en février 2011 et l'autre à un accompagnement de certaines communes à la formation des personnels territoriaux et à l'emploi territorial. Il s'agissait de réaliser un état des lieux de leurs personnels et de l'élaboration d'un plan de formation (identification des métiers prioritaires) dans un cadre plus large d'élaboration d'un statut de la fonction publique haïtienne répondant aux besoins de ce pays. Compte tenu de la situation politique incertaine, pour l'heure, ces missions n'ont pas eu de suite malgré l'intensité et l'urgence des besoins identifiés.

Le CNFPT et l'ENA[15] ont organisé à Strasbourg les 18 et 19 mars 2013 deux journées consacrées aux fonds européens. L'objectif était d'appréhender les différents enjeux de la nouvelle politique européenne de cohésion 2014-2020 et du transfert de la gestion des fonds européens vers les collectivités territoriales. Cette formation était ouverte aux élus et aux cadres ultramarins.

---

12. À l'exception des RUP de l'Est Atlantique et de l'Océan Indien.
13. Ministère de l'Intérieur et des Collectivités territoriales (Haïti).
14. Institut national spécialisé des études territoriales du CNFPT.
15. École nationale d'administration de Strasbourg.

Sur le plan politique, les présidents des Régions de Martinique, de Guyane et de Guadeloupe ont signé le 17 juin 2010 un accord de coopération dénommé URAG, Union régionale Antilles-Guyane. Cet accord comporte des engagements forts dans différents secteurs d'activités et consiste à fédérer les acteurs des trois territoires et à promouvoir des échanges de projets.

Il est à noter qu'aucune action de coopération ne peut être pérenne si les ressources humaines des collectivités territoriales initiatrices ne sont pas formées au métier de la diplomatie. Il s'agit là d'un préalable qui devrait permettre aux élus de valider leurs projets politiques. C'est la raison pour laquelle le CNFPT accompagne les personnels des collectivités territoriales afin de développer leurs compétences dans ce domaine porteur pour l'avenir des territoires non indépendants.

II. L'accompagnement des personnels des collectivités territoriales aux problématiques des territoires non indépendants

Le CNFPT s'est engagé à mieux former les cadres chargés de la coopération régionale et à anticiper les évolutions législatives visant à l'adhésion des collectivités territoriales aux organisations caribéennes. Pour ce faire, les actions d'accompagnement menées seront présentées (A) et les répercussions des décisions politiques d'intégration seront abordées (B).

A. Présentation des actions d'accompagnement des collectivités

Le CNFPT a enrichi son offre de formation pour faciliter la réussite des projets d'accord et de partenariat au titre de la coopération. L'intégration des RUP dans leur environnement géographique est limitée dans le domaine des débouchés économiques. Pour que les collectivités ultramarines puissent jouer un rôle de premier plan dans les organisations internationales, elles doivent aligner des cadres formés à la diplomatie.

Elles doivent être également en capacité d'assurer la communication des projets de coopération au grand public. Il faut tordre le cou à l'idée reçue que la coopération se traduit dans les faits par l'organisation de voyages d'agrément dont la finalité au regard de l'intérêt général n'apparaît pas. Mieux impliquer la société civile à l'élaboration des projets est une condition de réussite des actions de coopération. La société civile a un rôle à jouer dans la coopération régionale, elle est autant actrice que destinataire de projets publics. Elle constitue une prise de conscience de la finalité même de la coopération et dans un sens plus large, de la construction européenne.

À titre d'exemple, les délégations régionales du CNFPT de Martinique, de Guadeloupe et de Guyane ont mis en place un itinéraire de « manager des risques sur les territoires » qui constitue une véritable réponse à la situation géostratégique de ces espaces ultramarins confrontés à des risques multiples. L'objectif de cette formation est de permettre aux collectivités de disposer de cadres experts dans ce domaine et à même de conseiller les élus et d'anticiper les situations de crise. De plus, ces cadres devront être en capacité d'inculquer à la population les principes de la culture du risque, et savoir analyser les risques sur les territoires, définir des politiques et des méthodes permettant de réduire ces risques, de mettre en place des solutions économiques de couverture des risques. Cette expertise locale a des visées caribéennes. Un dossier est en cours d'élaboration pour l'obtention de fonds européens destinés à une ouverture de ce cursus professionnel à un grand nombre de cadres territoriaux des régions voisines. Cette expertise dans ce domaine spécifique aux risques impacte le mode d'habiter des populations, les réglementations et les normes liées aux constructions parasismiques et à l'aménagement du territoire. Les formations dans ce domaine devront s'enrichir des expériences des autres territoires.

Ainsi, le CNFPT prépare un nouveau cycle professionnel long destiné aux cadres. Il comportera les règles du protocole, de la diplomatie, la promotion de la francophonie, la pratique des langues étrangères de la Caraïbe : anglais, espagnol, portugais, ainsi que la maîtrise du système politique et juridique des pays partenaires de la coopération. De plus, les cadres ont l'opportunité de participer en visioconférence à des rencontres sur des thématiques spécifiques, ce qui leur permet d'être au contact direct de partenaires et d'acteurs de la coopération régionale.

Un véritable réseau des intervenants à l'international est constitué et en capacité d'apporter une expertise aux collectivités territoriales. Mais il s'agit en 2013 d'anticiper les décisions politiques prises par les élus des trois régions ultrapériphériques que sont la Martinique, la Guyane et la Guadeloupe afin de les accompagner en amont de leurs projets politiques.

B. Les répercussions des décisions politiques d'intégration

Les trois régions ultramarines (Martinique, Guadeloupe, Guyane), conscientes qu'unies elles peuvent exercer une plus grande influence dans leur environnement géographique, envisagent d'élaborer une stratégie commune visant à accroître leur insertion régionale et le développement de leurs échanges avec les pays voisins.

Elles se fixent comme objectif, dans le cadre de la réalisation de projets de coopération structurants qui répondent à des problématiques partagées avec leurs voisins, la valorisation de leurs domaines d'excellence pour en faire des vecteurs de promotion économique et commerciale, propice au développement des exportations de biens et de services.

Les régions sont favorables à concentrer leur action sur la réalisation de projets de coopération, en particulier dans les domaines de l'apprentissage des langues, des énergies renouvelables, de l'enseignement supérieur, de la recherche et l'innovation, du tourisme multidestination, de la préservation du capital environnemental et de la biodiversité. Elles souhaitent favoriser les actions de formation à vocation interrégionale notamment dans les domaines juridique, fiscal et douanier.

Les trois régions ont décidé de formuler une demande conjointe de participation au CARIFORUM[16] et à la CARICOM[17]. En outre, la Guyane souhaite rejoindre l'OCTA (Organisation du traité de coopération amazonien) ; la Guadeloupe et la Martinique sollicitent leur participation à l'OECO (Organisation des États de la Caraïbe orientale). Les conseils régionaux de la Martinique et de la Guadeloupe ont déposé officiellement en 2013 après accord de la France (ministère de l'Intérieur) leur demande auprès de la haute Autorité de l'OECO en qualité de membre associé. Cette haute Autorité composée de neuf chefs d'État a émis un avis favorable de principe. Les modalités de participation sont donc en cours de négociation.

---

16. Quinze États caribéens sont membres à part entière du CARIFORUM (Forum caribéen des États de l'Afrique, des Caraïbes et du Pacifique) : Antigua-et-Barbuda, les Bahamas, la Barbade, Belize, la Dominique, la République dominicaine, la Grenade, le Guyana, Haïti, la Jamaïque, Saint-Christophe-et-Nevis, Sainte-Lucie, Saint-Vincent-et-les-Grenadines, le Suriname et Trinité-et-Tobago. Cuba en est également membre observateur, mais n'est pas signataire de l'accord de Cotonou (liant l'Union européenne et ses États membres aux États ACP), ni de l'accord de partenariat économique régional (APE) impliquant les membres du CARIFORUM.

17. Communauté des Caraïbes.

Elles ont décidé également d'adopter une démarche concertée pour occuper les postes électifs aux comités spéciaux de l'Association des États de la Caraïbe. Il convient donc de suivre avec attention les évolutions des projets de façon à pouvoir répondre aux demandes fortes des exécutifs locaux. Il est indéniable que ces collectivités ont intérêt à travailler en lien avec leurs voisins et de partager un savoir-faire. Dans le domaine des risques, un observatoire est en cours de constitution, notamment dans le champ de la prévention du risque « tsunami ». La question de la gestion des déchets est également une préoccupation forte ainsi que celle de l'éducation des jeunes.

***
*

Les collectivités ultramarines ont besoin d'échanger des informations, de former leurs cadres, de promouvoir des métiers et des hommes. Elles doivent pour ce faire s'approprier l'évolution des processus d'intégration, d'appropriation, de visibilité et de co-construction. La multiplication des États entraîne de fait une démultiplication des frontières. La Grande Caraïbe n'échappe pas à ce phénomène. On assiste à trois niveaux géopolitiques qui interagissent en permanence : une géopolitique mondiale ; une géopolitique des différents États de la zone et une géopolitique infra-nationale relevant presque de l'aménagement du territoire.

Il s'agit aujourd'hui de trouver le fil conducteur de toutes ces actions de coopération régionale, de façon à ce que « le vivre ensemble » ait une signification profonde, que les communautés humaines qui expriment des besoins et des désirs trouvent des réponses constructives et adaptées à leurs réalités.

Conclusions

par

Jean-Marc THOUVENIN

Professeur de droit public
Université Paris Ouest Nanterre La Défense
Directeur du CEDIN-EA 382 et du Collège international de droit

Le colloque de Schœlcher des 25-26 mars 2013, dont les *Actes* forment la substance du présent ouvrage et dont les quelques pages qui suivent prétendent rendre compte dans une fort brève et partielle synthèse, a porté, comme on le sait, sur « Les entités infra-étatiques et les organisations de coopération et d'intégration régionales ». Je dois avouer que lorsque le CRPLC m'a proposé d'intervenir dans cette manifestation scientifique, ma première impression a été qu'ainsi formulée, la thématique était, si je puis dire, « un peu courte ». Pourquoi voudrait-on se limiter aux interactions entre entités infra-étatiques et organisations régionales, et ne pas ouvrir plus grande la réflexion pour y inclure les organisations internationales « tout court » ? Cette première impression pourrait du reste être confirmée, si l'on s'en tenait à la lecture de la contribution de *Jacques Fialaire* qui porte sur les entités infra-étatiques et l'aide au développement : ne souligne-t-il pas, notamment, la tendance des institutions financières internationales, ou onusiennes, comme la Banque mondiale et le PNUD, à promouvoir les entités infra-étatiques en matière de gestion d'aide publique au développement, alors qu'elles ne sont, à l'évidence, pas classables dans la catégorie des organisations « régionales » ?

Mais, bien entendu, la problématique retenue pour ce colloque s'appuyait sur l'intuition selon laquelle il existerait une forme de connexité spontanée entre les entités infra-étatiques et cette catégorie particulière d'organisations internationales que constituent les organisations régionales – autrement dit entre le régional international et le régional national – qui n'aurait pas d'équivalent entre les entités infra-étatiques et les organisations internationales « non régionales ». Et il faut reconnaître que la lecture des *Actes* démontre la pertinence de cette intuition, ou, du moins, de l'interrogation spécifique qu'elle soulève, puisque, à une exception près, aucun des contributeurs n'a ressenti le besoin d'élargir son propos à des organisations non régionales. Voilà qui atteste de la cohérence du questionnement posé par les responsables du CRPLC.

Mais cohérence de la problématique ne veut pas nécessairement dire unité de l'objet d'étude, ou plus précisément des objets d'étude, puisqu'il y en a deux. C'est d'ailleurs tout au contraire la diversité et le contraste qui caractérisent le panorama tant des entités infra-étatiques que des organisations régionales.

S'agissant des entités infra-étatiques, que *Romain Pasquier* préfère qualifier d'« autorités sub-étatiques », le panorama révèle une évidente abondance de formats. Dans le contexte européen, comme le souligne *Isabelle Vestris*, les entités infra-étatiques que l'on appellera communes, communautés, provinces, pays, régions, départements, présentent des allures contrastées quant à leur importance, l'enjeu qu'elles représentent du point de vue des organisations régionales, les problèmes qu'elles posent, et l'influence qu'elles peuvent exercer. Certaines, pas toutes, disposent de parlements dotés de pouvoirs législatifs. Les collectivités situées outre-mer sont pour leur part tellement spécifiques que l'article 73 de la Constitution française leur réserve un statut particulier, tout comme le droit européen qui les reconnaît comme régions ultrapériphériques. Et si l'on pouvait sans doute comparer les plus grandes villes françaises aux grandes villes d'Amérique du Sud, membres du réseau *Mercociudades* mentionné par *Jamel Kasmi*, elles demeurent bien différentes des États fédérés étatsuniens ou des provinces canadiennes, qui sont davantage à rapprocher des régions.

Concernant les organisations régionales, ce n'est pas tant la distinction entre celles que l'on dit « de coopération » et celles que l'on qualifie « d'intégration » qui traduit leur diversité. Il est du reste douteux que cette distinction fasse réellement sens. L'illustration développée par Pascal Lamy devant la Société européenne de droit international en 2006, affectant deux états physiques de la matière, le « solide » et le « liquide », respectivement aux organisations d'intégration et de coopération[1], convainc d'autant moins que la dialectique « coopération/intégration »

1. *http://www.wto.org/french/news_f/sppl_f/sppl26_f.htm.*

repose sur une confusion entre ce qui relève de moyens (la coopération) et de fins (qui peuvent être diverses, notamment l'intégration, c'est-à-dire la promotion d'une dynamique de supranationalité)[2]. D'ailleurs, l'Union européenne, longtemps considérée comme étant l'exemple le plus lumineux d'organisation d'intégration, est désormais davantage comprise comme une forme hybride, actionnée par ce que *Jacques Fialaire* appelle la « coopération-intégration », qui signifie qu'elle poursuit, comme d'autres organisations, un objectif d'intégration par la coopération[3]. Finalement, le contraste qui se fait jour entre les organisations régionales ressort davantage de l'ambition plus ou moins grande « d'intégration » qui anime leurs membres que de toute autre chose, ambition qui peut d'ailleurs changer au cours du temps. Plus prosaïquement, comme le suggère *Danielle Charles-Le Bihan*, il est probable qu'un système régional dont l'objectif premier est l'abolition des frontières entre les territoires de ses membres, comme c'est le cas du processus de construction communautaire, aura davantage tendance à s'intéresser aux nouvelles dimensions de la coopération territoriale transnationale imposées par la disparition des frontières – et donc aux entités infra-étatiques – qu'un système aux ambitions plus modestes.

Mais malgré le foisonnement des entités infra-étatiques comme des organisations régionales, force est de constater que les réflexions des intervenants à l'égard des relations qu'elles entretiennent ne se sont pas égarées sur de multiples pistes insusceptibles de générer une vision d'ensemble. Généralement, elles ont sagement retenu l'échelon régional, ou équivalent, comme le plus pertinent pour évaluer les liens des entités infra-étatiques avec les organisations régionales. S'agissant de ces dernières, le pragmatisme a été de mise puisque l'on a tâché de s'intéresser à toutes celles qui ont pour fonction, entre autres, de valoriser des territoires, sans attacher l'importance d'une *summa divisio* à la différence entre organisations d'intégration et de coopération. Ce faisant, les orateurs ont, de manière classique,

2. Voir, sur les limites de la distinction entre organisations de coopération et d'intégration, A. MAHIOU, « Le cadre juridique de la coopération Sud-Sud », *RCADI*, 1993, p. 29-30.

3. P. MAGNETTE, « L'intégration par la coopération. Un nouveau modèle de la construction européenne », *in* P. MAGNETTE, E. REMARCLE, *Le nouveau modèle européen*, vol. 1, Éditions de l'ULB, Bruxelles, 2000, p. 25 ; S. BARBOU DES PLACES, « Plaidoyer pour une approche rénovée des "méthodes de la construction communautaire" », *Mélanges Charpentier, La France, L'Europe et le Monde*, Paris, Pedone, 2009, p. 247-260, p. 255-256 ; E. BERNARD, « La distinction entre organisation de coopération et organisation d'intégration : l'Union européenne au carrefour des "méthodes" », *in* L. DUBIN, M.-C. RUNAVOT, *Le phénomène institutionnel international dans tous ses états : transformation, déformation ou reformation ?*, Paris, Pedone, 2014, p. 103 et s.

mis en lumière trois dimensions des interactions observables dans les rapports entre entités infra-étatiques et organisations régionales : une dimension descendante, qui interroge sur les apports institutionnels des secondes aux premières ; une dimension ascendante, qui vérifie l'apport inverse ; et enfin une dimension horizontale, mettant l'accent sur la coopération entre les entités infra-étatiques suscitées ou abritées par les organisations régionales.

I. Le « descendant »

S'agissant de la dimension descendante, elle serait, rappelle *Frédérique Michéa*, de nature quasi mécanique, en ce sens que, par penchant naturel, les organisations internationales régionales auraient tendance à favoriser l'affirmation politique des collectivités territoriales, singulièrement régionales. Il s'agirait ainsi de susciter ce que *Romain Pasquier* présente comme une alliance de circonstance pour concurrencer les États. L'exemple européen est souvent considéré comme le meilleur terrain de vérification de cette hypothèse puisque la politique des fonds structurels érige les régions européennes en partenaires institutionnels de la Commission européenne, tandis que le Comité des Régions représente ces dernières dans le processus décisionnel européen. On pourrait ajouter que dans le *Livre blanc* de 2001 sur la gouvernance européenne, la Commission européenne tend à mettre États et régions sur un pied de quasi-égalité en proposant que la mise en œuvre de certaines politiques fasse l'objet de contrats tripartites États/régions ou autres entités infra-étatiques/Commission[4]. L'Union va même plus loin puisqu'elle tend à associer, mais pour le moment timidement, comme le montre *Catherine Flaesch-Mougin*, les entités infra-étatiques d'États tiers à la mise en œuvre de sa politique de coopération au développement.

De leur côté, les organisations régionales africaines ont également tendance à appuyer leur action sur les entités infra-étatiques, mais la mise à l'écart des États ne semble pas être à leur ordre du jour, même si, comme le souligne *Jacques Fialaire*, les institutions financières ont pu pousser au contournement des bureaucraties centrales jugées inefficaces, favorisant ainsi la montée des pouvoirs locaux. La même tendance a été suivie par l'Union européenne dans le cadre de sa politique de coopération au développement, comme le montre *Catherine Flaesch-Mougin*. À vrai dire, l'expérience de l'UEMOA que retrace *Jacques Fialaire*, au sein de

4. *Gouvernance européenne, Un livre blanc, JOCE* C 287, 12 oct. 2001, p. 10.

laquelle les entités infra-étatiques disposent d'une représentation institutionnelle, montre que les États africains opposent de fortes résistances lorsqu'on entend les contourner. Dans ce contexte, le processus de responsabilisation des entités infra-étatiques africaines paraît finalement plus prometteur, s'il repose avec pragmatisme sur la recherche d'une meilleure efficacité dans la mise en œuvre de politiques territoriales de développement. C'est ce que confirme *Mamane Tahirou* qui évoque les actions de promotions des acteurs locaux mises en œuvre par la CEDEAO, l'Autorité de développement intégré de la région du Liptako-Gourma, et l'UEMOA, même si pour le moment le succès est relatif. Quant à l'approche sud-américaine présentée *Jamel Kasmi*, elle laisse clairement moins de place aux entités infra-étatiques, lesquelles doivent s'affirmer par elles-mêmes : même si le Fonds structurel pour la convergence structurelle du MERCOSUR (FOCEM) s'inspire de l'exemple européen des fonds structurels, il est mené dans une logique intergouvernementale, sans que les autorités infra-étatiques y prennent part.

Mais ce qui ressort finalement de ce tableau d'ensemble est qu'au-delà des éventuelles aspirations politiques que peuvent avoir les entités infra-étatiques à assumer davantage de responsabilités, que les organisations régionales sont susceptibles de susciter aussi bien que de soutenir, ce qui anime les collectivités décentralisées et les conduit à prendre leurs responsabilités est la résultante de leur histoire, de leur culture, de leurs aspirations, de leur géographie bien sûr, ainsi que de leurs besoins. *Jessica Byron* et *Patsy Lewis* le montrent fort bien, et c'est aussi ce qu'a suggéré *Laurent Sermet*, pour qui la condition première qui devrait être remplie pour que La Réunion et Mayotte s'investissent réellement dans l'Indiaocéanie serait qu'elles y croient et prennent leurs destins en main.

Les aspirations, les besoins, les attentes, voilà finalement, les premiers moteurs de la dynamique des entités infra-étatiques, même si, bien sûr des incitatifs financiers – et ils sont importants au niveau européen – peuvent aussi les mettre en mouvement. Certes, les traditions institutionnelles étatiques peuvent les freiner, mais il semble maintenant clair que même les plus centralisatrices peuvent évoluer pour laisser davantage de place aux régions. Le mouvement français vers une « bienveillance stratégique » de l'État français à l'égard de la coopération transfrontalière mise en œuvre par les collectivités françaises, mis en lumière par *Nicolas Kada*, en est une bonne illustration. Il n'est certes pas encore suffisant du point de vue des collectivités des outre-mer français, comme l'explique *Remy-Louis Budoc* qui insiste d'ailleurs sur les divergences stratégiques qui peuvent opposer l'État et lesdites collectivités ; mais, comme le montre également *Emmanuel Jos*, l'État adopte un positionnement de plus en plus favorable à la prise en compte de la volonté des collectivités concernées de renforcer leur coopération avec leurs voisins. C'est du moins ce qui ressort du bon accueil réservé à leurs initiatives visant à participer comme membres associés à diverses organisations régionales. Ce mouvement paraît d'autant plus acquis que, face aux crises, l'État ne parvient plus lui-même à se convaincre qu'il est seul à détenir les clés de la croissance. On pourrait toutefois observer un mouvement de recul de cette bienveillance si les poussées indépendantistes manifestées par certaines régions européennes en venaient à être analysées comme susceptibles de faire tache d'huile. Par ailleurs, il est vrai que, pour que les collectivités territoriales puissent prétendre assumer les responsabilités qu'elles réclament, encore faut-il qu'elles disposent du personnel qualifié apte à les assumer. À cet égard, c'est sans doute la question de la formation des personnels qui est posée. Mais, comme on ne manque pas de lieux de formation aux métiers de l'administration, ceci ne paraît pas être un obstacle dirimant. *Arlette Constant-Pujar* apporte d'ailleurs des réponses s'agissant des collectivités ultramarines.

Finalement, il me semble que l'apport des organisations internationales régionales aux collectivités territoriales consiste surtout à leur ouvrir le champ de possibles, à leur suggérer que si elles ont des aspirations, il ne tient qu'à elles de les concrétiser, et aussi à leur apporter un soutien matériel, en particulier financier. Sans pour autant, bien sûr, aller jusqu'à les pousser à réclamer leur indépendance vis-à-vis des États dont elles sont un démembrement. *Frédérique Michéa* montre à cet égard que même si l'action communautaire favorise une plus grande autonomie des régions, la politique européenne de cohésion n'a pas abouti à faire des entités infra-étatiques les collectivités politiques de base de l'organisation régionale. Par ailleurs, les récentes réactions de la Commission européenne face aux velléités indépendantistes de la Catalogne montrent bien les limites de ce que les entités infra-étatiques peuvent attendre de l'Union, qui n'a pas (n'a plus ? n'a pas encore ?) pour projet la disparition des États.

II. L'« ascendant »

J'en viens alors, ce sera bref, mais j'y reviendrai un peu plus loin, à la dimension ascendante. *A priori*, elle est moins intéressante. Quel est l'apport des collectivités territoriales aux organisations internationales régionales ? *Jessica Byron* et *Patsy Lewis* présentent des conclusions assez élogieuses à cet égard, expliquant que la plus grande participation notamment des collectivités des outre-mer français aux organisations régionales caribéennes contribue à les re-substantialiser après qu'elles aient traversé une crise d'identité. *Isabelle Vestris* relève, pour sa part, l'apport croissant des entités infra-étatiques européennes aux systèmes institutionnels et normatifs du Conseil de l'Europe et de l'Union européenne, tout en soulignant que l'influence qu'elles exercent véritablement reste relative, leurs États d'appartenance demeurant d'ailleurs décideurs des marges de manœuvre qui leur sont laissées. Par contraste, la place qui leur est reconnue dans le domaine de la politique énergétique de l'Union européenne est de nature à les satisfaire, comme le montre *Elina Dévoué*, puisque ce sont elles qui initient ladite politique plutôt qu'elles ne la subissent.

III. L'« horizontal »

Évidemment, la logique horizontale n'est pas sans lien avec la logique descendante puisqu'elle se développe bien souvent dans le cadre des organisations d'intégration régionales, et s'appuie sur elles sur les plans organisationnels et financiers. Et, précisément, c'est ce qu'ont montré plusieurs contributions, les organisations régionales sont utiles à la promotion de coopérations territoriales.

Elles ne leur sont certes pas indispensables. Il arrive en effet que, lorsqu'elles en ont les moyens, les collectivités territoriales développent leurs relations spontanément, en réponse à une nécessité, sans s'appuyer sur une organisation internationale. C'est ce que montrent *Jamel Kasmi* et *Romain Pasquier* à propos des grandes villes d'Amérique du Sud réunies au sein du réseau *Mercociudades* qui n'a pas réussi à obtenir la reconnaissance officielle de la part des gouvernements nationaux et de l'organisation du MERCOSUR, et s'est donc construit sans soutien international.

Mais il demeure fréquent que les organisations régionales soutiennent effectivement l'intégration horizontale, autour des domaines dans lesquels la coopération paraît nécessaire. Ces domaines sont à vrai dire fort divers. *Laurent Sermet* évoque les pistes prometteuses de l'Indiaocéanie culturelle et environnementale. *Jessica Byron* et *Patsy Lewis* mentionnent les nombreux domaines de coopération déjà explorés dans le cadre de l'Organisation des États de la Caraïbe orientale, y compris le judiciaire, la sécurité, et la diplomatie. *Romain Pasquier* semble suggérer que les domaines pertinents sont en réalité ceux pour lesquels un besoin de coopération pour surmonter un défi se fait sentir, et pour lesquels des moyens, notamment financiers sont disponibles. *Emmanuel Jos* formule les domaines d'intérêt communs aux acteurs de la Caraïbe, qui comprennent de nombreux thèmes relatifs au commerce, à l'environnement, à la pêche, à la santé, à la protection sociale, aux catastrophes naturelles, à la sécurité, à la culture, au sport. Ces domaines sont par ailleurs mentionnés comme pertinents dans le programme INTERREG IV « Caraïbes » (2007-2013) étudié par *Fred Constant*.

IV. Trois réflexions conclusives

L'écoute des stimulantes contributions du colloque dont on vient de donner un bref aperçu, qui ne rend évidemment pas compte de sa richesse scientifique, suggère finalement trois réflexions.

En premier lieu, il faut être un brin sournois pour fomenter, comme on le prétend de certaines organisations régionales, l'affaiblissement des États membres en insufflant vie et force aux entités infra-étatiques simplement pour mieux étouffer les États dont elles sont issues. Il me semble qu'en réalité ce qui motive les organisations régionales – ainsi que les organisations financières internationales – à dialoguer avec les entités infra-étatiques relève davantage du souci de mettre en œuvre le plus efficacement possible certaines politiques qui ne peuvent être correctement mises en œuvre qu'en s'appuyant sur le niveau local, comme par exemple, pour s'en tenir aux politiques européennes, les politiques de cohésion, énergétique, des transports, de l'environnement. C'est la même dynamique de recherche d'efficacité qui sous-tend le fait que le dialogue politique entre l'Union européenne et les pays du CARIFORUM s'appuie sur la participation des collectivités territoriales françaises de la Caraïbe.

En deuxième lieu, il me semble nécessaire de clarifier les apports que l'on peut attendre des entités infra-étatiques aux organisations internationales régionales. Il ne devrait en principe pas s'agir de « promouvoir » ces dernières, puisqu'une telle promotion ne présente *a priori* aucun intérêt pour les entités infra-étatiques, sauf, là encore, à faire valoir la théorie du complot « anti-État ». Plus sérieusement, ce que l'on attend des entités infra-étatiques est qu'elles contribuent à l'amélioration de la manière dont les organisations internationales régionales prennent en considération et traitent les problèmes territoriaux transnationaux. Finalement, les entités infra-étatiques sont censées apporter à l'organisation régionale ce qui la rend apte à traiter correctement les questions qui les concernent. Les mouvements « ascendant » et « descendant » évoqués plus haut apparaissent alors comme fondamentalement réflexifs : le premier appelle les entités infra-étatiques à influencer les organisations régionales afin que ces dernières adoptent les normes et mettent en œuvre des politiques conformes à leurs attentes ; le second prend corps dans la mise en œuvre desdites politiques. Ceci posé, on se demandera assez spontanément si les entités infra-étatiques ont réellement besoin des organisations internationales régionales alors que ces dernières ne sont qu'un miroir de leurs attentes. Ne pourraient-elles pas plutôt fonder leurs propres structures de coopération transnationales ? C'est, comme on l'a vu, ce que les grandes villes d'Amérique du Sud ont fait. Mais cette solution bute sur quatre écueils. D'abord, les entités territoriales n'ont pas nécessairement la disposition des compétences et du pouvoir normatif nécessaire à la mise en œuvre des politiques qu'appellent les défis qu'elles entendent relever ; ensuite, elles n'ont pas nécessairement les ressources humaines suffisantes à formuler et assurer le suivi desdites politiques ; par ailleurs, il peut être opportun qu'elles s'en remettent à une instance « neutre » (l'organisation internationale régionale) au sein de laquelle aucune d'entre elles ne peut prétendre assumer un *leadership* qui pourrait être problématique alors qu'il existe indubitablement une forme de concurrence entre entités infra-étatiques ; enfin, elles n'ont pas nécessairement les ressources budgétaires pour mener à bien de tels projets.

L'Union européenne s'inscrit dans ce type d'interactions avec les entités infra-étatiques, même si elle présente certaines particularités. Le projet fédéral qui la sous-tend la conduit en effet parfois à chercher à instrumentaliser lesdites entités pour la promotion de ses intérêts propres. Par exemple, la Commission exposait dans son *Livre blanc sur la gouvernance* de 2001 que l'Union européenne gagnerait une meilleure légitimité si elle parvenait « jusqu'au citoyen par la démocratie régionale et locale »[5]. Le niveau régional et local est ici conçu comme un relais politique de l'Union vis-à-vis des populations. Les médiocres performances de l'Union européenne en termes de « popularité » montrent que la pertinence d'une telle stratégie reste à confirmer.

En troisième lieu, et finalement, s'il est un domaine qui demeure difficile à « infra-étatiser », c'est fort logiquement celui de l'action « internationale ». Les entités infra-étatiques peuvent certes nouer des relations transnationales, mais l'approche des États tiers comme l'accession à la qualité de membres d'organisations intergouvernementales leur est en principe interdite. Le monde de la diplomatie internationale, régalien par excellence, reste largement la chasse gardée des États. Pour autant, une évolution est en marche. *Karine Galy* évoque l'apport de l'Union européenne au renforcement de la capacité d'action internationale des entités infra-étatiques françaises de la Caraïbe, *Fred Constant* constate que si la « diplomatie territoriale » présente à ce jour l'image d'un chantier confus, elle est en devenir,

5. *Livre blanc* préc., p. 9.

connaît déjà des avancées, et offre de belles opportunités, et *Rémy-Louis Budoc* relève que les territoires ultramarins jouent un rôle croissant dans la gouvernance internationale. Finalement, il semble bien que l'alchimie entre les entités infra-étatiques et les organisations de coopération et d'intégration régionales mise en lumière dans le présent ouvrage conduise non seulement, comme l'indique *Danielle Charles-Le Bihan*, à développer des solutions juridiques nouvelles, comme le GECT, mais aussi les États à devoir se réinventer.

Sigles, abréviations et acronymes

ACP	Afrique-Caraïbes-Pacifique (Accord de Cotonou)
ACS	*Association of Caribbean States* (ou AEC)
ADPC	Accord de dialogue politique et de coopération
AEC	Association des États de la Caraïbe
AERTE	Association européenne des représentants territoriaux de l'État
AFD	Agence française de développement
AFDI	*Annuaire français de droit international*
AFRI	*Annuaire Français de Relations Internationales*
AIDS	*Acquired Immune Deficiency Syndrome* (ou SIDA : syndrome de l'immunodéficience acquise)
AIJC	*Annuaire international de justice constitutionnelle*
AIMF	Association internationale des maires francophones
AJDA	*Actualité juridique droit administratif*
ALA	Amérique latine – Asie
ALADI	Association latino-améridiane de libre-échange
ALC	(États d') Amérique latine-Caraïbes
ALENA	Accord de libre-échange Nord-américain
ALG	Autorité de développement intégré de la région du Liptako-Gourma
ALTENER	*Alternative Energies*
ANE	Acteurs non étatiques
ANE-AL	Programme européen relatif aux acteurs non étatiques et aux autorités locales dans le développement
APC	Accord de partenariat et de coopération
APD	Aide publique au développement
APE	Accord de partenariat économique
APL	Associations des Pouvoirs Locaux
ARE	Assemblée des régions d'Europe
ARFE	Association des régions frontalières européennes
ARH	Agence régionale d'hospitalisation
ARIAL	Appui et renforcement des initiatives des associations de collectivités locales

AS	*Associated Statehood* (statut d'associé)
ASEAN	Association des Nations du Sud-Est asiatique
BAD	Banque africaine de développement
BCE	Banque centrale européenne
BEI	Banque européenne d'investissement
BID-INTAL	*Banco Interamericano de Desarollo – Integración de América Latina y el Caribe*
BVI	*British Virgin Islands* (Îles Vierges britanniques)
CAA	Cour administrative d'appel
CACEM	Communauté d'agglomération du Centre de la Martinique
CADDEL	Conférence africaine de la décentralisation et du développement local
CAH	Classification ascendante hiérarchique
CAIC	*Caribbean Association of Industry and Commerce* (Association caribéenne pour l'industrie et le commerce)
CAN	Communauté andine des Nations
CAREC	*Caribbean Epidemiology Centre* (Centre caribéen d'épidémiologie)
CARIBCAN	Programme du Canada concernant le commerce en provenance des pays et territoires des Caraïbes membres du Commonwealth
CARICOM	*Caribbean Community* (Communauté des Caraïbes)
CARIFORUM	Forum caribéen des États de l'Afrique, des Caraïbes et du Pacifique
CARIFTA	*Caribbean Free Trade Area* (Zone de libre échange des Caraïbes)
CARPHA	*Caribbean Public Health Agency* (Agence caribéenne de santé publique)
CC	Conseil constitutionnel
CCCCC	*Caribbean Community Climate Change Centre* (Centre Caribéen sur le changement climatique)
CCHI	*Caribbean Cooperation in Health Initiative* (Initiative de coopération sanitaire caribéenne)
CCJ	*Caribbean Court of Justice* (Cour de justice de la Caraïbe)
CCRA	Collège coopératif Rhône-Alpes
CCRIF	*Caribbean Catastrophe Risk Insurance Facility* (Facilité de couverture du risque de catastrophe dans la Caraïbe)
CCT	Conseil des collectivités territoriales

CDB	*Caribbean Development Bank* (Banque de développement de la Caraïbe)
CDC	Caisse des dépôts et consignations
CDCC	Comité de développement et de coopération de la Caraïbe
CDEMA	*Caribbean Disaster Emergency Management Agency* (Agence caribéenne de gestion de l'urgence en cas de catastrophe)
CDF	Fonds de développement commun (de la CARICOM)
CdR	Comité des Régions
CEA	Commission économique des Nations Unies pour l'Afrique
CECA	Communauté européenne du charbon et de l'acier
CEDEAO	Communauté économique des États d'Afrique de l'Ouest
CEDRE	CEntre de Recherches Européennes de Rennes
CEDIN	Centre de droit international de Nanterre
CEE	Communauté économique européenne
CEGEP	Collège d'enseignement général et professionnel (au Québec)
CEHI	*Caribbean Environmental Health Institute* (Institut caribéen de santé environnementale)
CELAC	*Community of Caribbean and Latin American States* (Communauté des États de la Caraïbe et d'Amérique latine)
CELIB	Comité d'étude et de liaison des intérêts bretons
CEN-SAD	Communauté des États Sahélo-Sahariens
CEPAL	Commission économique pour l'Amérique latine
CEPALC	Commission économique pour l'Amérique latine et les Caraïbes
CEPGL	Communauté économique des pays des grands lacs
CER	Communautés économiques régionales
CERDHAP	Centre d'études et de recherche sur le droit, l'histoire et l'administration publique
CEREGMIA	Centre d'Étude et de Recherche en Économie, Gestion, Modélisation et Informatique Appliquée
CFA	Franc de la Communauté financière africaine
CFNI	*Caribbean Food and Nutrition Institute* (Institut caribéen sur l'alimentation et la nutrition)
CGCT	Code général des collectivités territoriales
CGLU-CGLUA	Cités et Gouvernements Locaux Unis – Cités et Gouvernements Locaux Unis d'Afrique

CGNA-PMEC	Conférence des gouverneurs de la Nouvelle-Angleterre et des Premiers ministres de l'Est du Canada
CHRC	*Caribbean Health Research Council* (Conseil caribéen de recherche sanitaire)
CI	*Cayman Islands* (Îles Caïmans)
CID	Coopération internationale décentralisée
CIP	Programme-cadre pour l'innovation et la compétitivité
CIVITAS	*City, Vitality and Sustainability*
CMC	Conseil du marché commun (du MERCOSUR)
CMLR	*Common Market Law Review*
CMU	Confédération des municipalités ultrapériphériques
CNCD	Commission nationale de la coopération décentralisée
CNFPT	Centre national de la fonction publique territoriale
CODESRIA	*Consortium for Development Parnerships* – Décentralisation et gouvernance locale (Conseil pour le développement de la recherche en sciences sociales en Afrique)
COFAP	*Council for Finance and Planning* (Conseil chargé des finances et de la planification)
COFCOR	*Council for Foreign and Community Relations* (Conseil chargé des relations extérieures)
COHSOD	*Council for Human and Social Development* (Conseil chargé du développement humain et social)
COI	Commission de l'Océan Indien
COM	Collectivité d'outre-mer
COMESA	Marché commun d'Afrique orientale et australe
CONCORD	Confédération européenne des organisations non gouvernementales d'urgence et de développement
CONSLE	*Council for National Security and Law Enforcement* (Conseil pour la sécurité nationale et le maintien de l'ordre)
COOPENER	*Community Cooperation in Energy*
COREPER	Comité des représentants permanents
COST	Coopération européenne dans le domaine de la recherche scientifique
COTED	*Council for Trade and Economic Development* (Conseil chargé du commerce et du développement de l'économie)

CPLRE	Congrès des pouvoirs locaux et régionaux d'Europe
CPS	Commission du Pacifique Sud, puis Communauté du Pacifique
CRAPE	Centre de Recherche sur l'Action Politique en Europe
CRDTL	*Caribbean Regional Drug Testing Laboratory* (Laboratoire caribéen des médicaments)
CRPLC	Centre de Recherche sur les Pouvoirs Locaux dans la Caraïbe
CRPM	Comité des représentants permanents du MERCOSUR
CRPM	Conférence des régions périphériques maritimes
CSC	Cadre stratégique commun
CSME	*Caribbean Single Market and Economy* (Marché et économie uniques de la Caraïbe)
CXC	*Caribbean Examinations Council* (Conseil caribéen des diplômes)
DATAR	Délégation à l'aménagement du territoire et à l'action régionale
DFA	Département français d'Amérique
DG REGIO	Direction générale de la politique régionale
DGM/DAECT	Direction générale de la mondialisation du développement et des partenariats – Délégation pour l'action extérieure des collectivités territoriales (Service d'administration centrale du ministère des Affaires étrangères)
DHOS	Direction de l'hospitalisation et de l'organisation des soins
Dollar EU	Dollar des États-Unis d'Amérique
DOM	Département d'outre-mer
DROM	Département et Région d'Outre-mer
EAC	*East African Community* (Communauté d'Afrique de l'Est)
EC	*European Community* (CE : Communauté européenne)
EC dollar/EC $	*Eastern Caribbean Dollar* (dollar de la Caraïbe de l'Est)
ECCB	*Eastern Caribbean Central Bank* (Banque centrale de la Caraïbe orientale)
ECDPM	*European Centre for Development Policy Management* (Centre européen de gestion des politiques de développement)
ECOMOG	*Economic Community of West African States Monitoring Group* (Brigade de surveillance du cessez-le-feu de la CEDEAO)
ECOS	*European City Cooperation System*
ECSC	*Eastern Caribbean Supreme Court* (Cour Suprême de la Caraïbe orientale)

EEE	Espace économique européen
EGOM	États généraux de l'Outre-mer
EIE	Programme Énergie Intelligente-Europe
ELENA	*European Local Energy Assistance*
ENA	École nationale d'administration
EPCI	Établissement public de coopération intercommunale
ETA	*Euskadi Ta Askatasuna*
EU	*European Union* (UE : Union européenne)
EUR	Euros
FAIR	Fonds d'aide à l'intégration régionale des États membres de l'UEMOA
FCCP	Forum de consultation et de concertation politique (MERCOSUD)
FCO	*Foreign and Commonwealth Office* (ministère des Affaires étrangères et du Commonwealth)
FEADER	Fonds européen agricole pour le développement rural
FED	Fonds européen de développement
FEDER	Fonds européen de développement régional
FEEE	Fonds européen pour la promotion de l'efficacité énergétique
FEOGA	Fonds européen d'orientation et de garantie agricole
FFEM	Fonds français pour l'environnement mondial
FILOC	Sous-programme « finances locales » (rattaché au Partenariat pour le développement municipal)
FIP	Forum des îles du Pacifique
FLACSO	*Facultad Latinoamericana de Cienias Sociales* (Faculté latino-américaine de sciences sociales)
FOCEM	*Fondo por la Convergencia Estructural del Mercosur* (Fonds de convergence structurelle du MERCOSUR)
FOGAR/ORU	Forum global d'association de régions/Organisation des régions unies
FSE	Fonds social européen
GAL	Groupement d'action locale
GANCEFI	Groupe de haut niveau sur la convergence structurelle et le financement du processus d'intégration (MERCOSUD)
GDRI	Groupement de recherche international
GEC	Groupement eurorégional de coopération

GECT	Groupement européen de coopération territoriale
GEIE	Groupement européen d'intérêt économique
GEMI	Gouvernance de l'eau dans le Mbam-Inoubou
GEPE	Groupe d'étude des politiques européennes
GIS	Groupement d'intérêt scientifique
GLCT	Groupement local de coopération transfrontalière
GMC	Groupe marché commun (MERCOSUD)
GRALE	Groupement de recherche sur l'administration locale en Europe
GTHN	Groupe de travail de haut niveau (France/Comores)
HIV	*Human Immunodeficiency Virus* (VIH : virus de l'immunodéficience humaine)
HOG	*Conference of] Heads of Governments* (Conférence des chefs de gouvernement)
ICD	Instrument de financement de la coopération au développement
IFI	Institutions financières internationales
IIRSA	Initiative pour l'intégration régionale sud-américaine
IMF	*International Monetary Fund* (FMI : Fonds monétaire international)
IMPACS	*Implementation Agency for Crime and Security* (Agence pour la sécurité et contre le crime)
INSET	Institut national spécialisé des études territoriales
INTERACT	INTERREG Animation, coordination, transfert
INTERREG	Programme de la Communauté/Union européenne visant à la coopération entre régions relevant de divers États
IODE	Institut Ouest Droit Europe
IOR-ARC	Association des États riverains de l'Océan Indien pour une coopération régionale *(Indian Ocean Rim Association for Regional Cooperation)*
IPS/AOS	Inter Press Service – branche « Afrique »
JCMS	*Journal of Common Market Studies*
JESSICA	*Joint European Support for Sustainable Investment in City Areas*
JOCE	Journal officiel des Communautés européennes
JORF	Journal officiel de la République française
JOUE	Journal officiel de l'Union européenne
LDf	La Documentation française

LGDJ	Librairie générale de droit et de jurisprudence
LGV	Ligne à grande vitesse
LIFE +	L'instrument financier pour l'environnement +
MAE	Ministère des Affaires étrangères
MCAO	Marché commun des Antilles Orientales (ECCM)
MERCOSUL	*Mercado Comum do Sul* (Marché commun du Sud)
MERCOSUR	*Mercado común del Sur* (Marché commun du Sud)
MICT	Ministère de l'Intérieur et des Collectivités territoriales
MIE	Mécanisme pour l'interconnexion en Europe
Mio	Millions
MOM/FCR	Fonds de coopération régionale du Ministère des Outre-mer
MOT	Mission opérationnelle transfrontalière
MOU	*Memorandum of Understanding* (Mémorandum d'accord)
MSD	Plateforme internationale pour la promotion des mécanismes de solidarité décentralisés (rattachée au PNUD)
MUE	*Managing Urban Project*
MW	Mégawatts
NASCO	*North American Competitiveness*
NEPAD	*New Economic Partnership for African Development*
NUTS	Nomenclature des unités territoriales statistiques
OCDE	Organisation pour la coopération et le développement économique
OCTA	*Overseas Countries and Territories Association* (Association des PTOM de l'Union européenne)
OCTs	*Overseas Countries and Territories* (PTOM : pays et territoires d'outre-mer)
ODEROI	Observatoire des droits de l'enfant de la région Océan Indien
OECD	*Organisation for Economic Co-operation and Development* (ou OCDE)
OECO	Organisation des États de la Caraïbe Orientale (de la Caraïbe de l'Est)
OECS	*Organization of Eastern Caribbean States* (ou OECO)
OHADA	Organisation pour l'harmonisation du droit des affaires en Afrique
OLAGI	Organisation latino-américaine des gouvernements intermédiaires
OMD	Objectifs du Millénaire pour le développement

OMS	Organisation mondiale de la santé
ONG	Organisation non gouvernementale
ONUSIDA	Programme commun des Nations Unies sur le VIH/SIDA
OPL	Officiers permanents de liaison
OPOCE	Office des publications des Communautés européennes
ORATE/ESPON	Observatoire en réseau sur le développement territorial et la cohésion en Europe *(European Spatial Planning Observation Network)*
Ord.	Ordonnance
ORU/FOGAR	Organisation des régions unies/Forum global d'associations de régions
OSC	Organisation de la société civile
OTCA	Organisation du traité de coopération amazonien
OTs	*Overseas Territories* (territoires d'outre-mer)
PACER	Accord du Pacifique pour des relations économiques plus étroites
PAED	Plan d'actions en faveur de l'énergie durable
PAHO	Organisation panaméricaine de la Santé
PAS	Plan d'ajustement structurel
PATC	Politique d'aménagement du territoire communautaire
PCR	Points de contacts régionaux
PCRDT	Programme-cadre de recherche et de développement technologique
PDM	Partenariat pour le développement municipal
PDS	Plan stratégique de développement
PECO	Pays de l'Europe centrale et orientale
PFUA	Programme Frontière de l'Union africaine
PFVT	Partenariat français pour la ville et les territoires
PIB	Produit intérieur brut
PICTA	Accord sur le commerce du Forum des îles du Pacifique
PIT	Programme d'initiatives transfrontalières
PLATFORMA	Plateforme des autorités locales et régionales européennes dans la coopération au développement
PM	*Prime Minister* (Premier ministre)
PMA	Pays moins avancés
PME	Petites et moyennes entreprises
PNUD	Programme des Nations Unies pour le développement

PNWER	*Pacific Northwest Economic Region*
PO	Programme opérationnel
PO INTERREG	Programme de coopération interrégionale
POCTEFA	Programme opérationnel de coopération territoriale Espagne-France-Andorre
PON	Programme opérationnel national
PPS	*Pharmaceutical Procurement Scheme* (système d'approvisionnement en produits pharmaceutiques)
PPTE	Initiative « pays pauvres très endettés »
PR	*Press Release*
PRIDE	Programme régional intégré de développement des échanges
PROE	Programme régional océanien de l'environnement
PS	Parti socialiste
PTOM	Pays et territoires d'outre-mer
PUAM	Presses universitaires d'Aix-Marseille
PUF	Presses universitaires de France
RAMOGE	Zone maritime Saint-Raphaël-Monaco-Gênes
RCA	*Regional Constituent Assembly* (Assemblée constituante régionale)
RCADI	Recueil des cours de l'Académie de droit international
RDP	Revue du droit public et de la science politique en France et à l'étranger
Rec.	Recueil (jurisprudence)
RECITE	*Regions and Cities for Europe*
REMI	*Reunion especializada de municipios e intendecias del Mercosur*
RESP	Réseau des écoles du service public
RFAP	Revue française d'administration publique
RFD	Revue française de décentralisation
RFDC	Revue française de droit constitutionnel
RISA	Revue internationale des sciences administratives
RMC	Revue du marché commun
RMCUE	Revue du marché commun et de l'Union européenne
RNB	Revenu national brut
ROM	Région d'outre-mer

RSCI	Réunion spécialisée des communes et intendances (MERCOSUD)
RTA	Réseau transnational atlantique
RTDE	Revue trimestrielle de droit européen
RTDH	Revue trimestrielle des droits de l'homme
RTE	Représentant territorial de l'État
RUP	Région ultrapériphérique
SADC	Communauté de développement de l'Afrique australe
SAVE	*Specific Actions for Vigorous Energy Efficiency*
SDEC	Schéma de développement de l'espace communautaire
SDRIF	Schéma directeur de l'Île-de-France
SEAE	Service européen pour l'action extérieure
SFDI	Société française pour le droit international
SIEG	Service d'intérêt économique général
STC	Secrétariat technique commun (PO INTERREG IV « Caraïbes » « Amazonie »)
STCE	Série de traités du Conseil de l'Europe
TA	Traité d'Asunción
TAAF	Terres australes et antarctiques françaises
TCE	Traité instituant la Communauté européenne
TCI	*Turks and Caicos Islands* (Îles Turks-et-Caicos ou Îles Turques-et-Caïques)
TFUE	Traité sur le fonctionnement de l'Union européenne
TGV	Train à grande vitesse
TIC	Technologie de l'information et des communications
TOKTEN	*Tranfert of Knowledge trough Expatriate Nationals*
TUE	Traité sur l'Union européenne
UA	Union africaine
UATM-GASA	Université africaine de technologie et de management – GASA Formation
UDF	Union pour la démocratie française
UE	Union européenne
UEMOA	Union économique et monétaire ouest-africaine
UK	*United Kingdom* (Royaume-Uni de Grande-Bretagne et d'Irlande du Nord)

UMOA	Union monétaire ouest-africaine
UMP	Union pour un mouvement populaire
UMR	Unité mixte de recherche
UNASUR	Union des Nations sud-américaines
UNCHS	*United Nations (Governing Council) Human Settlements Programme* (autre sigle : UN-Habitat)
UNDP	*United Nations Development Programme* (PNUD : Programme des Nations Unies pour le développement)
UNESCAP	Commission économique et sociale des Nations Unies
UNESCO	*United Nations Educational, Scientific and Cultural Organization*/ Organisation des Nations unies pour l'éducation, la science et la culture
UPR	*University of Puerto Rico*
URAG	Union régionale des Antilles et de la Guyane
Urbact	Programme européen d'échanges pour un développement urbain durable
URBAL	Programme européen de développement urbain en Amérique latine
US	*United States (of America)* (États-Unis d'Amérique)
US $ (USD)	Dollar des États-Unis d'Amérique
USVI	*United States Virgin Islands* (Îles Vierges des États-Unis)
UTF	Unité technique du FOCEM
UTNF	Unité technique nationale du FOCEM
UWI	*University of the West Indies* (Université des Indes occidentales)
VIH/Sida	Virus de l'immunodéficience humaine/Syndrome d'immunodéficience acquise
WB	*World Bank* (Banque mondiale)
WHO	*World Health Organization* (OMS : Organisation mondiale de la santé)
WIF	West Indies Federation (Fédération des Indes occidentales)
WTO	*World Trade Organisation* (OMC : Organisation mondiale du commerce)
ZEE	Zone économique exclusive
ZLEA	Zone de libre-échange des Amériques
ZOI	Zone Océan Indien

Table de jurisprudence

CJUE

TPICE

Table des matières

Partie II

LES INTERACTIONS ENTRE ENTITÉS INFRA-ÉTATIQUES ET ORGANISATIONS DE COOPÉRATION ET D'INTÉGRATION RÉGIONALES

Partie III

LES COLLECTIVITÉS ULTRAMARINES ET LES PROCESSUS D'INTÉGRATION ET DE COOPÉRATION RÉGIONALES. PROBLÉMATIQUE DES TERRITOIRES NON INDÉPENDANTS

L'URBANISME
AUX ÉDITIONS L'HARMATTAN

Dernières parutions

MÉTAMORPHOSES DES VILLES INDUSTRIELLES
Vivre la ville désindustrialisée
Luxembourg Corinne
Après la désindustrialisation, comment habite-t-on encore la ville industrielle ? Les options sont diverses allant de la revitalisation industrielle au passage à un nouveau profil économique en passant par la patrimonisalisation ou muséification. Les enjeux liés à la mémoire collective des activités de production participent à la réflexion sur la reconstruction d'un espace vécu commun.
(Coll. Itinéraires géographiques, 18.00 euros, 178 p.)
ISBN : 978-2-343-03981-7, ISBN EBOOK : 978-2-336-35385-2

DE LA TRACE À LA TRAME
La voie, lecture du développement urbain
Sous la direction de Clément-Noël Douady et l'équipe Morphocity
Comment modéliser la complexité urbaine ? D'abord déconstruire la mosaïque, ses éléments considérés à la fois comme objets mathématiques, éléments naturels et créations humaines. Ensuite, choisir et analyser ce qui paraît le plus durable dans l'évolution urbaine : le réseau des rues. Pourquoi la présence des mêmes «figures» jusqu'en Chine ? - En perspective : un outil d'analyse des projets urbains...
(27.00 euros, 262 p.)
ISBN : 978-2-343-04232-9, ISBN EBOOK : 978-2-336-35663-1

LOGEMENT ET POLITIQUE(S)
Un couple encore d'actualité ?
Textes réunis et présentés par Fatiha Belmessous, Loïc Bonneval, Lydia Coudroy de Lille, Nathalie Ortar
Les recherches présentées ici ont en commun de se situer à divers points de contact du logement et du politique. On ne saurait s'en étonner tant cette «marchandise impossible» (Topalov), est indissolument liée à l'action publique et politique. Devenu le premier poste de dépense des ménages, l'élément le plus important de leur patrimoine, mais aussi l'un des principaux marqueurs des inégalités sociales, le logement constitue un enjeu incontournable pour les politiques publiques.
(Coll. Habitat et Sociétés, 29.00 euros, 284 p.)
ISBN : 978-2-343-03990-9, ISBN EBOOK : 978-2-336-35509-2

IMPACT (L') DES POLITIQUES DU LOGEMENT SUR LES BAILLEURS PRIVÉS DE 1914 À 2014
La nationalisation rampante du logement
Bigot Jean - Préface de Jean Perrin
Voici le décryptage des politiques du logement. L'auteur a quantifié les effets externes, négatifs, de la politique du logement depuis un siècle, qui consiste à privilégier le droit de jouissance sur le droit de propriété, dans une volonté irréaliste d'égalité des droits des bailleurs et des locataires. Celle-ci aboutira probablement à la nationalisation du logement, au détriment des contribuables, et aggravera les déficits publics. L'acharnement fiscal s'ajoutant à l'acharnement législatif accélère la destruction du parc privé, possédé à 79% par des petits propriétaires appauvris.
(46.00 euros, 466 p.)
ISBN : 978-2-343-04397-5, ISBN EBOOK : 978-2-336-35644-0

PARIS, POLITIQUE URBAINE ET MÉMOIRE COLLECTIVE
La monumentalisation de l'image parisienne depuis l'Occupation
Sandrini Clara
Dans le cadre de l'extension patrimoniale, les projets urbains arrivent à qualifier les espaces parisiens par des identités spatiales, qui participent à un mouvement d'esthétisation de Paris organisé par la réinterprétation de l'histoire. La dépopulation et l'apopulation de la capitale, la permanence des orientations stratégiques, et les projets de qualifications patrimoniales des espaces qui se répondent sur la longue durée, permettent enfin de statuer sur le processus de monumentalisation de Paris.
(37.50 euros, 390 p.)
ISBN : 978-2-343-02657-2, ISBN EBOOK : 978-2-336-35253-4

HABITAT ET TRANSITION ÉNERGÉTIQUE
Sous la direction de Rochon François
Sous le sceau de la performance énergétique, nos logements se modernisent avec l'affirmation des normes environnementales. Le chez-soi constitue le laboratoire individuel et collectif de nos modes de vies, le lieu privilégié où peut s'inventer la citoyenneté écologique. Par la transition énergétique, la France enclenche un processus stratégique complexe qui vient articuler changements de pratiques, redéfinition du confort, projet industriel, investissement financier, aménagement urbain...
(22.00 euros, 224 p.)
ISBN : 978-2-343-03619-9, ISBN EBOOK : 978-2-336-35180-3

SONORE (LE), L'IMAGINAIRE ET LA VILLE
De la fabrique artistique aux ambiances urbaines
Torgue Henry
Entre création artistique et recherche urbaine, Henry Torgue explore les ambiances liées au sonore, des arts de la scène, danse et musique, qui mixent le regard et l'écoute, jusqu'à l'environnement sonore urbain contemporain. La deuxième partie, plus anthropologique, approche l'ambiance comme expression des relations fondamentales entre les phénomènes sensibles, l'activité imaginaire et l'espace social dont la ville incarne la grande figure.
(Coll. Logiques sociales, 28.00 euros, 280 p.)
ISBN : 978-2-296-99271-9, ISBN EBOOK : 978-2-296-50107-2

PARADOXES DE L'URBANISATION : POURQUOI LES CATASTROPHES N'EMPÊCHENT-ELLES PAS L'URBANISATION ?
Comment peut-on comprendre que l'urbanisation contemporaine s'intensifie en dépit de la multiplication des catastrophes et des limites des efforts de gestion ? Répondre à cette question impose de revenir sur les définitions des catastrophes et sur leur contribution à la structuration des peuplements humains. Ce livre montre l'intérêt et les limites du développement durable et de la résilience pour éclairer ces problèmes fondamentaux.
(Coll. Itinéraires géographiques, 29.00 euros, 280 p.)
ISBN : 9782-296-99198-9, ISBN EBOOK : 9782-296-50079-2

INVENTION (L') DE LA MAÎTRISE D'OEUVRE URBAINE
De la ville nouvelle aux ateliers
Vincent Jean-Michel
Au début des années 60, sur injonction du général de Gaulle, Paul Delouvrier crée un nouvel outil mental qui a permis de structurer l'aménagement de la région Ile-de-France pendant un demi-siècle. Vingt ans plus tard, ce métier de la fabrique de la ville pour tous sera nommé maîtrise d'oeuvre urbaine et les Ateliers de maîtrise d'oeuvre urbaine seront inventés. Ces derniers, permettant de simuler les premiers pas de la fabrique de la ville ou l'émergence du projet, fêtent aujourd'hui leurs 30 ans.
(Coll. Questions contemporaines, 18.00 euros, 182 p.)
ISBN : 978-2-296-99355-6, ISBN EBOOK : 978-2-296-50381-6

RUES (LES) PARLENT
Mauro Didier
La rue devient théâtre, forum, agora. Elle se transforme en une scène où des milliers de personnes se retrouvent, s'expriment, paradent et partagent un moment de vie. Dans ces courts « documentary-dreams », Didier Mauro restitue une «Ciné-sensation du monde» rebelle. «Le Dieu Ganesh traverse Paris» (2012, 11 min.) / «Qui sème la misère récolte la rage (2010, 11 min.)» / «Les artistes de rue sont entrés dans Paris» (2011, 11 min.) / «Sortir du colonialisme ?» (2011, 11 min.) / «Motos océanes» (2010, 11 min.) / «Un jour gay à Paris» (2010, 11 min.).
(20.00 euros)
ISBN : 978-2-296-56764-1

L'HARMATTAN ITALIA
Via Degli Artisti 15; 10124 Torino

L'HARMATTAN HONGRIE
Könyvesbolt ; Kossuth L. u. 14-16
1053 Budapest

L'HARMATTAN KINSHASA
185, avenue Nyangwe
Commune de Lingwala
Kinshasa, R.D. Congo
(00243) 998697603 ou (00243) 999229662

L'HARMATTAN CONGO
67, av. E. P. Lumumba
Bât. – Congo Pharmacie (Bib. Nat.)
BP2874 Brazzaville
harmattan.congo@yahoo.fr

L'HARMATTAN GUINÉE
Almamya Rue KA 028, en face
du restaurant Le Cèdre
OKB agency BP 3470 Conakry
(00224) 657 20 85 08 / 664 28 91 96
harmattanguinee@yahoo.fr

L'HARMATTAN MALI
Rue 73, Porte 536, Niamakoro,
Cité Unicef, Bamako
Tél. 00 (223) 20205724 / +(223) 76378082
poudiougopaul@yahoo.fr
pp.harmattan@gmail.com

L'HARMATTAN CAMEROUN
BP 11486
Face à la SNI, immeuble Don Bosco
Yaoundé
(00237) 99 76 61 66
harmattancam@yahoo.fr

L'HARMATTAN CÔTE D'IVOIRE
Résidence Karl / cité des arts
Abidjan-Cocody 03 BP 1588 Abidjan 03
(00225) 05 77 87 31
etien_nda@yahoo.fr

L'HARMATTAN BURKINA
Penou Achille Some
Ouagadougou
(+226) 70 26 88 27

L'HARMATTAN SÉNÉGAL
10 VDN en face Mermoz, après le pont de Fann
BP 45034 Dakar Fann
33 825 98 58 / 33 860 9858
senharmattan@gmail.com / senlibraire@gmail.com
www.harmattansenegal.com

L'HARMATTAN BÉNIN
ISOR-BENIN
01 BP 359 COTONOU-RP
Quartier Gbèdjromèdé,
Rue Agbélenco, Lot 1247 I
Tél : 00 229 21 32 53 79
christian_dablaka123@yahoo.fr

648830 - Avril 2016
Achevé d'imprimer par

1livre.com
du rêve à la réalité !

www.ingramcontent.com/pod-product-compliance
Lightning Source LLC
LaVergne TN
LVHW021137061026
849535LV00002B/277